撰稿人：（按照撰写条文的起始顺序）

刘继峰　叶　明　何国华　王玉辉　陈　兵

焦海涛　黄　军　谭　袁　孙瑜晨

中华人民共和国
反垄断法
理解与适用

刘继峰 等◎著

ZHONGHUA RENMIN GONGHEGUO
FANLONGDUANFA
LIJIE YU SHIYONG

中国法制出版社
CHINA LEGAL PUBLISHING HOUSE

前　言

2022年反垄断法完成了实施十余年来的第一次修改。在本次修改中，引入诸多新制度，如轴辐协议、垄断协议的安全港制度、互联网垄断行为、公平竞争审查制度、垄断行为的刑事责任、反垄断公益诉讼等。这既回应了新时代市场反竞争行为的挑战，也丰富和完善了反垄断法的制度体系。

当然，不能否定，修改后的反垄断法本身仍具有一定模糊性。模糊性来自与传统民商法中的违法行为的比较。即垄断违法行为无法像一般民事侵权行为那样列出明确的标准。垄断违法的认定首先要将其放到一个产业下进行整体性、系统性考察，其后再就具体行为进行影响分析。这种“环境决定论”或结构决定论与侵权行为的行为决定论迥然有别。反垄断法的模糊性无法随着法律实施经验的总结而逐步消解。作为一种常态，也构成了该法本身的鲜明特色。若从根源上解释，这和本制度构成的基础要素的特殊性紧密相关。反垄断制度的内容具有跨学科的属性：形式上以法律语言呈现，但法律语言中的概念及其含义大都源于经济学，如什么是竞争、什么是相关市场。甚至在很多情况下，用经济学观念解析有关法律概念，会简洁得多，如滥用市场支配地位，法律上，将其定义为“……具有能够控制商品价格、数量或者其他交易条件，或者能够阻碍、影响其他经营者进入相关市场能力的市场地位”；从经济学角度，一般将其理解为，提价仍不失去顾客（或仍能获利）的能力。在法律文本上，这种跨学科知识的融合比比皆是，这无疑增大了法律人准确理解和恰当运用反垄断法的难度。

克服反垄断法理解和运用上的难题，有很多方法。一种方法是通过案件学习和掌握制度的含义。在处理的案件中如果能够进行细致的说理，就意味着能够揭櫫事实指向规范的关联关系及其连接点，同时，显现解析规范与事实之间得以形成的涵摄关系。这种方法很鲜活，但是，其前提是需要相关案件的出现和得出案件结论过程的严密说理。由此，案例分析对于一个新法或新修改的制度解释而言，似乎存在时空上的交错。另一种方法便是以法律条文为基础逐一进行解释。尽管法解释学曾一度被批评为概念法学，但随着解释学方法论的辅助——比较法、案例分析法、逻辑分析法等，这种方法对于学习者而言，在理解法律文本含义和揭示法教义的任务上，具有不可替代的作用。因为这是倾听立法者声音，追踪其原意的最有效的方法。

基于上述，本书集反垄断法学界中知名的中青年学者和学术新锐的智慧，共同完成对修改后的反垄断法的条文解释。在结构上，本书对法律条文的展开按照“条文主旨”“条文释义”“适用指南”“相关规定”的顺序和格式进行；在内容上，包括基本含义的解释、理论阐释、相关案例的辅助等。所有工作的目标都是力图从不同的视角全面解析法律条文，明晰其基本含义。

本书的策划、论证得益于中国法制出版社的王熹编辑，感谢中国法制出版社的邀请，感谢王熹编辑为本书的出版提出的有关写作方案、建议和文稿校对付出的辛苦！

因受时间、水平等因素的制约，文中难免有不足之处，敬请读者不吝批评指正！

本书的具体撰写分工（按照条文的起始顺序）如下：

中国政法大学　刘继峰教授：第 1、2、3、4、5、6、9、10、11、12 条

西南政法大学　叶明教授：第 7、8、21、22、23、24、57 条

北京化工大学　何国华副教授：第 13、14、65、66、67、68、69、70 条

郑州大学　王玉辉教授：第 15、16、17、18、19、56 条

南开大学　陈兵教授：第 20、25、26、27、28、29、30 条

中国政法大学　焦海涛教授：第 31、32、33、34、35、36、37、38 条

青岛大学　黄军讲师（博士）：第 39、40、41、42、43、44、45、61 条

中国社会科学院大学　谭袁副教授：第 46、47、48、49、50、51、52、53 条

中国政法大学　孙瑜晨讲师（博士）：第 54、55、58、59、60、62、63、64 条

刘继峰

2022 年 8 月 1 日

目 录

Contents

第一章 总 则

第二章 垄断协议

第三章　滥用市场支配地位

第四章　经营者集中

第五章 滥用行政权力排除、限制竞争

第六章 对涉嫌垄断行为的调查

第七章 法 律 责 任

第八章 附 则

附录

第一章 总　　则

第一条 【立法目的】[①] 为了预防和制止垄断行为，保护市场公平竞争，鼓励创新，提高经济运行效率，维护消费者利益和社会公共利益，促进社会主义市场经济健康发展，制定本法。

【条文主旨】

本条是关于反垄断法立法目的的规定。

【条文释义】

一、反垄断法立法目的的内容

并不是所有的反垄断成文立法中，都包含目的（下称立法目的）条款，如《德国反限制竞争法》便没有规定。在规定有立法目的条款的国家，规定的内容也不一致。有的国家将调整对象、执法机构和立法目的合在一起，如《俄罗斯竞争保护法》第一条。有的规定了直接目的、间接目的、手段等，如日本《关于禁止私营垄断及确保公平交易的法律》（以下简称日本反垄断法）。

我国反垄断法立法的目的是多元的，可以从上述规定中分解出以下几个方面：（1）预防和制止垄断行为；（2）保护市场公平竞争；（3）鼓励创新，提高经济运行效率；（4）维护消费者利益和社会公共利益；（5）促进社会主义市场经济健康发展。这些目标既单独成立，在整体上也自成体系。

---

① 简要条文主旨为编者所加，下同。

多元目的形成了目的（目标）体系或目标束，而理解目标束则需要运用系统论的方法来解析。

二、反垄断法立法目的分解

（一）预防和制止垄断行为

包括反垄断法在内的竞争法的立法目的在历史上经历了从主体到客体的转移过程。早期的竞争立法依附于民商法，开始于对自由的限制，包括对契约自由和定价自由等方面的限制。历史上，法国、德国都曾经将反竞争行为视为民事侵权行为，以维护民事主体利益为中心来确认其法律关系，这种观念和做法一直持续到专门的反垄断法或反不正当竞争法颁布。反垄断法是以垄断行为为基础来确定经营者的义务和责任的。

在垄断行为的态度和方法上，目前已经摆脱了传统民商事违法行为的认定要件，包括主观、行为的结果、因果关系等，构建的规制模式是双重的：预防性调整和救济性调整。

这里的预防性调整的对象是没有发生损害后果，但放任之则可能产生损害后果的行为。如有证据证明具有竞争关系的经营者间订立了垄断协议，该协议虽然没有实施，但仍构成违法垄断。广义上，反垄断法第五十三条规定的“承诺制度”也是一种预防性调整。因为按照条文规定，“对反垄断执法机构调查的涉嫌垄断行为，被调查的经营者承诺在反垄断执法机构认可的期限内采取具体措施消除该行为后果的，反垄断执法机构可以决定中止调查”。如果已经可以确定是垄断行为的，就应当按照第五十六条的规定，给予相应的处罚。这里“消除该行为后果”应当理解为，“消除该行为可能存在的垄断后果”。

垄断行为的事后救济，是对垄断行为的基础性调整。认定此类行为违法需要考察结果条件。基于结果的不同，如行为造成市场损害的程度、范围、持续时间等承担不同的法律责任。

（二）保护市场公平竞争

公平竞争对应的是不公平竞争。公平竞争是市场发挥资源配置决定性作用的前提下的竞争。竞争是一个内涵丰富的经济学概念，鲜有法律直接对其进行定义。极少数国家在立法上对其进行的定义也基本上是从经济学意义展开。[①] 在经济学上，竞争是市场中买方和卖方相互交往的演化性过程：购买者获取相关知识——去哪里购买、如何购买、什么新产品处于试

---

① 《俄罗斯竞争保护法》第四条规定，竞争是经营者之间的对抗。这种对抗能使每个经营者以其独立的行动排除或限制依单一力量决定相关商品市场商品流通的一般条件的可能性。

验中、如何做成一笔有利的生意；销售者则与提供密切替代品的其他供应者争胜，目的是利用新知识使自己在面对潜在购买者时占有优势地位。[①]

公平竞争是竞争法追求的目标。将公平竞争作为一种常态加以维护，便产生了竞争秩序。工业化社会孕育了一种考虑到当事人之间实际存在的不平等的契约关系。立法者倾向于保护弱者，打击强者；或者保护诚信者，打击搭便车式的“盗窃者”。为此，当事人必须服从于一个被现代法学家称为经济秩序的东西。[②] 这是秩序政策的核心内容，也是竞争法产生和发展的基本前提。

竞争法之所以将秩序作为价值目标，是因为竞争是一种有效的资源配置方式。竞争所产生的效果有两个方面：（1）效益好的企业将获得利润，效益差的企业将面临亏损与破产；（2）竞争将产生商品或服务的最低价，消费者对商品或服务有选择的机会。一定范围和程度的企业破产或亏损是市场规律发生作用的正常表象，维持这种程度的竞争就是经济学上所称的有效竞争。如果企业亏损或破产大面积爆发，则可能是过度竞争造成的。竞争无序不利于社会经济的发展。

（三）鼓励创新

2022年反垄断法第一次修改，在立法目的上增加了“鼓励创新”。如果将竞争视为一种争胜的过程，为了争胜进行技术创新、方法创新、要素创新等就是经营者的必然选择。相较而言，技术创新的社会贡献更大。因为科技是第一生产力。反垄断法对创新的关注的视角有两个方面：一是通过限制一些行为，防止抑制或可能抑制创新。在垄断协议中，有限制创新的卡特尔，[③] 在经营者集中的审查上，是否抑制创新是重要的判断要素。二是通过积极效果的评价取得反垄断豁免。我国国务院反垄断委员会发布了《关于知识产权领域的反垄断指南》，其第六条规定了评价经营者行为对创新和效率的积极影响，其中包括：该行为与促进创新、提高效率具有因果关系；相对于其他促进创新、提高效率的行为，在经营者合理商业选择范围内，该行为对市场竞争产生的排除、限制影响更小。

---

① 参见［德］柯武刚、史漫飞：《制度经济学》，韩朝华译，商务印书馆2001年版，第277页。

② 参见［法］热拉尔·卡：《消费者权益保护》，姜依群译，商务印书馆1997年版，第5页。

③ 卡特尔即横向垄断协议。反垄断法第二章以内容的不同，分别规定了价格卡特尔、数量卡特尔、地域卡特尔等。

"竞争的一个特别重要的结果是企业会变得乐于创新。"[①] 企业不断地进行研究与开发，并力图利用新的生产方法、新的原材料、新的组织和方法获得竞争优势。竞争促进创新的功能可以归结为两个方面，即技术创新和组织创新。

关于技术创新，熊彼特在《经济发展理论》中提出了两个命题——技术创新是经济发展的核心；创新是企业的恒久主题，而不是偶然现象。[②]在竞争机制下，企业市场地位的评价指标主要是企业的收益水平及其稳定性。企业欲获得长期稳定的收益就必须改进生产技术、降低成本、开发新产品，实现这一目标的主要手段是技术创新。

关于组织创新，新制度经济学的代表人物科斯创立了"市场替代"理论，合理地解释了企业代替手工工厂的制度原因，阐明了企业存在的经济合理性。科斯理论也为组织创新提升企业的竞争力提供了理论支持。竞争促进组织创新体现在组织规模的扩大和内部组织管理的科学化。通过外部交易成本内部化，企业经营优于分散的手工业者。随着企业规模的扩大，与之相适应的企业内部组织机构也会发生革命性的转变。[③] 钱德勒将这种转变称为"企业家式的管理转变为经理式的管理"[④]，即所谓职业经理人制度，并认为这是现代工商业企业成熟的标志。

很大程度上，反垄断法上的"鼓励创新"是通过"不得抑制创新"和"创新行为的豁免"来反映其立场的。这不同于以财政法、税法等积极的手段来引导企业创新。如果说它们是正向地鼓励创新，那么反垄断法则是反向地否定不创新。

（四）提高经济运行效率

反垄断法所奉行的效率准则，应当是坚持创新效率下的配置效率。概括而言，经济运行效率就是实现社会整体经济效率。

社会整体经济效率（以下称社会整体效率）和私人个体经济效率（以下称个体效率）是一对矛盾统一体。社会整体效率的实现需要承认和尊重

---

① ［挪威］A. J. 伊萨克森、［瑞典］C. B. 汉密尔顿、［冰岛］T. 吉尔法松：《理解市场经济》，张胜纪、肖岩译，商务印书馆 1996 年版，第 39 页。

② 参见［美］熊彼特：《经济发展理论》，郭武军、吕阳译，华夏出版社 2015 年版，第 49~81 页。

③ 参见［美］奥利弗·E. 威廉姆森、西德尼·G. 温特编：《企业的性质——起源、演变和发展》，姚海鑫、刑源源译，商务印书馆 2010 年版，第 43 页。

④ ［美］小艾尔弗雷德·D. 钱德勒：《看得见的手》，重武译，商务印书馆 1987 年版，第 547 页。

私人个体效率，没有个体效率，就不可能存在社会整体效率。但不能过分推崇个体效率，尤其不能以牺牲社会整体效率为代价来实现个体效率。

此处以价格卡特尔为例来阐明社会整体效率与个体效率之间的关系。被价格卡特尔所固定的价格为垄断价格，成员企业因垄断价格获取垄断利润，对所有成员企业来说是有（生产）效率的，成员企业的有限性决定了这种效率是个体效率。价格卡特尔使大量的非成员企业难以通过正常的价格竞争充分行使自主定价权，不可避免会降低资源的配置效率；另外，某种商品的价格被确定为垄断价格时，消费者无法在价格上作出选择，只能被迫接受高价商品。更为重要的是，价格卡特尔会扭曲价格信号。因为垄断价格不能客观真实地反映商品或资源的稀缺程度，它会给经营者提供虚假信息，对生产和消费行为进行误导，造成社会资源的浪费。国家无法据此实施有效的宏观调控措施。价格卡特尔是以损害社会整体效率为代价追求个体经济效率的典型形式，因此，各国反垄断法无一例外地禁止价格卡特尔。

（五）维护消费者利益和社会公共利益

反垄断法中的社会公共利益应当分为客观公益和主观公益。客观公益是基于国家、社会需要而产生的重要目的及目标；主观公益是基于某种文化关系之下，“一个不确定之多数（成员）”所涉及的利益。[①] 上述“公平竞争”“经济运行效率”应该是反垄断法所表彰的公共利益之“客观公益”，它来自竞争对整个社会产生的积极效用：如改进技术、开发新产品、节约能源、缓解经济危机等。相应地，“公平竞争”是反垄断法保护的社会公共利益之“主观公益”，它是竞争关系中的相关不特定主体的利益总和。

一般认为，为法律保护的利益有三种：个人利益、社会公共利益和国家利益。保护个人利益是传统私法的任务。而反垄断法限制的恰恰是私人利益。对私人权利进行限制，法益基础既可以是社会公共利益，也可以是国家利益。

在反垄断法中，两种特殊情况下可以体现维护国家利益的方面，一是反垄断法适用除外制度。自然垄断行业的公共性、农业的基础地位和对自然条件的依赖性等需要国家从国民经济稳定发展和经济安全的角度予以特殊关注。二是涉及外资并购的经营者集中（如经营者集中），法律赋予反

---

① 参见陈新民：《德国公法学基础理论》（增订新版·上卷），法律出版社 2010 年版，第 232~235 页。

垄断执法机构进行国家安全审查。

维护社会公共利益是反垄断法的常在形式。我国反垄断法第一条明确表达了维护“消费者利益”，没有使用“购买者”概念，但“购买者”是反垄断实践中的一个重要主体。在理解上，这个主体已被“消费者”吸收。换言之，本法中的消费者是经济学上消费者的概念。在内涵上，购买者、潜在购买者、消费者（消费者权益保护法意义上的）、潜在消费者都属于“消费者”。垄断行为侵害的对象包括竞争者和消费者，相比之下，侵害消费者利益更具有普遍性，需要特殊强调。故在客观公益的狭义基础上，可以将消费者利益和社会公共利益并列。

（六）促进社会主义市场经济健康发展

我国反垄断法列明的立法目的包括直接目的和间接目的。前者是“保护市场公平竞争”“提高经济运行效率”等，后者是“促进社会主义市场经济健康发展”。从关系上分析，保护市场公平竞争既是提高经济运行效率的前提，也是社会主义市场经济健康发展的重要前提。基于立法目的对本法具体规范的指导功能，“公平竞争”“经济运行效率”“维护消费者利益和社会公共利益”在目的解释中更具有指向性价值。

三、目标体系

如果结合经济法的范畴，理解上述目标之间的关系，可以看出，反垄断法属于市场规制法体系中的一个部分。市场规制法是经济法体系的重要构成部分和实现手段，其服从于国民经济良性运行的总目标（宏观目的）。市场规制法本身也是一个法体系，其运行的目标是维护良好的市场秩序，反垄断法是保障市场秩序的重要手段（中观目的）。通过规制垄断行为可以激发企业的创造性（微观目的）。

另外，如果从法律基本要件来看，反垄断法的立法目的处于调整对象和法益的中间。反垄断法调整的对象是垄断行为。反垄断法保护的法益是社会公共利益。社会公共利益是不特定主体利益的抽象的总和。垄断行为侵害的主体包括消费者和特殊情况下的竞争者。所以，反垄断法所保护的社会公共利益，主要体现为保护消费者利益，特殊情况下也保护竞争者，如低价倾销的受害者（竞争者），只是在理解上，此时的竞争者不是单个主体，而是一个群体概念。

【适用指南】

消费者利益和社会公共利益在法律实践中被广泛应用，并为在处理复杂问题时确定思考方向和展开说理提供解释依据。一般情况下，如果以消费者利益为中心来评价，消费者利益指的是消费者的长期利益，而不是短期利益。少数拥有支配地位的企业为了获得更大的利益，可能采取“欲取之，先与之”的手段，如低于成本销售、不当有奖销售等。这些看似有利于消费者的行为，实际是以短期施惠手段掩盖长期剥夺消费者福利的目的——经营者排挤掉竞争对手后，抬高价格以弥补其先前的“贴现”损失。如果行为人不能证明自己的利益与消费者利益长期一致，且预期消费者利益大于现实消费者利益，则构成垄断行为。

对于当事人而言，行为的违法性即该法益与私益之间的冲突。一般而言，社会公共利益高于私人利益，具有优位的价值。这是司法中或企业合规管理中尤为需要准确把握的。

案例：某牧场与某公司签订《生鲜乳购销合同》，约定如“合同期内，为保障双方合理预期，并保证某收奶工厂产能安排，乙方如有扩群计划，须征得某收奶工厂事先同意”“未经某收奶工厂事先书面同意，乙方不得通过包括但不限于出售泌乳牛、向第三方出售生鲜乳等方式擅自减少向某收奶工厂交售的生鲜乳数量”等条款。《生鲜乳购销合同》第十一条中约定，“一切与本合同有关的争议，由双方协商解决；协商解决不成的，提交某市仲裁委员会仲裁解决”。后双方在履行合同中发生争议。某牧场认为，某公司在生鲜乳市场占有垄断地位，其利用市场支配地位，签订垄断协议、控制奶价、以不公平的低于成本价收购生鲜乳等行为，违反了反垄断法的相关规定，故向法院提起反垄断诉讼。某公司在答辩期内提出管辖异议，认为双方签订的合同约定了仲裁条款，故案件应当由某市仲裁委员会仲裁。

法院最终认定，对相关协议是否为垄断协议的认定，超出了合同当事人之间的合同权利、义务关系，并使案件争议不属于“平等主体之间发生的合同纠纷和其他财产权益纠纷”，不再属于仲裁法规定的可仲裁范围。①本质上，由于垄断协议和滥用支配地位的认定与处理涉及社会公共利益，这超出了垄断行为人与受害人之间合同约定的仲裁条款的范围，由此，争议不再受垄断行为人与受害人之间合同约定的仲裁条款的约束。简言之，涉及社会公共利益的纠纷不能由私人处理。

---

① 参见《哈尔滨中院2021年度知识产权司法保护十大案例今日发布!》，载哈尔滨市中级人民法院网站，http：//hebzy. hljcourt. gov. cn/public/detail. php？ id = 14969，最后访问时间：2022年6月25日。

【相关规定】

《国务院反垄断委员会关于知识产权领域的反垄断指南》第一条。

第二条　【适用效力】中华人民共和国境内经济活动中的垄断行为，适用本法；中华人民共和国境外的垄断行为，对境内市场竞争产生排除、限制影响的，适用本法。

【条文主旨】

本条是关于反垄断法的适用范围（包括域内效力和域外效力）的规定。

【条文释义】

反垄断法的效力在空间上涉及的范围包括本国和有特定关系的外国。其中适用于外国地域的人和事的，称之为域外效力。所谓域外效力，也称域外适用，是指国外企业发生在本国的经营行为或国外企业发生在国外的行为的结果对本国市场竞争有不利影响，导致本国反垄断法的适用效力。域外效力不是反垄断法制定之初就存在的一种制度，它的产生有特定的国际经济背景并与本国的经济状况相联系。

一、域外效力问题的产生与发展

域外效力是一国主权权力的域外延伸，最初在相关国家没有对等贸易能力的情况下，也是贸易保护主义的变种。其运用中必然产生管辖权的冲突。

反垄断法的域外效力开始于1945年的美国“铝公司案”。[①] 美国联邦第二巡回法院在该案的判决中称：“美国的反托拉斯法适用于外国人在外国之行为，若此行为意图且实际影响到了美国的商业。”1982年美国颁布了《对外贸易反托拉斯改进法》明确了反托拉斯法的域外效力问题，即当事人

---

① United States v. Aluminum Co. of America et al. 148F 2d 416（1945）. 在该案中，一家加拿大制铝公司建立世界性的铝产品卡特尔，企图分割市场和实行铝产品份额出卖，被美国指控违反了《谢尔曼法》。

的行为对美国国内贸易，或者美国进口贸易，或美国出口企业的贸易机会有直接的、重大的和可以合理预见的效果。1995 年美国司法部和联邦贸易委员会将域外适用的效果原则实体法化，颁布了《反托拉斯法国际适用指南》。该指南第 3.1 条规定，美国反托拉斯法的管辖权不限于发生在美国境内的行为和交易。对美国国内或涉外商业产生影响的反竞争行为都可能违反美国反托拉斯法，不论该行为发生地在哪里，也不论该行为当事人的国籍。具体而言，它包括源于美国的商业和非源于美国的商业。对于后者要求对美国商业产生“直接、重大、合理可预见的影响”。[①] 例如，外国企业间的卡特尔或外国垄断者通过非直接销售、使用非关联中间商等进入美国市场，或外国纵向限制或知识产权许可安排对美国商业具有反竞争性影响等。由此美国确立了相对明确反托拉斯法的域外效力制度。反托拉斯法的域外适用除不考虑当事人的国籍外，也无需考虑行为人的主观状态。评判上的“直接、重大、合理可预见的影响”，也被概括为效果原则或效果主义。

从 20 世纪末期开始，随着跨国公司（尤其是母子公司）影响的增大及美国在效果原则适用上的“神出鬼没”，一些国家逐渐改变原有的地域原则，接受或倾向于接受本国反垄断法的域外适用。在这个时期制定反垄断法的国家也会在自己法律中宣称本法具有域外效力。从实际效果上，一方面可以对涉及本国商业的限制竞争行为进行控制；另一方面即便因贸易地位等原因无法对涉及本国商业的个别域外限制竞争行为实施有效的实际控制，也能体现回应他国同类制度的主权宣誓立场。这种情况下，域外效力在反垄断法中的位置将越来越正统，其制度化的趋势也会在国际经济交往中进一步强化。

二、我国反垄断法上的空间效力

我国反垄断法第二条对反垄断法的空间效力作了规定。比较而言，域内适用是包括反垄断法在内的所有法律的题中应有之义。反垄断法实施十余年来，处理的大量案件，大部分都是中国的企业在中国市场上实施的垄断行为。相比较而言，域外适用更能反映反垄断法的特殊性。

（一）适用原则

从法律规定的内容上看，我国反垄断法域外适用采取的也是效果原则。效果原则比属地原则的包容性更强。例如，某国两家公司进行合并，其产品在中国市场有销售。在中国市场上销售的主体是该国公司在中国的

---

① 参见《美国反托拉斯实施指南问题》，载 https：//kluwerlawonline. com/journalarticle/World+Trade+and+Arbitration+Materials/7. 3/WTAM1995022，最后访问时间：2022 年 7 月 30 日。

分公司。从行为地的角度而言，发生经营者集中的两家公司在该国市场上，按照狭义的属地原则，中国反垄断执法机构则不具有管辖权。但如果按照效果原则，则以在中国市场上销售产品的状况决定，即不论在哪个国家地域内发生的垄断行为，只要“对境内市场竞争产生排除、限制影响”，均可以适用本法。

正是因为狭义属地原则在管辖权上的限制，一些国家，如日本，便采取了扩张解释的方法，将垄断行为扩张为两个部分：既包括行为发生地，也包括结果发生地。这形成了广义的属地原则。本质上，这和效果原则异曲同工。效果原则强调了两方面的关联：当事人在境外的行为和该行为对国内市场竞争产生了不利效果。这就抛开了扩张解释和关系推定等繁琐的程序。适用广义属地原则时，需要确立在国内外公司之间确定关联关系，行为的结果——对国内市场产生不利影响。

（二）“产生排除、限制影响”的理解

效果原则发生在“境内市场”。什么是“境内市场”及如何判断？这个问题的指向应无争议。“境内市场”就是相关地域市场，其判断方法是《国务院反垄断委员会关于相关市场界定的指南》中所规定的需求替代和（或）供给替代。当然，概念指向清楚不等于认定无障碍。相反，在诸多互联网领域出现的垄断案件中相关地域市场的界定存在很大争议。相关内容具体见反垄断法第十五条的解释。在此不作展开。

在本条中，最为重要的内容是“产生排除、限制影响”。本质上指竞争损害和损害的危险，即损害的可能性和损害的现实性。这里，不论垄断行为是否实施，或不利后果是否显现，均强调的是若放任之则市场可能有“不可承受之重”。所以，从内涵上解释“产生排除、限制影响”，应包括“产生了”或“可能产生”。涉及具体垄断行为，其使用的词语略有变化，但实质不变。如反垄断法第三十四条（涉及经营者集中），使用的是“具有或者可能具有排除、限制竞争效果”。涉及垄断协议，通常也被司法机关或执法机关解释为“造成或可能造成排除、限制竞争”。不论使用哪种概念，在模式上，共同之处在于既包含目的，也包含效果。

如何判断是否产生排除、限制竞争影响。在垄断协议和滥用市场支配地位行为中，都没有规定判断的标准。在经营者集中审查问题上，反垄断法第三十三条规定了审查经营者集中应当考虑的因素，具体包括：参与集中的经营者在相关市场的市场份额及其市场的控制力；相关市场的市场集中度；经营者集中对市场进入、技术进步的影响；经营者集中对消费者和其他有关经营者的影响；经营者集中对国民经济发展的影响；国务院反垄断执法机构认为应当考虑的影响市场竞争的其他因素。

另外，涉及域外效力时，“域外”指哪些国家或地区？这个问题由外部主体行为的辐射性决定，即辐射得越广，则涉及的国家越多。从我国法律上看，“对境内市场”，是指对中华人民共和国境内地域市场。可能出现的情况是，一个案件会同时涉及本国和其他国家或地区的反垄断法律制度。例如，21 世纪初，澳大利亚的矿业巨头必某某拓公司收购另一家矿业巨头某拓公司，这一经营者集中行为涉及诸多国家地域市场，包括美国、日本、欧盟，也涉及我国铁矿石市场，因为当时我国是澳大利亚两家企业铁矿石的主要进口国。不同国家或地区的影响内容可能不一样。例如，欧盟对上述收购的初步调查显示，这笔交易在是否符合欧盟单一市场竞争要求问题上存在很大疑问，尤其是涉及铁矿石、煤炭、铀、铝和矿砂等矿产品，因为这一并购交易有可能会导致相关价格上扬，减少两家企业各自客户的选择机会。可见，在欧盟市场，涉及的排除、限制竞争影响的范围包括但不限于铁矿石。在我国，主要涉及的是铁矿石，如果交易得以完成，合并后的企业将占据全球铁矿石市场近 38%的份额，超过巴西某谷公司 33%的市场份额，使得全球铁矿石主要供应商由先前的 3 家进一步缩减至 2 家。这会明显减弱我国企业进口铁矿石时的谈判地位和能力。①

三、域外效力引发的其他问题

在法律条文上，因域外效力引发的问题没有明确，但这个问题同样很重要。因为严格说来，域外效力可能会引起管辖权冲突。

管辖权冲突的场合包括卡特尔、滥用支配地位和经营者集中，也包括反垄断私人诉讼。只是每种行为上引发的管辖权的冲突内容有所不同。解决反垄断法域外效力的冲突问题，主要是不同国家、国际组织之间开展竞争法方面的合作。目前，开展竞争法国际合作较早的是欧盟与美国之间的竞争法合作。我国正在进行积极的探索，扩大竞争法的国际合作范围和方式。具体合作的方式，包括交换信息、执法协作等。

例如，2022 年 2 月 4 日，受中俄两国政府委托，国家市场监督管理总局与俄罗斯联邦反垄断局共同签署《中华人民共和国政府与俄罗斯联邦政府反垄断执法和竞争政策领域的合作协定》。该合作协定的主要内容体现在反垄断案件通报、信息交换、执法协作、技术交流等方面。②

---

① 王文、张润丽主编：《地质工作战略研究参考》，地质出版社 2016 年版，第 15 页。

② 《中俄两国政府签署反垄断执法和竞争政策领域合作协定》，载央视网，http://news.cctv.com/2022/02/14/ARTIITMdg28ZyxPmlndZ6CON220214.shtml，最后访问时间：2022 年 7 月 29 日。

【适用指南】

从行政执法角度来讲，涉及域外效力的案件主要是经营者集中案。例如，2014 年商务部收到丹麦穆勒马某某集团（以下简称马某某）、地某某航运公司（以下简称地某某航运）、法国某飞海运集团公司（以下简称某飞）设立网络中心的经营者集中反垄断申报。经审查，商务部认为，该网络中心的设立导致马某某、地某某航运、某飞形成了紧密型联营，在亚洲—欧洲航线集装箱班轮运输服务市场可能具有排除、限制竞争效果。主要体现为，本次交易集合了交易方的实力，整合交易方的运营网络，消除了相关市场中主要竞争者之间的有效竞争，可能进一步推高国际集装箱班轮海运服务市场的进入壁垒，难以产生新的有竞争力的制约力量。为此，商务部决定禁止此项经营者集中。[①]

实践中，涉及经营者集中案件和滥用市场支配地位案件，“产生排除、限制竞争影响”的落实，首先划分相关市场，其次从不同角度分解竞争危害，包括潜在竞争者的市场准入、消费者的福利，也会从反垄断法第一条中的社会公共利益和国民经济发展的角度进行分析。进而，形成了对抽象标准进行细化解释的说理结构。

【相关规定】

《中华人民共和国涉外民事关系法律适用法》第四条；《最高人民法院关于适用〈中华人民共和国涉外民事关系法律适用法〉若干问题的解释（一）》第八条；《经营者集中审查暂行规定》第二十四条、第二十五条。

第三条 【垄断行为】 本法规定的垄断行为包括：

（一）经营者达成垄断协议；

（二）经营者滥用市场支配地位；

（三）具有或者可能具有排除、限制竞争效果的经营者集中。

---

① 《商务部关于禁止马某某、地某某航运、某飞设立网络中心经营者集中反垄断审查决定的公告》（商务部公告 2014 年第 46 号），载商务部网站，http：//fldj. mofcom. gov. cn/article/ztxx/201406/20140600628586. shtml，最后访问时间：2022 年 7 月 30 日。

【条文主旨】

本条是关于垄断行为类型的规定。

【条文释义】

按照本条的规定，反垄断法中的垄断行为包括垄断协议、滥用市场支配地位和经营者集中。可以从如下几个方面理解这一条。

一、竞争与垄断的关系

竞争被认为是一种理想的资源分配方式。垄断相对于竞争而存在。反垄断法针对的不是所有的垄断，只有那些危害竞争且缺乏社会公共利益平衡的垄断才是为反垄断法所禁止的。

在《布莱克法律词典》中，垄断包括两层含义：第一个含义是赋予某人或公司以特权或特别优势，使之获得从事某种特定商业或贸易、生产某种特定的物品或控制某种特定商品的全部供应的排他性权利；第二个含义是指一种市场结构，在该种市场结构形式中只有一家或几家企业控制着某项产品或服务的全部销售。① 第一个含义的垄断是依法产生的，如知识产权的垄断权、公用事业的特许经营权等；第二个含义的垄断是由于市场力量增强形成的阻碍竞争的状态。

现代垄断是竞争的对立面，但并不是对竞争的彻底否定。某种程度上，竞争的消极方面正是垄断发挥积极作用的领域。例如，竞争具有无序性和盲目性，而垄断组织内部的生产通常能够保持计划性和有序性，并能体现规模效益。因此，在某些经济领域一定程度的垄断会产生积极的效果，可以避免资源浪费，实现规模效益。正如马克思阐述垄断与竞争的关系时所说，“现代垄断并不是一个单纯的反题，相反地，它是一个真正的合题”②。

竞争和垄断的关系表现为以下方面。

首先，垄断来源于竞争。自由竞争意味着生产者和消费者在平等条件下享有自由。生产者可以自主确定生产对象、生产范围、生产规模以及销售领域等；消费者享有选择消费对象、消费方式、消费时间等权利。将两种权利联系起来的中介是产品之间的差别。由于生产者的自然条件及其选

---

① 《布莱克法律词典》，Bryan A. Garner，black's law dictionary（Ninth Edition），West Publishing Co. 2009，p. 1098.

② 《马克思恩格斯选集》（第1卷），人民出版社1995年版，第175页。

择的不同，生产出来的产品必然存在差别，正是产品的差别为消费者行使选择权提供了客观基础。产品的差别也成为促使生产者竞争的内在动因和吸引消费者行使选择权的直接动力。这样，产品的差别与竞争、垄断的关系就产生了：产品的差别越小，竞争性越大，垄断性越小；产品的差别越大，竞争性就越小，垄断性越大。为了在竞争中获得更优的效果，经营者会本能地追求垄断。使竞争转向垄断的可人为控制的手段有很多，如技术更新、组织改变、规模扩大等。自由竞争会促进生产集中，而生产集中发展到一定阶段必然导致垄断。

其次，垄断会限制竞争。经济垄断使经营者之间将生产要素的先天差别减弱，并转化为人为形成的后天差别。为了维持垄断地位，经营者及其联合体所从事的卡特尔、价格歧视、联合抵制等从根本上破坏了竞争所要求的机会平等，成为限制市场竞争的力量。对于垄断限制竞争的客观现象，自垄断产生时起一直到现在，始终存在着是以克服其存在的缺陷来维持竞争还是迁就垄断本身包含着某种合理性的不同认识。因此，从一定意义上讲，垄断是竞争的产物，是特定市场内经营者为减轻竞争力与其他经营者共谋或者滥用市场支配地位的各种行为的总和。

最后，垄断是社会经济发展过程中的一种常见的现象。一些产业因涉及国家安全或社会稳定，或私人投资不足等，需要国家以垄断的方式从事经营。另外，一些私人资本投资的行业为获得最大化利润，而联合起来滥用市场力量或单独滥用市场力量，危害其他经济主体的利益和社会公共利益。这种市场力量一旦形成，单纯依靠市场自发调节在短期内无法恢复平衡或恢复平衡的成本太大，需要借助外部力量的强制调整以克服市场力量自我调整的缺陷。这便是反垄断法产生的原因，也决定了反垄断法的调整特性——直接禁止或限制某些垄断行为。

二、垄断行为的类型化

通常，影响市场有效竞争的因素有三个方面：一是来自国家的，如关税等各种税收、知识产权制度等。二是来自市场主体的，即市场主体蓄意改变市场规则并使之有利于自己。它涉及的是个体利益与公共利益的对抗，如企业之间的限制价格协议、规模企业独占经营、垄断销售渠道等。三是来源于政府的，即政府介入经济关系并依据行政力量来改变市场规则。这种行为可能有利于个别市场主体的利益，如发布文件给予个别企业享有垄断经营某种产品的特权。在不涉及或不可能涉及国家安全和社会公共利益的前提下，上述第二、三种情形是竞争法所力图消除的“坏的竞争”。

垄断行为是“坏的竞争”的一种形态。垄断行为的主要特征如下：(1) 垄断行为是个中性概念，不会被一概否定，必要的垄断在各国都会存在。(2) 垄断行为的实施主体是一定经济领域的少数规模企业。(3) 垄断的方式既可以是个别企业利用市场支配地位单独实施，也可以是两个以上企业共同实施。(4) 追求垄断的目的是以排斥竞争而获得一定时期在某经济领域的垄断利润。(5) 垄断行为侵害的主体往往不特定。

传统上，垄断行为主要有如下三种，通常也被称为反垄断法的“三大支柱”：(1) 垄断协议，包括横向限制协议、纵向限制协议、轴辐协议。(2) 经营者集中，包括横向集中、纵向集中和混合集中。(3) 滥用市场支配地位，包括不公平价格、价格歧视、限定交易、搭售等。

当然，这些类型化行为是对经营者行为进行归纳而形成的，它只是历史性的总结。在经济发展中需要具有开放性观念及时总结新的行为类型，如互联网中的新型垄断行为、滥用优势地位等。

每一种行为各有其特点，性质也不完全一致。

一般而言，经营者达成垄断协议即应受到反垄断法规制，这意味着“垄断协议”都是违法的。按照本法第二十条的规定，经营者能够证明协议行为可以被豁免，所达成的便不是“垄断协议”，而是“协议”。

对于滥用市场支配地位行为，包含三层意思：一是一般情况下，经营者拥有市场支配地位法律并不违法；二是涉嫌滥用支配地位的行为，经营者能够证明有正当理由的，也不违法；三是滥用支配地位行为是一种结果关注，在没有正当理由的前提下，控制商品价格、数量或者其他交易条件，或者阻碍、影响其他经营者进入相关市场。这一点不同于垄断协议和经营者集中，后两者包含预防性调整和救济性调整。

对于经营者集中行为，首先，反垄断法上的经营者集中，并不等于公司法、企业法上的合并，有自己的特殊含义。其次，反垄断法上的经营者集中并非都是违法的，总体审查的结果包括允许集中、附条件允许集中、禁止集中三种。最后，反垄断法上的经营者集中涉嫌的违法，包括程序上的违法——应当申报而不申报；实体上的违法——具有或可能具有排除、限制竞争的后果。

三、如何理解垄断行为和行政垄断的关系

垄断法律关系的客体是行为，行政垄断也是以行为方式实施的垄断。为什么在反垄断法第三条中只将垄断行为确立为包括垄断协议、滥用市场支配地位和经营者集中三种行为，且后面没有兜底性条款？从行政垄断产生的来源上看，包括具体行政行为和抽象行政行为。行政垄断的行为属性当无问题，这种权力滥用产生的垄断性应受反垄断法调整也无问题。没有将其列入本条“垄断行为”，是因本条隐含着一个基本前提，即垄断行为是基于经济力量的滥用而产生的排除、限制竞争的行为。而行政垄断是基于行政力量产生的排除、限制竞争行为，由此，两者有本质的不同。

【适用指南】

本条是适用中具有总括性的价值。这种解读来自本条的位置——“总则”中的范畴性的规定；也来自本条的形式——以外延形式进行列举。由此，法律实践中，不论是行政处理的案件还是司法案件，通常，在案件处理中都会应用此条。一种用法是在定性时适用。例如，某公司在中国境内滥用其网络零售平台服务市场的支配地位，从事限定交易的行为，按照反垄断法第三条第二项，该行为属于滥用市场支配地位的行为。另一种用法是作为案件处罚或判决的依据。通常，既援引本条，也同时援引第二章到第四章中的具体行为条款。

当然，适用中的难点在于，垄断协议、滥用支配地位行为在表现形式上通常是合同，内容可能涉及价格、招投标等，由此产生反垄断法和民法典、价格法、招标投标法等制度之间的关系如何梳理的问题。现试举一例，加以说明。

案例：某市有三个（甲乙丙）合法成立的成人教育机构，三方同在该市范围内从事成人高考招生教学业务与大学的教育学院签订合作办学协议。在当地招收成人高考的学生后，按大学的教学计划完成相应的教学任务，并按照一定比例收取学费。随着竞争的日益激烈，三方共同签署《成人高考规范招生秩序合作协议》，旨在遏制无序降价。协议的主要内容包括：各方在招生时，最高降价不得超过500元；违约方应向未违约方支付违约金，作为对市场伤害的补偿。其中，甲方违反了约定，擅自降价了600元。为此，三方在执行协议约定时发生了争议。甲方认为，三方的“合作协议”属于反垄断法第三条规定的垄断行为，垄断协议无效。其他两方认为，甲的行为既违反价格法第十四条的相关规定，也违反合同法律制度的规定。最终法院认定，合同有效。①

在司法管辖上，不同性质的行为涉及的管辖权不一样。如果是涉嫌垄

① 辽宁省葫芦岛市中级人民法院（2020）辽14民终2457号，载中国裁判文书网，https：//wenshu. court. gov. cn/website/wenshu/181107ANFZ0BXSK4/index. html？docId = c546204ad8844e5ca764aca3002756f3，最后访问时间：2022年8月1日。

断行为的争议，则一审由中级人民法院管辖；如果涉及合同纠纷，则由初级人民法院管辖。

【相关规定】

《最高人民法院关于审理因垄断行为引发的民事纠纷案件应用法律若干问题的规定》第三条；《中华人民共和国价格法》第十四条。

第四条 【反垄断工作体制】反垄断工作坚持中国共产党的领导。

国家坚持市场化、法治化原则，强化竞争政策基础地位，制定和实施与社会主义市场经济相适应的竞争规则，完善宏观调控，健全统一、开放、竞争、有序的市场体系。

【条文主旨】

本条是关于反垄断工作体制（包括领导主体、工作原则、工作基础、工作目标）的规定。

【条文释义】

一、反垄断工作坚持中国共产党的领导

2018 年宪法修正案明确了“中国共产党领导是中国特色社会主义最本质的特征”。具体部门法不得与宪法相违背，而且要以宪法为依据。

在工作机制上，国家反垄断局下设诸多部门，分别管辖垄断协议、滥用市场支配地位、经营者集中、行政垄断。在业务上，需要接受国务院反垄断委员会的指导、协调。同时，在国家市场监督管理总局和省级市场监督管理局中各具体部门的业务活动中都需要接受中国共产党的领导。

反垄断法具有较强的政策性，只有在反垄断工作中坚持中国共产党的领导，才能把握正确方向。

二、反垄断工作的原则

国家坚持市场化、法治化原则，就是要正确处理市场与政府的关系。

坚持市场化，才能发挥市场在资源配置上的决定性作用。市场决定资源配置是市场经济的一般规律。市场经济本质上就是市场决定资源配置的经济。我国经济体制改革始终坚持市场规律，同时防范市场自身存在的不足，并坚持法治化规范市场。

在我国，市场化资源配置的功能体现为逐步被强化的过程。党的十八大报告提出，“更大程度更广范围发挥市场在资源配置中的基础性作用”；① 党的十八届三中全会提出，“使市场在资源配置中起决定性作用和更好发挥政府作用”；② 党的十九大报告中，把“和”字改为逗号，表述为“使市场在资源配置中起决定性作用，更好发挥政府作用。”③

理论和实践都证明，市场配置资源是最有效率也是最基础的资源分配形式。健全社会主义市场经济体制必须遵循市场配置资源这一经济规律。这意味着，反垄断法需着力防范和解决政府任意干涉市场资源的配置问题，同时，也要防范市场主体滥用市场力量扭曲资源配置，并解决监管不到位的问题。

三、反垄断工作的基础

强化竞争政策的基础地位具有时代意义。首先，反垄断法始终涉及竞争政策和产业政策间的协调问题。这主要体现在法律对产业和行业的划分及采取的措施上，反垄断法所划分的行业通常有：竞争性行业、特许垄断行业和自然垄断行业。通过划定自然垄断的范围为竞争行业提供效率竞争的基础；通过特许垄断防止竞争的高风险。自然垄断和特许垄断的范围大小和竞争行业的范围大小成反比例关系。因此，反垄断法执行产业结构政策的方式是进入管制，包括禁止竞争的进入壁垒和保护自然垄断。进一步而言，两类行业在反垄断法中被定位于“反垄断法适用除外”“卡特尔豁免”等。其次，产业组织政策在反垄断法中的体现，是对企业合并的控制。它涉及推动规模经济和抑制滥用规模经济的关系。历史上，着眼于国内中小企业生存环境的产业组织政策，反垄断立法和执法曾导向结构主义。现代经济条件下，提高企业国际竞争能力是产业组织政策核心，反垄断法开始支持大型企业的发展，鼓励企业的兼并。反垄断法对企业合并的

---

① 《胡锦涛在中国共产党第十八次全国代表大会上的报告》，载新华网，http：//www.xinhuanet.com//18cpcnc/2012-11/17/c_113711665.htm，最后访问时间：2022 年 7 月 29 日。

② 国防科学技术大学中国特色社会主义理论体系研究中心：《党的十八届三中全会〈决定〉重要举措释义》，载人民网，http：//theory.people.com.cn/n/2013/1122/c40531-23623500.html，最后访问时间：2022 年 7 月 29 日。

③ 《决胜全面建成小康社会 夺取新时代中国特色社会主义伟大胜利——在中国共产党第十九次全国代表大会上的报告》，载中国政府网，http：//www.gov.cn/zhuanti/2017-10/27/content_5234876.htm，最后访问时间：2022 年 7 月 29 日。

调整工具便体现出灵活性。对同一个市场而言，允许合并指标的不同体现的产业政策就不一样。一般而言，指标越高，越趋向于竞争政策；指标越低，越趋向于产业政策。最后，产业政策和竞争政策的关系需要随着市场结构的变化而变化。发达国家希望发展中国家更多地开放市场，即希望发展中国家在企业规模上执行竞争政策，以使本国企业能顺利进入发展中国家的市场。但发展中国家在合理的产业结构形成的过程中，完全依赖市场竞争可能涉及产业风险，甚至威胁国家安全。因此，发展中国家在开放中需要协调好产业组织政策和竞争政策的关系。改革开放以来，我国市场要素越来越完善，产业结构也较为合理，因此，确立竞争政策的基础地位对于健全统一、开放、竞争、有序的市场体系具有重要的意义。

四、反垄断工作的目标和方法

在本条第二款的后半段表述了反垄断工作的目标和方法。目标为："健全统一、开放、竞争、有序的市场体系"，方法为"制定和实施与社会主义市场经济相适应的竞争规则，完善宏观调控"。

成熟的竞争立法其目标是建立全国统一的大市场。这种市场的特性是开放性的、竞争性的、有序竞争的。这种目标不可能是自发形成的，尤其是市场竞争的有序，需要政府的有效监管。上述目标的实现，需要相关要素市场的健全，经营主体自主权的充分性和竞争法制体系保障。只有在这样的环境中，商品和资金流通才不受阻，竞争才能正常展开。

在方法上，市场竞争的规则包括两个方面：直接限制性和禁止性的法律制度和间接引导性的法律制度。前者包括反垄断法、反不正当竞争法、消费者权益保护法、价格法、广告法、产品质量法等。后者包括财政、税收、金融方面的法律规范等，即涉及宏观调控的有关法律制度。

竞争政策关注微观经济环节的目标，而微观经济和宏观经济不可能相互脱离，作为微观经济政策的竞争政策服务于国家宏观经济政策和协调微观经济的运行，它为宏观经济政策提供的法律手段。

两者有机结合是现代市场经济对法的客观要求，也是反垄断法调控机制发挥作用的形式。市场功能的缺陷可以靠政府去弥补、纠正，但不能把政府的作用"神化"。不能过高地估计和夸大政府弥补、纠正市场功能缺陷的能力，要看到政府调控也有局限性。对其局限性可以通过进一步完善市场的方法来克服。使市场在资源配置中起决定性作用、更好发挥政府作用，二者是有机统一的，不能把二者割裂开来、对立起来。既不能用市场在资源配置中的决定性作用取代甚至否定政府作用，也不能用更好发挥政府作用取代甚至否定使市场在资源配置中起决定性作用。①

宏观调控与市场机制相结合原则实质就是政府与市场之间的关系配置和选择问题。一方面，政府通过立法和行政手段以及各种经济政策来改善和扩大市场的作用，如建立和保持市场竞争秩序、规则，维持币值稳定、总量均衡，等等；另一方面，市场在改善政府功能上也发挥着重要作用，如在国家控制的公共产品领域引入市场竞争，有利于改变其低效率的运行状态。

【适用指南】

反垄断工作包括立法、司法和执法三个方面。立法是司法和执法的前提。制定与社会主义市场经济相适应的竞争规则，要求法律需要依据市场的变化适时调整。中国互联网经济发展快速，与之相适应的反垄断立法也需要及时补充完善。互联网经济进入数字经济的阶段，有关数据垄断或不正当竞争的规定亦应尽快完善。某经营视频等业务的大型平台诉另一经营主营即时通信业务大型平台，以为后者的平台屏蔽了自己的产品（即无法直接打开）。这一行为被概括为互联网屏蔽行为。如何认定互联网屏蔽行为？是按照传统的滥用市场支配地位之拒绝交易，还是需要重新确立其法律规范？

2019 年 8 月发布的《国务院办公厅关于促进平台经济规范健康发展的指导意见》明确提出，“聚焦平台经济发展面临的突出问题，遵循规律、顺势而为，加大政策引导、支持和保障力度，创新监管理念和方式，落实和完善包容审慎监管要求……着力营造公平竞争市场环境”。为此，适应新环境的互联网运营的监管应当以“分类监管、强监管、早监管、长监管”为指导原则。

立法完善是一种间断—平衡的过程。在社会系统内，间断—平衡机制本质上属于渐进式的制度变迁。反垄断法的修改应当体现生物进化间断—平衡机制的特点。在传统竞争工具难以直接作用于数字经济的情况下，反垄断需要新的手段。这种挑战超出了原有法律制度的内容。如果承认数字经济的上述独特之处，就应当承认数字经济中的反垄断立法是一项替补空白的制度使命。在这个过程中，强化竞争政策基础地位有利于协调和平衡竞争政策和产业政策的现实紧迫性。因为竞争政策不仅仅规制市场竞争中

① 参见中共中央宣传部：《习近平新时代中国特色社会主义思想学习纲要》，学习出版社、人民出版社 2019 年版，第 155~116 页。

的垄断行为，更能有效矫正政府出台的不当干预市场、限制竞争的产业政策。因此，市场经济将向更高质量、更高阶段发展。

【相关规定】

《中华人民共和国反不正当竞争法》第一条；《中华人民共和国消费者权益保护法》第一条。

> **第五条　【公平竞争审查】**国家建立健全公平竞争审查制度。
>
> 行政机关和法律、法规授权的具有管理公共事务职能的组织在制定涉及市场主体经济活动的规定时，应当进行公平竞争审查。

【条文主旨】

本条是关于公平竞争审查制度的原则性规定。

【条文释义】

公平竞争审查是一项创新性的制度，也具有中国特色。

一、公平竞争审查制度的建立

2016年颁布的《国务院关于在市场体系建设中建立公平竞争审查制度的意见》（以下简称《意见》）意义在于，对一直持续争议的经济转型过程中竞争政策和产业政策之间的关系有了基本的指向：确立了前者的优位地位。《意见》明确了两个审查的时间维度和效力跨度：既往效力——清理废除妨碍公平竞争的规定和做法；期后效力——出台的政策措施不得包含排除、限制竞争的要素。据此可以认为，公平竞争审查将为深化经济体制改革，落实市场在资源配置中起决定性作用，为建设统一开放、竞争有序的市场体系提供制度保障。

为了落实《意见》，2017年国家发展改革委、财政部、商务部、原国家工商行政管理总局、原国务院法制办会同有关部门研究制定了《公平竞争审查制度实施细则（暂行）》。与此同时，有关省份相继发布了地方性实施办法。针对落实《意见》和上述“细则”中存在的问题，在2021年进一步完善上述制度，形成了《公平竞争审查制度实施细则》。这一方面反映了公平竞争审查观念已经快速传播到地方政府各部门；另一方面为地方政府开展这项工作快速制定了行为规范。

二、公平竞争审查制度的创新

按照立法法第九十六条的规定，超越权限的；下位法违反上位法规定的；规章之间对同一事项的规定不一致且经裁决应当改变或者撤销一方的规定的；规章的规定被认为不适当且应当予以改变或者撤销的；违背法定程序的法律、行政法规、地方性法规、自治条例和单行条例都可以由有关机关依照立法法第九十七条规定的权限予以改变或者撤销。立法法中规定的“冲突或不适当”，自然也包括“规定”中存在阻碍、限制竞争内容而产生的冲突或不适当。公平竞争审查在内容上没有超出立法法规定的范围，但确定了启动的主体和审查程序，由此也形成了一种创新——方式（方法）创新。

分析公平竞争审查制度的特点，可以得出其本质在于创建系统内的自我审查机制，包括审查启动机制和审查程序。

在现行反垄断法中，对于包括抽象行政行为性质的行政垄断，建立了两条监督轨道：一是上级机关对下级机关的监督；二是反垄断执法机构向上级机关提出建议。事实上，外部监督主体和内部监督的方式均有可进一步完善的空间。按照《意见》的规定，除上述方式外，审查还可以有两种方式：（1）事中的自我审查。即要求政策制定主体在政策制定过程中，严格对照审查标准进行自我审查，具体审查程序包括听取利害关系人的意见、向社会公开征求意见等。（2）委托第三方开展评估。《意见》开启了一种“未来模式”——在条件成熟时组织开展第三方评估。

归纳而言，《意见》的方式创新包括如下方面：

第一，确定初始审查。自我审查即初始审查。《意见》强化了政策制定者的审查义务，将自我审查作为必经程序：“没有进行公平竞争审查的，不得出台。”由此，《意见》建立了义务的程序性和实体性的双重约束，以期实现法的预防性的调整功能。换言之，对于依行政权力可能产生的阻碍、限制竞争的风险控制，《意见》与反垄断法统合起来，形成两道防线：自我审查是控制风险的第一道防线，外部监督是第二道防线。

第二，增设了审查的保障措施。因抽象行政行为是集体做出的，如果行为的结果构成行政垄断，按照反垄断法的规定需承担的行政责任是对直接负责的主管人员和其他直接责任人员依法给予处分。《意见》从纪检监察的角度进一步扩展了组织和个人的责任：对未进行公平竞争审查或者违反公平竞争审查标准出台政策措施，以及不及时纠正相关政策措施的地方政府和部门，有关部门依法查实后要作出严肃处理；对失职渎职等需要追究有关人员党纪政纪责任的，要及时将有关情况移送纪检监察机关。由此看出，对于抽象行政垄断行为的责任，不仅是系统内的行政责任，也包括来自系统外的党纪责任。

第三，审查的回溯性。《意见》建立了自我回溯性审查。各级人民政府及所属部门要对照公平竞争审查标准，对现行政策措施区分不同情况，稳妥把握节奏，有序清理和废除妨碍全国统一市场和公平竞争的各种规定和做法。对市场主体反映比较强烈、问题暴露比较集中、影响比较突出的规定和做法，要尽快处理。

三、公平竞争审查的责任主体

2022 年修改后的反垄断法规制的行政垄断主体范围更宽。原法第三十七条规定的主体是行政机关。而按照现行法第四十五条规定，“行政机关和法律、法规授权的具有管理公共事务职能的组织不得滥用行政权力，制定含有排除、限制竞争内容的规定。”

【适用指南】

政策制定机关在公平竞争审查中应当严格履行审查程序。

根据《意见》要求，开展公平竞争审查应当征求利害关系人意见或者向社会公开征求意见。这一程序要求的目的：一是发挥社会监督作用，督促政策制定机关认真开展公平竞争审查；二是广泛听取各方面意见，尤其是利害关系人的意见，保障审查结论的准确性。利害关系人指参与相关市场竞争的经营者、上下游经营者、消费者以及政策措施可能影响其公平参与市场竞争的其他市场主体。征求意见的情况应当在书面的审查结论中予以说明。

《公平竞争审查制度实施细则》明确了公平竞争审查的基本流程。具体来说就是“三步走”：一是识别是否需要审查。如果涉及市场主体经济活动则需要审查，进入下一个流程；不涉及则不需要审查。二是核对是否违反审查标准。对照审查标准逐一核对政策措施的具体内容，如果认为不违反任何一项标准则审查完毕；认为违反任何一项标准，则需要详细说明违反哪一项标准，具体分析对市场竞争的影响。三是判断是否适用例外规定。对于违反相关审查标准的政策措施，需要进一步判断是否适用例外规定。认为适用例外规定的，应当充分说明理由，并在政策措施出台后逐步评估实施效果；认为不适用例外规定的，则不予出台或者修改调整。经修改调整的政策措施，应重新进行公平竞争审查，直至不违反任何一项标准为止。

政策制定机关开展审查要“留痕”——形成书面的审查结论。根据《意见》和《公平竞争审查制度实施细则》规定，未形成书面审查结论的，视为未进行公平竞争审查。为规范审查结论形式，政策制定机关会统一使用“公平竞争审查表”。“公平竞争审查表”体现了审查工作的全要素、全流程，包括文件名称和性质、起草机构、审查机构、征求意见情况、核对标准情况、总体审查结论、是否适用例外规定等。审查工作人员逐一填写上述信息，提交审查机构主要负责人签字后，随其他材料一并履行发文程序。政策措施出台后，“公平竞争审查表”随相关材料存档备查。通过推广使用“公平竞争审查表”，可进一步规范审查工作，强化程序约束，保障审查质量和效果。

【相关规定】

《中华人民共和国立法法》第九十六条；《公平竞争审查制度实施细则》；《国务院关于在市场体系建设中建立公平竞争审查制度的意见》。

第六条　【提升竞争能力的正当方式】经营者可以通过公平竞争、自愿联合，依法实施集中，扩大经营规模，提高市场竞争能力。

【条文主旨】

本条是关于经营者提升竞争能力的引导性规定。

【条文释义】

“公平竞争、自愿联合，依法实施集中，扩大经营规模”的最终目标是“提高市场竞争能力”。

在这里，立法者为经营者的活动指出一条正向竞争的积极路径。由此，反垄断法的调整存在正向助力（引导形式）与反向的消除阻力两种方式。对前者运用积极的手段，对后者运用消极的手段。

一、从企业的角度，提高市场竞争力需要建立在合法手段的基础上

助力企业提升竞争力的手段有很多。如技术创新，包括鼓励开发专利，维护注册商标等。创新效率是社会进步的源泉，也是实现消费者福利最大化和全社会福利最大化的基本动力。由此获得的市场竞争力是反垄断法所尊重和鼓励的。

对于企业而言，可竞争的要素有很多，传统上，主要有劳动、资本和土地。这些要素可以归结为资本要素。资本要素及其组合反映的是企业和企业之间的初始差异，它并不直接构成企业的外在竞争力。现代的竞争要素从企业内部转向外部，即可以对外标表产品或服务的差异性：价格、技术、商业标志等。

首先是价格。一定时期和一定条件下市场能够产生不同价格的同种产品。价格不同，产品的市场竞争力不同。所谓“看不见的手”的理论就是以价格为中心来展开论述的。现代情况下，价值规律发挥作用受到消费偏好、网络效应等因素的影响，需求量和价格之间的关系不是单纯的反比例关系，“价格越低竞争力越强”已经不是市场运行的公理，仅仅是市场发挥作用的一种形式。

其次是技术。20 世纪 50 年代以来，企业对技术的认识发生了根本性的变化，由重视对新技术产品的模仿转变为重视技术开发。技术研究的范围越来越广，技术研究在企业中的地位得到提升。产品竞争力与产品的科技含量的关系越来越紧密。农业经济时代财富的创造主要依赖于土地；工业革命后形成的商品经济时代财富的创造主要依赖资源和货币；商品经济的发展，对资源的依赖逐渐减弱，知识在产品价值构成中的比例逐渐上升，进而表明“知识经济”的来临。知识经济时代，企业的竞争力取决于产品的科技含量。一些高科技企业的产品的有形物质成本在产品价值中只占很小的比例。产品竞争力的内涵发生了转化，即产品中物化成本降低，科技含量提高。

最后是商业标志。工业文明的标志之一，就是产品的极大丰富、流通频率提高、流通范围扩大。市场上的产品浩如烟海，同类产品的生产者众多，而消费者要想对浩繁的产品区别出其差异，就需辨识己欲所购之物的出处，这促使商业标志制度发展起来。起初，这些商业标志的功能是“表彰商品来源”，即一般消费者据此可确定产品是否由同一生产主体所生产制造。但随着消费支出比例的增大，消费者不仅仅关心产品的出处，更关注商品品质，在“来源”与“品质”之间，后者更受重视。随着消费者关注点的转移，商业标志的另一种功能显现出来，即对外代表企业竞争力。

相比之下，现代竞争中，快速提升竞争力的手段不是资本要素或产品要素，而是组织要素。组织要素的基本意义有二。一是规模意义上的组织。通常，“大企业大量采购，因而价格低廉；它的运费支出是低的，而且运输上有许多方面也是节省的——特别是它如有铁路侧线直通厂中的话；它往往大量销售，同时还可以有很好的售价；大企业的声誉使顾客对它有信心；它能支付巨额广告费用”。① 这些都是大企业拥有竞争力的体现。二是管理意义上的组织。通过外部成本内部化，既可以控制原材料、控制市场，也可以降低成本，这种管理需要，使得同行业上下游间或同一经济环节的企业合并成为企业扩张的主要模式。

对企业而言，企业规模的扩大有传统方式和现代方式。传统方式主要是扩大投资、增加产量和提升质量，以获得更多的利润。现代方式则以企业并购为典型。这是实现企业经济垄断的最便捷的方式，因为并购直接形成企业经济规模的增大。19 世纪末期 20 世纪初期是企业规模急剧膨胀的年代。并购在一定条件下涉及反垄断法上的经营者集中。反垄断法关于经营者集中的规制恰是在上述企业并购浪潮的背景下产生的。

二、从政府的角度，也可以采取一定的方式引导企业提高市场竞争力

从反垄断法的调整方式上分析，禁止性、限制性的调整为主要方法，体现为第二章至第五章对具体垄断行为的态度上。但禁止性、限制性调整的目标是消除垄断行为，使被破坏的竞争环境恢复到正常的竞争状态。与此同时，各国竞争法几乎都会规定“促进竞争”，但如何促进竞争，除从反面禁止一些行为外，越来越多的国家也开始从正面“使力”。本条从调整方法上看，不同于第二章至第五章所运用的调整方法。虽然本条主要针对的是“经营者”，但在竞争的问题上，亦需要政府创造环境引导企业提升竞争力。

政府协助企业提升竞争力的方法，包括制订竞争计划、竞争倡导、竞争评估等。

竞争计划可以分为长期竞争计划、中期竞争计划和短期竞争计划。其内容是目标、手段、重点关注的产业等。

竞争倡导是指以倡导的方式鼓励行业提升竞争质量和水平。可以普遍性地针对所有的行业，也可以分门别类地进行竞争推进，还可以针对特殊行业。竞争倡导以柔性的方式落实促进竞争的立法目的，并协助国家产业调整，实施竞争政策。

---

① ［英］马歇尔：《经济学原理》（上），朱志泰译，商务印书馆 1981 年版，第 294～295 页。

竞争评估是针对特定集中度较高的行业进行垄断性危险的评估，通过评估数据，对行业中具有市场力量的大规模主体提供警示，防范从事滥用市场支配地位行为或进一步实施经营者集中。

【适用指南】

针对我国一些垄断性较强的行业，可以采取竞争评估，并提出竞争建议的方式引导企业的发展方向。如在垄断现象比较普遍的领域，一方面可就构成垄断的行为进行处理，但处理不是目的；另一方面可以就行业的竞争危险进行提示。同样，在互联网行业也出现了平台垄断的危险，亦需进行竞争评估。竞争建议和竞争咨询具有同类的性质。

就特定议题进行竞争政策引导也是实施竞争倡导的一种方式。如在银行和金融系统领域，反垄断执法部门可以协助制定政策性银行资金投向的政策，旨在鼓励工业部门创新性地发展经济，国家提供资金引导产业质量提升，促进形成长期项目为基础和目标。

再如，防止资本无序扩张的最终目的，不在于防范资本扩张的无序性本身，而在于引导和促进资本的有效配置。因此，不仅需要加强对反竞争行为的监管，也需要加强正向的引导和促进；不仅需要通过反垄断法和反不正当竞争法的实施防范资本无序扩张，也需要通过竞争倡导机制，引导资本有序竞争，从而实现资本有序扩张，最终促进整体社会经济健康发展。

【相关规定】

《中华人民共和国循环经济促进法》；《国务院办公厅关于促进内外贸一体化发展的意见》。

第七条　【不得滥用市场支配地位】 具有市场支配地位的经营者，不得滥用市场支配地位，排除、限制竞争。

【条文主旨】

本条是关于具有市场支配地位的经营者不得滥用其支配地位的原则性规定。

【条文释义】

一、市场支配地位的取得与规制

市场支配地位是经营者参与相关市场竞争过程中垄断状态的表达。市场支配地位本质表现为市场控制力量，常称之为市场力量，往往以提价能力为核心。本法第二十二条第三款规定："本法所称市场支配地位，是指经营者在相关市场内具有能够控制商品价格、数量或者其他交易条件，或者能够阻碍、影响其他经营者进入相关市场能力的市场地位。"此处包含两个选择性条件：一是经营者具有控制商品价格、数量或者其他交易条件的能力；二是经营者具有排除、限制竞争的能力，即能够阻碍、影响其他经营者进入相关市场。

实践中经营者取得市场支配地位主要基于以下两种方式：

1. 经济竞争。在优胜劣汰的市场环境中，经济竞争是取得市场支配地位的主要方式。一方面，经营者通过管理及技术创新减少生产成本、提高生产效率、优化质量与服务，以此扩大市场份额，在激烈市场竞争中取得支配地位。另一方面，也存在经营者以不正当的恶意竞争行为，如窃取商业秘密、商业诋毁、排挤竞争对手等，获取竞争优势，取得市场支配地位的情形。

2. 政府行为。在经济竞争之外，经营者可基于一定的政府行为取得市场支配地位。一方面，市场支配地位可以通过政府合法授权取得。如铁路、电力等一些特殊行业与关键领域，因特定政策考量，国家授权一个或少量经营者取得市场支配地位及垄断经营的状态，主要代表为部分国有企业等。另一方面，市场支配地位可以通过行政性垄断取得，即政府利用行政权力给予少数企业或者个人排他性地拥有某种经营权利并造成垄断。该行为一般损害市场竞争及经济秩序，为我国反垄断法所禁止。

一般而言，经营者取得市场支配地位并不必然违法，其存在的合理性在于：

1. 市场支配地位的取得往往是竞争的结果，经营者具备一定程度的企业规模和市场份额恰恰是效率的体现。具有市场支配地位并不意味着相关市场必然缺乏竞争，具有市场支配地位的经营者实施的特定行为也未必能够排除竞争。

2. 经营者利用市场支配地位可以实现资源集中，发挥生产的规模经济效益。在资源有限的条件下，能够节约生产成本，避免重复建设，提高生产效率。

3. 有利于促进创新活动的发展。经营者规模大小直接影响研发与技术创新的能力，尤其在日新月异的技术领域，经营者市场规模越大，研发投入越多，创新能力越强。且创新伴随高风险性，相对而言，具有市场支配地位的经营者更有能力引导并维持技术创新的持久性，带动相关行业技术的革新。

市场支配地位利弊共存。作为竞争的幸存者，经营者在获取市场支配地位后，能够凭借其地位与经济实力，控制市场上商品的价格、数量和其他交易条件，从而潜在威胁、减少甚至消除竞争，带来市场支配地位的滥用问题。

滥用市场支配地位是经营者在参与相关市场竞争过程中实施垄断行为的重要表现，指企业凭借已经获得的市场支配地位，对其他市场主体实施不公平交易或者排挤竞争对手的行为。滥用市场支配地位的行为多方面阻碍了经济健康发展：

1. 破坏市场自由竞争秩序。经营者滥用其所具有的控制市场的能力，实施掠夺性定价、人为设置市场进入壁垒等排除、限制竞争的行为，严重扭曲市场的竞争机制，减少甚至消灭竞争。

2. 降低资源分配利用效率。经营者缺乏竞争压力，容易满足现状，怠于科技创新与管理改进，进而导致生产效率低下，社会整体福利减少，社会进步受阻。

3. 损害消费者福利。经营者滥用市场支配地位，本质目的在于攫取超额利润，因此抬高价格、强制交易、歧视交易等行为最终都以消费者整体福利减少为代价。

反垄断法的重要目标之一在于促进经济效率的提高，此处的效率既包括生产效率，也包括配置效率。前者强调经营者必须带来社会总福利的增加，后者要求经营者行为需产生消费者福利。依据经济分析，当具有市场支配地位的经营者从事滥用市场支配地位行为时，市场资源配置缺乏效率，将导致社会成本增加、社会福利损失。因此，经营者滥用市场支配地位，实施排除、限制竞争的行为受到各国及有关国际组织的严格规制。而在法律发展过程中，对具有市场支配地位的经营者的规制也经历了由结构主义向行为主义的转变。结构主义理论认为，市场结构不同，势必会造成经济运作差别，企业一旦拥有市场支配地位，必定会滥用该力量妨碍竞争。行为主义则认为，对市场支配地位状态的控制应转向禁止滥用市场支配力，法律控制的重点不在于经营者的市场结构，而在于具有市场支配地位企业的经营行为，应防止滥用市场支配地位限制市场竞争行为的发生并对其加以规制。该理论在相当程度上影响了反垄断立法及其实施。

二、排除、限制竞争的理解与适用

反垄断法所关注的重心并非个别经营者的利益，而是健康的市场竞争机制是否受到扭曲或者破坏，产生严重损害市场竞争效果是对市场行为进行反垄断干预的重要前提。[①] 即使经营者具有市场支配地位，其实施的特定行为未必具有排除、限制竞争效果，行为合法与否应当依据该行为对消费者福利和市场竞争机制造成的消极效果和可能具有的积极效果进一步分析判断。

排除、限制竞争效果可以从两个方面理解：

1. 排除、限制竞争效果与垄断行为是否具有正当性并不等同。排除、限制竞争效果是具有市场支配地位的经营者实施特定滥用行为造成的竞争影响，判断垄断行为是否具有正当性即判断该行为是否存在合理性抗辩事由。两者既有联系，又存在区别。对正当性承担举证责任并不等同于对行为不具有排除、限制竞争的效果承担举证责任。

2. 排除、限制竞争效果不应与消费者福利损失相混淆。尽管消费者福利被视为各国反垄断法重要目标之一，但并不意味着反垄断执法机关面对垄断行为时，会直接关注该行为对终端消费者造成的影响。相反，通常而言，反垄断执法机关会优先关注被诉行为对一个或多个同业竞争者的影响，以此来判断是否存在排除、限制竞争者的效果，随后才会判断在此情况下是否会导致商品价格提高或改变市场结构，从而损害消费者福利。[②]

司法实务中，“排除、限制竞争”的反竞争效果往往直接或间接作为滥用市场支配地位行为的构成要件之一，如在徐某诉T公司滥用市场支配地位纠纷案中，法院引用本条作为反竞争效果分析的依据。

案例：徐某（原审原告，上诉人）按照某即时通信软件表情包投稿要求上传24个表情，T公司（原审被告，被上诉人）认为其投稿的“××”表情包旨在推广“×律师”互联网线上及线下法律咨询服务，违反《审核标准》中的禁止性约定未予审核通过。

徐某以滥用市场支配地位纠纷为由，对T公司提起诉讼，认为拒绝其投稿构成拒绝交易和限定交易。T公司认为，其不具有市场支配地位，其

---

① 参见最高人民法院（2013）民三终字第4号民事判决书。载人民法院报网站，http://rmfyb.chinacourt.org/paper/html/2017-03/16/content_123483.htm?div=-1，最后访问时间：2022年6月25日。

② 参见孟记安、谭森：《效果分析在滥用市场支配地位案中之必要——奇虎360诉腾讯案会是改变中国反垄断法规则的一个契机吗?》，载《竞争法律与政策评论》2016年第2期。

基于企业自主经营权设定投稿审核标准，依约拒绝审核通过徐某投稿的表情包不属于滥用市场支配地位的行为。

法院生效裁判认为，本案中T公司被诉行为，不构成滥用市场支配地位。反垄断法规定，“具有市场支配地位的经营者，不得滥用市场支配地位，排除、限制竞争”，据此，“排除、限制竞争”是判断是否属于滥用市场支配地位的原则性标准。徐某涉案表情包投稿目的为商业推广，T公司审核决定是否准入亦有其商业目的，二者地位平等，未达成合意系自由竞争市场的正常表现，T公司的审稿行为本身没有排除、限制竞争之目的。同时，徐某通过多个商品推广渠道已能够满足并实现需求替代性的选择范围，T公司拒绝“××”表情包进驻不具有排除或者限制竞争效果，滥用市场支配地位无从谈起。①

三、滥用市场支配地位的分析与认定

从立法逻辑来看，本条系本法总则部分的原则性规定，总括性地为具有市场支配地位的经营者设定了不得滥用自身支配地位的行为原则。至于如何分析判断经营者滥用市场支配地位，《禁止滥用市场支配地位行为暂行规定》第二十一条提供了一般思路，即（1）经营者具有市场支配地位；（2）经营者实施了排除、限制竞争行为；（3）经营者实施相关行为不具有正当理由；（4）经营者相关行为对市场竞争具有排除、限制影响。关于相关市场的界定，可以参考国务院反垄断委员会发布的《关于相关市场界定的指南》第二章，采取需求替代（第五条）、供给替代（第六条）等分析方法以及“假定垄断者测试”（第十条）的分析思路。关于如何判断经营者是否具有市场支配地位，本法第二十三条、第二十四条规定了认定、推定两种分析模式。因个案事实及具体行业特性不同，各种因素在认定作用上的权重有所差异。司法实践中，可以借助本法第二十三条第六项“与认定该经营者市场支配地位有关的其他因素”的开放性规定，综合考察市场结构、市场行为与市场绩效等因素。关于经营者哪些行为涉及滥用市场支配地位，本法第二十二条进行了具体细化和延伸，作出了列举式规定，主要包括不公平定价、掠夺性定价、拒绝交易、限制交易、搭售行为、差别待遇等。最后，经营者可以根据行为合理性援引《禁止滥用市场支配地位暂行规定》第十五条至第十九条中的“正当理由”进行抗辩。

---

① 参见广东省高级人民法院（2016）粤民终1938号民事判决书，载中国裁判文书网，https：//wenshu. court. gov. cn/website/wenshu/181107ANFZ0BXSK4/index. html？docId＝4b2fedf377f0489f9716a85c009bc104，最后访问时间：2022年6月25日。

需要注意的是，由于不同案件涉及的行业领域不同，相关市场竞争状况及竞争力量对比不同，经营者采取的商业模式不同，滥用市场支配地位行为案件需采取灵活的分析步骤和方法，遵循个案分析原则进行考量判断。例如，原则上如果被诉经营者不具有市场支配地位，则无需对其是否滥用市场支配地位进行分析，可以直接认定其不构成反垄断法所禁止的滥用市场支配地位行为。但是，在相关市场边界较为模糊，被诉经营者是否具有市场支配地位不甚明确时，可以进一步分析被诉垄断行为对竞争的影响效果，以检验关于其是否具有市场支配地位的结论正确与否。[①] 再如，经营者的部分行为可能排除、限制竞争效果微弱，却对消费者权益损害显著，若过于强调排除、限制效果或难以有效规制经营者滥用市场支配地位的违法行为，在此情况下，对滥用市场支配地位进行分析可以更多地关注、考量终端消费者福利。

【适用指南】

实务中，本条通常作为不得滥用市场支配地位的原则性条款适用。反垄断法并不禁止经营者基于合法方式取得市场支配地位，但是，具有市场支配地位的经营者滥用其支配地位，从事排除、限制竞争行为，应受本法调整与规制。

此外，本条提出了“排除、限制竞争”的基本要求，也可作为反竞争效果分析的依据。

【相关规定】

《中华人民共和国反垄断法》第二十二条、第二十三条、第二十四条；《关于相关市场界定的指南》第五条、第六条、第十条；《禁止滥用市场支配地位行为暂行规定》第十五条至第二十一条。

---

① 参见最高人民法院（2013）民三终字第 4 号民事判决书，载人民法院报网站，http：//rmfyb. chinacourt. org/paper/html/2017-03/16/content_123483. htm？div=-1，最后访问时间：2022 年 6 月 25 日。

第八条　【特殊行业的保护和监管】国有经济占控制地位的关系国民经济命脉和国家安全的行业以及依法实行专营专卖的行业，国家对其经营者的合法经营活动予以保护，并对经营者的经营行为及其商品和服务的价格依法实施监管和调控，维护消费者利益，促进技术进步。

前款规定行业的经营者应当依法经营，诚实守信，严格自律，接受社会公众的监督，不得利用其控制地位或者专营专卖地位损害消费者利益。

【条文主旨】

本条是关于特殊行业在反垄断法中地位的规定。

【条文释义】

本条是对国有经济及专营专卖行业经营者的具体规定。一方面表明此类经营者的合法经营活动受法律保护，另一方面规范此类经营者的行为并要求其承担法定义务。

一、所涉特殊行业

（一）国有经济占控制地位的关系国民经济命脉和国家安全的行业

现行法律及政策体系中尚无相关文件对此作出明确的界定，故需要根据具体情形进行判断。“国家安全”广义上可以理解为包括国家政治安全、经济安全和国防安全。“关系国民经济命脉”一定程度上也可以理解为关系国家经济安全。因此，此处的“国家安全”宜作狭义理解，仅包括政治安全和国防安全，即主要包括军工等行业。

国家发展和改革委员会在2006年的《关于推进国有资本调整和国有企业重组的指导意见》中提出：国有经济占控制地位的关系国民经济命脉和国家安全的行业主要包括：涉及国家安全的行业、重大基础设施和重要矿产资源、提供重要公共产品和服务的行业、支柱产业和高新技术产业中的重要骨干企业。时任国务院国资委主任接受新华社记者专访时表示，国有经济应对关系国家安全和国民经济命脉的重要行业和关键领域保持绝对控制力，包括军工、电网电力、石油石化、电信、煤炭、民航、航运等行业。[①] 但是，该界定是基于当时的经济发展情况，结合行业重要性作出的，因此仅供参考。

一般而言，国有经济占控制地位的关系国民经济命脉和国家安全的行业多数以产业性质和国家干预形式为划分标准，具体分为自然垄断行业和政策性垄断行业。[②]

其一，自然垄断行业，指一些生产成本具有弱增性的领域，单个企业生产给定数量的多种产品的总成本小于多个企业生产该产品组合时的总成本，简单来讲就是单独一个企业能够比多个企业更经济、更有效率地提供全部产出。[③] 该行业的显著特征是投资数额大、投资周期长、规模要求高、[④] 公共服务性强。[⑤] 电信、电力、邮政、铁路运输、自来水和煤气等都是典型的自然垄断行业。倘若在这些领域实行自由竞争，则可能导致公共福利丧失、社会资源浪费或者市场秩序混乱。[⑥] 换言之，限制竞争是自然垄断行业实现资源优化配置的必备条件。因此，为了实现社会公共利益，需要政府的“有形之手”来弥补市场失灵，这也是政府投资和经营职责所在。[⑦] 当然，自然垄断行业并非毫无竞争可言。该行业中的部分业务仍具有可竞争性。如电力行业包括电力设备供应、电力生产（发电）、高压输电、低压配电和电力供应等多种业务领域，其中电力设备供应、电力生产及供应就属于竞争性业务。[⑧]

其二，政策性垄断行业，又称“法定垄断行业”，指国家基于社会经济总体和长远利益及政治、国防、外贸和其他国计民生等方面的政策性考虑，对于某些特定行业、特定主体和特定行为的垄断予以法律规制的例外

---

① 参见《国资委：国有经济应保持对七个行业的绝对控制力》，载中国政府网，http://www.gov.cn/ztzl/2006-12/18/content_472256.htm，最后访问时间：2022 年 6 月 25 日。

② 参见张杰斌：《特定行业的〈反垄断法〉适用研究——〈中华人民共和国反垄断法〉第七条评析》，载《北京化工大学学报（社会科学版）》2007 年第 4 期。

③ 参见徐士英：《竞争法新论》，北京大学出版社 2006 年版，第 138 页。

④ 参见于良春：《自然垄断行业政府规制理论与政策研究》，吉林大学 2004 年博士学位论文。

⑤ 参见符颖、王先林：《反垄断法对食盐专营的豁免与适用》，载《湘潭大学学报（哲学社会科学版）》2012 年第 6 期。

⑥ 参见黄勇、邓志松：《垄断性国有企业价格垄断行为的法律规制》，载《社会科学》2011 年第 9 期。

⑦ 参见孙晋：《竞争性国企市场支配地位取得与滥用以及规制的特殊性》，载《法学评论》2016 年第 1 期。

⑧ 郑鹏程：《论我国自然垄断行业的垄断特征与法律规制》，载《法学评论》2001 年第 6 期。

许可，或法律规定予以鼓励和扶助，或实行国家垄断。[1] 通常政策性的行业垄断主要是某些同国计民生密切相关的行业，主要包括农林渔、银行、保险、烟草和食盐等。

（二）依法实行专营专卖的行业

依法实行专营专卖的行业即国家直接垄断的行业，是政策性垄断的一种表现形式，指国家基于社会经济总体和长远利益及政治、国防和其他国计民生等方面的政策性考虑，在某些行业不仅允许垄断和限制竞争，而且规定由国家直接投资经营，并在一定程度上排除非国家资本的进入。[2] 依法具有独占地位的经营者由于长期承担许多社会责任而享有特殊地位。法律法规规定的某些特殊行业具有独占地位，其发挥为社会公众服务的重要作用，为社会主义市场经济发展和国家经济安全作出巨大贡献。在社会主义市场经济条件下，这些企业发挥着不可替代的作用，因此法律赋予其专营专卖的权利，对其合法经营活动给予保护。故专营的实质是通过法律正当赋权而形成的对某种产品的合法垄断经营。[3]

我国实行专营专卖的行业主要包括烟草和食盐行业。其一，烟草行业。根据《中华人民共和国烟草专卖法》规定，为有计划地组织烟草专卖品的生产和经营，提高烟草制品质量，维护消费者利益，保证国家财政收入，由国家对烟草专卖品的生产、销售和进出口业务实行垄断经营、统一管理的制度。其二，食盐行业。正如《食盐专营办法》第一条所指，为加强食盐管理，保障食盐科学加碘工作的开展，确保食盐质量安全和供应安全，保护公民的身体健康，我国食盐业实行实质为政策性垄断的专营制度，即国家对食盐实行指令性计划管理，由盐业行政部门主管食盐生产、分配及监督盐业运行，盐业公司只负责食盐批发。[4]

二、保护特殊行业的合法经营活动

国家仅对上述行业的“合法经营活动”予以保护，也即国家承认和保护的是上述行业的垄断地位或市场支配地位，并不保护其垄断行为。[5]《最

---

① 孙晋：《反垄断法适用除外制度与政策性垄断的合理界定》，载《法学评论》2003年第3期。

② 参见漆多俊：《经济法基础理论》，法律出版社2008年版，第202~203页。

③ 参见孙晋、范舟、秦丽：《我国食盐业专营垄断之变异、危害及其纠补》，载《中南大学学报（社会科学版）》2010年第2期。

④ 参见孙晋、范舟、秦丽：《我国食盐业专营垄断之变异、危害及其纠补》，载《中南大学学报（社会科学版）》2010年第2期。

⑤ 参见杜昶：《从法解释学角度论〈反垄断法〉第七条的理解——从电信、联通涉嫌垄断案切入》，载《法制与社会》2012年第11期。

高人民法院关于审理垄断民事纠纷案件适用法律若干问题的规定》第九条也表明对于公用企业的垄断行为可以依法提起诉讼。[①]

实践中也有前述特殊行业因为垄断被调查，甚至被处罚的案例。

案例：2011 年上半年，国家发改委发起对某甲公司和某乙公司涉嫌宽带接入领域垄断问题的调查，调查的主要内容为某甲公司、某乙公司在宽带接入及网间结算领域是否利用自身具有的市场支配地位阻碍影响其他经营者进入市场等行为。[②]

案例：2017 年 3 月，某省物价局查处某甲分公司滥用市场支配地位和达成实施纵向垄断协议案也是一大例证。经调查，某甲分公司在经营宽带业务时，要求消费者指定一部固定电话作为承载或付费电话，以实现固定电话与有线宽带的捆绑，构成滥用支配地位实施搭售行为；同时还与交易相对人达成固定向第三人转售商品价格垄断协议，最终被罚款 671559 元。[③]

因此，国有经济占控制地位的关系国民经济命脉和国家安全的行业以及依法实行专营专卖的行业如果超出法律允许范围，实施垄断高价、非法搭售、强制交易、拒绝交易等限制竞争的行为，仍然应当适用反垄断法。

三、监管特殊行业的经营行为

上述行业虽具有自然垄断性质、政策性垄断属性或依法实行专营专卖，但国家有权依法对上述行业经营者的经营行为及其商品和服务的价格等实施监管和调控。因为这些行业的竞争受到限制，更需要国家对其经营者的经营行为加强监管。一方面，依照价格法的规定，实行政府定价或者政府指导价。以电信业为例，其价格主管内容主要包括成本与定价原则、资费总水平、资费结构、资费标准的确定等。[④] 另一方面，加快推进行业改革，积极引入竞争机制，引导、推进经营者之间开展竞争，促进技术进步。从 20 世纪 90 年代开始，党和政府结合我国基本国情，基于可竞争市

---

① 参见《最高人民法院关于审理因垄断行为引发的民事纠纷案件应用法律若干问题的规定》第九条：被诉垄断行为属于公用企业或者其他依法具有独占地位的经营者滥用市场支配地位的，人民法院可以根据市场结构和竞争状况的具体情况，认定被告在相关市场内具有支配地位，但有相反证据足以推翻的除外。

② 参见《发改委：××和××涉嫌垄断正立案调查》，载中国网，http：//www.china.com.cn/v/news/2012-03/30/content_25022580.htm，最后访问时间：2022 年 6 月 25 日。

③ 参见《××两地方公司因垄断行为被罚》，载新京报网，https：//www.bjnews.com.cn/finance/2017/03/17/436782.html? from = timeline&isappinstalled = 0，最后访问时间：2022 年 6 月 25 日。

④ 参见马杰：《国有企业的反垄断法规制问题探析——〈中华人民共和国反垄断法〉第七条释义》，载《企业活力》2009 年第 10 期。

场理论，通过放松准入、拆分重组、引入竞争机制与激励性监管机制等一系列措施，在我国自然垄断行业的可竞争领域初步构建起多主体相互竞争的市场格局。[①] 2020 年 5 月，《中共中央、国务院关于新时代加快完善社会主义市场经济体制的意见》指出“稳步推进自然垄断行业改革。深化以政企分开、政资分开、特许经营、政府监管为主要内容的改革，提高自然垄断行业基础设施供给质量，严格监管自然垄断环节，加快实现竞争性环节市场化”，并分别就电力、油气、铁路、邮政和烟草的竞争机制引入作了规定，旨在前述相关市场实现主体的多元化、交易的市场化和竞争的适度化。2022 年 3 月，《中共中央、国务院关于加快建设全国统一大市场的意见》指出“着力强化反垄断。稳步推进自然垄断行业改革，加强对电网、油气管网等网络型自然垄断环节的监管”。

四、特殊行业不得利用其控制或专营专卖地位实施违法垄断行为

上述特定行业涉及国民经济命脉，与公众利益关系密切，其经营行为受到社会的广泛关注。有些经营者滥用支配地位，制定垄断高价或者服务质量较差，损害消费者利益。例如，部分地区的烟草企业为了追求局部利益，滥用专营专卖地位，实施附条件交易、搭售、强制交易等行为，甚至通过增设税费、设卡堵截等方式阻止外地生产的烟草制品进入本地区销售。[②] 食盐行业也有类似情况发生，食盐经销商凭借其垄断地位，一方面压低食盐生产商的供应价格，另一方面尽可能抬高食盐的销售价格，进而获取高额垄断利润。[③]

为此，本条第二款对这些特定行业经营者的经营行为作出了有针对性的规定，强调这些行业的经营者必须依法经营，严格自律，不得利用其垄断地位来实施垄断行为、损害消费者利益，这与本法第一条立法目的也是相同的。本次反垄断法修改新增的“公平竞争审查制度”也适用于本条所涉行业，避免政府利用相关政策排除限制相关行业竞争，进而维护公平竞争的市场环境。

---

① 参见韩胜飞、李文静、陈林：《基于可竞争理论的中国自然垄断行业监管体制改革——以基础电信业为例》，载《人文杂志》2021 年第 10 期。

② 参见李海波：《我国政策性垄断适用除外制度若干问题研究》，厦门大学 2007 年硕士学位论文。

③ 参见孙晋、范舟、秦丽：《我国食盐业专营垄断之变异、危害及其纠补》，载《中南大学学报（社会科学版）》2010 年第 2 期。

【适用指南】

反垄断法第八条在执法实践中多用于案件调查分析过程，较少作为最终的处罚依据。下文以“某盐业股份有限公司乙市分公司垄断行为案”① 为例进行分析。

案例：2016 年 10 月 26 日，根据零售商举报，甲省工商局与乙市工商行政管理局初步核查发现，某地食盐批发企业在向食盐零售商批发食盐时进行强制搭售。根据国家工商行政管理总局授权，2015 年 7 月 15 日，甲省工商局对当事人某盐业股份有限公司乙市分公司涉嫌滥用市场支配地位行为立案调查。

经调查发现，本案相关商品市场为食盐市场，相关地域市场为乙市行政区域内食盐批发市场，当事人在乙市行政区域内的食盐批发市场占据100%的市场份额，具有法定的市场垄断地位。当事人滥用市场支配地位实施的强制搭售行为使得有些零售商为了弥补损失，不得已提高畅销食盐的价格；还有些零售商因搭售资金被占用，不能提供充足的畅销食盐，导致普通畅销食盐短缺，使得消费者不能自由选购食盐品种，进而损害了消费者的利益，违反了修改前的反垄断法第七条第二款规定，即“前款规定行业的经营者应当依法经营，诚实守信，严格自律……不得利用其控制地位或者专营专卖地位损害消费者利益”。

甲省工商局认定当事人违反了 2008 年反垄断法第十七条第一款之规定，并根据该法第四十七条之规定，对当事人作出处罚决定。

【相关规定】

《中华人民共和国烟草专卖法》第一条、第三条；《中华人民共和国烟草专卖法实施条例》第二条；《食盐专营办法》第一条。

---

① 参见湖南省工商行政管理局湘工商竞处字〔2016〕2 号行政处罚决定书，载国家市场监督管理总局网站，https：//www. samr. gov. cn/fldes/tzgg/xzcf/202204/t20220424_342058. html，最后访问时间：2022 年 6 月 25 日。

第九条 【数字领域反垄断基本原则】经营者不得利用数据和算法、技术、资本优势以及平台规则等从事本法禁止的垄断行为。

【条文主旨】

本条是关于反垄断法在数字经济领域适用的原则性规定。

【条文释义】

除农业经济和工业经济外，数字经济是一种以平台企业为重要组织形式的一种经济形态。数字平台企业之间的竞争具有“胜者通吃”进而诱发“资本无序扩张”的特点。在数字经济领域中，“胜者”一般是指拥有优越数据资源、掌握核心竞争技术、具有显著资本优势的互联网平台企业。

一、数据和算法、技术、资本优势与“经济权力”

资源占有上的不平等会形成市场关系地位上的不平等，具有优势地位的一方容易形成“经济权力”。因为个别互联网平台企业掌握丰富的数据、算法、技术和资本等生产资料，这些头部企业可以很容易地凭借资源优势，精准制定经营策略。

以平台为代表的现代企业具有“一个主体、多重身份”的特性，既是以利润最大化为目标的经营者，也是保障产品或服务质量的交易人，还是具有内部劳动管理权的一方主体。这形成了多重法律关系的叠加。总体上，企业身份具有二重性：自然性和社会性。只讲企业的自然属性，说企业是社会财富的生产者，是经济发展的推动力，用企业的自然性掩盖社会性，无疑是片面的。当然，只强调企业的社会性而抹杀自然性，也是片面的。

相比传统产业，数据经济使社会资源分散化，没有也不可能根除资源控制的不平等。数据经济的资源组合载体是互联网平台。互联网平台力量的构成要素不同于传统资源，数据资源类别多样，且诸多资源不具有排他性，如用户信息、点击量等。由于诸多资源的非排他性，资源的组合空间和组合形态便具有多元性。由此，互联网平台的市场力量需综合认定，基本数据、下游主体的依赖性、转换成本等是核心判定要素。

二、垄断行为的主体

不同于传统市场，互联网经济以平台为中心，形成双边市场①或多边市场，若拥有经济权力的平台滥用其权力，产生的不利影响发散性更强，形成比传统市场更多维、多层次的危险结构，不限于横向和纵向扩展，还包括斜向（非横非纵）。例如，“二选一”针对的是平台内经营者，但受害主体不限于平台内经营者，还包括另一边的消费者。此外，还可能波及横向关系的竞争者、受平台间接效应影响的主体，如广告商、辅助服务商等。

超大型平台利用资本优势去开发核心竞争技术来提高自身的市场竞争力。这些头部平台企业为了巩固它们在市场竞争中的优势地位，基于在数据资源、核心技术以及资本储备等方面的优势，它们不断地拓宽自己的市场边界，在一定程度上容易诱发反竞争现象。

由于数字经济平台企业有别于其他经济主体的特殊性，譬如双边市场、科学技术性以及数据生产力等，平台企业的垄断行为往往通过技术手段实现，如数据、算法以及平台规则等。一般来说，数据、算法、技术越强，平台的市场力量越强。

三、平台经济领域的反垄断行为的范围

2021 年国务院反垄断委员会制定发布了《国务院反垄断委员会关于平台经济领域的反垄断指南》（国反垄发〔2021〕1 号，以下简称《指南》）。该《指南》以反垄断法为依据，结合数字经济领域平台竞争的特殊性，有针对性地从垄断协议、滥用市场支配地位、经营者集中等方面为平台经济领域的监管提供了明确的指引。

首先，数字经济平台滥用市场支配地位的垄断行为。这种行为包括反垄断法中的传统行为在互联网上的呈现，也包括新型的滥用行为，如“二选一”、自我优待等。“二选一”指平台利用其规则和优势地位，采取不正当手段强迫经营者在平台间“二选一”，构成限定交易行为。平台自我优待属于差别待遇行为，如果平台通过关闭 API 接口方式实现自我优待也可能构成拒绝交易行为。狭义的屏蔽行为，其实质是拒绝交易，涵盖屏蔽内容、不予直链、封闭账号、关闭 API 接口等。

其次，与经营者集中相关的垄断行为。资本无序扩张的直接后果是平台企业将竞争格局从个体间发展到产业链，甚至是经济生态圈之间的竞

---

① 双边市场，即“互联网平台同时为两类群体提供服务，一边用户的交易会影响另一边交易”，互联网平台在双边市场中充当中介角色。

争，更甚至于消除传统产业格局。[①] 过度的产业一体化终将导致无竞争对手或不能够互联互通的恶性市场竞争状况。于平台经营者集中而言，猎杀式收购是目前域外反垄断法实践和理论研究的热点领域。猎杀式收购是市场发展不断成熟的一种必然结果，尤其是进入以技术创新为主要特征的创新竞争阶段后，需要重新审视传统的经营者集中审查制度。

最后，平台垄断协议行为。互联网行业的垄断协议问题主要以“算法合谋”为中心展开。算法是一种生产力，平台算法是基于技术方案确定的与消费者或经营者发生联系的程序。如果不同经营者使用相同的算法，可能产生协同的效果，阻碍市场一般条件发挥作用。

此外，为了防范互联网垄断行为，也需要从反垄断合规的角度，对数字平台经营者提出更高的要求。首先，数字平台企业需要从技术源头开始对整个企业进行合规审查，避免因对技术开发的合规性认识不够而被处罚。其次，在日常商业经营活动中，数字经营平台应该制订符合反垄断法要求的经营策略。最后，经营者在获取商业利益时，应该长线规划企业的发展路径，自觉承担维护市场自由竞争秩序的企业责任。

【适用指南】

常见的平台经济涉嫌滥用市场支配地位的垄断行为有“二选一”、“大数据杀熟”以及“自我优待”等。现试举一例，体会认定数字平台企业从事滥用市场支配地位的垄断行为的特殊性。

案例：王女士（原告、被上诉人）在某旅游中介平台（被告、上诉人）预订了某酒店的一间豪华湖景大床房，支付价格 2889 元。次日，王女士发现该酒店同一房型的实际挂牌价加上税金、服务费仅需 1377.63 元。王女士认为，其作为该旅游中介平台的钻石贵宾客户，非但没有享受到会员的优惠价格，还支付了高于实际产品服务价格的费用，遭到了“杀熟”。故王女士向人民法院请求某旅游中介平台对其遭受的民事侵权进行相应的民事侵权损害赔偿并赔礼道歉。

本案争议焦点主要集中在旅游中介平台是否滥用旅游酒店在线预订产业的优势地位。法院最终根据民法典、消费者权益保护法以及民事诉讼法的相关规定，认定旅游中介平台对消费者进行了虚假宣传，且未如实履行房价信息报告义务，构成了欺诈。而旅游中介平台“大数据杀熟”确证与

---

① 参见曾彩霞、朱雪忠：《必要设施原则在大数据垄断规制中的适用》，载《中国软科学》2019 年第 11 期。

否，法院对此没有进一步审查确认。①

司法实践中对数字经济平台滥用市场支配地位的认定的回避，究其原因，一方面是数字平台企业的垄断行为与数字经济下经营者的正常交易行为很难进行区分，另一方面是平台的市场支配地位认定很难，需要结合相关市场、企业市场力量和经营行为的竞争效果等进行实质性分析判断。

【相关规定】

《国务院反垄断委员会关于平台经济领域的反垄断指南》。

第十条　【反行政垄断基本原则】行政机关和法律、法规授权的具有管理公共事务职能的组织不得滥用行政权力，排除、限制竞争。

【条文主旨】

本条是关于禁止行政垄断的原则性规定。

【条文释义】

作为总则部分的条款，本条表明行政垄断行为在反垄断法的调整范围之内。同时，这一条文也从主体、行为和结果三个方面阐释了行政垄断的特征。

从权力对经济的介入关系而言，在转型经济条件下，行政权力可能主动侵蚀经济关系，也可能受经济利益的诱捕被动介入经济关系。由此，我国反垄断法将行政垄断单独列为一章，细致地规定行政垄断的有关问题。

一、行政垄断的主体

根据本条的表述，“行政机关和法律、法规授权的具有管理公共事务职能的组织”是实施行政垄断的主体范围。

① 参见浙江省绍兴市中级人民法院（2021）浙06民终3129号民事判决书，载中国裁判文书网，https：//wenshu. court. gov. cn/website/wenshu/181107ANFZ0BXSK4/index. html？docId=ee72fdb858a74716a401ae2b00c66440，最后访问时间：2022年6月25日。

其中，行政机关包括国务院各部委、地方各级政府以及所属的行政部门，但是，在理解上，应当不包含国家最高行政机关，即作为中央人民政府的国务院。根据宪法的规定，国务院的行为受全国人民代表大会监督。行政机关是行政垄断的主要主体。除此之外，由行政机关委托的组织是以行政机关的名义在行使职权，其行为的后果也由行政机关进行承担，因此其也属于行政机关的范畴，同样是行政垄断的主体。

法律、法规授权的具有管理公共事务职能的组织是一类独立的行政主体，包括事业单位、社会团体等组织，其通过法律、行政法规以及地方性法规的授权而享有行政权力，履行行政职权，承担相应责任。例如，药品管理法规定："药品监督管理部门设置或者指定的药品专业技术机构，承担依法实施药品监督管理所需的审评、检验、核查、监测与评价等工作。"其中，指定的药品专业技术机构便属于这一主体范畴。

授权管理是行政事务扩大、分类细致的必然结果，授权给具有技术性能力的其他组织管理更为有效，由此产生了"管理公共事务职能的组织"。这些组织大都是事业单位的性质，涉及的职业或业务专业性和技术性很强。例如，证券监管涉及证券市场的社会性和复杂性。再如，卫生检疫、产品质量监督检查等同样是技术性极强的专业事务。基于法律的授权，这些事业单位具有与行政机关承担职能的同质性。

二、行政垄断行为

行政垄断的行为特征是"滥用行政权力"，具体而言，行政垄断行为可以作如下分类：

（一）地区垄断与行业垄断

地区垄断指的是地方行政机关为了保护本地区的利益，通过行政手段来排除和限制竞争的行为。其又可以分为限制外地商品进入本地市场以及防止本地商品流入外地市场这两类行为。前者包括对外地产品设置歧视性价格、限定个人和单位只能购买或使用本地经营者的产品和服务、通过设置关卡阻止外地产品进入等行为；后者包括禁止本地产原材料运至外地等行为。相关的行为在国务院《关于禁止在市场经济活动中实行地区封锁的规定》中有较为详细的归纳。

行业垄断又称为部门垄断，指的是利用行政权力限制本行业之外的经营者进入行业参与竞争的行为。行业垄断的主体大多是行政性公司，即兼具了企业经营职能和行政管理职能，其往往对某一行业的资源具备自然垄断地位，因历史发展、行业特性、制度赋权等因素而享有对一些特定行业的独断经营权力。但是随着计划经济体制转向市场经济体制，自然垄断失去了必然的合法性支撑，新晋企业试图进入相关部门参与竞争，此时垄断者可能通过其支配地位拒绝其他竞争者的进入，以维持自身的垄断地位。这时就可能产生部门垄断问题。这些领域往往集中于石油、电力、铁路、电信等部门。

（二）抽象行政行为垄断和具体行政行为垄断

这种分类是根据两种行政行为方式作出的区分。抽象行政行为垄断指的是行政主体通过制定具有普遍效力的规定来实施的行政垄断行为。反垄断法第四十五条规定："行政机关和法律、法规授权的具有管理公共事务职能的组织不得滥用行政权力，制定含有排除、限制竞争内容的规定。"应当注意的是，根据行政复议法第七条的规定，部门规章不属于上述"规定"的范畴。

抽象行政行为垄断具有如下特点：第一，其针对的范围一般是不特定主体，在一定的行业或地域范围之内具有普遍性的约束力。第二，其效力具有持续性，在规定有效期间之内，相关的权利义务要求对于被规定的主体是持续适用的。第三，危害性较大。这和抽象行政行为的不特定性及效力持续性具有密切联系，正因为它面向的是不特定多数主体，同时往往持续较长时间，所以一旦涉嫌行政垄断，对于经济发展和市场竞争秩序往往会产生较大损害。

具体行政行为垄断指的是行政主体针对具体、特定的经营者，就具体事项对其应当享有的经营权利作出限制，形成特定义务的单方行为。具体行政行为垄断的类型由反垄断法第三十九条至第四十四条规定。其特点如下：第一，它针对的是特定的经营者，对其应当享有的权利进行限制或者剥夺，这一般是外地或者其他行业的经营者；第二，在救济方面，经营者可以通过行政诉讼或行政复议的方式进行。

（三）作为型行政垄断和不作为型行政垄断

这种分类方式是从行政主体积极行为和消极行为这两种视角进行的划分。其中，作为型行政垄断指的是行政主体主动实施的限制、排除竞争的行为，例如通过发布政策文件来设置市场进入壁垒、对外地生产的商品在税费缴纳上实施歧视性政策等。

不作为型行政垄断指的是行政主体不履行反垄断法要求承担的公平竞争的法定义务，对于属于自身职权范围内的限制竞争行为应当予以管理而未进行管理的行为。例如，反垄断法第四十二条规定："行政机关和法律、法规授权的具有管理公共事务职能的组织不得滥用行政权力，以设定歧视性资质要求、评审标准或者不依法发布信息等方式，排斥或者限制经营者参加招标投标以及其他经营活动。”其中，不依法发布信息这一行为就属于不作为型行政垄断行为。又如，行政主体对外地经营者申请本地许可证的请求不予办理，或者对本地企业排斥、妨碍外地经营者参与公平竞争的行为不予管控。

三、行政垄断的结果

“排除、限制竞争”是行政垄断的结果要件。行政垄断损害了经营者的合法经营权利，剥夺了经营者应当拥有的竞争机会。这一结果要件使得行政垄断区别于一般行政法上行政主体滥用职权的行为。同时，它的特殊危害性也使它区别于其他经济型垄断行为。具体而言，行政垄断的特殊危害体现如下：

第一，行为实施主体的两面性。一方面，行政垄断的实施主体是非市场主体，它本身的职能在于行政管理而非企业经营；另一方面，行政垄断的主体又和市场主体存在紧密的联系，它之所以通过强制手段影响市场竞争，正是因为自身能从这种市场结构之中获取好处，因此行政主体同样有市场性的一面。这种双面性容易造成政企不分的结果，企业相对于政府处于附属地位，而一旦政府和特定企业形成紧密的利益合作体，就会扼杀企业自身通过提高质量、降低成本以及改善管理水平而提高竞争能力的动力，最终会损害公平的市场竞争秩序。

第二，行为实施方式的强制性。“权力”是反垄断法关注的主题，而不同于经营者通过市场份额、企业联合、核心技术等因素所形成的经济权力，行政垄断的主体是行政机关，其通过自身的行政权力为行政相对人设定义务或颁布一般性政策来实现对竞争的排除和限制。这种行政权力是天然具有的，它不同于作为回报和激励的、经由积极参与竞争而收获的经济权力，本身并不可能具备代表市场经济规律本身的合理性。它的合理性只可能体现在当市场机制自身失灵的情况下对其进行的合理干预之上。但是显然，行政垄断行为并没有这样的前提基础，它对自由市场的影响并非以产品竞争、优胜劣汰的方式进行，而是突破了市场机制本身，通过颁布行业规章、政策文件等方式直接作用于经营者主体之上，人为强行地分割了市场空间，赋予特定主体以不合理的特权或义务，而利益受损的经营者无法通过正常的竞争途径进行对抗。这种超出市场逻辑本身而对市场状态直接进行的干预，对市场的损害往往是巨大的。

应当注意的是，在结果要件上，行政垄断必须造成或可能造成对竞争的损害，才构成反垄断法意义上的违法行为。单单损害经营者的经营权利并不一定构成行政垄断，例如滥用行政权力查封经营者财产等行为。因为反垄断法保护的是公平竞争秩序，损害特定主体的权益但是没有对市场整体的秩序产生影响的行为不能构成垄断行为。在这种意义上，行政垄断与一般的滥用行政职权行为的区别在于，后者更侧重于形式上的审查，例如行政主体行使职权是否超越了法律法规赋予的职权范围、是否遵守了法定程序等，而前者除了符合这些要求之外，还应当考察是否造成了排除、限制竞争的结果。这体现了反垄断法的实质层面要求。

【适用指南】

因为反垄断法第十条是一项禁止行政垄断的原则性条款，行政垄断案件中一般同时适用第十条和第五章“滥用行政权力排除、限制竞争”的相关条款。在此，第十条能够指明判断行政垄断的基本结构。

案例：在“甲市某公共汽车运输有限公司诉甲市人民政府”一案[①]中，甲市人民政府在发布涉案的“0—50公里公共交通项目”特许经营权许可招投标公告之前，以会议纪要的方式将特许经营权直接授予某汽车运输集团有限公司独家经营，交通行政主管部门进而根据会议纪要的要求先行清理了包括该案上诉人某汽运公司在内的公交运营指标。二审法院依据2022年修改前的反垄断法第八条及第三十二条[②]的规定指出：“可以认定构成反垄断法所规制的行政性限制竞争行为，一般应同时具备以下三个要件：一是主体要件，即应当是行政机关或者法律、法规授权的具有管理公共事务职能的其他组织。二是行为要件，即行政主体欠缺法律、法规、规章或者国家政策依据，或者违反法定程序，实施了限定或者变相限定单位或者个人经营、购买、使用其指定的经营者提供的商品的行政行为。三是效果要件。行政机关指定经营者的行为产生了排除、限制同一市场其他同业竞争者竞争的客观效果，损害市场公平竞争秩序。”法院最终认为，由于该案中市政府的行为违反了公用事业特许经营相关法规的规定，其目的也在于排除同业经营者的竞争，因此认定该特许经营程序的许可权违法。

该案中，法院提出的判断行政垄断的三要件体系正符合修改后的反垄断法第十条的要求，从主体、行为和效果三个方面进行分析，这也应当成为第十条适用的基本结构。

---

① 参见广东省高级人民法院（2016）粤行终1455号行政判决书，载中国裁判文书网，https：//wenshu. court. gov. cn/website/wenshu/181107ANFZ0BXSK4/index. html？docId = 96c5e9da036541b286b6a950012ff00e，最后访问时间：2022年6月25日。

② “行政机关和法律、法规授权的具有管理公共事务职能的组织不得滥用行政权力，限定或者变相限定单位或者个人经营、购买、使用其指定的经营者提供的商品。”

【相关规定】

《国务院关于禁止在市场经济活动中实行地区封锁的规定》；《中华人民共和国行政许可法》；《中华人民共和国产品质量法》；《中华人民共和国行政复议法》。

第十一条　【反垄断法实施】 国家健全完善反垄断规则制度，强化反垄断监管力量，提高监管能力和监管体系现代化水平，加强反垄断执法司法，依法公正高效审理垄断案件，健全行政执法和司法衔接机制，维护公平竞争秩序。

【条文主旨】

本条是关于反垄断监管的宣示性规定。

【条文释义】

这一条文是本次反垄断法修改新增加的内容，其本身具有宣示性功能。对这一条款可以从三个方面进行理解：

一、加强反垄断监管力量和提高监管水平

我国反垄断执法过去存在着监管力量不足的问题，最直接的体现就是执法机构的人员数量。有关负责人曾指出："工商总局、发改委和商务部这负责反垄断执法工作的'三驾马车'，在 2014 年真正从事反垄断工作的也许只有 50 人左右。"① 为了整合原本分散的反垄断执法力量，进一步完善市场监管体制，建立公平竞争的市场环境，推进市场监管综合执法，2018 年 3 月 17 日第十三届全国人大第一次会议表决通过《关于国务院机构改革方案的决定》，其提出将原国家工商行政管理总局的职责、国家质量监督检验检疫总局的职责、国家食品药品监督管理总局的职责、国家发展和改革委员会的价格监督检查与反垄断执法职责、商务部的经营者集中反垄断执法以及国务院反垄断委员会办公室等职责整合，组建国家市场监

---

① 参见《国新办就反垄断执法工作情况举行吹风会》，载中国网，http：//www.china.com.cn/zhibo/2014-09/11/content_33487367.htm，最后访问时间：2022 年 6 月 25 日。

督管理总局，作为国务院直属机构。这一次机构改革对于反垄断执法有利于进一步集中监管力量，统一协调执法标准，提高行政执法效率。改革之后，国家市场监管总局的执法力量也有待进一步增强。

除了执法力量之外，反垄断案件本身的特性也对执法水平提出了较高要求。反垄断法本身就具备较高的模糊性和技术性，虽然它的条文内容主要以行为规制的形式呈现出来，但本质上它是效果规制的法律。因为除了本身违法行为之外，其他垄断行为均要求对于行为导致的排除、限制竞争的效果进行证明。例如反垄断法中何为“阻碍、限制竞争”？在实践中需要依靠执法机关进行大量的调查取证和缜密的经济分析。也正因如此，反垄断执法机构不仅需要法学专业人士，也需要大量经济学专业人士的参与。反垄断案件往往涉及金额较大、各项事实因素较为复杂，对于竞争损害结果的评估需要一个相当漫长的过程。例如，我国反垄断行政执法的平均时长为十四个月,① 因此反垄断执法机构往往需要较为雄厚的执法资源，能够进行复杂的法学和经济学分析。反垄断执法的这种特性要求相关的执法机构不仅应该有充足的人员数量支撑，还需要提高执法人员的专业素质能力，同时在各项资源上给予执法机构充分的支持，赋予其充分的调查权和取证权。

反垄断法第十一条明确提出了“强化反垄断监管力量，提高监管能力和监管体系现代化水平”。一方面，强化监管力量意味着应当增加反垄断执法人员数量，既包括中央反垄断执法机关，也包括地方执法机关，可以通过增加反垄断执法专职编制人数来实现，并且根据每年度案件量的变化来作出及时的调整。另一方面，提高监管能力和监管体系现代化水平意味着应当提高执法人员的专业水平与执法能力，要求专业人员掌握反垄断的经济学和法学知识，并且在执法过程中能够积极和反垄断领域的专家学者（包括经济学家和法学家）沟通，提高相关决定书和处罚书的论证、说理水平，此外还应当重视执法人员的经验积累，保证拥有多年反垄断执法经历的人员能够留在岗位之上，为执法工作提供重要的实践指导。

二、加强反垄断司法，依法公正高效审理垄断案件

反垄断司法主要可分为两个部分：民事诉讼与行政诉讼。其中，民事诉讼指的是经营利益遭受垄断行为侵害的一方能够针对垄断行为向法院提起民事起诉，我国反垄断法第六十条第一款规定：“经营者实施垄断行为，

---

① 参见李剑：《中国反垄断执法机构间的竞争——行为模式、执法效果与刚性权威的克服》，载《法学家》2018 年第 1 期。

给他人造成损失的，依法承担民事责任。”另外，《最高人民法院民事案由规定》也明确将垄断协议纠纷、滥用市场支配地位纠纷和经营者集中纠纷规定在民事案由之中，属于民事诉讼范畴，并且最高人民法院在《关于认真学习和贯彻〈中华人民共和国反垄断法〉的通知》里指出：“各级人民法院负责知识产权案件审判业务的审判庭，要依法履行好审判职责，切实审理好涉及滥用知识产权的反垄断民事案件以及其他各类反垄断民事案件。”在我国陆续设立知识产权法院之后，众多反垄断民事案件也都归入了知识产权专门法院的审理范围。但是，我国民事案件数量呈快速上升的趋势，同时有的审理知识产权案件的法官缺乏对于竞争法的专业知识，考虑到垄断案件本身具备的复杂性和综合性，从目前经民事诉讼程序审理的诸多案件的分析路径和方法上看，似乎司法系统反垄断知识储备也需要进一步提升。

反垄断的行政诉讼可以包含两个部分：一是针对行政执法机关的反垄断执法行为和相关处罚决定，经营者可以对其提起行政诉讼；二是针对行政垄断这类由行政主体作出的垄断行为，行政相对人和利害关系人可以通过行政诉讼维护自身合法权益。

在上述背景之下，反垄断法第十一条明确提出要加强反垄断司法以及依法公正高效审理垄断案件，具有重要的意义和深远的内涵。首先，这表明未来会增加面向反垄断案件的司法资源；其次，这要求提升司法审判水平，对于反垄断案件特别是涉及复杂经济关系的案件，应当由具备专业知识的法官进行较为细致的审查，增强司法机关的专业性和权威性。

考虑到提高反垄断司法水平、加强司法力度的要求，在未来建立专门的竞争法庭也是一个可能的途径。第一，竞争法庭具有相对的独立性，能够通过有力的司法审查对执法机关的行为进行监督；第二，竞争法庭本身具备市场规制机构的属性，具备面向市场的灵活性，能够通过持续的市场调查作出符合市场的判决或发布专门的指引文件；第三，竞争法庭专门面向反垄断案件，组建了不同于一般法庭的人员结构，专家委员会可以协助法官进行较为复杂的经济分析，对相关的案件作出更为专业的结论。总体来说，修改后的反垄断法第十一条为我国之后积极探索建立竞争法庭的尝试留下了足够的空间。

三、健全行政执法和司法衔接机制

反垄断的“行政机制与司法机制各有优缺点，要真正将竞争法落到实处，有效规制反竞争行为，必须实现两套机制的有机结合，既充分发挥行政执法手段灵活高效的优势，又充分发挥司法维护公平正义的作用”①。反垄断法的实施过程中，司法机关承担着对行政执法行为进行司法审查这一重要任务。但是在此前，我国司法机关和行政执法机关存在就同一类型的垄断行为适用方式的不同理解，其中纵向垄断协议行为最具代表性。

修改前的反垄断法对纵向垄断协议（以转售价格维持为代表）的分析方式并没有指明，于是产生了两类机关的两种理解模式：反垄断执法机关一般认为，纵向垄断协议应当适用本身违法原则，即只要符合纵向垄断协议的外观行为要件，无需考察是否造成排除、限制竞争的结果即可构成违法；而法院审理反垄断案件则认为，应当采合理原则，考察行为是否造成了竞争损害。例如“某生案”中二审法院明确指出：“反竞争效果强的横向协议构成垄断协议尚须以具有排除、限制竞争效果为必要条件，反竞争效果较弱的纵向协议更应以具有排除、限制竞争效果为必要条件。”② 此时已显现出对于同一类型的垄断行为行政机关和司法机关存在不同分析态度。

上述反垄断执法与司法衔接问题的产生原因在于，我国司法机关此前将反垄断行政诉讼案件中的司法审查限定在了形式审查上，而回避了实质审查。亦即司法机关只审理行政机关的执法过程是否符合程序要求，而对行政处罚本身实质上合理与否并未涉及。而显然，由于我国当时反垄断法对于纵向垄断协议构成要件的规定的确尚处模糊状态，那么司法机关作此理解，当然在法律程序上不存在问题。

而此次的反垄断法修改后，第十一条明确提出“健全行政执法和司法衔接机制”，显然有解决司法行政衔接问题这一目的。当然，在修法之后，反垄断法对于纵向垄断协议的构成要件有了更为明确的规定，但是这不代表之后不会存在类似的司法和执法不相统一的问题。这类问题的出现不仅将导致法律体系本身适用上的矛盾，更会给市场主体带来极高的不确定性和对自身行为后果的不可预知性，而这种影响将远甚于反垄断法本身条文的模糊性导致的结果。

要完善反垄断行政执法和司法的衔接，一个重要的路径是司法机关在审查反垄断行政诉讼案件过程中，增强实质审查的力度。在此次修法过程

---

① 孙晋：《〈反垄断法〉修订背景下设立竞争法庭的理据和进路》，载《法律科学（西北政法大学学报）》2022 年第 3 期。

② 参见北京某科贸有限公司诉某生（上海）医疗器材有限公司、某生（中国）医疗器材有限公司纵向垄断协议纠纷案，载最高人民法院公报网站，http：//gongbao. court. gov. cn/Details/55d47a6027b07c2b5ffcf9b458d1a8. html，最后访问时间：2022 年 6 月 25 日。

中，全国人大宪法和法律委员会就指出："有的常委会组成人员和地方、部门建议规定人民法院可以对法律明示以外的垄断协议、滥用市场支配地位行为等进行认定；也有的意见提出，垄断案件的处理，政策性较强，对经济生活影响较大，由人民法院对法律明示以外的垄断行为进行认定是否合适，建议慎重研究。宪法和法律委员会经同有关方面研究后认为：人民法院审理垄断案件，在作出判决时需要对是否构成垄断行为依法作出判断，这其中包括对法律明示以外的垄断行为作出最终判断。"① 修法意见表明，法院在审理垄断案件过程中应当加强对于垄断行为的实质审查。这不仅是对于反垄断私人实施过程中的要求，也是对于行政诉讼的要求。行政诉讼法第七十条也规定："行政行为有下列情形之一的，人民法院判决撤销或者部分撤销，并可以判决被告重新作出行政行为：（一）主要证据不足的；（二）适用法律、法规错误的；（三）违反法定程序的；（四）超越职权的；（五）滥用职权的；（六）明显不当的。"显然，法院对于行政行为的司法审查应当不拘泥于程序上的审理，同样应该对行政行为本身的实质层面进行审查。对于反垄断案件而言，由于垄断行为往往涉及复杂的对于市场结构、公共利益的专业分析，而法院可能缺乏如反垄断执法机关那样的调查资源，因此目前并不需要法院对一起案件作出全面的实质审查，而是应当进行适度的审查。具体而言，这种适度的实质审查可能包括考察执法机关在行政处罚书中所作出的经济分析是否全面、充分，论据是否足够翔实等方面。

除了行政诉讼的实质审查之外，我国司法机关还应当继续坚持对反垄断执法机构程序上的审查。其主要指向的应当是有关的执法机关是否建立了具体的反垄断执法细则，在执法过程中是否遵守了有关法律法规的程序规定。尽管司法机关不需要"越俎代庖"地为执法机构制定程序细则，但是应当通过程序审查来督促执法机构自己建立与完善相关规范，做到执法过程中的有法可依及有法必依。

【适用指南】

本条系宣示性规定，指向的是我国反垄断执法和司法的性质，条文本身并不能在执法或司法实践中直接适用。但是这一原则性质的条款也可以

---

① 《全国人民代表大会宪法和法律委员会关于〈中华人民共和国反垄断法（修正草案）〉审议结果的报告》，载中国人大网，http：//www. npc. gov. cn/npc/c30834/202206/850d885cacb947b5894527ef65829ff1. shtml，最后访问时间：2022 年 6 月 25 日。

对实践思维提供一定指向，特别是其中关于执法与司法相衔接的要求。

行政执法与司法衔接机制的健全，首先要求不同机构之间法律适用的一致性，避免对于同一条款或者同一种垄断行为的适用方式出现不同的解释。例如，司法机关认为纵向垄断协议的适用应采合理原则，需要具备排除、限制竞争的效果才能被认定为违法，而行政执法机关则采本身违法原则，认为只要竞争行为符合纵向垄断协议的外观要件即可构成违法。执法和司法适用标准的不统一显然会造成反垄断法本身实施的不稳定性并且加剧其模糊性，同时严重损害当事人的行为预期。尽管在应然意义上，纵向垄断协议应该进行合理原则审查，但是考虑到我国现实的经济状况以及执法条件，在目前阶段应当遵循本身违法原则对纵向垄断协议进行审查，而不具有限制、排除竞争的效果只是当事人可以通过抗辩进行豁免的一个路径。尽管这似乎导致了理论层面适用标准本身的二元化，但这实际上是基于执法情况、完善执法司法衔接的一个尝试。这种尝试在本次反垄断法修改过程中也得到了认可，其为纵向垄断协议规定了“本身违法+抗辩豁免”的适用路径。可以说，这也表明了未来我国反垄断实践过程中应当注重不同实施机构之间的协调统一。

【相关规定】

《中华人民共和国行政诉讼法》第七十条；《最高人民法院民事案件案由规定》第十六条。

第十二条　【反垄断委员会的职责】国务院设立反垄断委员会，负责组织、协调、指导反垄断工作，履行下列职责：

（一）研究拟订有关竞争政策；

（二）组织调查、评估市场总体竞争状况，发布评估报告；

（三）制定、发布反垄断指南；

（四）协调反垄断行政执法工作；

（五）国务院规定的其他职责。

国务院反垄断委员会的组成和工作规则由国务院规定。

【条文主旨】

本条是关于国务院反垄断委员会职责的规定。

【条文释义】

国务院反垄断委员会这一机构是我国反垄断法立法实践的独特创举，该机构的设立充分考虑了我国经济发展的状况、反垄断执法机构的现状以及反垄断执法工作本身的特点，是符合我国国情的一项创设。第十二条是关于反垄断委员会相关职能的规定，在反垄断法的修改过程中，该条款并未作出修改，表明立法者认可此前关于反垄断委员会的角色定位。同时，根据法律的体系解释要求，对该条文的理解同样应当结合其他条文的修订内容进行考察。总体来说，我国反垄断委员会的主要职能可以分为三个部分：

一、制定竞争政策

2020 年，中共中央、国务院在《关于新时代加快完善社会主义市场经济体制的意见》中明确提出了“强化竞争政策基础地位”的要求，这是我国进一步完善社会主义市场经济体制的重要路径。而 2022 年修改后的反垄断法第四条也增加了“强化竞争政策基础地位”的表述。无论是政策界还是学术界，目前对于我国应当强化竞争政策基础地位这一要求已经达成共识，而这一主张要想真正落实，需要的是具有权威性、独立性的竞争政策制定主体和实施主体作为有力保证。

2016 年，国务院在《关于在市场体系建设中建立公平竞争审查制度的意见》中明确指出：“国务院反垄断委员会要发挥职能作用，组织、协调、指导反垄断工作，研究拟订有关竞争政策，组织调查、评估市场总体竞争状况，为推进和逐步完善公平竞争审查制度奠定坚实基础。”这表明反垄断委员会有制定竞争政策的职责。随着时代的发展，新的经济形势逐渐显现，制定竞争政策的需求日益紧迫。无论是为了确保中国继续深度融入全球多边体系、实现更高水平的开放，还是进一步建设高标准的市场体系，以及促使我国把握新技术经济范式窗口、实现数字经济领先，不断确立以及完善符合时代要求和经济发展需要的竞争政策都是当务之急。[①] 同时，考虑到社会主义市场经济的本质是法治经济，以及新修的反垄断法第四条

---

① 参见贺俊：《竞争政策基础性地位与中国经济活力》，载《人民论坛》2021 年第 24 期。

也新增“市场化、法治化原则”这一表述，将竞争政策明文化、制度化和规范化也就成为反垄断委员会应当重点着力的工作。

反垄断委员会的一项重要职能是使竞争政策不断走向清晰化。一方面，反垄断委员会应当充分考察我国的经济发展状况，综合考量国内市场的竞争情况以及国外经济环境的走向，充分吸收、参考法学经济学学者的专业意见，为竞争政策的制定做好各方面准备；另一方面，在制定竞争政策的过程中，反垄断委员会应当既考虑竞争政策的目标，也考虑竞争政策的实现手段，在明确目标的基础上，根据目标来制定切实可行的实施手段和方式。

二、协调反垄断执法

在我国反垄断法制定之初，法律规定的反垄断执行机关有三个：国家发改委、原国家工商行政管理总局和商务部。在这种权力分散式的反垄断执法组织架构之下，反垄断委员会的设立就显示出特别的意义，体现出了立法者更为长远的考虑。[①] 在过去反垄断行政机构“三驾马车”并行的情况下，执法机构彼此之间可能存在监管范围的重叠之处，同时彼此的权限划分也不够明晰，由此设立一个统一的组织协调的部门就显得极为重要。国家发改委有关负责人曾经谈到：“在多机构执法的背景下，没有有效的协调机制难以形成较强的执法能力，也难以取得较理想的执法效果。因此，需要高度重视反垄断委员会的协调工作。”[②] 这表明了反垄断委员会协调不同执法机构之间工作的重要作用。

2018 年 3 月 17 日，第十三届全国人大第一次会议表决通过了《关于国务院机构改革方案的决定》，将此前分散于三个部门的反垄断执法工作合并至国家市场监管总局，在一定意义上解决了分散执法体制下的机构协调问题。但是这不代表反垄断执法过程中不会存在与其他部门间的冲突，仍有可能出现反垄断执法机关和行业管制部门之间的冲突与协调问题。

关于反垄断执法与行业管制部门之间的协调，典型的案例是 2011 年“中国某信、中国某通反垄断调查案”，其同时涉及发改委和行业管制部门的执法权，最终还是由发改委接手，通过承诺方式解决了这起争议。[③] 这引发了反垄断执法机关和行业管制机构的执法权限边界问题。

---

① 参见王健：《权力共享制抑或权力独享制——我国反垄断执法机关权力配置模式及解决方案》，载《政法论坛》2013 年第 3 期。

② 彭森：《加强反垄断工作面临的挑战》，载《行政管理改革》2009 年第 4 期。

③ 参见《发改委公布中国某信和中国某通价格垄断案进展》，载共产党员网，https：//news. 12371. cn/2014/02/20/ARTI1392861906056919. shtml，最后访问时间：2022 年 6 月 25 日。

这类问题的存在也是一种自然结果。反垄断执法机构的调查对象是广泛的竞争行为，其中必然涉及银行、电力、通信等被规制的产业，以及石油、烟草等依法或依政策具有特殊性的产业，而这些产业一般都设立了产业主管机关或监管机构。[①] 这些具有一定特殊性的产业领域之中，可能产生竞争执法与产业监管部门执法的重叠之处，此时如何协调彼此的关系就显得尤为重要。从根本上来说，这也是由于我国国有企业在经济中占据了重要比重，产业政策在国民经济中发挥着重要作用。也正因如此，我国反垄断法第八条第一款规定："国有经济占控制地位的关系国民经济命脉和国家安全的行业以及依法实行专营专卖的行业，国家对其经营者的合法经营活动予以保护，并对经营者的经营行为及其商品和服务的价格依法实施监管和调控，维护消费者利益，促进技术进步。"这是专门针对我国特殊国情所作的规范，也是对于国有企业这一我国的特殊现象在市场经济环境下和自由竞争的法律宗旨之下所处地位的阐释。尽管原则上这表明了产业政策可以与竞争政策相融，阐释竞争规则的反垄断法同样可以包含产业政策的内容，但是这同样意味着竞争执法与行业管制相协调的这一问题必然存在。特别是涉及国有企业的竞争行为时，行业管制部门与反垄断机构的执法权限和边界问题，往往会被摆上台面。

从根本上来说，行业管制与反垄断执法之间的关系并不是矛盾的。重叠执法本身是具备合理性和合法性的。例如，《中华人民共和国电信条例》第四条第一款就规定："电信监督管理遵循政企分开、破除垄断、鼓励竞争、促进发展和公开、公平、公正的原则。"这表明即使是行业管制机构也同样应该遵循反垄断法的执法原则，维护自由公正的竞争环境，在此行业管制与反垄断执法的目标存在一致性。从本质上看，行业管制和反垄断执法的目的是相同的：实现社会总体福利的最大化。只不过稍有所不同的可能是二者所采取的手段：反垄断执法的本质是一种微观的市场规制，其通过执行反垄断法禁止性的规范，排除市场上存在的限制竞争的行为，最终使市场恢复到本应有的自由竞争状态，其根本目标是通过恢复市场本有的竞争机制来推动经济的进步和发展；而行业管制的本质是一种宏观调控，它试图通过政府直接介入原有的市场，主动调整市场的产业结构，促进特定行业、特定领域的发展，来实现国家对经济发展的宏观目标，而这一目的光靠市场本身的机制是无法达成的。也正因为手段的差异，涉及对

---

① 参见孟雁北：《我国反垄断执法机构与政府产业规制部门的关系》，载《中国人民大学学报》2015 年第 2 期。

同一经济行为的执法时，反垄断执法机关和行业管制机关才各自具备特定的优势。因反垄断法本身的模糊性、概括性特征，反垄断执法机构在执法时往往需要对市场状况进行充分调查，并进行复杂的经济分析，这需要较高的专业性以及技术性，因此在执法知识和经验上更具优势。行业管制机构则凭借其对于特定行业长期的观察和监管，具有对相应领域更加专业的知识储备和行业了解，例如特定行业的历史发展、技术标准、商业模式等因素。这要求在执法过程中，无论具体案件的执法机关主体是谁，都应当积极向其他机构听取经验和建议。反垄断执法机构在执法过程中应当听取行业管制部门对于相关产业竞争秩序的介绍以及执法意见，而在行业管制部门执法时，反垄断机构也可以提交其就特定竞争行为的竞争损害效果评估和执法建议。双方应当加强信息的互联互通，如此才能实现执法的和谐有序。

对此，反垄断委员会应该发挥组织协调的重要职能。机构改革之后，反垄断委员会办公室的职责由市场监管总局来承担，但这不代表反垄断委员会的决策和行为应当完全受制于市场监管总局的反垄断执法工作。反垄断委员会自身应当具备中立性和独立性，以确保不受具体执法部门的影响，立足于全局视角审视我国的竞争状况。对此值得注意的是，我国反垄断委员会的组成人员里既有国务委员、国务院副秘书长等体现委员会独立和权威地位的人员，也有代表反垄断执法机构的市场监管总局人员，还有工业和信息化部、交通运输部、商务部、能源局、人民银行等特定产业部门的人员，这表明了反垄断委员会本身协调多方执法机构行为的独特功能。反垄断委员会应当本着实现自由、公正的市场竞争秩序和推进竞争政策的目的，充分理清竞争政策与产业政策的关系，在反垄断执法机构和行业管制机构可能发生冲突的情况下及时协调。这种协调一方面是在具体的个案中进行介入，明确对特定案件享有调查执法权的机构主体，另一方面是应当制定相应的规范性文件，为执法机构之间如何协调公布较为明确的指南。

三、制定反垄断指南

反垄断法本身条文所具有的概括性、模糊性特点，使得仅靠反垄断法不仅无法给予执法机关以明确的执法标准和依据，也无法为市场主体提供稳定的行为后果预期。因此，在反垄断法的基础上制定针对各类垄断行为的执法指南就具有重要的意义，而这一职能是由反垄断委员会承担的。

尽管在反垄断法颁布初期，国务院反垄断委员会所发布的反垄断指南数量较少，仅在2009年发布了《关于相关市场界定的指南》。但是随着我国反垄断执法工作的逐步开展，执法经验的日益积累，对于市场竞争整体情况的评估不断推进，近些年来国务院反垄断委员会制定的指南数量有了明显的增长（特别是在 2018 年三大执法机构合并为市场监管总局之后）。包括 2019 年公布的《垄断案件经营者承诺指南》《关于汽车业的反垄断指南》《关于知识产权领域的反垄断指南》《横向垄断协议案件宽大制度适用指南》，2020 年公布的《经营者反垄断合规指南》，2021 年公布的《关于原料药领域的反垄断指南》《关于平台经济领域的反垄断指南》。具体而言，反垄断指南的制定具有如下重要功能：

第一，协调整合不同机构的政策。如前文所述，反垄断执法机构和行业管制机构可能存在重叠执法现象，对同一领域的经济行为可能存在不同的执法政策，进而出现执法冲突。而反垄断委员会依靠其特殊的地位和人员组成，能够通过制定反垄断指南来听取、协调不同执法机构之间的意见，从而形成统一的政策体系，确保各机构之间的政策协调。

第二，为市场主体的竞争行为提供更加明晰的指引。行为可预见性是法律本身应当具备的特征，反垄断法所涉及的法律责任较重，行为性质的认定结果很可能给经营者本身带来较大的影响，因此更应该重视经营者的行为预期。但是，反垄断法因其本身的特性又很难实现精细化的内容制定，特别是大量的竞争行为都不能凭借行为外观依据本身违法原则进行判定，而需要通过合理原则进行较为细致的经济分析和竞争损害评估，这就更容易导致经营者对于自身行为在反垄断法上的性质不可预估。对此，反垄断指南的制定是一个重要的解决途径。反垄断指南能够为一些特定的经营领域或者特定类型的竞争行为提供更为细致的规范描述，经营者可以借此了解执法机关对于具体竞争行为的态度及其执法标准，为此进行自我调整以确保经营行为的合法性。

第三，为执法机关的执法行为提供了依据和程序框架。一方面，更为细致的反垄断指南能够减轻执法机关的执法难度和成本，例如《关于相关市场界定的指南》就为执法机关提供了“假定垄断者测试”这一种重要的界定相关市场的工具，也扩展了界定相关市场的可选择方式，对于执法工作具有积极的帮助意义。同时，这有助于减少执法人员的自由裁量权，防止出现“同案不同判”的现象，保持执法标准的统一。另一方面，反垄断指南同样能够明确执法机关应当遵守的法定程序，例如应当保障被调查人的陈述、申辩、申诉等合法权利，这有利于充分保证经营者主体的合法权益，保护市场个体的经济权利。这也是作为“经济宪法”的反垄断法的应有之义。

目前反垄断委员会制定反垄断指南的工作已经取得了诸多成果。未来反垄断委员会应当继续重视制定指南这一职能，并且为了政策规范的统一性和反垄断委员会的权威性，应当尽可能地将指南制定的具体工作交由自身完成。为我国建构统一的反垄断技术化规则，是反垄断委员会发挥其职能的关键所在。①

【适用指南】

本条文是对于国务院反垄断委员会职责内容的规定，其并不能直接适用于反垄断执法或司法实践之中，但是可以为实践提供一种政策性的指导。其中，特别值得注意的反垄断委员会职能是“协调反垄断行政执法工作”的任务。尽管2018年机构改革之后原有的三大反垄断执法机构已经合并至市场监管总局之中，但是我国同样还存在反垄断执法机构与行业管制部门之间的执法协调问题。

对此，国务院反垄断委员会应当充分发挥自身的机构协调职能。一方面，当具体案件涉及不同机构之间的重叠管辖时，反垄断委员会应当协调并明确承担调查职能的机构，避免执法资源的浪费。同时，在案件调查过程中，反垄断委员会应当积极促进执法机构之间的沟通，例如反垄断执法机构可以向行业管制机构了解行业情况、技术标准等专业信息。另一方面，反垄断委员会可以制定相关的指南，为执法机构之间的协调提供一般化、规范化的指引。

第十三条　【反垄断执法机构】 国务院反垄断执法机构负责反垄断统一执法工作。

国务院反垄断执法机构根据工作需要，可以授权省、自治区、直辖市人民政府相应的机构，依照本法规定负责有关反垄断执法工作。

【条文主旨】

本条是关于反垄断执法机构的规定。

---

① 参见王炳：《论反垄断委员会制度的回应性、超越与改良》，载《南京社会科学》2018年第10期。

【条文释义】

一、传统反垄断执法机构及其职权划分

历史上，我国反垄断执法体制可以概括表述为“1+3+N”模式。“1”是指“国务院反垄断委员会”，作为中国政府的部际议事协调机构之一，负责组织、协调和指导反垄断工作。“3”是指我国历史上的三大反垄断执法机构——原国家工商总局、国家发改委和商务部。原国家工商总局内设“反垄断与反不正当竞争执法局”，负责垄断协议、滥用市场支配地位、滥用行政权力排除限制竞争的反垄断执法工作（价格垄断行为除外）。国家发改委内设“价格监督检查与反垄断局”，对涉及价格的垄断行为依法监管。商务部内设“反垄断局”，负责经营者集中的反垄断审查等工作。“N”是指行业监管机构。我国一些法律法规也将反垄断执法职能赋予了行业主管机构。

长期以来，由于历史和现实等各种因素，我国反垄断执法权主要被一分为三，虽然这在某种意义上形成了“竞争”，从而在一定程度上会强化我国的反垄断执法，[①] 甚至可能克服反垄断执法机构在科层结构中地位低、资源少的限制，[②] 但是，这种“多头执法”的局面带有其自身不容忽视的局限：一是多头执法可能导致执法权的重叠冲突或者执法的真空。这一点尤其表现在原国家工商总局与国家发改委在反垄断执法权上的协调关系上，因为价格垄断行为与非价格垄断行为往往并不容易割裂开来。[③] 二是多头执法造成反垄断法执法标准的人为割裂，包括实体标准和程序标准。例如，原国家工商总局与国家发改委对宽大制度的细化规定不同，从而导致价格垄断协议实施者与非价格垄断协议实施者在适用宽大制度时可能会出现不尽相同的适用结果。由于反垄断法的规定通常比较原则，反垄断法的实施很大程度上有赖于执法机构对上述规定的细化，多元执法机构并立将会使得反垄断法执法标准割裂的问题更为突出，影响反垄断法的确定性和可预测性，甚至影响反垄断法实施的权威性，最终必然会导致反垄断法的实施效果大打折扣。三是反垄断执法职能被内置于承担多项公共职能的行政机关之下，难以有效保障反垄断执法的独立性和权威性。更为重要的

---

① 参见王先林：《理想与现实中的中国反垄断法——写在〈反垄断法〉实施五年之际》，载《交大法学》2013 年第 2 期。

② 参见李剑：《中国反垄断执法机构间的竞争——行为模式、执法效果与刚性权威的克服》，载《法学家》2018 年第 1 期。

③ 参见谭袁：《反垄断执法权配置问题研究》，法律出版社 2019 年版，第 192 页。

是，国家发改委同时还承担着制定和执行国家产业政策的职能，赋予国家发改委反垄断执法权，难以有效保障竞争政策的基础性地位。综上，打破传统的执法权分立局面，统一反垄断执法权是顺应我国反垄断法实施和社会主义市场经济体制改革的现实需要。

二、现行反垄断执法机构

2018 年 3 月 13 日在第十三届全国人民代表大会第一次会议上发布的《关于国务院机构改革方案的说明》中明确，组建国家市场监督管理总局，承担反垄断统一执法职能。同时保留国务院反垄断委员会，反垄断执法具体工作由国家市场监督管理总局承担。自此，我国反垄断执法权的横向配置模式“1+3+N”便成为历史，转变为“1+1+N”的新型配置模式。这次转变，是我国反垄断执法权从分散走向统一的关键一步，反映了我国反垄断执法权走向统一的趋势。这种转变，既顺应了学者的呼声，[①] 也是顺应我国反垄断法实施和社会主义市场经济体制改革的现实需要。

2021 年 11 月 18 日，国家反垄断局正式挂牌成立，大大提高了我国反垄断执法机构的独立性和权威性。这是我国反垄断执法权从统一走向独立和权威的关键一步，是优化我国反垄断执法体制、服务于社会主义市场经济体制改革，最终促进社会主义市场经济高质量发展的重要举措。

以上两次改革，对促进我国反垄断执法权的统一、提高我国反垄断执法权的独立性和权威性具有重要意义。

依据本条第二款之规定，国务院反垄断执法机构根据工作需要，可以授权省、自治区、直辖市人民政府相应的机构，依照本法规定负责有关反垄断执法工作。这属于反垄断执法权的纵向配置，即反垄断执法权在不同层级政府部门之间的配置。职权的纵向配置主要涉及反垄断执法权在中央与地方省级政府部门之间的配置。一方面，我国反垄断执法权基本属于中央事权。另一方面，省级政府相应机构只有在国务院反垄断执法机构的授权之下才能够展开相关的反垄断执法工作。省级相应机构一般指省市场监督管理局。

理解这一条的目的和意义时，首先，需要理解为什么要以上级部门授权的形式进行反垄断执法权力下放。与机构授权相对应的是法律授权，即直接规定哪些部门拥有什么样的权力。例如，反不正当竞争法第四条规

---

① 参见王晓晔：《王晓晔论反垄断法》，社会科学文献出版社 2010 年版，第 421 页；王健、朱宏文：《反垄断法实施问题研究》，法律出版社 2013 年版，第 3 页；万江：《中国反垄断法：理论、实践与国际比较》，中国法制出版社 2017 年版，第 330 页。

定，法律、行政法规规定由其他部门查处的，依照其规定。依据此转致条款，会产生诸多如银保监会、工信部等“其他部门查处”的情形。相比法律的普遍性授权，机构授权有明显灵活性，如果是具有全国性影响的重大案件或高度复杂的案件，可以不授权，由国务院反垄断执法机构处理。其次，需要理解在授权的情况下为什么只授予省一级反垄断执法机构。这是由反垄断业务的复杂性决定的。这里的复杂性包括但不限于垄断行为没有明确的认定标准，这不同于民事侵权行为；反垄断法的实施需要跨专业的技能，其高度融合了产业经济学的理论和方法。因此，在人才储备和执法经验可能尚不充足的情况下，只能授权省一级执法部门。最后，授权涉及的范围是否覆盖传统反垄断法中的“三大支柱”？不是，执法权的下放不包括经营者集中的审查权。所有经营者集中的案件都由国家反垄断局审查和处理。主要原因在于，经营者集中不仅涉及竞争政策，还涉及产业政策，比其他垄断行为更为复杂。

具体而言，上述规定包含如下含义：（1）授权对象仅限于省级政府相应机构，省级政府相应机构不能再行授权。（2）法律上规定的授权模式不是概括性授权，而是“根据工作需要”才进行授权。个案授权是“一事一议”的授权模式，强调授权机关的主导性。（3）条文中的“反垄断执法工作”包括调查和处理。可以将其全部授权，也可以将调查权单独授权。

【相关规定】

《禁止滥用市场支配地位行为暂行规定》第二条；《禁止垄断协议暂行规定》第二条。

第十四条　【行业协会的竞争性自律】行业协会应当加强行业自律，引导本行业的经营者依法竞争，合规经营，维护市场竞争秩序。

【条文主旨】

本条是关于行业协会的自律性管理的规定。

【条文释义】

行业协会，是由单一行业的竞争者所组成的非营利性组织。其职能主要是依据市场规则，结合本行业的特点，制定本行业的会规、行规或公约，约束本行业成员的市场行为，进行自我管理、集体自律。行业协会具有弥补市场失灵、协助政府管理等作用。

一、行业协会的特殊身份与反垄断法

在我国，商会与行业协会有广义和狭义之分。广义上的行业协会包括商会，还包括职业者的联合（或称为职业协会），如医师协会、律师协会、会计师协会等。原初这种划分的意义在于确立组织的性质，但现今，由于这些职业协会大都存在获取利益的情形，在这个意义上，单独使用商会和行业协会已无特别意义。

行业协会的功能是多重的，基本功能是：代表行业的所有厂商与政府沟通、反映意见、公布产品的标准、发布行业数据、设立产品标准、出版行业报刊、组织业务交流等。这使得它与垄断具有某种天然的联系。

传统上，行业协会因其自我管理的特性在创建目的及活动内容上和卡特尔比较相似，甚至一些行业协会并不掩饰其联合组织的特性。比如在章程中明确规定一致销售价格或市场协同价格，并明确违反规定的处罚措施。

进入现代社会，行业协会本身的卡特尔特性已经退化了，型塑为介于政府和企业之间的组织，并发挥克服“政府失灵”和“市场失灵”的特殊功效。法律上给予它合法的地位和身份——一经登记注册，成为来源于成员，又独立于成员的实体。它的公开、独立、合法的身份与卡特尔的隐蔽、连带、违法的特性形成鲜明的对比。但法律的规划并不能完全保证行业协会被牢固地束缚在限定的范围内。

反垄断法中的行业协会的身份具有三重特性。第一，行业协会为了维护成员的整体利益可以以原告主体的身份到法院起诉，即以受害者代表的面目出现；第二，行业协会在业务协调和管理中可能促成卡特尔，即成为致害者；第三，行业协会进行自治性管理。

二、行业协会引导本行业正当竞争

（一）引导成员依法竞争

自治性是行业协会最本质的特征。行业协会由法人或非法人组织自愿组成，并按照章程开展活动来实现会员的共同意愿。其组织机构的管理人员通过民主选举产生，且大多由有资历、有威望、有实力和能力强的企业

主担任。行业协会在法定范围内，独立自主地管理自己的事务，具体表现为自愿入会、自选领导、自聘人员、自筹经费、自理事务。

在法律上，行业协会不具有政府享有的管理权力。在活动方式上，坚持自我管理、自我服务、自我协调、自我约束、自我教育的方针。但是，行业协会内部容易产生类似于政府权力性质的管理与服从关系。一方面，行业协会整合本阶层利益，形成企业家的利益代表和利益表达的机制，即通过一定的渠道向政府反映这个组织群体阶层的经济和政治诉求，沟通和协调企业与政府、企业与社会的关系，排解不正当的行政干预，维护会员企业的合法权益，从制度环境中体现成员的心声和反映成员的呼声；另一方面，从抗击风险这一点，由于成员整体利益受侵害时以集体的力量对抗总比个体分散力量对抗具有更强的优越性，因此行业协会和初期的卡特尔具有设立缘由上的一致性。

作为代言人的行业协会处于政府之下、企业之上的特殊位置，在政令的传达和内部管理过程中原本来自成员集体的意志会转化为行业协会的权威。这样，作为利益维护者的行业协会，在维护企业会员的整体利益、降低行业风险、求得公平竞争环境的活动中很容易赢得威信。此外，其在会员资格、质量标准、产品代码、资质认证、行业道德标准的制定等活动中都以似同管理者的身份从事管理活动。也有人认为，行业协会本质上是其成员建构的一种具有网络性和组织性的关系实体，行业协会是一种关系网络。① 该关系网络通过内部的规章制度，确保其存续上的永久性，并通过为成员谋利益来获得成员的心理认同。

（二）引导行业自律

行业协会管理上的优势有利于其引导进行行业自律。这些优势体现在以下方面：

1. 信息优势

行业协会提供了一个信息交换的平台，行业协会的管理建立在广泛占有信息的基础上。这里的信息包括行业协会各成员产品的主要信息，非行业协会成员企业的相关主要信息，甚至整个产品市场的信息、国际市场的相关信息等。较单个企业或者部分企业的自我联合来说，行业协会对信息的掌握具有全面性、实效性和宏观性。

2. 协调优势

行业协会的主要职能之一就是协调成员企业之间的行为。与私人协调

---

① 参见鲁篱：《行业协会自治权研究》，法律出版社 2003 年版，第 258 页。

相比较，行业协会协调的专业性和权威性更强。与政府协调相比较，行业协会因站在“行业”的立场上具有较强的亲和力，所作出的决策更容易被成员接受和执行。成员企业都享有独立的经营自主权，但作为竞争主体，难免在市场竞争中发生冲突。为了行业的整体利益，行业协会也愿意并积极地对众多企业的行为进行协调。

3. 组织优势

行业协会的内部组织比政府和单一企业更便于反映和表达同类社会成员的共同问题。而且行业协会本身具有规模效应、外部经济和一致性集体行动优势，以这种组织效率为基础，成员企业可以获得整体认同感。

行业协会促成行业自律的方式主要有：

1. 由行业协会组织成员企业承诺行为自律

具体表现为积极召集、主持会议和进行自律性引导。行业协会通过召集成员企业召开联席会议的方式，商讨有关行为的自律规范，组织会员签订自律公约，制定自律规则。

2. 行业协会在成员内部发布自律性规定

一般情况下，行业协会通过发布自律性规范或倡导性行业标准，开展会员自律管理，违反协会章程、自律公约、自律规则和管理制度的，可按章程、自律公约和自律规则的有关规定，实施自律性惩罚。这有利于预防从事反竞争行为，维护公平有序的市场环境。

3. 行业协会为成员提供信息交换平台，督促会员依法合规经营

最常见的是，为成员企业提供信息交换的平台。如行业协会在其官方网站的特定区域开辟一个专栏，用于各成员企业发布信用记录和守约信息。这一方面能交流正向信息，另一方面也为其他企业提供行业内的行为榜样。

【适用指南】

完善行业协会自律规则和机制建设、引导会员企业诚信经营是一项长期的工作。不同行业协会结合自己的特点在强调服务、维权、自律、桥梁与纽带的同时，积极探索适于本行业的自律性管理规范。

例如，旅游业协会积极建立有效的惩处机制。（1）发布“黑名单”。将查处的违法违规经营的企业或个人，由旅游行政管理部门和行业协会一起定期向社会发布，营造守法经营光荣、违规经营可耻的社会氛围，让违法违规的企业和个人无法经营、无立足之地，加大违规经营的成本，使他们不敢违规。（2）在行业协会的门户网站上设立专门的消费者举报投诉专

栏、设立举报电话或信箱等多种方式解决纠纷。行业协会将收到的各类投诉归纳整理，定期让被投诉的企业自领投诉、自我解释、自行处理。建立行业协会与消费者的沟通机制和通道，使行业协会成为消费者反映产品质量问题的一个渠道。保证行业协会能够及时发现行业中的问题并及时解决。在危机处理中和处理过后要及时将有关信息真实地传递给消费者，以求将消费者对全行业的怀疑有效疏导和化解，以防某个企业的问题和危机演化蔓延成全行业的危机。①

一些行业协会发布通过合规指引等，引导企业积极化解纠纷，防范法律风险。如《企业境外反垄断合规指引》中详细规定了“配合境外反垄断调查”：各司法辖区对于配合反垄断调查和诉讼以及证据保存均有相关规定，一般要求相关方不得拒绝提供有关材料或信息，提供虚假或者误导性信息、隐匿或者销毁证据，开展其他阻挠调查和诉讼程序并带来不利后果的行为，对于不配合调查的行为规定了相应的法律责任。有的司法辖区规定，提供错误或者误导性信息等情形可面临最高为集团上一财年全球总营业额1%的罚款，还可以要求每日缴纳最高为集团上一财年全球日均营业额5%的滞纳金；如果最终判定存在违法行为，则拒绝合作可能成为加重罚款的因素。有的司法辖区规定，拒绝配合调查可能被判藐视法庭或者妨碍司法公正，并处以罚金，情节严重的甚至可能被判处刑事责任，比如通过向调查人员提供重大不实陈述的方式故意阻碍调查等情形。通常情况下，企业对反垄断调查的配合程度是执法机构作出处罚以及宽大处理决定时的重要考量因素之一。

第十五条　【经营者和相关市场的含义】本法所称经营者，是指从事商品生产、经营或者提供服务的自然人、法人和非法人组织。

本法所称相关市场，是指经营者在一定时期内就特定商品或者服务（以下统称商品）进行竞争的商品范围和地域范围。

① 参见邵琪伟主编：《〈国务院关于促进旅游业改革发展的若干意见〉学习辅导读本》，中国旅游出版社2014年版，第155~156页。

【条文主旨】

本条是关于经营者和相关市场含义的规定。

【条文释义】

本法所调整的法律主体是相关市场中的经营者。因此，经营者和相关市场是本法的基本概念，是分析市场行为的前提与关键。

一、经营者的含义

本条第一款规定的是经营者的含义。该款在对经营者进行界定时，采用的是“行为特点+主体类型”的立法模式，即从行为特点来看，经营者应当从事商品生产、经营或者提供服务的活动；从主体类型来看，经营者表现为自然人、法人和非法人组织。采用“行为特点+主体类型”的立法模式，在定义上使相关概念保持一定的开放性，为应对未来经营者主体类型的变化留有空间。

（一）行为特点：从事商品生产、经营或者提供服务

本条第一款将经营者的行为特点表述为“从事商品生产、经营或者提供服务”。首先，该款规定的经营者不以营利性为要件。相较于《中华人民共和国价格法》对于经营者含义明确为提供有偿服务的规定，本条第一款对于经营者定义的规定中并未提到有偿或营利的要素。这是因为，在本法的实施过程中，某些非营利组织并不以营利为目的，但其同样会实施排除、限制竞争行为。若要求本法的经营者以营利性为要件，则会使非营利性组织的排除、限制竞争行为排除在本法的规制范围之外，从而与立法目的相悖。其次，该款规定的经营者应当是参与生产、经营或者提供服务的经济实体，享有经营自主权。① 与民商法从权利能力和行为能力角度揭示主体的独立人格的角度不同，本法侧重于从功能和事实层面揭示从事经济活动的主体。因此，本法在认定市场中经营者主体的个数时需考察经营者之间是否存在实质性竞争关系。若不存在实质性竞争关系，则应视为一个共同的经济实体。这即意味着，母公司与子公司、总公司与分公司之间不存在实质性竞争关系，故母公司和子公司、总公司和分公司被视为“单一主体”，不能作为两个独立的主体对待。

（二）主体类型：自然人、法人和非法人组织

本条第一款将经营者的主体类型规定为“自然人、法人和非法人组

---

① 参见王晓晔：《反垄断法》，法律出版社 2011 年版，第 77 页。

织”。需要特别指出的是，本次修法将经营者的主体类型由“自然人、法人和其他组织”修改为“自然人、法人和非法人组织”，这主要是为了因应我国民事法律制度关于民事主体分类的变化，并兼顾不同法律部门之间的协调性。2020 年出台的《中华人民共和国民法典》将我国的民事主体分为自然人、法人和非法人组织三种类型。另外，《中华人民共和国反不正当竞争法》同样将经营者的主体类型分为“自然人、法人和非法人组织”。因此，本次修法对经营者的主体类型也进行了相应的调整。这种调整不仅改变了使用“其他组织”表达不科学、内涵外延不统一的情况，也保持了与民法典、反不正当竞争法等法律关于主体称谓表达的对应性。至于“非法人组织”的含义，民法典第一百零二条有明确界定：“非法人组织是不具有法人资格，但是能够依法以自己的名义从事民事活动的组织。非法人组织包括个人独资企业、合伙企业、不具有法人资格的专业服务机构等。”此外，在认定经营者的主体身份时，主要有两种标准：一种是“登记主义”，即要求经营者到特定机关完成登记，具备了相应的法律主体资格才能成为经营者；另一种是“行为主义”，即只要从事商品生产、经营或者提供服务，无论是否具备从事这种行为的法律主体资格，都属于经营者的范畴。目前，“行为主义”居于主导地位。

二、相关市场的含义

“相关市场”是本法特有的概念。根据本条第二款规定，相关市场，是指经营者在一定时期内，就特定商品或者服务进行竞争的商品范围和地域范围，一般包括相关商品市场、相关地域市场、相关时间市场等。在规制垄断协议行为、滥用市场支配地位行为以及开展经营者集中反垄断审查时，通常需要对相关市场进行界定。相关市场界定范围的大小不仅直接关系着经营者市场份额与垄断地位的认定，也是影响案件审理结果的关键。

（一）相关商品市场

本条第二款所称经营者就特定商品或者服务进行竞争的“商品范围”，是指相关市场上的商品因素。对这些商品因素进行分析，必须界定相关商品市场。相关商品市场，是指根据商品的特性、用途及价格等因素，由消费者认为具有较为紧密替代关系的一组或一类商品所构成的市场。界定相关市场就是确定经营者之间竞争关系存在的范围，而竞争关系发生的客体就是商品，因此明确界定存在竞争关系的商品（或服务）是界定相关市场的第一步。这些商品表现出较强的竞争关系，在反垄断执法中可以作为经营者进行竞争的商品范围。两种商品是否属于同一市场，关键在于消费者是否认为两种商品之间具有紧密替代性。不同的商品在特性、用途及价格等因素上具有相同或相似的功能，并且理性的消费者会替换使用两种商品以满足自身需求，则两种商品之间具有替代性，属于同一相关市场。通常具有相互替代性的商品越多，相关市场的范围就越大。

（二）相关地域市场

本条第二款所称经营者就特定商品或者服务进行竞争的“地域范围”，是指相关市场中的地域因素。对这些地域因素进行分析，必须界定相关地域市场。相关地域市场，是指需求者获取具有较为紧密替代关系的商品的地理区域。这些地域表现出较强的竞争关系，在反垄断执法中可以作为经营者进行竞争的地域范围。实践中，相关商品的销售范围是确定地域市场的关键。随着全国统一大市场的形成和物流快递行业的发展，产品运往各地的成本被降低，整个国家在很多情况下会被界定为一个相关地域市场，但是不同地区之间的政治、经济、文化等方面仍有不同，导致不同地区的商品价格与质量、消费者偏好、成本支出等方面也存在一定的差异。有些商品难以在全国范围展开广泛的竞争，尤其是对于原产地有要求的行业，一个很小的区域也能形成一个相关地域市场。因此，地域市场的划分通常会以全国市场为原则，同时兼顾特定产品或行业的地域市场的地区性。

（三）相关时间市场

本条第二款所称经营者“一定时期内”就特定商品或者服务进行竞争，指的是相关市场上的时间因素，其可能会对相关市场上的商品因素和地域因素产生影响。当生产周期、使用期限、季节性、流行性或知识产权保护期限等构成商品不可忽视的特征时，界定相关市场时就应考虑时间性。本条第二款中所称的“一定时期内”就是相关市场含义中的时间性。从商品市场的角度看，随着消费者需求的变化，商品之间也发生着新旧迭代，不断有新兴商品替代旧商品，相关商品市场也必然发生变化。季节性商品，如应季蔬果、节日礼物等，也影响着消费者的需求，使消费者的需求与生产者的供给在不同时期无法实现相互替代。从地域市场的角度看，不同地区的经济发展速度不一，地区之间的差距也发生着变化，物流交通的发展降低了跨区域交易的成本，相关地域市场也会随之发生变化。对于某些受到知识产权保护的产品来说，在知识产权保护期限届满前后也会形成不同的时间市场。当然，相关时间市场存在的意义不仅在于执法机关在界定相关市场时考虑时间因素，而且在于对未来市场的变化有一定的前瞻性：经营者对实施经营行为的后果能有一定的预见，进而及时对相关市场进行调整。

除相关商品市场、相关地域市场、相关时间市场外，在某些案件中，也可能需要考虑相关技术市场。技术创新对于提升消费者福利和促进经济发展有重要的作用。然而某些行为也会阻碍技术创新，如知识产权许可协议阻碍新技术的出现等，在理论上应当受到本法的规制。在涉及知识产权许可等反垄断执法工作中，如果仅界定相关商品市场，难以全面评估行为的竞争影响，可能需要界定相关技术市场。根据个案情况，还可以考虑行为对创新、研发等因素的影响。

【适用指南】

一、界定相关市场的一般方法

在本法的适用过程中存在诸多界定相关市场的方法，执法机关根据不同的客观情况，借助经济学的分析方法来界定相关市场。其中，替代性分析与假定垄断者测试是较为常用的方法。

（一）替代性分析

商品或地域的可替代性程度是决定相关市场范围的关键因素。经营者作为商品的供给者之所以会进行竞争，是因为这些商品对于消费者的偏好产生相同或近似的满足。也就是说，经营者是针对消费者的需求展开竞争行为的，这些产品在满足消费者需求方面具有替代性。因此，一般情况下，界定相关市场主要从消费者角度进行需求替代分析。同时，当供给替代对经营者行为产生的竞争约束类似于需求替代时，也应考虑供给替代分析。

1. 需求替代分析

需求替代是根据需求者对商品功能用途的需求、质量的认可、价格的接受以及获取的难易程度等因素，从需求者的角度确定不同商品之间的替代程度。原则上，从需求者角度来看，商品之间的替代程度越高，竞争关系就越强，就越可能属于同一相关市场。

《国务院反垄断委员会关于相关市场界定的指南》第八条第一款指出，从需求替代角度界定相关商品市场，可以考虑的因素包括但不限于以下各方面：（1）需求者因商品价格或其他竞争因素变化，转向或考虑转向购买其他商品的证据。（2）商品的外形、特性、质量和技术特点等总体特征和用途。商品可能在特征上表现出某些差异，但需求者仍可以基于商品相同或相似的用途将其视为紧密替代品。（3）商品之间的价格差异。通常情况下，替代性较强的商品价格比较接近，而且在价格变化时表现出同向变化趋势。在分析价格时，应排除与竞争无关的因素引起价格变化的情况。（4）商品的销售渠道。销售渠道不同的商品面对的需求者可能不同，相互之间难以构成竞争关系，则成为相关商品的可能性较小。(5) 其他重要因素。如，需求者偏好或需求者对商品的依赖程度；可能阻碍大量需求者转向某些紧密替代商品的障碍、风险和成本；是否存在区别定价等。

《国务院反垄断委员会关于相关市场界定的指南》第九条第一款指出，从需求替代角度界定相关地域市场，可以考虑的因素包括但不限于以下各方面：(1) 需求者因商品价格或其他竞争因素变化，转向或考虑转向其他地域购买商品的证据。(2) 商品的运输成本和运输特征。相对于商品价格来说，运输成本越高，相关地域市场的范围越小，如水泥等商品；商品的运输特征也决定了商品的销售地域，如需要管道运输的工业气体等商品。(3) 多数需求者选择商品的实际区域和主要经营者商品的销售分布。(4) 地域间的贸易壁垒，包括关税、地方性法规、环保因素、技术因素等。如关税相对商品的价格来说比较高时，则相关地域市场很可能是一个区域性市场。(5) 其他重要因素。如，特定区域需求者偏好；商品运进和运出该地域的数量。

2. 供给替代分析

供给替代是根据其他经营者改造生产设施的投入、承担的风险、进入目标市场的时间等因素，从经营者的角度确定不同商品之间的替代程度。原则上，其他经营者生产设施改造的投入越少，承担的额外风险越小，提供紧密替代商品越迅速，则供给替代程度就越高。在识别相关市场参与者时应考虑供给替代。

《国务院反垄断委员会关于相关市场界定的指南》第八条第二款对此指出："从供给角度界定相关商品市场，一般考虑的因素包括：其他经营者对商品价格等竞争因素的变化做出反应的证据；其他经营者的生产流程和工艺，转产的难易程度，转产需要的时间，转产的额外费用和风险，转产后所提供商品的市场竞争力，营销渠道等。"

《国务院反垄断委员会关于相关市场界定的指南》第九条第二款对此指出："从供给角度界定相关地域市场时，一般考虑的因素包括：其他地域的经营者对商品价格等竞争因素的变化做出反应的证据；其他地域的经营者供应或销售相关商品的即时性和可行性，如将订单转向其他地域经营者的转换成本等。"

（二）假定垄断者测试

假定垄断者测试（即 HMT，全称为 The Hypothetical Monopolist Test）是利用经济学的工具分析获取的数据，找到假定垄断者可以将价格维持在高于竞争价格的最小商品集合和地域范围，从而界定相关市场。相较于替代性分析，假定垄断者测试是较为简单、易操作的界定方式，在经营者竞争的市场范围不够清晰或不易确定时可以适用。对于相关地域市场与相关商品市场的界定，假定垄断者测试法的思路相同，不再赘述。

根据《国务院反垄断委员会关于相关市场界定的指南》第十条的规定，假定垄断者测试通常先界定相关商品市场。反垄断执法机关首先从经营者提供的商品范围出发，假设该经营者是以利润最大化为经营目标的垄断者（假定垄断者）。在其他商品的销售条件保持不变的情况下，假定垄断者能否持久地（一般为一年）小幅（一般为5%～10%）提高目标商品的价格（即SSNIP，全称为Small but Significant and Non-transitory Increase in Price）。目标商品涨价会导致需求者转向购买具有紧密替代关系的其他商品，从而引起假定垄断者销售量下降。如果目标商品涨价后，即使假定垄断者销售量下降，但其仍然有利可图，则目标商品就构成相关商品市场。如果涨价引起需求者转向具有紧密替代关系的其他商品，使假定垄断者的涨价行为无利可图，则需要把该替代商品增加到相关商品市场中，该替代商品与目标商品形成商品集合。接下来分析如果该商品集合涨价，假定垄断者是否仍有利可图。如果答案是肯定的，那么该商品集合就构成相关商品市场；否则还需要继续进行上述分析过程。随着商品集合越来越大，集合内商品与集合外商品的替代性越来越小，最终会出现某一商品集合，假定垄断者可以通过涨价实现盈利，由此便界定出相关商品市场。

根据《国务院反垄断委员会关于相关市场界定的指南》第十一条规定，对于基准价格，原则上应选取充分竞争的当前市场价格。但在滥用市场支配地位、共谋行为和已经存在共谋行为的经营者集中案件中，当前价格明显偏离竞争价格，选择当前价格作为基准价格会使相关市场界定的结果不合理。在此情况下，应该对当前价格进行调整，使用更具有竞争性的价格。对于涨价幅度，一般情况下为5%～10%，但在执法实践中，可以根据案件涉及行业的不同情况，对价格小幅上涨的幅度进行分析确定。在经营者小幅提价时，并不是所有需求者（或地域）的替代反应都是相同的。在替代反应不同的情况下，可以对不同需求者群体（或地域）进行不同幅度的测试。此时，相关市场界定还需要考虑需求者群体和特定地域的情况。

近些年来随着数字经济、平台经济的发展，数据垄断、平台垄断开始出现。对于平台经济领域的垄断、数字经济领域的垄断，常用的SSNIP测试法在实际运用中遇到了困境，需要对其进行改进。首先，在某些商业模式会导致该市场产品有明显的差异且质量、服务、消费者体验等非价格竞争成为重要竞争形式的领域，可以通过施加数量不大但有意义且并非短暂的质量下降（即 SSNDQ，全称为 Small but Significant and Non-transitory Decrease in Quality）的方法，考察在一段合理的时期内，经营者小幅降低质量时用户的流失情况及经营者的盈利情况。其次，对于以获取数据及流量为目标的经营者，其免费使用并不意味着用户没有付出任何成本，只是将财物转变成用户的数据和注意力，经营者获取衍生的经济价值。因此，也可以采用数量不大但有意义且并非短暂的用户使用成本增加（即 SSNIC，全称为 Small but Significant and Non-transitory Increase in Cost）作为测试标准。用户的使用成本包括直接成本和间接成本，具体包括设备成本、上网费用等直接的金钱支出以及时间成本、注意力成本、隐私成本等。SSNDQ 与 SSNIC 在一定程度上克服了 SSNIP 测试方法在大数据市场与网络服务市场的不相适应性，但也存在变化幅度难以量化的问题。

二、特殊领域相关市场界定的适用规则

（一）平台经济领域相关市场的界定

《国务院反垄断委员会关于平台经济领域的反垄断指南》第四条指出，平台经济业务类型复杂、竞争动态多变，在平台经济领域相关商品市场界定的基本方法是替代性分析。在个案中界定相关商品市场时，可以基于平台功能、商业模式、应用场景、用户群体、多边市场、线下交易等因素进行需求替代分析；当供给替代对经营者行为产生的竞争约束类似于需求替代时，可以基于市场进入、技术壁垒、网络效应、锁定效应、转移成本、跨界竞争等因素考虑供给替代分析。具体而言，可以根据平台一边的商品界定相关商品市场；也可以根据平台所涉及的多边商品，分别界定多个相关商品市场，并考虑各相关商品市场之间的相互关系和影响。当该平台存在的跨平台网络效应能够给平台经营者施加足够的竞争约束时，可以根据该平台整体界定相关商品市场。在个案中界定相关地域市场时，可以综合评估考虑多数用户选择商品的实际区域、用户的语言偏好和消费习惯、相关法律法规的规定、不同区域竞争约束程度、线上线下融合等因素。根据平台特点，相关地域市场通常界定为中国市场或者特定区域市场，根据个案情况也可以界定为全球市场。

（二）知识产权领域相关市场的界定

《国务院反垄断委员会关于知识产权领域的反垄断指南》第四条指出，如果仅界定相关商品市场难以全面评估行为的竞争影响，可能需要界定相关技术市场。根据个案情况，还可以考虑行为对创新、研发等因素的影响。相关技术市场是指由需求者认为具有较为紧密替代关系的一组或者一类技术所构成的市场。在界定相关技术市场时可以考虑技术的属性、用途、许可费、兼容程度、所涉知识产权的期限、需求者转向其他具有替代关系技术的可能性及成本等。通常情况下，如果利用不同技术能够提供具有替代关系的商品，这些技术可能具有替代关系。在考虑一项技术与知识产权所涉技术是否具有替代关系时，不仅要考虑该技术目前的应用领域，还需考虑其潜在的应用领域。

（三）原料药领域相关市场的界定

《国务院反垄断委员会关于原料药领域的反垄断指南》第四条指出，原料药产业链涵盖生产、运输、经销等环节，涉及业务类型多样，根据具体情形，可能需要将相关商品市场进一步细分为原料药生产市场和原料药经销市场。由于原料药对于生产药品具有特殊作用，一种原料药一般构成单独的相关商品市场，并可能根据具体情况作进一步细分。如不同品种原料药之间具有替代关系，可能根据具体情况认定多个品种原料药构成同一相关商品市场。另外，原料药领域在相关地域市场一般界定为中国市场。原因在于不同国家关于原料药生产、经销的相关资质和监管标准不同，且进口原料药需获得中国相关监督管理部门批准。根据不同原料药运输的特点和成本，特定品种原料药的地域市场也可能界定为一定的地域范围。

（四）汽车业相关市场的界定

《国务院反垄断委员会关于汽车业的反垄断指南》第三条第二款规定，汽车业相关商品市场界定的基本方法是替代性分析，在个案中界定相关商品市场时，可以基于商品的特征、用途、价格等因素进行需求替代分析，必要时进行供给替代分析。比如，汽车经销由批发和零售两个环节构成，批发由汽车供应商面向经销商，零售由经销商面向最终用户。根据个案具体情形，可能需要将汽车批发和零售分别界定为细分的相关商品市场；汽车经销市场还可以从需求替代和供给替代的角度进一步细分。汽车售后市场可以分为售后配件经销市场和售后维修保养市场，也可以根据替代性分析进一步界定。

【相关规定】

《中华人民共和国民法典》第一百零二条；《国务院反垄断委员会关于相关市场界定的指南》第八条、第九条、第十条、第十一条；《国务院反垄断委员会关于平台经济领域的反垄断指南》第四条；《国务院反垄断委员会关于知识产权领域的反垄断指南》第四条；《国务院反垄断委员会关于原料药领域的反垄断指南》第四条；《国务院反垄断委员会关于汽车业的反垄断指南》第三条。

第二章 垄断协议

第十六条 【垄断协议的定义】本法所称垄断协议，是指排除、限制竞争的协议、决定或者其他协同行为。

【条文主旨】

本条是关于垄断协议定义的规定。

【条文释义】

本条将垄断协议的定义设置为一条独立条文。在本次修法前，垄断协议的定义规定在原反垄断法第十三条第二款，也就是横向垄断协议条款的第二款，这使得在法律适用的过程中出现了该定义是否适用于纵向垄断协议的争议。为避免此类争议，本次修法将垄断协议的定义单列一条，并作为垄断协议一章的第一条，以彰显该定义在垄断协议一章适用的普遍性。

一、垄断协议的界定

垄断协议，是指排除、限制竞争的协议、决定或其他协同行为。竞争者之间或者经营者与交易相对人之间达成垄断协议是一种典型且较为常见的垄断行为。该行为严重损害了竞争秩序、消费者权益和社会公共利益，因而成为各国反垄断法所规制的重点对象。

垄断协议，是指两个或两个以上的经营者达成的或行业协会组织经营者达成的，排除、限制相关市场竞争的协议、决定或者其他协同行为。垄断协议分为横向协议和纵向协议。横向协议，又称为卡特尔，是处于同一生产或销售环节的竞争者间达成的排除、限制竞争的协议。纵向协议，是处于同一产业不同流通环节的具有交易关系的经营者间达成的排除、限制竞争的协议。垄断协议具有如下几方面的特征：

第一，垄断协议的实施主体为两个或两个以上独立的经营者或行业协会。经营者是垄断协议的主要实施主体。实施垄断协议的复数经营者，必须是相互独立的经营者，即达成垄断协议的经营者应当具备实质上的独立决策能力，且彼此间不会形成实质性的竞争关系。如果经营者不具有独立的决策能力，且经营者间不会形成实质性竞争关系，则上述类型的经营者在竞争法中应当被视为“单一主体”，不能作为多个经营者对待。例如，母公司与其子公司、集团公司与其分公司之间的共同行为，一般不被视为共谋行为，不构成违法的垄断协议。

第二，在一定情况下，作为行业自治性组织的行业协会为谋求行业成员的不正当利益常常实施或者组织成员企业实施垄断协议。该种情形下，行业协会也成为垄断协议的实施主体。根据《禁止垄断协议暂行规定》第十四条第二款规定，行业协会，是指由同行业经济组织和个人组成，行使行业服务和自律管理职能的各种协会、学会、商会、联合会、促进会等社会团体法人。实践中，受反垄断法规制的行业协会不但包括工商业协会，也包括医师、建筑师、会计师、律师等职业协会和体育竞技类协会。

第三，垄断协议的行为体现为以协议、决定、协同行为方式实施的排除、限制竞争的共同行为。其中，协议、协同行为是经营者实施的垄断协议的表现形式。协议，是指经营者间达成的限制、排除竞争的合意，书面、口头形式均可。决定，是指行业协会组织本行业的经营者实施的垄断协议行为。决定一般体现为行业协会制订的章程、依据章程作出的强制性决定或任意性建议等。协同行为，是指经营者间实施的有意思联络的排除、限制竞争的协调一致行为。

第四，垄断协议的市场效果要件要求经营者实施的共同行为达到限制、排除相关市场竞争的后果或者具备排除、限制相关市场竞争的风险。经营者间的共同行为并不必然违法，只有达到在相关市场排除、限制竞争或者存在排除、限制相关市场竞争的风险，才被认定构成垄断协议。在经营者达成并实施协议的情况下，需要根据限制、排除相关市场竞争的实际情况判断协议的市场效果。在经营者达成但尚未实施协议的情况下，根据经营者达成协议的目的、协议的内容进行判断。如果协议的内容具备限制、排除相关市场竞争的风险，则认定满足市场效果要件。

二、垄断协议形成、维持需要考虑的市场结构

垄断协议的形成、维持受一定的市场结构影响。具体来看，下列市场结构易于经营者间或行业协会组织实施、维持垄断协议。

第一，少量卖主的市场结构。市场上卖主的数量越少，越有利于垄断协议的形成。因为，在市场上生产同类产品的企业数量越少，企业间结成和维持垄断协议的交易成本越低，企业间越容易结成联合。相反，经营者间形成协议则较为困难。而且，即便形成了协议，退出或违反协议的风险也较大。

第二，有限需求弹性的市场结构。按照经济学一般理论，市场的需求量随价格下降而增加，随价格上升而减小，经营者往往在其需求曲线的弹性部分从事经营活动。在一个具有需求弹性的市场结构中，经营者可以通过降低产品价格而获得更多市场份额。而在一个需求弹性有限的市场结构中，经营者降价并不一定能增加消费者的需求量及经营者的市场份额。同时，在有限需求的市场结构下，经营者的单独削价，虽有可能将其他竞争者的交易对手吸引过来，但同时也会促使其他竞争对手实施报复性削价。由此，在有限需求的市场结构中，经营者为避免恶性竞争，更易于联合起来限制产量或固定价格等。

第三，生产过剩的市场供给条件。基于市场价格与供给数量成反比的这一价值规律，在市场供给减少的情况下，相关产品的交易方就会提高产品价格，从而保障交易成功；而在一个市场供给相对过剩的情况下，产品价格一定会下降，从而吸引对该产品估价较低的客户来购买。因而，在生产过剩的市场结构中，经营者为争得更多市场份额，必须进行低价竞争，从而也会促发竞争者间的价格反应。由此，在这样的市场结构下，也更易于促使经营者进行通谋达成协议，采取固定价格、限制产量等限制竞争行为，从而避免无利可图的长期价格竞争。

第四，相同或相近的产品成本结构。如果市场中每个企业有不同的成本，对每个企业而言，最优卡特尔价格也就各不相同，因而它们之间就很难达成协议。[①] 在一个市场中，诸多企业的成本结构越是相似，它们进行共谋就越为容易，其相互之间就越容易达成垄断协议。相反，相互间则越不容易达成垄断协议。

第五，产品的差异性。产品差异性越大，经营者越能获得高额的垄断利润。同样，不同经营者间的产品越具有差异性，经营者之间越不容易就不同规格产品的价格达成一致。另外，即使经营者间就复杂的系列产品的价格达成协议，成员也容易欺骗其他协议参加者私自提高价格而不被发现，从而导致垄断协议无法维系。而在产品差异性较小的情况下，经营者

---

① 参见［美］理查德·A. 波斯纳：《反托拉斯法》，孙秋宁译，中国政法大学出版社2002年版，第90页。

为获得更多的市场份额，则必须通过价格竞争使自己的价格低于竞争对手。这种价格竞争的最终结果将会导致双方的“价格趋向于边际成本”。[①]为此，在产品差异性较小的市场结构中，竞争者间为避免恶性价格竞争，维持共同的利益关系，更易于促成价格协议。

【适用指南】

一、垄断协议认定的一般方法与适用指南

本条列举了垄断协议的三种表现形式，即协议、决定和协同行为。但是，对具体判定标准并未予以详细说明。作为本条款适用的补充，国家市场监管总局发布了《禁止垄断协议暂行规定》。该规定第六条明确了认定其他协同行为应当考虑的因素：（1）经营者的市场行为是否具有一致性；（2）经营者之间是否进行过意思联络或者信息交流；（3）经营者能否对行为的一致性作出合理解释；（4）相关市场的市场结构、竞争状况、市场变化等情况。即协同行为须以经营者间存在意思联络为前提。一般情况下，在对意思联络进行判断时，只要经营者事前有联络、信息交换的事实，而基于共同认识、共同预测，步调一致地采取同一行为，即可认定存在。《禁止垄断协议暂行规定》第十四条第一款对行业协会禁止从事的行为进行了细化规定，具体体现为以下几方面行为：（1）制定、发布含有排除、限制竞争内容的行业协会章程、规则、决定、通知、标准等；（2）召集、组织或者推动本行业的经营者达成含有排除、限制竞争内容的协议、决议、纪要、备忘录等；（3）其他组织本行业经营者达成或者实施垄断协议的行为。

二、特殊领域垄断协议的适用规则

为有效防止垄断协议行为，我国反垄断法执法相关部门结合特殊行业、特殊领域特点，出台了专门性法规、指南，明确特殊领域、特殊行业中垄断协议的具体表现方式和判断方法。

（一）平台经济领域垄断协议的认定

《国务院反垄断委员会关于平台经济领域的反垄断指南》明确了平台经济领域垄断协议的表现形式，特别是对其他协同行为作出了具体解释。该指南第五条规定，平台经济领域垄断协议，是指经营者排除、限制竞争的协议、决定或者其他协同行为。协议、决定可以是书面、口头等形式。

---

① 参见［美］W. 吉帕·维斯库斯、约翰·M. 弗农、小约翰夫·E. 哈林顿：《反垄断与管制经济学》，陈勇军等译，机械工业出版社 2004 年版，第 65 页。

其他协同行为，是指经营者虽未明确订立协议或者决定，但通过数据、算法、平台规则或者其他方式实质上存在协调一致的行为。有关经营者基于独立意思表示所作出的价格跟随等平行行为除外。从总体上看，平台经济领域的垄断协议形式与传统规定并没有实质上的差别。但应当注意的是，平台经济领域的协同行为可能通过数据、算法、平台规则或者其他方式来实现。此外，该指南第九条规定，认定平台经济领域协同行为，可以通过直接证据判定是否存在协同行为的事实。如果直接证据较难获取，可以根据《禁止垄断协议暂行规定》第六条规定，按照逻辑一致的间接证据，认定经营者对相关信息的知悉状况，判定经营者之间是否存在协同行为。经营者可以提供相反证据证明其不存在协同行为。

（二）知识产权领域垄断协议的认定

《国务院反垄断委员会关于知识产权领域的反垄断指南》第二章明确规定了可能排除、限制竞争的知识产权协议。该类协议主要包括联合研发、标准制定等横向协议和交叉许可、排他性回授和独占性回授、不质疑条款等纵向协议。涉及知识产权的协议可能具有激励创新、促进竞争的效果，也可能对市场竞争产生排除、限制的影响。对此，该指南第二章第七条至第十二条专门对上述协议排除、限制相关市场竞争效果的判定作出详细量化规定。同时，该指南第十三条还明确了知识产权领域垄断协议的安全港制度。

（三）原料药领域垄断协议的认定

《国务院反垄断委员会关于原料药领域的反垄断指南》规定了原料药领域的垄断协议，即经营者排除、限制竞争的协议、决定或者其他协同行为。同时，对不同形式的垄断协议进行了清晰界定。协议、决定可以是书面、口头等形式。其他协同行为是指经营者虽未明确订立协议或者决定，但通过其他方式实质上存在协调一致的行为，有关经营者基于独立意思表示所作出的价格跟随等平行行为除外。这一规定将经营者的价格跟随行为排除在协同行为之外。价格跟随行为通常表现为价格领导者率先对商品价格进行确认或调整，价格跟随者接受该价格或进行相应的价格调整，二者在行为上趋同，与协同行为具有相似性。但是该行为并不等同于协同行为，因为认定协同行为的核心在于是否存在意思联络，如果经营者之间不存在意思联络，是基于独立意思表示作出的价格跟随行为，可以被排除到协同行为之外。该指南对其他协同行为的规定为经营者进行垄断协议的抗辩提供了一定的空间，具有一定的合理性。

（四）汽车业领域垄断协议的认定

《国务院反垄断委员会关于汽车业的反垄断指南》第二章对汽车行业中的垄断协议作出了针对性规定：第四条对垄断协议的豁免制度从推定豁免和个案豁免两个方面作出规定；第五条对汽车业横向垄断协议作出规定；第六条从协议的形式，固定转售价和限定最低转售价，建议价、指导价和限定最高价，地域限制和客户限制，通过质量担保条款对售后维修服务和配件流通施加间接的纵向限制，有关经销商和维修商销售与服务能力的其他纵向限制六个大方面对汽车业纵向垄断协议作出了体系化规定。该指南为预防和制止汽车业垄断行为，降低行政执法和经营者合规成本，促进汽车业健康发展、维护消费者利益和社会公共利益提供了重要保障。

【相关规定】

《禁止垄断协议暂行规定》第五条、第六条、第十三条、第十四条；《国务院反垄断委员会关于平台经济领域的反垄断指南》第五条、第九条；《国务院反垄断委员会关于知识产权领域的反垄断指南》第七条至第十三条；《国务院反垄断委员会关于原料药领域的反垄断指南》第五条；《国务院反垄断委员会关于汽车业的反垄断指南》第四条、第五条、第六条。

第十七条　【横向垄断协议】禁止具有竞争关系的经营者达成下列垄断协议：

（一）固定或者变更商品价格；

（二）限制商品的生产数量或者销售数量；

（三）分割销售市场或者原材料采购市场；

（四）限制购买新技术、新设备或者限制开发新技术、新产品；

（五）联合抵制交易；

（六）国务院反垄断执法机构认定的其他垄断协议。

【条文主旨】

本条是关于横向垄断协议的规定。

【条文释义】

一、横向垄断协议的概念和特点

横向垄断协议，也被称为卡特尔，是指两个或两个以上处于同一交易环节具有竞争关系的经营者之间达成的具有排除、限制竞争目的或效果的垄断协议。根据本条规定，横向垄断协议包括横向价格协议、限制数量协议、市场分割协议、限制创新协议、联合抵制协议等。作为横向垄断协议主体的"经营者"既可以是提供同种类商品和服务的供应者，也可以是购买同种类商品和服务的需求者。[①] 横向垄断协议对竞争产生严重的危害后果，侵害市场竞争秩序，破坏市场对资源配置决定性作用的发挥，降低社会整体经济效率，使消费者福祉受损。

横向垄断协议具有以下特点：第一，横向垄断协议是处于同一交易环节的竞争者之间达成的垄断协议，其参与者是两个或两个以上处于同一交易环节具有竞争关系的经营者，或者是具有自律性管理权限的行业协会组织行业成员经营者。第二，横向垄断协议以排除限制竞争为目的，或者具有排除、限制竞争的后果。对竞争损害程度而言，横向垄断协议较纵向垄断协议的排除、限制竞争后果更大。因而，横向垄断协议历来是反垄断法所规制的重点。第三，横向垄断协议的形式可以是竞争者之间签订的口头或书面协议，也可以是竞争者之间实施的协同行为，还可以是行业协会作出的决议。实践中，协同行为是横向垄断协议的主要表现方式。

二、横向垄断协议的类型

本条明确列举了横向垄断协议的五种具体类型："固定或者变更商品价格""限制商品的生产数量或者销售数量""分割销售市场或者原材料采购市场""限制购买新技术、新设备或者限制开发新技术、新产品""联合抵制交易"。此外，《禁止垄断协议暂行规定》第七条至第十一条分别对本条所述的五种横向垄断协议的具体表现形式和认定标准进行细化。

1. 固定或者变更商品价格

固定价格行为，是指具有竞争关系的经营者为避免价格竞争，通过协议、决议或者协同行为，共同决定商品或服务价格的协议。协议既可以是直接确定某商品或服务的价格，也可以是规定一个最低或者最高限价，还可以是规定统一的商品或服务价格的形成方式。《禁止垄断协议暂行规定》第七条指出，横向价格协议主要包括以下几种类型：（1）固定或者变更价

---

① 参见孙晋、李胜利：《竞争法原论》，法律出版社 2020 年版，第 58 页。

格水平、价格变动幅度、利润水平或者折扣、手续费等其他费用；（2）约定采用据以计算价格的标准公式；（3）限制参与协议的经营者的自主定价权；（4）通过其他方式固定或者变更价格。

固定价格是一种典型的市场垄断行为，为各国立法所明确禁止。该行为破坏了通过竞争形成市场价格的机制，使得价格不再能够灵敏地反映市场供求，继而影响市场指引和资源配置作用的发挥，导致经营者怠于改进技术、降低成本，影响整个产业的经济效率。此外，通过价格手段达到限制竞争的目的，比通过限制产量、市场分割的方式更容易操作和简便易行，因此，经营者间采取价格协议限制竞争的行为常常发生。[①]

案例：10 家混凝土企业以砂石、水泥等原材料价格上涨为由，在一家酒店商议联合上调混凝土销售价格。经商议决定不同标号的混凝土每立方米价格均上调 60 元（如 C15 标号从 365 元/立方米上调至 425 元/立方米），并制作此次统一涨价的联合声明。随后，10 家混凝土企业陆续在联合声明上盖章，并将联合声明和统一涨价情况告知各自下游建筑企业用户，对部分不接受涨价的用户停止供货。此后，10 家企业根据此次联合声明上调了混凝土价格 30 元/立方米至 60 元/立方米不等。截至反垄断执法机关启动调查，混凝土企业陆续停止联合涨价行为，实施垄断协议时间约为 1 个月。

反垄断执法机构经过调查，认为本案中 10 家混凝土生产企业是具有竞争关系的经营者，通过协议的形式统一上调混凝土销售价格，对内排除、限制了同行业的竞争，对外破坏了公平竞争的市场环境，该行为违反原反垄断法第十三条第一款第一项（对应修改后的《中华人民共和国反垄断法》第十七条第一项）的规定，属于具有竞争关系的经营者达成并实施"固定或者变更商品价格"垄断协议的违法行为。该违法行为给营商环境、市场环境、竞争环境带来负面影响。鉴于调查期间，当事人积极配合，主动停止违法行为，且违法行为持续时间较短，对市场竞争损害程度较轻，反垄断执法机构依法责令 10 家混凝土企业停止违法行为，处以 2017 年度销售额 1%的罚款，合计 4922907.73 元。[②]

2. 限制商品的生产数量或者销售数量

限制产量或销量协议也被称为数量卡特尔，是指具有竞争关系的经营

---

① 参见王晓晔：《竞争法学》，社会科学文献出版社 2007 年版，第 227 页。

② 参见陕西省市场监管局发布延安市混凝土企业垄断协议案行政处罚决定书，载陕西省市场监督管理局网站，http：//snamr.shaanxi.gov.cn/info/1407/9505.htm，最后访问时间：2022 年 6 月 27 日。

者间达成合意或采取协调行为对商品的供给量或销售量等予以限制的协议。根据《禁止垄断协议暂行规定》第八条，本条所述行为主要表现为以下几种类型：（1）以限制产量、固定产量、停止生产等方式限制商品的生产数量，或者限制特定品种、型号商品的生产数量；（2）以限制商品投放量等方式限制商品的销售数量，或者限制特定品种、型号商品的销售数量；（3）通过其他方式限制商品的生产数量或者销售数量。参与限制数量协议的经营者通过控制或限制相关市场上产销的供给量，人为操控相关市场的供求关系，进而间接限制价格，破坏相关市场的竞争秩序。限制数量协议往往与价格协议联系在一起，危害市场竞争和消费者利益。

3. 分割销售市场或者原材料采购市场

市场分割协议，是指生产或者销售同类产品的具有竞争关系的经营者间达成分割产品、产品销售地区、客户，排除、限制相关市场竞争的协议。本条第三项根据经营者进行活动的不同将分割市场分为分割销售市场与分割原材料采购市场。《禁止垄断协议暂行规定》第九条第一款进一步明确规定，经营者就分割销售市场或者原材料采购市场达成的垄断协议包括以下几种形式：（1）划分商品销售地域、市场份额、销售对象、销售收入、销售利润或者销售商品的种类、数量、时间；（2）划分原料、半成品、零部件、相关设备等原材料的采购区域、种类、数量、时间或者供应商；（3）通过其他方式分割销售市场或者原材料采购市场。此外，该条第二款还指出，“原材料”还包括经营者生产经营所必需的技术和服务。

4. 限制购买新技术、新设备或者限制开发新技术、新产品

该类协议是指经营者之间联合限制购买新技术、新设备，或者限制开发新技术、新产品的协议。经营者限制购买新技术、新设备或者限制开发新技术、新产品，排除、限制了相关市场的技术竞争，阻碍了技术设备以及产品的升级和更新换代，会产生阻碍社会科技进步、经济发展的不利后果，反垄断法应当对其明确予以禁止。对于该类协议，《禁止垄断协议暂行规定》第十条规定了以下几种具体表现方式：（1）限制购买、使用新技术、新工艺；（2）限制购买、租赁、使用新设备、新产品；（3）限制投资、研发新技术、新工艺、新产品；（4）拒绝使用新技术、新工艺、新设备、新产品；（5）通过其他方式限制购买新技术、新设备或者限制开发新技术、新产品。

5. 联合抵制交易

联合抵制交易，又称共同拒绝交易，是指经营者无正当理由，与和自己具有竞争关系的同类经营者，共同拒绝其他经营者进行交易或限制交易

内容，或者要求其他经营者实施上述行为的垄断协议行为。联合抵制交易分为直接联合抵制和间接联合抵制。直接联合抵制交易，是指经营者联合拒绝与特定经营者进行交易，体现为具有竞争关系的经营者联合拒绝向特定经营者供货；或者联合拒绝采购特定经营者的商品。间接联合抵制交易，是指具有竞争关系的经营者联合限定特定经营者不得与其具有竞争关系的其他经营者进行交易。《禁止垄断协议暂行规定》第十一条明确禁止具有竞争关系的经营者达成如下类型的联合抵制交易协议：（1）联合拒绝向特定经营者供应或者销售商品；（2）联合拒绝采购或者销售特定经营者的商品；（3）联合限定特定经营者不得与其具有竞争关系的经营者进行交易；（4）通过其他方式联合抵制交易。

6. 国务院反垄断执法机构认定的其他垄断协议

本条第六项进行了概括性、授权性规定，同时也是对横向垄断协议的兜底规定。本项所述"其他垄断协议"，是指除了本条第一项至第五项规定之外的其他垄断协议。在行为认定方面，本项将"其他垄断协议"授权给国务院反垄断执法机构予以认定。

【适用指南】

一、横向垄断协议认定的一般方法

横向垄断协议发生在竞争者之间，对相关市场排除、限制竞争的后果或危险更大，由此，对横向垄断协议规制应当较纵向垄断协议更为严格。在我国，对于上述协议，根据反垄断法第十七条等条款所要求的主体要件、行为要件、排除、限制市场竞争的结果要件进行具体判断。

对于本条第六项所述的其他垄断协议行为，《禁止垄断协议暂行规定》第十三条第二款明确规定，其他垄断协议由市场监管总局认定，且认定时应当考虑以下因素：（1）经营者达成、实施协议的事实；（2）市场竞争状况；（3）经营者在相关市场中的市场份额及其对市场的控制力；（4）协议对商品价格、数量、质量等方面的影响；（5）协议对市场进入、技术进步等方面的影响；（6）协议对消费者、其他经营者的影响；（7）与认定垄断协议有关的其他因素。该规定为经营者合规经营提供了明确的指引。

二、特殊领域横向垄断协议的适用规则

为有效防止垄断协议行为，我国结合特殊行业、特殊领域特点，出台了专门性法规、指南，对特殊领域、特定行业中的垄断协议认定进行明确规定。

（一）平台经济领域横向垄断协议的认定

与传统产业领域相比，平台经济领域的垄断协议行为更为隐蔽，数据、算法、平台规则等运用使发现和判定垄断协议更加困难。对此，《国务院反垄断委员会关于平台经济领域的反垄断指南》第六条明晰了平台经济领域横向垄断协议的表现方式，以期为平台经济领域横向垄断协议的规制提供指引。根据该指南第六条规定，平台经济领域的横向垄断协议体现为以下几种行为方式：（1）利用平台收集并且交换价格、销量、成本、客户等敏感信息；（2）利用技术手段进行意思联络；（3）利用数据、算法、平台规则等实现协调一致行为；（4）其他有助于实现协同的方式。其所称价格，包括但不限于商品价格以及经营者收取的佣金、手续费、会员费、推广费等服务收费。

（二）知识产权领域横向垄断协议的认定

在知识产权领域，《国务院反垄断委员会关于知识产权领域的反垄断指南》对联合研发、标准制定等横向垄断协议作出了具体规定。具体来看，主要体现为以下几方面：

1. 联合研发规定

该指南第七条规定，联合研发是指经营者共同研发技术、产品等以及利用研发成果的行为。联合研发通常可以节约研发成本，提高研发效率，但是也可能对市场竞争产生排除、限制影响，分析时可以考虑以下因素：是否限制经营者在与联合研发无关的领域独立或者与第三方合作进行研发；是否限制经营者在联合研发完成后进行后续研发；是否限定经营者在与联合研发无关的领域研发的新技术或者新产品所涉知识产权的归属和行使。

2. 标准制定

该指南第十一条规定，标准制定，是指经营者共同制定或参与制定在一定范围内统一实施的涉及知识产权的标准。标准制定有助于实现不同产品之间的通用性，降低成本，提高效率，保证产品质量。但是，具有竞争关系的经营者共同参与标准制定可能排除、限制竞争，具体分析时可以考虑以下因素：是否没有正当理由，排除其他特定经营者；是否没有正当理由，排斥特定经营者的相关方案；是否约定不实施其他竞争性标准；对行使标准中所包含的知识产权是否有必要、合理的约束机制。

3. 地域、数量、新技术等其他限制

该指南第十二条规定，经营者许可知识产权，还可能涉及下列限制：限制知识产权的使用领域；限制利用知识产权提供的商品的销售或传播渠道、范围或者对象；限制经营者利用知识产权提供的商品数量；限制经营者使用具有竞争关系的技术或者提供具有竞争关系的商品。上述限制通常具有商业合理性，能够提高效率，促进知识产权实施，但是也可能对市场竞争产生排除、限制影响，分析时可以考虑以下因素：限制的内容、程度及实施方式；利用知识产权提供的商品的特点；限制与知识产权许可条件的关系；是否包含多项限制；如果其他经营者拥有的知识产权涉及具有替代关系的技术，其他经营者是否实施相同或者类似的限制。

（三）原料药领域横向垄断协议的认定

在医药领域，由于药品市场的特殊性，生产或销售同一类药品的厂家之间、经销商之间或药店之间容易通过协议或者协同行为达成横向垄断协议。为了预防和制止原料药领域垄断行为，维护原料药领域市场竞争秩序，保护消费者利益和社会公共利益，2017 年国家发改委发布《短缺药品和原料药经营者价格行为指南》，对短缺药品和原料药领域的相关垄断行为进行明确规定。2021 年颁布的《国务院反垄断委员会关于原料药领域的反垄断指南》又进一步细化了原料药领域横向垄断协议的具体行为，同时还对协同行为的认定作了进一步说明。该指南第六条指出，原料药领域的横向垄断协议包括以下几种类型：（1）原料药生产企业与具有竞争关系的其他经营者通过联合生产协议、联合采购协议、联合销售协议、联合投标协议等方式商定原料药生产数量、销售数量、销售价格、销售对象、销售区域等；（2）原料药生产企业通过第三方（如原料药经销企业、下游药品生产企业）及展销会、行业会议等沟通协调原料药销售价格、产能产量、产销计划等敏感信息；（3）原料药生产企业与具有竞争关系的其他原料药经营者达成不生产或者不销售原料药、其他原料药经营者给予补偿的协议；（4）原料药经销企业与具有竞争关系的其他原料药经营者就采购数量、采购对象、销售价格、销售数量、销售对象等进行沟通协调。

（四）汽车领域横向垄断协议的认定

《国务院反垄断委员会关于汽车业的反垄断指南》第二章第五条对汽车业中适用反垄断法适用除外条款的横向垄断协议作出了针对性规定。该条规定，汽车业领域中的研究与开发协议、专业化协议、技术标准化协议、联合生产协议、联合采购协议等，通常能够增进效率和促进竞争，有利于增加消费者福利。比如新能源汽车研发与生产过程中的横向协议，可以使经营者分担投资风险、提高效率、促进社会公共利益。因此，达成前述能够增进效率和促进竞争的横向协议的汽车业经营者，可以根据反垄断法适用除外条款，证明其协议不适用反垄断法横向垄断协议条款的规定。

【相关规定】

《禁止垄断协议暂行规定》第五条、第六条、第七条、第八条、第九条、第十条、第十一条、第十三条；《国务院反垄断委员会关于平台经济领域的反垄断指南》第六条；《国务院反垄断委员会关于知识产权领域的反垄断指南》第七条、第十一条、第十二条；《国务院反垄断委员会关于原料药领域的反垄断指南》第六条；《国务院反垄断委员会关于汽车业的反垄断指南》第五条。

第十八条　【纵向垄断协议】禁止经营者与交易相对人达成下列垄断协议：

（一）固定向第三人转售商品的价格；

（二）限定向第三人转售商品的最低价格；

（三）国务院反垄断执法机构认定的其他垄断协议。

对前款第一项和第二项规定的协议，经营者能够证明其不具有排除、限制竞争效果的，不予禁止。

经营者能够证明其在相关市场的市场份额低于国务院反垄断执法机构规定的标准，并符合国务院反垄断执法机构规定的其他条件的，不予禁止。

【条文主旨】

本条是关于纵向垄断协议的规定。

【条文释义】

本条为本次修法中作出重大修改的条款。该条第一款明确了纵向垄断协议的含义及主要表现类型。纵向垄断协议，是指处于同一交易领域不同交易环节的具有交易关系的经营者间达成的排除、限制竞争的协议，如生产商与批发商之间达成的协议、批发商与零售商之间达成的协议等。本次修法的亮点之一是在反垄断法第十六条单独规定了垄断协议的定义，将其作为一个独立条款置于“垄断协议”一章之首，起到了统领全章的作用。

这种调整从体例上进一步澄清了原反垄断法第十三条第二款关于垄断协议的定义是否适用于纵向垄断协议的争议。

本条第二款为新增条款，明确了涉嫌违法行为人如果能够证明限定最低转售价格协议或固定转售价格协议不具有排除、限制竞争效果的，则不予禁止。该款赋予了经营者就上述协议不具备排除、限制市场竞争效果进行抗辩的权利。由此可见，与原反垄断法第十四条相比，本次修法在纵向垄断协议一条中强调了对最低转售价格维持协议和固定转售价格维持协议的反竞争效果判断，上述协议如果被证明“不具有排除、限制竞争效果的，不予禁止”。

本条第三款为新增条款，确定了以“市场份额”为标准的适用于纵向垄断协议的“安全港制度”，即实施纵向垄断协议的经营者能够证明其在相关市场的市场份额低于反垄断执法机构规定标准，并符合相关规定条件的，不予禁止。本次反垄断法修法对“安全港制度”进行了重点修改，调整为仅对纵向垄断协议适用安全港制度，横向垄断协议不再适用。

一、纵向垄断协议的行为主体

横向垄断协议发生在处于同一交易环节且有竞争关系的经营者之间，而纵向垄断协议则发生在处于同一交易领域不同交易环节的经营者与其交易相对人之间。它们之间不但不具有客观上的竞争关系，反而具有商品的生产、流通、销售等环节上的相互依赖关系。一般来说，横向垄断协议具有一致对外性，经营者间具有共同的限制价格、产量、技术竞争等目的，而达成纵向垄断协议的经营者和交易相对人之间则一般不存在共同的目的。

本条将纵向垄断协议的参与者规定为“经营者与交易相对人”。这里的“经营者”，通常在纵向垄断协议中处于交易核心地位；“交易相对人”，是指与经营者发生交易关系的其他经营者。

二、纵向垄断协议的行为类型

纵向垄断协议，一般可分为纵向价格垄断协议和纵向非价格垄断协议。前者即转售价格维持协议（Resale Price Maintenance，简称 RPM）。本条第一款第一项、第二项对此进行了明确规定，主要包括固定转售价格维持协议和最低转售价格维持协议。一般情况下，转售价格维持协议只适用于产品而不适用于服务，因为服务在供给时就被即时消费，无法实现再转售。纵向非价格垄断协议，是指经营者与交易相对人就价格之外的交易条件达成的排除、限制相关市场竞争的纵向协议。反垄断法第十八条并未对纵向非价格垄断协议作出明确规定，需要根据第十八条第一款第三项的兜底条款“国务院反垄断执法机构认定的其他垄断协议”进行规制。具体来看，本法第十八条第一款明文禁止下列类型的纵向垄断协议。

（一）固定向第三人转售商品的价格

固定向第三人转售商品的价格，即经营者与交易相对人之间达成的相对人只能按照经营者固定的价格向客户转售商品的协议。《禁止垄断协议暂行规定》对此进一步明确指出，该种情形包括“固定向第三人转售商品的价格水平”“价格变动幅度”“利润水平或者折扣”“手续费等其他费用”。经营者之间达成固定转售价格协议，实际上剥夺了作为协议当事人的批发商或零售商根据市场竞争状况作出相应价格调整的权利。在这种情况下，下游销售商丧失了商品的自主定价权，该商品的品牌内价格竞争被排除或限制。固定转售商品价格协议与横向垄断协议中的固定价格协议一样，也是一种严重的反竞争行为。如果生产商在相关市场中市场份额较大，具有较强的经济力，那么其在排除、限制品牌内商品价格竞争之外，也会导致排除、限制相关市场竞争的后果，因而被反垄断法明文禁止。

（二）限定向第三人转售商品的最低价格

限定向第三人转售商品的最低价格，即经营者与交易相对人之间达成的交易相对人只能按照限定的最低价格向第三人转售商品的协议。《禁止垄断协议暂行规定》进一步明确指出，该种情形包括“限定向第三人转售商品的最低价格，或者通过限定价格变动幅度、利润水平或者折扣、手续费等其他费用限定向第三人转售商品的最低价格”。与固定向第三人转售商品的价格不同，限定向第三人转售商品的最低价格虽没有完全剥夺商品批发商或零售商根据市场竞争状况作出相应价格调整的权利，但限制了下游销售商间进行销售价格的竞争，限制了品牌内的价格竞争。如果生产商在相关市场中市场份额较大，具有较强的经济力，该种限制同样会达到排除、限制相关市场竞争的后果，因而被反垄断法规制。

（三）其他纵向垄断协议行为

其他纵向垄断协议行为，由本条第一款第三项所规定，是指本条第一款第一项、第二项列举之外的，国务院反垄断执法机构认定纵向垄断协议行为。该项是一项概括性、授权性规定。其中，概括性体现为“其他垄断协议”是指除了本条第一款第一项、第二项已经明确规定以外的其他垄断协议；授权性体现为将“其他垄断协议”授权给国务院反垄断执法机构进行认定。在实践中，其他纵向垄断协议主要包括排他性交易协议、选择性交易协议、特许经营等。排他性交易和选择性交易多在汽车销售中出现。

三、纵向垄断协议的排除、限制市场竞争效果的判定

本条新增第二款，明确了对于限定最低转售价格维持协议和固定转售价格维持协议的违法性判定，经营者享有就上述协议排除、限制相关市场竞争的效果进行反证的权利。本款是对纵向垄断协议违法性认定的一项重大修改。自反垄断法 2008 年实施以来，至本次反垄断法修改之前，在固定转售价格维持协议和限定最低转售价格维持协议的行政执法案件中，执法机关一般不考虑该协议的市场效果，只要经营者达成或实施了转售价格维持协议，直接认定其违法。该判定方法在我国曾引发一系列争论。本次修法对其予以完善，明确规定了最低转售价格维持协议和固定转售价格维持协议的违法性判定，需要考虑该类行为的排除、限制市场竞争的效果，参与的经营者能够证明其不具有排除、限制竞争效果的，则不予禁止。

对于转售价格维持协议作出上述修改的主要原因在于，转售价格维持协议在以下三个方面具有积极的市场效果：（1）转售价格维持协议具有防止销售领域中服务提供方面的搭便车行为。例如，在食品、服装等领域中，一些销售商向消费者提供了获取产品信息的服务后，其他销售商在销售相同产品时往往可以搭便车，节省提供信息服务的费用，从而降低自己产品的销售价格，获取更多的市场份额。[①]（2）转售价格维持协议具有防止销售领域中品质保证方面的搭便车行为，即防止信誉较高的销售商所持有的品质保证效果被信誉较低的销售商无偿利用。（3）转售价格维持协议还具有促进生产商实现销售策略，提高产品销售量，便于新企业、新品牌进入相关市场的作用。

这里需要注意的是，转售价格维持协议排除、限制市场竞争的效果，并不是由纵向价格协议案件的执法机关进行证明、主动认定，而是由参与转售价格维持协议的经营者进行反证。只有经营者能够证明其不具有排除、限制竞争效果的，才不予禁止；经营者不能主动提出反证，证明其不具有排除、限制竞争效果的，则反垄断执法机关推定该纵向价格协议具有排除、限制竞争的效果，直接认定该协议违法。

四、纵向垄断协议的安全港制度

（一）安全港制度的概念辨析

1. 安全港制度概念界定

本款为本次反垄断法修改的新增条款。安全港制度（Safe Harbor），是

---

① ［美］理查德 · A. 波斯纳：《限制分销反垄断处理的下一个阶段：本身合法原则》，载《芝加哥大学法律评论》1981 年第 48 卷。

指经营者在相关市场中的份额低于法定标准等预先确定的条件时，其所达成的纵向垄断协议不适用反垄断法的禁止性规定。本次反垄断法修改，并未在反垄断法中明晰适用安全港制度的具体市场份额与其他相关条件，而是将界定权限授予国务院反垄断执法机构进行具体规定。

在反垄断法垄断协议条款中引入安全港制度，原因在于经营者如果在相关市场中的份额不大，其所实施的纵向垄断协议排除、限制相关市场竞争的危害通常十分有限，因而这类行为缺乏依据反垄断法制裁的必要性。该制度为市场份额较低且对市场竞争影响较小的企业之间达成纵向合谋行为提供了抗辩空间。安全港制度的引入，有利于竞争执法机关优化行政执法资源配置，更多关注市场份额较高、对相关市场竞争危害严重的垄断协议案件，从而提升执法效率。

2. 安全港制度与适用除外制度的关系

安全港制度与反垄断法第二十条所规定的适用除外制度既相似又具有一定差异。

安全港制度与适用除外制度的共性体现为以下几个方面：（1）从本质上看，两者均属于豁免规则，即符合预设条件而不受法律规制。安全港制度的确立，为反垄断法增添了豁免的新情形。（2）从规则要旨上看，两者均以不对市场竞争造成严重限制为适用前提。（3）从证明责任分配上看，两者均由经营者承担豁免证明责任。

安全港制度与适用除外的差异体现为以下几个方面：（1）适用范围不同。安全港制度适用于纵向垄断协议。适用除外制度未对垄断协议的类型作出限制，符合特定情形的横向垄断协议与纵向垄断协议均可适用。（2）适用条件不同。安全港制度以市场份额为抗辩依据。适用除外制度主要从协议类型，协议目的，协议所实现的提升效率、维护环境等公共利益方面进行抗辩。（3）证明责任不同。适用安全港制度的经营者，仅需证明其在相关市场的市场份额低于执法机构确定的标准及其他条件即可。在适用除外制度时，经营者除证明垄断协议目的属于本法第二十条第一项至第五项外，仍需证明所达成的协议不会严重限制相关市场竞争。同时，协议参与者还应证明消费者能够分享由此产生的利益。可见，经营者在后者豁免情形下的证明标准更高、举证责任更重。

（二）安全港制度的适用

依本款规定，当达成纵向垄断协议的经营者在相关市场的份额低于法定标准，并符合其他预设条件时，不适用反垄断法第十八条的禁止性规定。该款规定包含了“适用范围”“适用标准与条件”“适用结果”三部分内容。

1. 适用范围仅限定为纵向垄断协议

根据反垄断法垄断协议章节规定，经营者间实施的垄断协议行为包括竞争者间达成的横向协议、具有交易关系的经营者达成的纵向协议，以及组织、帮助型垄断协议。安全港制度仅限定适用于“经营者与交易相对人达成的纵向协议”，横向协议被排除在外。我国作出上述修法的原因在于，安全港制度是对市场竞争限制较小的共谋行为予以豁免的规则设计。而固定价格、分割市场等横向垄断协议，多具有严重的排除、限制市场竞争的危害后果，故将安全港制度限定适用于纵向垄断协议。

在我国，汽车业及知识产权等一些特殊领域的反垄断指南也对安全港制度作出了明确规定。其中，2019 年的《国务院反垄断委员会关于汽车业的反垄断指南》规定，汽车业安全港适用于“纵向地域限制和客户限制若干情形”，未对横向垄断协议作出说明。但是，2020 年修订的《关于禁止滥用知识产权排除、限制竞争行为的规定》指明，低于市场份额标准或有一定替代性技术的协议，将不被视为“国务院反垄断执法机构认定的其他垄断协议”。具体言之，执法机构在认定涉及知识产权的协议为其他横向或是纵向垄断协议时，可以引用安全港制度对案件基本情况进行判断。如果符合“安全港”条件，则可以不对相关案件开展详尽调查。[①] 因而，知识产权领域未将其他横向垄断协议排除在安全港规则适用范围外。由此，上述指南如何与反垄断法修改后的安全港条款保持一致，有待我国未来进一步统筹。

2. 适用标准与条件

一是经营者在相关市场的市场份额低于法律规定；二是符合国务院反垄断执法机构规定的其他条件。需要注意的是，经营者的市场力量是适用该条款的关键因素而非唯一因素。如果市场份额未超过安全港标准，但却不满足国务院反垄断执法机构规定的其他条件，则该类纵向垄断协议同样应当受到反垄断法规制。由此可见，市场份额和法定条件两者应当同时满足。

（1）市场份额标准。通常认为，认定协议限制竞争效果的关键是衡量经营者的市场力量，主要考量因素是市场份额。[②] 经营者在相关市场所占

---

① 参见国家市场监督管理总局反垄断局：《中国反垄断立法与执法实践》，中国工商出版社 2020 年版，第 270 页。

② 参见刘继峰、孙蕾蕾：《论严重限制相关市场竞争的适用标准——基于〈反垄断法〉第 15 条规定展开的研究》，载《价格理论与实践》2019 年第 6 期。

份额越大，其垄断行为对市场竞争秩序损害越严重。因此，以市场份额标准作为判定是否适用安全港规则的首要标准具有合理性与可行性。但是，本款并未对市场份额标准进行明确规定。

在我国，已颁布的一些文件对安全港制度认定的市场份额作出了规定。其中，《关于禁止滥用知识产权排除、限制竞争行为的规定》与《国务院反垄断委员会关于知识产权领域的反垄断指南》采用市场份额标准和替代性技术标准相结合的判定模式。① 依据市场份额标准，具有竞争关系的经营者在相关市场的市场份额合计不超过20%，经营者与交易相对人在相关市场的市场份额不超过30%，则协议将不被视为"国务院反垄断执法机构认定的其他垄断协议"。《国务院反垄断委员会关于汽车业的反垄断指南》第四条推定豁免条款明确规定，以纵向协议的竞争评估为例，在相关市场占有30%以下市场份额的经营者，一般可以推定适用原反垄断法第十五条的豁免规定。可见，不同类型垄断协议适用安全港的市场份额标准不尽相同。一般而言，横向垄断协议较纵向垄断协议适用安全港制度所需的市场份额标准更为严格。

（2）国务院反垄断执法机构规定的其他条件。本款在市场份额标准之外，增加了经营者应当满足的其他条件。同时，《关于禁止滥用知识产权排除、限制竞争行为的规定》与《国务院反垄断委员会关于知识产权领域的反垄断指南》规定了安全港规则的"但书条款"。即有证据证明该垄断协议具有排除、限制竞争效果的，即使经营者在相关市场的份额低于法定标准，也不得进入安全港。上述规定表明安全港制度侧重于对经营者市场力量的分析，同时关注对市场竞争的影响。其适用结果为安全港并不"安全"，其中的协议仍可能被认定违法。此外，《国务院反垄断委员会关于汽车业的反垄断指南》中在"推定豁免"条款中对安全港进行规定，其适用除满足市场份额标准外，还应符合原反垄断法第十五条规定。由于汽车业"安全港"适用标准与条件较高，尚未出现援引上述规定的典型案例。未来，国务院反垄断执法机构应当进一步明确适用安全港的其他条件，增强本条款的可适用性，为中小企业纵向合谋行为提供更高程度的可预测性。

3. 适用结果为该纵向垄断协议不被禁止

首先，适用安全港规则的证明责任由经营者承担。将证明市场份额低

---

① 参见董灵、张雪：《知识产权领域适用反垄断法的安全港规则比较》，载《竞争政策研究》2018 年第 1 期。

于法定标准的责任分配给经营者，原因在于企业经营活动通常建立在对其市场力量精准评估的基础之上。因此，经营者能够更快捷地提供证明材料，减轻反垄断执法机构的证明责任与执法成本，提升反垄断执法效率。在安全港规则尚未构建、援引该规则较少时，豁免程序可以参照《禁止垄断协议暂行规定》第二十八条第一款，反垄断执法机构认定被调查的垄断协议属于满足安全港规则情形的，应当终止调查并制作终止调查决定书。终止调查决定书中应当载明协议的基本情况、适用安全港规则的依据和理由等内容。其次，该条款适用效果为协议“不予禁止”，即经营者可以继续实施进入安全港的纵向垄断协议。

【适用指南】

一、纵向价格限制协议的法律适用

纵向价格限制，又称为转售价格维持协议，是指生产商或供应商在将产品出售给分销商或零售商时，要求后者按照一定的价格水平向第三人进行产品转售的情形。转售价格维持协议可以分为固定转售价格维持协议、最低转售价格维持协议和最高转售价格维持协议三种形式。由于最高转售价格维持协议对竞争和消费者权益损害较小或者并无损害，各国一般很少对其进行规制。各国对于转售价格维持协议的规制，主要针对固定转售价格协议和最低转售价格协议。上述两种行为，剥夺了下游企业享有的自由定价权，在阻碍同一产品的不同经销商之间的品牌内价格竞争之外，排除、限制了相关市场竞争。对此，《禁止垄断协议暂行规定》第十二条明确禁止经营者与交易相对人就商品价格达成下列垄断协议：（1）固定向第三人转售商品的价格水平、价格变动幅度、利润水平或者折扣、手续费等其他费用；（2）限定向第三人转售商品的最低价格，或者通过限定价格变动幅度、利润水平或者折扣、手续费等其他费用限定向第三人转售商品的最低价格；（3）通过其他方式固定转售商品价格或者限定转售商品最低价格。

考虑到多数纵向价格协议对竞争的危害不像横向协议那么直接或者明显，本次修法赋予了经营者就上述协议排除、限制市场竞争效果进行反证的权利。具体而言，反垄断执法机关先举证该纵向价格限制协议具有排除、限制竞争的效果，[①] 然后举证责任发生转换，由涉嫌违法行为人举证

---

① 执法机关一般综合考虑协议所涉及的市场情况、协议实施前后的市场变化情况、协议的性质和后果等因素后，对其是否构成垄断协议进行判断。

证明该协议不具有排除、限制竞争效果。如果涉嫌违法行为人可以证明该协议不具有排除、限制竞争效果，则不构成违法。

案例：2019 年 11 月，市场监管总局根据举报，对某药业集团有限公司（以下简称某药业集团）涉嫌达成并实施垄断协议行为立案调查。

经查，2015 年至 2019 年，某药业集团在全国范围内通过签署合作协议、下发调价函、口头通知等方式，与药品批发商、零售药店等下游企业达成固定药品转售价格和限定药品最低转售价格的协议，并通过制定实施规则、强化考核监督、惩罚低价销售经销商、委托中介机构监督线上销售药品价格等措施保证该协议实施。某药业集团上述行为排除、限制了竞争，损害了消费者合法权益和社会公共利益，违反原反垄断法第十四条（对应修改后的反垄断法第十八条）“禁止经营者与交易相对人达成下列垄断协议：（一）固定向第三人转售商品的价格；（二）限定向第三人转售商品的最低价格”的规定。市场监管总局认定该行为违法，作出行政处罚决定，同时责令某药业集团停止违法行为。

药品价格关系国计民生，涉及减轻群众就医负担、增进民生福祉等重大问题，市场监管总局将持续加强医药领域反垄断执法，有效预防和制止垄断行为，切实保护市场公平竞争，维护消费者合法权益和社会公共利益，促进社会主义市场经济健康发展。①

二、纵向非价格限制协议的法律适用

纵向非价格限制协议，是指生产商或供货商对交易相对人出售有关商品时，对价格以外的因素加以限制的协议，如企业签订协议时，对转售的地域或者对象施加的限制。我国反垄断法第十八条没有对其作出明确规定，而是将其归入第十八条第一款第三项反垄断法执法机构认定的其他垄断协议行为。对此，《禁止垄断协议暂行规定》第十三条明确规定，市场监管总局认定其他垄断协议行为时应当考虑下列因素：（1）经营者达成、实施协议的事实；（2）市场竞争状况；（3）经营者在相关市场中的市场份额及其对市场的控制力；（4）协议对商品价格、数量、质量等方面的影响；（5）协议对市场进入、技术进步等方面的影响；（6）协议对消费者、其他经营者的影响；（7）与认定垄断协议有关的其他因素。

实践中，纵向非价格限制协议的表现形式主要包括：（1）排他性交

---

① 参见《市场监管总局依法对某药业集团有限公司实施垄断协议行为作出行政处罚》，载国家市场监督管理总局网站，https：//www. samr. gov. cn/xw/zj/202104/t20210415_327851. html，最后访问时间：2022 年 6 月 27 日。

易。排他性交易，是指经营者不正当地以交易相对人不与自己的竞争对手进行交易为条件而与该交易相对人进行交易，从而排除、限制相关市场竞争的行为。排他性交易限制了供货商或销售商与第三方经营者进行交易的自由。排他性交易包括排他性销售和排他性购买。排他性销售，是指在同一产业中处于上游的生产商，在特定区域内只向特定的下游销售商供应商品，双方不得同与对方有竞争关系的第三方进行交易的协议。排他性购买，是指限定销售商乃至消费者只能从特定经营者处购买产品，而不能从其他竞争者处购买同类产品的协议。（2）选择性销售。选择性销售协议，是指制造商根据特定的资格标准选择销售商销售其产品，而被选定的销售商不得向未被指定的销售商销售该商品，也不得向最终用户或者消费者以外的任何人销售该商品。（3）特许经营。特许经营协议，是指企业将其已投入流通的商品或服务特许给其他企业使用，受让企业支付报酬的协议。我国 2007 年颁布的《商业特许经营管理条例》中规定，特许人通过特许经营协议就商品或服务的生产和提供制定标准化的营销机制，以统一的经营模式严格控制被特许经营人的经营活动。纵向非价格限制协议多在汽车销售中出现。

纵向非价格协议的表现形式多样，并不局限于上述列举的情况。反垄断执法机构还应当在执法过程中对下列两类纵向非价格限制行为予以特别关注：一是交叉供货禁令，二是被动销售禁令。交叉供货即分销商之间相互销售商品的行为。如果一项协议或者协议中某些条款的直接或间接目的是阻止或限制分销商之间主动或者被动地销售商品，该协议整体上具有较大的竞争风险，应予以重点关注规制。被动销售，是指应个别客户的要求而向该客户销售商品。该种销售是消费者主动要求的，如果将其禁止，会给消费者带来不便。被动销售禁令既不是防止“搭便车”所必不可少的，又会给分销商提供过分的保护，可能使其在专属市场范围内造成消除竞争的效果，应当重点关注规制。

三、特殊领域中纵向垄断协议的适用规则

在我国，《国务院反垄断委员会关于平台经济领域的反垄断指南》等专门性指南对纵向垄断协议进行了专门规定。

（一）平台经济领域纵向垄断协议的认定

《国务院反垄断委员会关于平台经济领域的反垄断指南》第二章是关于垄断协议的规定。该指南第二章第七条对平台经济领域中的纵向垄断协议进行了特殊规定，明确了平台经济领域经营者与交易相对人可能通过下列方式达成固定转售价格、限定最低转售价格等纵向垄断协议：（1）利用技术手段对价格进行自动化设定；（2）利用平台规则对价格进行统一；（3）利用数据和算法对价格进行直接或者间接限定；（4）利用技术手段、平台规则、数据和算法等方式限定其他交易条件，排除、限制市场竞争。平台经营者要求平台内经营者在商品价格、数量等方面向其提供等于或者优于其他竞争性平台的交易条件的行为可能构成垄断协议，也可能构成滥用市场支配地位行为。分析上述行为是否构成反垄断法所规定其他纵向垄断协议，可以综合考虑平台经营者的市场力量、相关市场竞争状况、对其他经营者进入相关市场的阻碍程度、对消费者利益和创新的影响等因素。

（二）知识产权领域纵向垄断协议的认定

《国务院反垄断委员会关于知识产权领域的反垄断指南》第八条、第九条、第十条从知识产权领域角度对交叉许可、排他性回授和独占性回授、不质疑条款等纵向垄断协议的市场界定、竞争分析、正当理由等进行了特殊规定。具体来看，主要体现为以下几方面：（1）交叉许可可以从是否为排他性许可，是否构成第三方进入市场的壁垒，是否排除、限制下游市场的竞争，是否提高相关商品成本四个方面进行判定。（2）排他性回授和独占性回授应当从许可人是否就回授提供实质性对价，许可人与被许可人在交叉许可中是否相互要求独占性回授或者排他性回授，回授是否导致改进或者新成果向单一经营者集中，使其获得或者增强市场控制力，回授是否影响被许可人进行改进积极性四个方面进行市场效果判断。如果许可人要求被许可人将上述改进或者新成果转让给许可人，或者其指定的第三方，分析该行为是否排除、限制竞争，同样考虑上述因素。（3）不质疑条款的市场效果应当从许可人是否要求所有的被许可人不质疑其知识产权的有效性，不质疑条款涉及的知识产权许可是否有偿，不质疑条款涉及的知识产权是否可能构成下游市场的进入壁垒，不质疑条款涉及的知识产权是否阻碍其他竞争性知识产权的实施，不质疑条款涉及的知识产权许可是否具有排他性，被许可人质疑许可人知识产权的有效性是否可能因此遭受重大损失六个方面进行判断。

（三）汽车业的纵向垄断协议的认定

《国务院反垄断委员会关于汽车业的反垄断指南》第二章第六条对汽车行业中的纵向垄断协议作出了针对性规定：

1. 明确了纵向垄断协议的形式

纵向垄断协议可以表现为直接限制，比如合同条款约定经销商的转售价格；也可以表现为间接限制，比如固定经销商的利润率和折扣水平，通过实施价格监测对不遵守建议价的经销商取消返利、拒绝供货或提前解除授权协议等。在中国汽车市场上，纵向垄断协议可能体现为经销商协议，也可能通过商务政策、通函、资讯、通知等形式达成。通常情形下，单个经营者实施纵向垄断协议会限制品牌内竞争，损害消费者利益。特别是当相关市场上多数甚至全部经营者均采用相似纵向垄断协议，各类纵向限制形成网络，全面覆盖相关市场，品牌间竞争将被明显削弱。相似纵向协议导致的累积效果能够显著限制相关市场的竞争，使相关产品和服务在竞争水平之上定价，最终导致消费者福利受损。

2. 明确了实务中汽车业经营者基于反垄断法主张个案豁免的转售价格限制的常见情形

（1）新能源汽车的短期转售价格限制。为节约能源、保护环境、避免“服务搭便车”，新能源汽车的短期（现阶段为9个月以内，从汽车供应商就具体车型发出第一张批售发票之日起算，并可以根据新能源汽车产业和技术发展对豁免期进行调整）的固定转售价和限定最低转售价对于激励经销商努力推广新能源产品，加大销售力度，扩大市场对新产品的需求是必要的，进而能够促进新产品成功上市，给予消费者更多选择。

（2）仅承担中间商角色的经销商销售中的转售价格限制。仅承担中间商角色的经销商销售是指汽车供应商与特定第三人或特定终端客户（如汽车供应商和经销商的员工、大客户、广告及赞助对象等）直接协商达成销售价，仅通过经销商完成交车、收款、开票等交易环节的销售。在该等交易中，经销商仅承担中间商的角色协助完成交易，与一般意义的经销商有所不同。

（3）政府采购中的转售价格限制。在实务中，政府采购项目通常要求参加联合投标的汽车供应商与其经销商协调后提供一致或固定的零售价格报价。对于全国范围的采购项目，政府采购部门有时与汽车供应商直接接洽，汽车供应商没有销售资质的，需要与特定经销商就零售价格达成一致，以实现对政府采购的报价。与仅承担中间商角色的经销商销售类似，政府采购中的经销商如果仅协助完成交易，则与一般意义的经销商有所不同。

（4）汽车供应商电商销售中的转售价格限制。电商销售中的定价行为适用反垄断法等法律规定。但是，实务中存在汽车供应商通过电商平台在一定时期以统一价格销售汽车，与不特定的最终用户直接达成交易，仅通过经销商完成交车、收款、开票等交易环节的销售。在此种情况下，经销商如果仅协助完成交易，则与一般意义的经销商有所不同。

3. 明确了建议价、指导价和限定最高价的违法判定方法

汽车供应商对经销商和维修商设置转售汽车与汽车售后配件及用品的

建议价、指导价或最高价，以及对经销商和维修商设置售后服务工时费的建议价、指导价或最高价，如果由于协议一方的压力或激励，建议价、指导价或最高价被多数或全部经销商所执行，在实质效果上等同于固定转售价或限定最低转售价时，根据个案具体情形，该等行为有可能被认定为固定转售价或限定最低转售价。

4. 明确了地域限制和客户限制的违法判断规则

其中，下述不具有显著市场力量的汽车业经营者设置的具有经济效率和正当化理由的地域限制和客户限制，通常适用反垄断法除外条款规定：(1) 约定经销商仅在其营业场所进行经销活动，但不限制该经销商的被动销售，也不限制授权经销商之间交叉供货。(2) 限制经销商对汽车供应商为另一经销商保留的独占地域或专有客户进行主动销售。(3) 限制批发商直接向最终用户进行销售。(4) 为避免配件被客户用于生产与汽车供应商相同的产品，限制经销商向该类客户销售配件。另外，下述情形通常能够限制竞争、导致高价并减少消费者选择的地域限制和客户限制，不能推定适用反垄断法除外规定：(1) 限制经销商的被动销售；(2) 限制经销商之间交叉供货；(3) 限制经销商和维修商向最终用户销售汽车维修服务所需配件。

5. 明确了通过质量担保条款对售后维修服务和配件流通施加间接纵向限制的违法性判定

其中，不合理的纵向限制情形主要包括：(1) 汽车供应商以汽车最终用户将不在质量担保范围的维修保养工作全部交由授权维修网络完成，作为汽车供应商履行质量担保责任的条件；(2) 对不在质量担保范围的配件，汽车供应商要求汽车经销商、汽车维修商使用原厂配件作为其履行质量担保责任的条件；(3) 汽车供应商没有正当理由，限制其维修网络对平行进口车提供售后维修保养服务。

6. 明确了有关经销商和维修商销售与服务能力的其他纵向限制的违法性判定规则

下述相关协议和商务政策可能被认定为反垄断法所规制的纵向垄断协议：(1) 汽车供应商向经销商或维修商强制搭售其未订购的汽车、售后配件、精品、耗材、修理工具、检测仪器等，有可能导致搭卖品的排他购买义务，因而排除、限制搭卖品市场的竞争。(2) 汽车供应商强制经销商或维修商接受不合理的汽车或售后配件销售目标、库存品种和数量。(3) 汽车供应商强制要求经销商承担以汽车供应商名义开展的广告、车展等宣传推广费用，或强制限定经销商自担费用开展广告宣传的特定方式和特定媒体。（4）汽车供应商强制要求经销商和维修商只能使用特定有偿设计单位或建筑单位的服务，或强制要求经销商和维修商所需建筑材料、通用设备、信息管理系统和办公设施等只能使用特定品牌、供应商和供应渠道。（5）汽车供应商限制经销商经营其他供应商的商品。（6）汽车供应商因经销商或维修商从事促进竞争的行为而拒绝供货或提前解除经销协议。

此外，明确了在评估市场力量时，如果纵向垄断协议的参与者在相关市场占有30%以下市场份额的，则有可能被推定为不具有显著市场力量。

【相关规定】

《禁止垄断协议暂行规定》第十二条至第十四条；《国务院反垄断委员会关于平台经济领域的反垄断指南》第七条；《关于禁止滥用知识产权排除、限制竞争行为的规定》第五条；《国务院反垄断委员会关于知识产权领域的反垄断指南》第五条、第八条、第九条、第十条；《国务院反垄断委员会关于汽车业的反垄断指南》第四条、第六条。

第十九条　【垄断协议组织帮助行为】经营者不得组织其他经营者达成垄断协议或者为其他经营者达成垄断协议提供实质性帮助。

【条文主旨】

本条是关于垄断协议组织帮助行为的规定。

【条文释义】

一、垄断协议组织帮助行为的基本概念与范围界定

本条是本次修法中的新增条款，是对经营者“组织”“帮助”其他经营者达成垄断协议的禁止性规定。作为本次修法的一大亮点，本条旨在强调，本法不仅禁止经营者之间或者经营者与交易相对人之间达成垄断协议，亦禁止经营者组织其他经营者达成垄断协议或者为其他经营者达成垄断协议提供实质性帮助。本次修法明确了垄断协议的组织者、帮助者的责任。2021年颁布的《国务院反垄断委员会关于平台经济领域的反垄断指南》和《国务院反垄断委员会关于原料药领域的反垄断指南》中将该种情

形的协议界定为"轴辐协议"。轴辐协议（hub and spoke conspiracy），来源于美国司法案例中有关纵横交叉混合型协议的描述，是指由一个位于"轴心"的经营者与多个位于"辐条"的经营者达成的横纵交叉型混合协议。其中"轴心"经营者与"辐条"经营者间达成纵向协议或者为"辐条"经营者间的横向协议进行组织或提供帮助，"辐条"经营者之间依托其形成一个隐性的横向协议。[1] 轴辐协议不是一个法律术语，仅是对纵横混合型协议的一种形象表述。本次修法没有在立法中采用轴辐协议的称谓。

适用本条款，应当把握好以下几个方面：（1）本条所称"组织"，是指对垄断协议的达成起到发起、策划、纠集他人实施等决定性、主导性作用的行为。（2）本条所称"帮助"，是指对垄断协议的达成或实施提供支持，起到推动或者促进作用的行为。这里需要注意的是，本条将"帮助"限定为"实质性帮助"，旨在区分经营者帮助行为的作用大小。反垄断法仅将对垄断协议达成起到直接促进作用的帮助行为纳入规制，而将对垄断协议的达成起到作用较小的帮助行为排除在外。（3）组织者、帮助者应当具有主观上的故意，即组织者、帮助者应知或明知自己的行为是在帮助经营者实施垄断协议行为而积极推动或者放任的主观状态。（4）组织者、帮助者不是垄断协议的协议方，即没有参与垄断协议的达成、实施。如果组织者、帮助者参与垄断协议的达成、实施，则依据本法第十七条"横向协议条款"或者第十八条"纵向协议条款"对其进行规制。组织者、参与者没有参与垄断协议的，则依据本条进行规制。（5）本条所称"垄断协议"具有专属特性，特指本法第十六条规定的"排除、限制竞争的协议、决议或其他协同行为"。即"被组织、帮助的垄断协议"既包括本法第十七条规定的"横向协议"，也包括本法第十八条规定的"纵向协议"。本次修法与《国务院反垄断委员会关于平台经济领域的反垄断指南》和《国务院反垄断委员会关于原料药领域的反垄断指南》将被组织帮助协议限定为横向协议有所不同。（6）本条所规定的组织帮助者限定为经营者，非经营者实施的组织帮助行为，无法适用本条规定。

---

① 参见美国联邦贸易委员会 1998 年处理的"玩具反斗城案"［Toys "R" US, Inc., 126 F. T. C. 415, 574（1998）, aff'd, Toys "R" Us, Inc. v. FTC（TRU）, 221 F. 3 928（7th Cir. 2000）］。在该案件中，"玩具反斗城"为了应对低价销售玩具的仓储式商店，与玩具制造商签订类似的独家销售协议，参与协议的玩具制造商按要求生产专供于"玩具反斗城"销售的产品。对此，美国联邦贸易委员会认为，在该轴辐协议中，"玩具反斗城"扮演核心角色，通过与玩具制造商签署一系列相似的纵向协议，帮助玩具制造商之间达成横向共谋。

二、垄断协议组织帮助行为的规制必要性

本次修法前，我国对垄断协议采取横向协议与纵向协议的二分法。该种二分法面对垄断协议组织帮助行为产生了制度失灵。面对垄断协议“二分法”制度出现的困境及此类行为的严重危害性，本次修法增设第十九条十分必要。

1. 垄断协议二分法在执法实践中的失灵

我国原反垄断法将垄断协议划分为横向协议与纵向协议。横向协议为具有竞争关系的经营者间达成的限制竞争协议；纵向协议为具有交易关系的经营者间达成的限制竞争协议。该种二分法有利于明确协议的性质、类型及判定排除、限制市场竞争的危害。但同时，在实践执法中垄断协议常常无法真正实现非此（横）即彼（纵）的分类。如不具有竞争关系的经营者组织、帮助其他经营者达成垄断协议，将无法适用原反垄断法横向垄断协议条款进行规制。例如，2018 年甲省联某民爆器材经营股份有限公司案中，甲省联某民爆器材经营股份有限公司虽然组织省内所有民爆企业通过统一生产、销售和流通体系方式，达成实施垄断协议，但由于该公司和实施垄断协议的民爆企业之间没有竞争关系，执法机构不得不发布终止调查决定书进行结案，无法对组织帮助者联某民爆器材经营股份有限公司进行制裁。[①] 同时，该种二分法也无法高效处理纵横交错的混合型垄断协议，二分法的形式化区分也会束缚垄断协议案件的全面性判断，影响案件高效处理。

案例：涉案三家科技公司是密码器的主要经销商，属于具有竞争关系经营者。经查，上述三家公司虽未直接签订书面协议，但共同参加了与其不具有竞争关系的某银行中心支行的会议。通过会议所形成的意思联络，实施了固定销售价格等多项共谋行为，使得密码器相关领域的竞争秩序遭受破坏。在本案中，某银行中心支行召开会议的行为既不是原反垄断法第十四条所禁止的纵向垄断协议，也不符合原反垄断法第十三条所禁止的横向垄断协议。因此，本案中执法机关虽明确指出某银行中心支行组织行为具有违法性，但因缺乏法律依据而没有对其作出处罚。[②]

---

① 参见《市场监管总局发布联某民爆器材经营股份有限公司垄断经营案终止调查决定书》，载国家市场监督管理总局网站，https：//gkml. samr. gov. cn/nsjg/bgt/201902/t20190216_288680. html，最后访问时间：2022 年 6 月 28 日。

② 参见《竞争执法公告：三家密码器企业垄断协议案》，载安徽省市场监督管理局网站，http：//amr. ah. gov. cn/public/5248926/116990792. html，最后访问时间：2022 年 6 月 28 日。

2. 垄断协议组织帮助行为的严重危害性

垄断协议行为对于市场公平竞争、经济运行效率、消费者利益和社会公共利益等具有极大危害，反竞争性明显。因此，垄断协议历来都是反垄断法重点关注与严厉打击的对象。在垄断协议组织帮助行为中，组织者、帮助者的介入使得原本难以达成的垄断协议变得更易于达成实施，同时参与主体更为广泛，对市场排除、限制竞争的危害更为严重。从我国的执法实践来看，组织者、帮助者介入的垄断协议案件对市场的危害要比普通的垄断协议案件更大。垄断协议组织帮助行为案件严重侵害了我国市场自由竞争与公平竞争秩序，阻碍了市场经济效率提升，并最终使消费者权益受损。

三、垄断协议组织帮助行为的构成要件

垄断协议组织帮助行为具有“双层”复合结构：一层结构为被组织帮助形成的垄断协议关系；另一层结构为组织帮助关系。因此，对组织帮助行为进行认定时需要具备特殊的构成要件：

在主体要件方面，组织帮助的行为主体限定为经营者。如果是非经营者组织帮助其他经营者实施垄断协议行为，则不能适用本条款对组织帮助者进行追责。该种非经营者组织帮助情形下，如果实施主体属于行业协会的，则可以依据反垄断法第二十一条和第五十六条第四款“行业协会垄断协议条款”进行规制；如果实施主体不是行业协会，又不是经营者属性的，则无法对其追责。

在行为要件方面，行为人实施了“组织”“帮助”行为。“组织行为”体现为行为人实施了发起、策划、纠集他人达成垄断协议等决定性、主导性作用的行为。“帮助行为”则体现为推动、促进其他经营者垄断协议的达成。

对于帮助行为的认定，应当把握好以下几方面条件：其一，帮助人实施了实质性帮助行为，帮助行为通常为积极的作为行为。但不作为者如果具有相应的作为义务，且存在帮助的故意，则消极的不作为行为也可能构成帮助行为。同时，该种帮助行为需达到对经营者间达成的垄断协议具有直接的促进作用，方可认定为实质性帮助。如果是较小的、与垄断协议的达成仅是间接的关联，一般不应当认定为实质性帮助。其二，被帮助人达成了垄断协议，如果被帮助者没有达成垄断协议，则不易对帮助人追责。同时，帮助行为与该垄断协议造成的排除、限制竞争具有因果关系。若无此因果关系或者无排除、限制竞争后果，此帮助侵权行为不能成立。其三，帮助者具有主观故意，即帮助人应知或者明知自己的行为是在帮助其他经营者达成垄断协议而积极推动或者放任的主观状态。若经营者对其他经营者达成合谋的状况并不知情，或者在被胁迫的情况下被动地提供帮助，组织帮助者可以免责或者酌情减免责任。组织帮助者需要为自身不知情或遭遇胁迫的情况承担举证责任。

【适用指南】

一、垄断协议组织帮助行为的一般适用规则

垄断协议组织帮助行为在实践中主要体现为以下几种表现方式，在法律条款适用中应当注意以下几方面问题：

1. “被组织帮助协议”属于“横向垄断协议”，且组织帮助者与被组织帮助的垄断协议参与者之间具有纵向关系，如组织帮助者是被组织帮助的垄断协议参与者的上游供货商或下游销售商

该种情形正是我们常说的，具有竞争关系的经营者借助与其他经营者之间的纵向关系达成的纵向与横向垄断协议交织的“轴辐协议”。轴辐协议是一种特殊形式的垄断协议，“它将当事人的行为比喻为一个自行车轮，其包含一个轴心和多个辐条，轴心与辐条并不处在市场的同一层次，往往是上下游关系，辐条之间则互为竞争对手，但辐条之间没有直接的意思联络，它们间的横向联系以每个辐条与轴心之间的纵向关系为纽带”①。在我国，理论界以及已颁布的《国务院反垄断委员会关于平台经济领域的反垄断指南》《国务院反垄断委员会关于原料药领域的反垄断指南》认为，轴辐协议虽然同时涉及横向协议与纵向协议，但从竞争效果出发应将其视为横向协议。在本次修法前，作为“辐条”的经营者可以有效地被追责，但“轴心”经营者却很难依法被追责。本次修法有效解决了上述问题。修改后的反垄断法对于该种情形，组织帮助行为人可以依据本条直接进行规制，而参与被组织、帮助的垄断协议的其他经营者则根据本法第十七条横向垄断协议条款进行规制。

2. “被组织帮助协议”属于“横向垄断协议”，组织帮助者与被组织帮助的垄断协议参与者之间处于不同的交易阶段，且不具有纵向关系

轴辐协议中辐条与轴心之间的联结方式有很多种，依托纵向垄断协议形成只是最典型、最经典的一种，非纵向协议等其他联结方式也可以帮助横向经营者达成共谋。该种情形下，对被组织帮助垄断协议的参与者，依

---

① 焦海涛：《反垄断法上轴辐协议的法律性质》，载《中国社会科学院研究生院学报》2020 年第 1 期。

据本法第十七条“横向垄断协议条款”进行规制，而对于组织帮助者，与前述情形一样，根据本法第十九条进行规制。

3. “被组织帮助协议”属于“横向垄断协议”，且组织帮助者是与被组织帮助的垄断协议的实施者位于同一交易阶段的竞争者

对于该种情形，在理论上，既可以将组织帮助者视为横向合谋的参与者，与其他参与经营者一起依据本法第十七条“横向垄断协议条款”进行规制；也可以单独对组织帮助者适用本法第十九条进行规制。

4. “被组织帮助协议”属于“纵向协议”

组织帮助者参与纵向垄断协议实施，则按照本法第十八条“纵向垄断协议条款”进行规制；如果组织帮助者没有参与垄断协议实施，则组织帮助者根据本法第十九条进行规制，其他参与者根据本法第十八条纵向协议条款进行规制。

根据反垄断法第五十六条第一款、第二款规定，对于垄断协议组织帮助行为，组织帮助者没有实施垄断协议的，可以处三百万元以下的罚款。经营者的法定代表人、主要负责人和直接责任人员对达成垄断协议负有个人责任的，可以处一百万元以下的罚款。罚款额度的确定，一般根据行为人所起的作用的大小、被组织帮助的垄断协议的危害等方面进行判定。

二、非经营者“组织”“帮助”经营者达成垄断协议的规制

需要注意的是，本次修法将垄断协议组织帮助行为的主体限定为经营者，非经营者型的组织帮助者不得适用本条进行规制。然而，在实践中非经营者亦有可能组织经营者达成垄断协议或者为经营者之间达成垄断协议提供实质性帮助。对于非经营者型的组织帮助行为，需要分情形予以对待：其一，如果实施组织帮助行为的非经营者是行业协会，则可以直接依据本法第二十一条和第五十六条第四款进行认定和追责。其二，如果组织帮助者是非行业协会型的团体组织，则现行法律没有规定，暂无法对该类组织帮助型主体进行认定、追责，有待我国反垄断法或相关指南修改完善。其三，如果实施组织帮助行为的是国家行政机关，则实践中适用存在一定的困境。因为，虽然本法第四十四条规定了“行政机关和法律、法规授权的具有管理公共事务职能的组织不得滥用行政权力，强制或者变相强制经营者从事本法规定的垄断行为”，但该条的适用范围仅限于公权力机关强制或变相强制经营者从事垄断行为的情形。而行政机关“组织”“帮助”经营者达成垄断协议时通常并不属于强制或变相强制经营者的情形。所以，在行政机关“组织”“帮助”其他经营者达成垄断协议的，仍然难

以援引本法第四十四条规定对其进行规制。由此可见，反垄断法第十九条所规定的组织帮助行为，仅限定适用于经营者。行政机关及非行业协会型团体组织，在实施组织帮助垄断协议达成时，无法援引本条的规定进行处理。未来，上述问题需要我国通过立法或修法进行完善。

三、特殊领域中垄断协议组织帮助行为的法律适用

在我国，《国务院反垄断委员会关于平台经济领域的反垄断指南》《国务院反垄断委员会关于原料药领域的反垄断指南》等专门性指南对垄断协议组织帮助行为进行了专门性规定。

（一）平台经济领域垄断协议组织帮助行为的认定

《国务院反垄断委员会关于平台经济领域的反垄断指南》第二章是对于垄断协议的规定，其中第八条对平台经济领域内的垄断协议组织帮助行为进行了专项规定。该条将垄断协议组织帮助行为称为轴辐协议。该条规定，具有竞争关系的平台内经营者可能借助与平台经营者之间的纵向关系，或者由平台经营者组织、协调，达成具有横向垄断协议效果的轴辐协议。根据该规定，平台经营者的组织帮助行为体现为两种方式：（1）借助与平台内经营者之间的纵向关系；（2）平台经营者组织协调，促使平台内经营者达成具有横向垄断协议效果的轴辐协议。并且，第八条还将平台内构成垄断协议组织帮助行为的参考因素进行了列举，重点需要考虑技术手段、平台规则、数据和算法等与平台经济紧密相关的因素。该条款对平台经济领域垄断协议组织帮助行为的典型形式以及特殊领域的考量因素进行了细化规定。

（二）原料药领域垄断协议组织帮助行为的认定

《国务院反垄断委员会关于原料药领域的反垄断指南》将垄断协议组织帮助行为称为轴辐协议，该指南第九条“轴辐协议”明确禁止经营者组织原料药经营者达成垄断协议或者为其达成垄断协议提供实质性帮助。该指南也将帮助行为限定为“实质性帮助”，仅将对垄断协议达成起到较大帮助作用的行为纳入反垄断法规制，而将对垄断协议的达成作用较小的帮助行为排除在外。该规定与反垄断法第十九条的规定相一致。同时，《国务院反垄断委员会关于原料药领域的反垄断指南》第九条第二款还明确了原料药领域的组织帮助行为的两种具体表现方式：一种方式为借助与原料药经营者之间的纵向关系；另一种方式为直接组织协调，促使原料药经营者达成具有横向垄断协议效果的轴辐协议。对于第一种方式，该条款明确规定在判定是否构成垄断协议时，需要重点考虑原料药经营者是否应知或者明知其他经营者与同一原料药经销企业签订相同、相似或者具有相互配合关系的协议。该要件的规定，可以间接地判定原料药经营者就达成横向垄断协议存在间接意思联络，从而认定依托与特定经营者之间的纵向关系，原料药企业达成了排除、限制竞争的横向协议。对于第二种方式，直接参与的主体本身即成员主体。

【相关规定】

《中华人民共和国反垄断法》第十六条、第十七条、第十八条；《国务院反垄断委员会关于平台经济领域的反垄断指南》第八条；《国务院反垄断委员会关于原料药领域的反垄断指南》第九条。

第二十条　【垄断协议豁免】经营者能够证明所达成的协议属于下列情形之一的，不适用本法第十七条、第十八条第一款、第十九条的规定：

（一）为改进技术、研究开发新产品的；

（二）为提高产品质量、降低成本、增进效率，统一产品规格、标准或者实行专业化分工的；

（三）为提高中小经营者经营效率，增强中小经营者竞争力的；

（四）为实现节约能源、保护环境、救灾救助等社会公共利益的；

（五）因经济不景气，为缓解销售量严重下降或者生产明显过剩的；

（六）为保障对外贸易和对外经济合作中的正当利益的；

（七）法律和国务院规定的其他情形。

属于前款第一项至第五项情形，不适用本法第十七条、第十八条第一款、第十九条规定的，经营者还应当证明所达成的协议不会严重限制相关市场的竞争，并且能够使消费者分享由此产生的利益。

【条文主旨】

本条是关于垄断协议豁免制度的规定。

【条文释义】

（一）条文含义

本条规定是垄断协议豁免的原则及其种类，采用举例加标准的立法体例。

本条第一款，以举例的方式，列明了6类能够获得豁免的协议类型：（1）为改进技术、研究开发新产品的；（2）为提高产品质量、降低成本、增进效率，统一产品规格、标准或者实行专业化分工的；（3）为提高中小经营者经营效率，增强中小经营者竞争力的；（4）为实现节约能源、保护环境、救灾救助等社会公共利益的；（5）因经济不景气，为缓解销售量严重下降或者生产明显过剩的；（6）为保障对外贸易和对外经济合作中的正当利益的。本条第一款第七项属于兜底条款，将其他可能得到豁免的情况规定在内，但必须经法律或国务院规定。

本条第二款，规定了在本条第一款第一至五项的情形下，经营者还需要证明的两项标准：（1）所达成的协议不会严重限制相关市场的竞争；（2）能够使消费者分享由此产生的利益。第一项标准是效率标准，即协议不会严重限制相关市场竞争，协议所产生的积极效果大于消极效果；第二项标准是结果标准，即所产生的利益应由消费者分享，防止被协议当事人攫取。两项标准必须同时满足。

（二）条文阐释

传统西方竞争理论把垄断协议行为作为一种与私人垄断作用完全相同的集体垄断形式而归入垄断行为范围之列，认为垄断协议行为作为限制竞争的结果意味着扭曲资源分配效用，使经济增长停滞、技术进步迟缓，引起分配的不公正，主张实行一律禁止卡特尔的政策。现代西方竞争理论则认为完全竞争不一定能实现竞争功能目标，主张在一定范围内和一定程度上可以允许垄断协议行为的存在或者采取某些竞争政策措施促进垄断协议行为的形成，以发挥垄断协议行为的保持市场稳定、提高竞争强度，并且有利于创新和技术进步的迅速推广的积极作用。

在现代竞争理论的指引下，禁止垄断协议行为的豁免制度有了坚实的理论基础。世界主要国家（地区）的反垄断法或竞争法对于垄断协议行为也采用了一般禁止与法定豁免相结合的立法体例。由于垄断协议行为对市场竞争具有直接而严重的损害，各国反垄断法原则上都对垄断协议行为予以禁止，但同时，对于那些能够带来积极效果的垄断协议行为，则往往适用豁免的规定。[①]

垄断协议豁免制度是适用反垄断法对垄断协议的违法性进行分析认定过程中的重要环节。反垄断法在规制垄断协议行为的过程中，有两项非常重要的原则被用作判断认定垄断协议违法与否的标准，即本身违法原则与合理原则，这两项原则最初适用于规制垄断协议行为，后来被广泛运用于对所有反竞争行为的规制。[②] 本身违法原则（per se rule）是指对某些具有严重限制竞争的行为无需再分析这些行为的具体情况及其对市场竞争产生的效果，可以直接认定相关行为严重损害竞争，构成违法[③]，譬如横向垄断协议行为。针对该等严重排除限制竞争的行为一般无法适用反垄断法关于豁免的规定。合理原则（rule of reason）是指某些限制竞争行为的效果比较难以确定，必须综合考虑经营者的目的、行为及对市场竞争造成的影响后才能够判断行为的违法性，譬如竞争者之间的横向合作安排（如联合研发、联合生产、联合采购等）以及纵向非价格限制等。豁免制度正是合理原则的具体表现，当执法、司法机关认为限制竞争的行为可以不予禁止，认为该协议不违反反垄断法，则该行为在反垄断法上得到豁免。

实践中，为降低执法成本和经营者的合规成本，一些主要的司法辖区建立了集体豁免的制度，即当经营者的市场份额低于特定的标准（即“安全港”）时，其从事的特定行为（主要指非反垄断明确禁止的核心限制行为，如固定价格、限产限销、划分市场和客户、转售价格维持等）可以推定适用豁免的规定。反垄断法第十八条第三款规定，针对纵向垄断协议，经营者能够证明其在相关市场的市场份额低于国务院反垄断执法机构规定的标准，并符合国务院反垄断执法机构规定的其他条件的，不予禁止。该条为集体豁免制度的安全港规则提供了法律上的依据。我国关于集体豁免安全港的规定，主要体现在相关的规定和指南中。例如，《国务院反垄断委员会关于汽车业的反垄断指南》第四条规定，经营者在相关市场占有30%以下市场份额的情况，其设置的若干纵向地域限制和客户限制情形，可以推定适用反垄断法关于豁免的规定。《国务院反垄断委员会关于知识产权领域的反垄断指南》第十三条也规定了类似的制度，如竞争者在相关市场的份额合计不超过 20%，或者经营者与交易相对人在受到涉及知识产

---

① 参见孟雁北:《反垄断法》，北京大学出版社 2011 年版，第 102~103 页。

② 参见孟雁北:《反垄断法》，北京大学出版社 2011 年版，第 39 页。

③ 参见王晓晔:《反垄断法》，法律出版社 2011 年版，第 108 页。

权的协议影响的任一相关市场的市场份额均不超过 30%，经营者达成的涉及知识产权的协议一般不认定为反垄断法第十七条第一款和第十八条第一款的兜底条款规定的垄断协议。

除前述规定的集体豁免外，经营者如果主张其协议可以适用豁免的规定，需要根据个案具体情形证明其协议符合反垄断法第二十条的法定条件，判断其协议能否被个案豁免。在个案中判断协议能否构成反垄断法意义上的垄断协议及其违法性，第一步，执法机构应当根据个案中协议的具体行为，判断是否符合反垄断法第二章规定的各类垄断协议构成要件；第二步，如果执法机构认定协议符合反垄断法意义上的垄断协议，经营者可以主张其协议适用豁免的规定，并举证证明其协议符合反垄断法第二十条的法定条件。此种情况下，执法机构需要进一步进行深入的经济分析，综合判断该协议对市场竞争所产生的效果。如果该协议促进竞争的积极效果大于对损害竞争的消极效果，并且限制竞争是必要的，综合考虑对市场竞争的影响，则可以认定该协议得到豁免。

【适用指南】

1. 研发协议的豁免

反垄断法第二十条第一款第一项规定，经营者证明协议是“为改进技术、研究开发新产品的”，可以不适用本法第十七条、第十八条第一款、第十九条的禁止性规定。

经营者之间为了改进新技术、研发新产品的协议，一般可以称为“R&D（Research and Development）协议”或“研发协议”。通常而言，研发协议是运用科学研究方法，开展基础研究、应用研究或改进研究，以创造出新技术、新产品，增加人类社会的知识总量。对经营者而言，在充分竞争的市场环境中，创新是企业保持生命活力的重要源泉，但是在对研发新产品、改进新技术的过程中，需要大量的投入。以药品为例，据统计，一般单一药物上市的成本超过 10 亿美元，需要花费约 10 年的时间。[①]

在研发成本较高的情况下，单一经营者可能难以承担研发失败的风险，因此经营者之间联合订立研发协议，以汇集各方的优势，大大提高成功的可能性，加快开发速度，各方共担开发费用，降低各方开发费用与风险。同时，研发新产品、改进新技术可以推动科学进步、技术革新，

---

① 参见 Lena Tang：《减少新药研发成本或有新突破》，载《流程工业》2021 年第 9 期。

提高生产者的生产效率，进而提高社会总福利。为了鼓励经营者开展创新，尤其是中小企业之间进行联合创新，以提高企业竞争优势，研发类协议可以得到豁免。

但是，并非所有研发类垄断协议都一律可以得到豁免，只有当该研发协议不会严重限制相关市场的竞争，并且能够使消费者获得由此产生的利益，增加社会总福利时，才可以得到豁免。譬如，当经营者之间的研发协议已经达到所研发的新产品、新技术能够推向市场的目的时，若经营者之间又达成其他价格卡特尔、数量卡特尔、市场卡特尔等严重损害市场竞争的协议，依然会被认定为违反反垄断法。

2. 标准化或专业化协议的豁免

反垄断法第二十条第一款第二项规定，经营者证明协议是“为提高产品质量、降低成本、增进效率，统一产品规格、标准或者实行专业化分工的”，可以不适用本法第十七条、第十八条第一款、第十九条的禁止性规定。经营者为了达成上述目的所订立的具有排除或限制竞争效果的协议称为标准化或专业化协议，又简称为标准化卡特尔或专业化卡特尔。

标准化卡特尔是指同类产品的生产企业为同一产品的规格或者标准而订立的协议。规格和标准一般指对各种原材料、半成品或者成品在性能、规格、质量、等级等方面的统一要求。① 标准是科学技术和实践经验的结晶，是嵌入一个复杂的工程实践、生产工艺技术、产品特征、技能和程序中的规则，是处理相关产品和人的方式、方法，是经协商一致达成的一种规范，并且伴随着经济、社会、科技、国际贸易的日益发展，“标准”成为一种越来越重要的治理手段。② 生产者采用统一的标准或规格虽然在一定程度上会限制生产者之间的自由竞争，但是同类产品使用统一的标准或规格有利于增强同类产品间的可替代性、兼容性。同时，在统一标准或规格下生产的产品，消费者具有更高的选择自由，消费者可以充分比较不同生产者的产品，故从长远角度来看，反而有利于促进经营者之间的竞争。譬如，当前市场上手机充电线有多种标准类型，若能达成标准化卡特尔，尽管会导致部分企业在产品生产制造上受到一定约束，但是消费者可以拥有更多的选择，进而增强经营者之间的竞争。

---

① 参见王晓晔：《反垄断法》，法律出版社 2011 年版，第 118 页。

② 参见刘三江、刘辉：《中国标准化体制改革思路及路径》，载《中国软科学》2015 年第 7 期。

专业化卡特尔是指达成协议的经营者之间进行专业化分工，目的是使它们从过去的全能型企业转变为专业化的企业，使企业实现经济上的合理化，提高规模经济和市场竞争力。即为了实现专业化生产，一方卡特尔企业放弃生产某种产品或者放弃提供某种服务（单向专业化）；或者双方各自放弃生产某种产品或者放弃提供某种服务（双向专业化）；或者双方承诺联合生产某些产品或者提供某些服务（联合生产）。因为专业化卡特尔有利于改善企业的投入和产出，降低成本和增加收益，各国反垄断法对专业化卡特尔一般都给予豁免。①

标准化或专业化协议与研发协议一样，并非均可得到豁免，只有当该等协议不会严重限制相关市场的竞争，并且能够使消费者获得由此产生的利益，增加社会总福利时，才可以得到豁免。

3. 中小企业合作协议的豁免

反垄断法第二十条第一款第三项规定，经营者证明协议是“为提高中小经营者经营效率，增强中小经营者竞争力的”，可以不适用本法第十七条、第十八条第一款、第十九条的禁止性规定。

中小企业合作订立具有提高经营者经营效率、增强竞争力的合作协议，可以得到反垄断法豁免，这在反垄断法实践中具有较为重要的意义。这类协议通常是中小企业在开展研发、生产、销售、采购等有关生产经营各个环节中，为提升效率所订立的合作协议，这能够有效帮助中小企业经营者降低生产经营成本，在合作过程中加快研发进程、扩大生产质量数量、降低生产销售成本等。这不仅能够提高市场的经济效率，还能够改变中小企业与大企业竞争的不利地位，以保持市场的充分竞争。同时，还能够使消费者获益，能够以更低价格购买到相同产品，或以同等价格购买到更优质产品，具有扩大消费者剩余、增进社会总福利的积极效果。但如果中小企业订立的相关合作协议严重限制了市场竞争，或者消费者无法从相关协议中获得利益，此类协议也无法得到反垄断法的豁免。

中小企业合作协议的豁免，在我国亦有实践。譬如，上海市发展和改革委员会印发修订后的《中国（上海）自由贸易试验区中小企业垄断协议豁免指导意见》（沪发改规范〔2017〕5号）中进一步对“提高中小经营者经营效率，增强中小经营者竞争力”“不会严重限制相关市场的竞争”

① 参见王晓晔：《反垄断法》，法律出版社2011年版，第118页。

“使消费者分享由此产生的利益”的界定进行了详细举例。①

4. 公共利益协议的豁免

反垄断法第二十条第一款第四项规定，经营者证明协议是“为实现节约能源、保护环境、救灾救助等社会公共利益的”，可以不适用本法第十七条、第十八条第一款、第十九条的禁止性规定。经营者为了达成上述目的所订立的具有排除或限制竞争效果的协议称为公共利益协议。

该项以举例加标准的形式，规定了为实现“节约能源”“保护环境”“救灾救助”等目标，符合社会公共利益的，具有排除、限制竞争效果的协议能够得到豁免。根据我国反垄断法第一条关于反垄断法保护目标的规定，维护社会公共利益是我国反垄断法的保护目标之一。因此，若经营者达成的协议是以实现社会公共利益为目的，则可以得到豁免。

该项实施的难点在于如何认定“社会公共利益”。“社会公共利益”是一个不确定的法律概念，具有高度抽象性和概括性，在不同的法律语境下，社会公共利益的内涵与外延也具有较大的差异性。反垄断法语境下的社会公共利益，学界通说是“以自由竞争为基础的经济秩序”，因为竞争是一种最理想的资源配置方式，竞争所产生的效果反映客观规律，即那些效益好的经济主体将获得利润，效益差的经济主体将面临亏损与破产。竞争秩序和竞争效率源自经济规律，只有在尊重经济规律的前提下构建竞争法律制度才能维护竞争秩序和提高竞争效率。② 因此，即使是为了社会公共利益，要想得到反垄断法的豁免，仍然需要证明协议不会严重限制相关

---

① 该指导意见第五条（关于“提高中小经营者经营效率，增强中小经营者竞争力”）规定，中小企业间达成的兼具提高经营效率、增强竞争力效果的垄断协议，主要有：（一）在采购、生产、营销、销售、仓储、物流、售后维修等方面采取的排除、限制竞争行为；（二）为实现产品（服务）的差异化而采取的排除、限制竞争行为；（三）为实现纵向联合而采取的排除、限制竞争行为；（四）其他排除、限制竞争行为。为证明上述垄断协议能够“提高中小经营者经营效率，增强中小经营者竞争力”，可从下列情形进行说明：（一）使中小企业的经营成本同比下降；（二）非价格因素上涨导致的经营利润同比上升；（三）产品质量同比提升；（四）其他有关情形。第六条（关于“不会严重限制相关市场的竞争”）规定，中小企业可从下列情形进行说明：（一）参与企业没有受到为实现反垄断法第十五条第一款情形之目的所不必要的限制；（二）没有排除参与企业就相关产品的重大部分开展竞争的可能；（三）参与企业在相关市场的市场份额较小；（四）其他有关情形。市场份额可以参考企业销售额，根据企业销售数据计算。在企业销售数据不明时，可以参考企业购买数据；在销售和购买数据均不明时，可以根据企业销售量估算。第七条（关于“使消费者分享由此产生的利益）规定，中小企业可从下列情形进行说明：（一）使消费者在产品（服务）品质不变的前提下可以获得更低的价格；（二）使消费者在价格不变的前提下可以获得更好的产品（服务）；（三）使消费者可以更便利地进行交易；（四）其他有关情形。

② 参见刘继峰：《反垄断法益分析方法的建构及其运用》，载《中国法学》2013年第6期。

市场的竞争，并且能够使社会获得由此产生的利益。

5. 结构危机协议的豁免

反垄断法第二十条第一款第五项规定，经营者证明协议是“因经济不景气，为缓解销售量严重下降或者生产明显过剩的”，可以不适用本法第十七条、第十八条第一款、第十九条的禁止性规定。经营者为了达成上述目的所订立的具有排除或限制竞争效果的协议称为结构危机协议，又简称为结构危机卡特尔。

结构危机卡特尔是指在市场结构发生变化的情况下，反垄断执法机构可以批准的一种垄断协议，目的是在市场萧条、产品滞销的情况下协调行业或者部门的生产能力，以避免生产过剩。① 在市场经济不景气，相关产业或行业大萧条，导致销售量严重下降或产能过剩的情况下，如果不对产业或行业的生产能力、生产结构进行协调，将会造成巨大的社会资源浪费，进而对相关产业或行业产生冲击，最终影响经济运行整体效率。然而，协调生产能力、生产结构的协议具有严重限制竞争的效果，对于此类协议的豁免，需要根据相关市场运行的具体情况，进行慎重决定。

6. 对外贸易协议的豁免

反垄断法第二十条第一款第六项规定，经营者证明协议是“为保障对外贸易和对外经济合作中的正当利益的”，可以不适用本法第十七条、第十八条第一款、第十九条的禁止性规定。这类协议在实践中通常是企业为了推动产品出口而签订的，又简称为“出口卡特尔”。②

豁免出口卡特尔的重要原因是相关协议主要影响的市场竞争并非在国内市场，因此不需要依据出口国的法律对其进行限制。同时，如果出口企业未能在出口价格、数量等方面进行有效协调，反而争相竞争，则容易导致进口国的反倾销调查。

因此，反垄断法上允许豁免为保障对外贸易和对外经济合作中正当利益的协议，这也符合国际惯例。但是，豁免出口卡特尔作为一国的单边行为，无法对域外国家法律实施产生效力。在主要国家和地区的反垄断法实践中，均对域外垄断行为具有效力。因此，当我国出口企业达成的相关协议损害到进口国的市场竞争和消费者利益时，将会面临进口国反垄断执法、司法的风险。出口企业在达成相关协议时，需要重点考虑进口国的反垄断法相关规定所带来的法律风险。

---

① 参见王晓晔：《反垄断法》，法律出版社 2011 年版，第 122 页。

② 参见王晓晔：《反垄断法》，法律出版社 2011 年版，第 123 页。

【相关规定】

《禁止垄断协议暂行规定》第二十六条、第二十七条、第二十八条。

第二十一条　【行业协会从事垄断行为的限制】行业协会不得组织本行业的经营者从事本章禁止的垄断行为。

【条文主旨】

本条是关于行业协会组织本行业经营者从事垄断协议的规定。

【条文释义】

一、行业协会概况

本条所称行业协会是指由同行业经营者组成，行使行业服务和自律管理职能的各种协会、商会、联合会、促进会等社会团体法人。行业协会介于国家（政府）、市场主体之间，发挥重要沟通、协调功能，是以行业为主线、由单一或关联行业的经营者设立的非营利性组织，宗旨一般在于保障该行业的集体性利益或共同性利益。为促进行业协会的发展，我国国务院办公厅、民政部等主管部门出台《国务院办公厅关于加快推进行业协会商会改革和发展的若干意见》《社会团体登记管理条例》《关于全面推开行业协会商会与行政机关脱钩改革的实施意见》《全国性行业协会商会章程示范文本》《国务院办公厅关于进一步规范行业协会商会收费的通知》等文件，以不断规范行业协会的设立、运行，并调整行业协会的功能定位、拓展行业协会的职能。

行业协会通过行使制定规章、监管会员、非法律惩罚权、争议解决权、起诉权等自治权发挥其市场功能①，具有协调各市场主体的合法利益、提高市场配置资源的效率和维护市场经济运行秩序的作用，其特性表现为服务、协调及自律。与本法所称经营者不同，经营者为从事商品生产、经营或者提供服务的自然人、法人和非法人组织，而行业协会行使行业管理等自治职能时并不直接向消费者提供服务，也不直接从事生产经营活动，

---

① 参见李昌麒主编：《经济法学》，法律出版社2016年版，第121~128页。

不能适用本法关于经营者的规定条款，因此需要设立本条以将行业协会纳入本法规制范围。

值得注意的是，在判断行业协会等社团法人是否适用经营者或行业协会规定时，不能仅以其主体身份作为判断依据，而需结合其实际行为。

案例：在某甲公司诉某省足协和某乙公司垄断案中，原告某甲公司主张某省足协与某乙公司签订《室内五人制足球联赛协议书》，独家批准某乙公司运营、举办室内五人制足球联赛的行为，系通过签订案涉协议书限定交易相对人只能与其指定的某乙公司进行交易的垄断协议行为。某省足协辩称其不是反垄断法所定义的垄断主体，其是全省性的非营利性社会团体法人，并非提供生产经营商品或服务的企业法人，也不是由同行业公司、企业等经营者自愿组成的、反垄断法所定义的行业协会。

最高人民法院在判定某省足协的主体身份时，认为“某省足协依章程可以从事与某省足协职能有关的市场经营活动。事实上，某省足协长期以来也实际参与或从事了各种与足球赛事有关的经营活动，并获得相应的收益。某省足协依与某乙公司签订的协议书已经为某乙公司提供了四年的服务就是一个例证。因此，某甲公司关于某省足协是市场经营者的主张成立。某省足协关于其作为非营利性社团法人，不能作为法律上和经济上独立的商品生产者从事或参与经营活动并获得相关权益的主张，与有关规定和事实不符”。[①]

二、行业协会垄断行为

行业协会作为经济类社团，本质上代表了一个行业的多边利益，具有自利性及追求利益最大化的倾向。当行业协会全体成员找到了其内部的共同利益点，其共同决定就会自然地朝着这个共同利益点聚合，如关于有效降低会员之间的竞争成本的决定，限制外地企业进入本地市场的决定，建立区域、产品市场价格同盟的决定等。但同时，这种共同决定又天然接近于限制竞争之协议，有潜在的限制竞争之动因。[②] 实践中，也的确存在行业协会利用其制定规章的自治权，以“自律”名义进行组织会员企业签订价格同盟协议、发布联合行动通知、分割市场等行为，达到其排除、限制竞争的目的。

---

① 参见最高人民法院（2015）民申字第 2313 号民事裁定书，载中国裁判文书网，https：//wenshu. court. gov. cn/website/wenshu/181107ANFZ0BXSK4/index. html？docId = 9fae7ccdf21945978612e2054ddb1f52，最后访问时间：2022 年 6 月 28 日。

② 参见叶明：《行业协会限制竞争行为的反垄断法规制》，法律出版社 2010 年版，第 23 页。

行业协会的中介性质为其实施垄断行为带来天然的便利条件。作为行业管理者的行业协会，其在垄断行为中的组织作用主要体现为制定要求其会员遵守的限制竞争决定，以及提供促成其会员达成垄断协议的交流或合作平台。[①] 在当前国内外反垄断规制实践中，行业协会的垄断行为一般被界定为特殊的垄断协议。

在我国司法实践中，上述组织的行为表现多样。例如，娄某某与某市批发行业协会垄断纠纷案中，该行业协会通过会议记录的形式达成各项协议，以促使具有竞争关系的会员达成变更和固定价格的协议；[②] 某经济开发区道路运输行业协会与某省发展和改革委员会物价行政管理案中，该行业协会以避免恶性竞争为由，签订所谓的自律协议，约定最低成本标准价格及违反最低成本标准价格的处罚方式。[③] 因此，审查行业协会是否存在垄断行为时，不能局限于某种具体的组织行为，而需全面查明行业协会多层面的管理、居间、召集等组织行为，以进行实质审查。

行业协会组织的垄断行为导致的竞争损害结果可具象化为对消费者公平交易权和自由选择权的损害，以及排挤同行业其他经营者的竞争。[④] 如娄某某与某市批发行业协会垄断纠纷案中，本应存在的价格差别趋于一致；某经济开发区道路运输行业协会与某省发展和改革委员会物价行政管理案中，当地机动车驾驶培训服务行业的培训价格处于固定状态。这些案例中的行业协会通过控制价格从而剥夺了消费者的公平交易权，使消费者无法通过合适的价格选择质优价廉的产品，同时又通过价格屏障排挤了其他经营者，增加了其他经营者的竞争成本，进而损害消费者选择其他不参与垄断行为经营者的权利。

行业协会涉及的会员主体众多、牵涉区域广，且可能牵连上下游相关市场，导致其反竞争的危害性更甚于一般经营者实施的垄断行为。因此，综观国内外的理论分析及执法实践，均明确制约行业协会的垄断行为，并

① 参见肖海涛：《行业协会的反垄断法主体地位——基于中国体育反垄断第一案的分析》，载《法学》2016 年第 7 期。

② 参见北京市高级人民法院（2013）高民终字第 4325 号民事判决书，载中国裁判文书网，https：//wenshu. court. gov. cn/website/wenshu/181107ANFZ0BXSK4/index. html？docId = 9890951a671d49f38546dab854cb9b20，最后访问时间：2022 年 6 月 28 日。

③ 参见贵州省贵阳市中级人民法院（2018）黔 01 行初 805 号行政判决书，载中国裁判文书网，https：//wenshu. court. gov. cn/website/wenshu/181107ANFZ0BXSK4/index. html？docId = 677c6bb38d914eeca230a9d700de074c，最后访问时间：2022 年 6 月 28 日。

④ 参见徐士英：《行业协会限制竞争行为的法律调整——解读〈反垄断法〉对行业协会的规制》，载《法学》2007 年第 12 期。

落实到执法、司法实践中。

【适用指南】

根据执法及司法实践，我国对行业协会垄断行为的追责模式主要为行政执法及民事诉讼。

一、行政执法

在2018年国务院机构改革之后，国家市场监督管理总局统一行使反垄断执法权。主要执法依据为本法第五十六条，执法方式从轻至重包括责令改正（本次修改新增内容），处三百万元以下（本次修改提高了处罚上限）的罚款，以及对社会团体依法撤销登记。相应地，被处罚的行业协会有权依法对反垄断执法机构的处罚行为进行行政复议或提起行政诉讼。

二、民事诉讼

（一）起诉主体

《最高人民法院关于审理因垄断行为引发的民事纠纷案件应用法律若干问题的规定》第一条规定："……因垄断行为受到损失以及因合同内容、行业协会的章程等违反反垄断法而发生争议的自然人、法人或者非法人组织，向人民法院提起的民事诉讼案件。"据此，关于行业协会垄断行为的起诉主体采取宽松规定，因垄断行为受到损失，即使是行业协会的会员，也有权提起民事诉讼。

娄某某与某市批发行业协会垄断纠纷案①明确阐述了上述观点。

案例：某市批发行业协会在其《协会手册》中的"奖罚规定"部分作出规定："禁止会员向本协会会员所在的市场向非会员销售整件扇贝""禁止会员不正当竞争，不按协会规定的销售价格折价销售扇贝"，同时在协会内部执行上述规定，并多次就某品牌扇贝价格进行研究并予以确定。娄某某原为该协会会员，退出该协会后无法获得某品牌扇贝供货渠道，无法销售某品牌扇贝。娄某某认为该协会的上述行为侵害其合法权益。

诉讼中，被告主张原告主体不适格，指出娄某某系该协会的会员，其主张与自身法律地位矛盾，不具有本案原告的诉讼主体资格。北京市第二中级人民法院及北京市高级人民法院认为，无论是作为该协会的单位会员，还是作为垄断协议的受害者，原告娄某某均可以因垄断行为遭受损失

---

① 参见北京市高级人民法院（2013）高民终字第4325号民事判决书，载中国裁判文书网，https://wenshu.court.gov.cn/website/wenshu/181107ANFZ0BXSK4/index.html?docId=9890951a671d49f38546dab854cb9b20，最后访问时间：2022年6月29日。

为由提起民事诉讼，其主体适格。

《最高人民法院关于审理因垄断行为引发的民事纠纷案件应用法律若干问题的规定》第十四条规定："被告实施垄断行为，给原告造成损失的，根据原告的诉讼请求和查明的事实，人民法院可以依法判令被告承担停止侵害、赔偿损失等民事责任……原告因调查、制止垄断行为所支付的合理开支计入损失赔偿范围。"第十五条规定："被诉合同内容、行业协会的章程等违反反垄断法或者其他法律、行政法规的强制性规定的，人民法院应当依法认定其无效。但是，该强制性规定不导致该民事法律行为无效的除外。"据此，原告就行业协会垄断行为提起民事诉讼时，有权主张确认被诉行业协会章程等无效，要求停止侵害以及赔偿损失。

需要注意的是，在"砖瓦协会"垄断纠纷案①中，最高人民法院明确了横向垄断协议实施者要求其他实施者赔偿其所谓经济损失的处理原则，认为请求损害赔偿救济者，其行为必须正当合法。自身参与和实施违法行为的主体，即便因参与和实施该违法行为而受到损失，该损失亦因该主体自身行为的不正当性而不应获得救济。该案原告作为垄断协议实施者，其主张损害赔偿的实质就是要求瓜分垄断利益，因此无权提起损害赔偿的请求。

案例：张某某主张其系在某市砖瓦协会的发起人某市甲公司、某县乙公司、曹某某等的胁迫下，加入该协会，签订《停产整改合同》，并因该合同被迫停止生产。某市砖瓦协会及其发起人通过广泛签订上述合同，迫使某市部分砖瓦企业停产，通过减少砖瓦供应量来提高砖瓦价格、获取不当利益，上述行为明显具有排除、限制竞争的目的，且在特定时间内实现了排除、限制竞争的效果，构成反垄断法规定的横向垄断协议。但该协会和仍维持生产的砖瓦企业支付了少量停产扶持费后不再依照约定付款，其行为排除了张某某参与竞争，构成对反垄断法的违反，故诉至法院。

一审法院认为，被诉行为构成对反垄断法的违反，侵害了张某某的权益，故判决该协会等连带赔偿经济损失33.6万元、合理开支5000元。某市甲公司、曹某某、某市砖瓦协会不服，向最高人民法院提起上诉。最高人民法院二审认为，该案核心问题是，张某某作为该案横向垄断协议的实施者之一，是否有权要求该垄断协议的其他实施者赔偿其所谓的经济损

---

① 参见最高人民法院（2020）最高法民申4298号民事裁定书，载中国裁判文书网，https：//wenshu. court. gov. cn/website/wenshu/181107ANFZ0BXSK4/index. html？docId = 07f17a5676d34b0a88d4ad1a00d162d8，最后访问时间：2022年6月29日。

失。鉴于横向垄断协议实施者主张损害赔偿，实质上是要求瓜分垄断利益，故判决撤销一审判决，驳回张某某的全部诉讼请求。

【相关规定】

《中华人民共和国反垄断法》第五十六条；《禁止垄断协议暂行规定》第十四条；《最高人民法院关于审理因垄断行为引发的民事纠纷案件应用法律若干问题的规定》第一条、第十四条、第十五条。

第三章　滥用市场支配地位

第二十二条　【滥用市场支配地位的行为表现及市场支配地位的定义】禁止具有市场支配地位的经营者从事下列滥用市场支配地位的行为：

（一）以不公平的高价销售商品或者以不公平的低价购买商品；

（二）没有正当理由，以低于成本的价格销售商品；

（三）没有正当理由，拒绝与交易相对人进行交易；

（四）没有正当理由，限定交易相对人只能与其进行交易或者只能与其指定的经营者进行交易；

（五）没有正当理由搭售商品，或者在交易时附加其他不合理的交易条件；

（六）没有正当理由，对条件相同的交易相对人在交易价格等交易条件上实行差别待遇；

（七）国务院反垄断执法机构认定的其他滥用市场支配地位的行为。

具有市场支配地位的经营者不得利用数据和算法、技术以及平台规则等从事前款规定的滥用市场支配地位的行为。

本法所称市场支配地位，是指经营者在相关市场内具有能够控制商品价格、数量或者其他交易条件，或者能够阻碍、影响其他经营者进入相关市场能力的市场地位。

【条文主旨】

本条是对市场支配地位概念及滥用市场支配地位具体情形的规定。

【条文释义】

一、市场支配地位的概念

市场支配地位，是对具有控制市场能力的经营者状态的描述。按照反垄断法第二十二条第三款的规定，市场支配地位是指经营者在相关的市场内具有能够控制商品价格、数量或者其他交易条件，或者能够阻碍、影响其他经营者进入相关市场能力的市场地位。即经营者具有的控制相关市场交易条件的能力或者阻碍其他经营者进入该相关市场的能力。其中，根据反垄断法第十四条第二款的规定，相关市场是指经营者在一定时期内就特定商品或者服务（统称商品）进行竞争的商品范围和地域范围。其中的经营者的数量并未予以限制。另外，需要注意的是，反垄断法并不禁止经营者具有市场支配地位，而是禁止具有市场支配地位的经营者滥用市场支配地位以排除、限制竞争的行为。

二、滥用市场支配地位行为的概念及特点

（一）概念

滥用市场支配地位是指具有市场支配地位的经营者，通过垄断定价、掠夺性定价、拒绝交易、限定交易、捆绑交易、差别待遇等手段,[①] 从事排除、限制竞争的行为。

（二）特点

首先，行为主体具有特定性。滥用市场支配地位行为的前提是市场主体具有市场支配地位，即行为主体是在相关市场内具有支配地位的企业，这是认定企业是否存在滥用市场支配地位的前提。

其次，行为本身具有反竞争性。即经营者实施的滥用行为在本质上损害了市场竞争。

最后，行为目的具有特殊性。具有市场支配地位的企业实施滥用行为是为了排除、限制竞争，进而维持或者增强其支配地位，获取垄断利益。

三、滥用市场支配地位的具体情形

综观一些国家或地区的反垄断立法，对滥用市场支配地位行为的规制

---

① 参见最高人民法院民事案件案由规定课题组：《最高人民法院民事案件案由规定理解与适用》，人民法院出版社 2011 年版，第 287 页。

一般采取两种方式。一是概括式立法，只进行原则性的规定，不对所禁止的滥用行为进行具体规定，如美国等国家即采取这种做法；二是概括加列举式的立法，即在进行原则性禁止的基础上，明文列举典型的滥用行为，欧盟等采取的就是这种方式。反垄断法第二十二条采取的就是列举具体的滥用行为和兜底性概括滥用行为相结合的方式。具体包括以下情形：

1. 垄断价格行为

即“以不公平的高价销售商品或者以不公平的低价购买商品”，包括垄断高价行为和垄断低价行为。垄断高价行为是指具有市场支配地位的企业向交易相对人索取不合理的超高销售价格的行为。[①] 垄断低价行为是指在特殊市场中占支配地位的市场主体向非垄断企业或小生产者购买商品时规定低于商品价值或生产价格的垄断价格，以攫取超额利润或靠损害卖方利益补偿自己的不正当行为。[②] 不公平的垄断低价行为与垄断高价行为是一个问题的两个方面，都是具有市场支配地位的市场主体违背平等互利原则，滥用市场支配地位对交易相对人进行剥削、损害交易对方利益的行为。[③]

2. 掠夺性定价行为

即“没有正当理由，以低于成本的价格销售商品”。这是指处于市场支配地位的经营者在一定期限和相关市场内以低于成本的价格销售商品以达到排挤竞争对手的目的，从而消除或限制竞争的行为。这种没有正当理由的、牺牲短期利益的销售行为在较短的时期内来看并未对消费者产生直接的不利影响，仅直接影响了其他经营者的利益，但是，其目的是以短期利益为代价，排除、限制竞争，在排挤竞争对手后即可独占市场，获取占据市场后的垄断性利益。从长远来看，消费者应当是受害者而非获益者。

需要注意的是，如果存在以低于成本的价格销售商品的正当理由，则不属于本条所规定的行为。如销售鲜活商品、季节性商品，销售有效期限即将到期的商品和积压商品，因清偿债务、转产、歇业降价销售，为推广新产品进行促销等行为。

3. 拒绝交易行为

即“没有正当理由，拒绝与交易人进行交易”。这是指具有市场支配地位的经营者无正当理由，拒绝与交易对方进行交易的行为。拒绝交易行

---

① 参见徐孟洲、孟雁北：《竞争法》，中国人民大学出版社 2014 年版，第 158 页。

② 参见孙晋、李胜利：《竞争法原论》，武汉大学出版社 2011 年版，第 107 页。

③ 参见徐孟洲、孟雁北：《竞争法》，中国人民大学出版社 2014 年版，第 158 页。

为包括拒绝供应产品或服务、拒绝提供使其他企业已经产生依赖性的必要配件、拒绝知识产权的许可使用等。[①] 虽然根据合同自由原则，经营者有自由选择交易相对人以及自由决定是否交易的权利，但若对占市场支配地位的企业的自由选择权不加以限制，则可能会损害交易相对方的利益，排除、限制其他市场的竞争。并非所有的拒绝交易行为都是违法的，必须认定该拒绝交易行为没有正当理由，同时使得相关市场的竞争受到实质损害，才能确认其违法性。

4. 限定交易行为

即“没有正当理由，限定交易相对人只能与其进行交易或者只能与其指定的经营者进行交易”。这是指处于市场支配地位的企业要求其交易相对人在特定市场内不能与其以外的经营者或者与其指定的经营者以外的经营者进行交易。这种行为限制了交易相对人的自主选择权。

5. 搭售行为或附加不合理交易条件的行为

即“没有正当理由搭售商品，或者在交易时附加其他不合理的交易条件”。这是指在相关市场上拥有支配地位的经营者强迫交易相对人购买与其所出售的产品或者服务无关的其他产品或服务的行为,[②] 或者要求交易相对方接受其他不合理的交易条件。

搭售行为一方面限制了交易相对人作为市场主体应当享有的交易自由，另一方面经营者也借此行为将其所具有的市场优势地位不正当地延伸到被搭售产品的市场，使之得以直接进入该市场，免于承受竞争的压力。经营者实施搭售行为的目的在于扩大其市场支配地位至被搭售的产品的市场，或者排除、限制潜在的竞争者进入该市场。在判断搭售行为是否违反本法时，可以考察该行为是否符合交易惯例、消费习惯等。

附加不合理交易条件是指具有市场支配地位的经营者在销售商品或提供服务时，违背客户意愿，附加不合理交易条件的行为。交易条件包括合同期限、支付方式、交付方式、售后服务等。

6. 差别待遇行为

即“没有正当理由，对条件相同的交易相对人在交易价格等交易条件上实行差别待遇”。这是指处于市场支配地位的经营者在没有正当理由的情况下，对条件相同的交易对象，就其提供的商品的价格或者其他条件给

---

① 参见李昌麒主编:《经济法学》，法律出版社 2016 年版，第 204 页。

② 参见倪振峰:《捆绑销售：垄断势力延伸的利器》，载《探索与争鸣》2011 年第 11 期；许光耀:《欧共体竞争法》，法律出版社 2002 年版，第 211 页。

予明显区别对待的行为。[①] 上述条件相同包括购买的商品数量、品种、品质等级等相同。对于具有市场支配地位的企业而言，可以通过实施差别待遇行为，排挤潜在的竞争对手进入市场，以获得垄断利益。

7. 其他滥用行为

即“国务院反垄断执法机构认定的其他滥用市场支配地位的行为”。鉴于实践中的情况比较复杂，反垄断法不仅对滥用市场支配地位行为进行了具体列举，而且规定了兜底条款，即授权国务院反垄断执法机构对具有市场支配地位的企业实施本法第二十二条第一款前六项列举之外的其他行为是否属于滥用市场支配地位行为进行认定。

8. 新型滥用市场支配地位行为

即“具有市场支配地位的经营者不得利用数据和算法、技术以及平台规则等从事前款规定的滥用市场支配地位的行为”。其中，根据《中华人民共和国数据安全法》第三条第一款的规定，数据“是指任何以电子或者其他方式对信息的记录”。算法在概念上有狭义与广义之分。狭义的算法源于数学和计算机学，被定义为一种科学技术，即输入数据到输出结果。算法从广义上则被定义为步骤和决策程序，在司法、公共服务、自动驾驶、新闻传媒等多方面与人类生活息息相关。除此之外，在理论界也有学者提出了中性的算法定义，即人类通过代码设置、数据运算与机器自动化判断进行决策的一套机制，也就是人机相互决策。[②] 根据《互联网信息服务算法推荐管理规定》第二条第二款的规定，本款所称的利用算法是指利用算法推荐技术提供互联网信息服务，即利用生成合成类、个性化推送类、排序精选类、检索过滤类、调度决策类的算法技术，向用户或其他经营者提供相关处理后的信息。技术在本款是指网络技术。平台规则是由平台经营者自主制定，包括平台服务协议和交易规则在内的，平台经营者、平台内经营者以及平台的交易相对人选择是否接受的格式条款。

本款是反垄断法第二十二条的新增条款。具有市场支配地位的经营者在实施本条第一款所规定的排除、限制其他经营者的行为之外，利用数据和算法、技术以及相关的平台规则对其他经营者进行了不合理的限制，也构成滥用市场支配地位。

---

① 参见吕明瑜：《滥用市场支配地位行为对竞争的影响分析》，载《河南省政法管理干部学院学报》2006 年第 3 期。

② 参见丁晓东：《论算法的法律规制》，载《中国社会科学》2018 年第 12 期。

【适用指南】

在反垄断民事案件的司法实践中，依据要件主义的思维范式，针对滥用支配地位行为的认定已经形成了较为固定的模式，其步骤如下：（1）界定相关市场的范围，即被告是否与原告处于相关市场以及相关市场的范围确定；（2）被告在已经确定相关市场的语境下是否具有市场支配地位；（3）被告即具有市场支配地位的经营者是否存在法律禁止的滥用市场支配地位的行为；（4）上述行为是否产生排除、限制竞争的效果。[①] 鉴于相关市场的界定以及市场支配地位的认定在对第二十三条释义时已作阐释，故此处只简要分析如何判定具有市场支配地位的市场主体所实施的行为是否构成本条所规定的滥用行为。

其一，实施了反垄断法第二十二条所规定的行为。反垄断法第二十二条对滥用市场支配地位的行为采用了类型化和兜底条款相结合的方式。由于市场是瞬息万变的，该条文无法周延规定当前以及将来的所有滥用市场支配地位行为，故有必要赋予国务院反垄断执法机构认定其他非典型的滥用市场支配地位行为的权力。

本条第一款的第一项至第六项均强调了“不公平”或者“没有正当理由”，第二款强调了“不合理”，这进一步表明了经营者在相关市场内具有支配地位不一定具有违法性，只有经营者利用其市场支配地位，实施上述“不公平”“没有正当理由”或者“不合理”的相关行为时，才构成滥用市场支配地位。

其二，行为产生排除、限制竞争的效果。这既是判断经营者的行为是否构成滥用市场支配地位的效果要件，也是经营者实施上述行为的目的。虽然该要件在反垄断法第二十二条的法律条文中没有明文规定，但反垄断法第七条规定“具有市场支配地位的经营者，不得滥用市场支配地位，排除、限制竞争”。同时，从反垄断法的基本原理来看，如果经营者的某种行为并未产生排除、限制竞争的效果，即使存在本条所列的行为，也没有必要将其认定为滥用行为。

因此，判断何种行为是反垄断法上的“滥用”，不是确认存在市场支配地位和相关行为就够了，关键是看行为人是否利用其市场地位损害竞争，如果相关行为不会产生排斥竞争效果，也就不属于反垄断法意义上的

---

① 参见刘贵祥：《滥用市场支配地位理论的司法考量》，载《中国法学》2016年第5期。

"滥用"。[1] 故而，第七条虽然在"总则"之中，但仍然应当被理解为滥用市场支配地位的效果要件。

【相关规定】

《中华人民共和国反垄断法》第七条、第二十二条、第二十三条、第二十四条；《中华人民共和国数据安全法》第三条；《互联网信息服务算法推荐管理规定》第二条。

第二十三条　【市场支配地位的认定因素】认定经营者具有市场支配地位，应当依据下列因素：

（一）该经营者在相关市场的市场份额，以及相关市场的竞争状况；

（二）该经营者控制销售市场或者原材料采购市场的能力；

（三）该经营者的财力和技术条件；

（四）其他经营者对该经营者在交易上的依赖程度；

（五）其他经营者进入相关市场的难易程度；

（六）与认定该经营者市场支配地位有关的其他因素。

【条文主旨】

本条是关于认定经营者具有市场支配地位应当依据的因素的规定。

【条文释义】

滥用市场支配地位行为是反垄断法所规制的垄断行为之一，而市场支配地位的认定是滥用市场支配地位规制制度实施的前提和基础。

本法第二十二条规定了市场支配地位的含义，即经营者在相关市场内具有能够控制商品价格、数量或者其他交易条件，或者能够阻碍、影响其他经营者进入相关市场能力的市场地位。一般来说，具有市场支配地位的经营者都是市场份额较大、实力较雄厚的大企业。因此，市场份额是判断

---

① 参见许光耀：《欧共体竞争法通论》，武汉大学出版社2006年版，第384页。

企业是否具有市场支配地位的基础性指标。同时，为了便于准确实施反垄断法，在总结反垄断执法和司法经验的基础上，本条规定了认定经营者具有市场支配地位的依据。具体如下：

第一，经营者在相关市场的份额以及相关市场的竞争状况。市场份额是认定企业是否具有市场支配地位的主要参考因素。市场份额，是指企业的总产量、销售量或者生产能力在特定的相关市场中所占的比例，又称为市场占有率。相关市场的竞争状况，是指在相关市场有无竞争、竞争是否充分。

第二，经营者控制销售市场或者原材料采购市场的能力。这是指经营者控制下游市场（销售市场）的能力和上游市场（原材料采购市场）的能力。确定经营者控制销售市场或者原材料采购市场的能力，可以考虑该经营者控制产业链上下游市场的能力，控制销售渠道或者采购渠道的能力，影响或者决定价格、数量、合同期限或者其他交易条件的能力，以及优先获得企业生产经营所必需的原料、半成品、零部件、相关设备以及需要投入的其他资源的能力等。

第三，该经营者的财力和技术条件。这是指经营者在资金规模和技术等方面与其他经营者相比的情况。确定经营者的财力和技术条件，可以考虑该经营者的资产规模、盈利能力、融资能力、研发能力、技术装备、技术创新和应用能力、拥有的知识产权等，以及该财力和技术条件能够以何种方式和程度促进该经营者业务扩张或者巩固、维持市场地位等因素。

第四，其他经营者对该经营者在交易上的依赖程度。这是指经营者在交易中所处的地位，例如交易相对人是否只依靠其提供货物，是否具有转向其他经营者的可能性。确定其他经营者对该经营者在交易上的依赖程度，可以考虑其他经营者与该经营者之间的交易关系、交易量、交易持续时间、在合理时间内转向其他交易相对人的难易程度等因素。

第五，其他经营者进入相关市场的难易程度。这是指其他经营者是否难以进入相关市场从事经营活动，即市场进入壁垒，如技术壁垒、设施壁垒和法律壁垒。技术壁垒，是商品的生产在一个大的产出水平范围内呈现边际成本递减而产生的壁垒。设施壁垒，是指进入市场所必不可少的设施的占有者拒绝提供该设施形成的壁垒。法律壁垒，即由法律而不是由经济条件所带来的进入壁垒。确定其他经营者进入相关市场的难易程度，可以考虑市场准入、获取必要资源的难度、采购和销售渠道的控制情况、资金投入规模、技术壁垒、品牌依赖、用户转换成本、消费习惯等因素。

第六，与认定该经营者市场支配地位有关的其他因素。本条款是认定经营者具有市场支配地位的兜底条款。除考量上述五项因素外，还可以考量竞争者的财力和技术条件、企业转产的可能性和对客户的依赖性等其他因素。

【适用指南】

一、法律适用

（一）一般适用情形

市场支配地位的认定是适用滥用市场支配地位规制制度的前提和基础。认定企业具有市场支配地位的具体规则与程序是：首先界定相关市场，其次测算市场份额，再次考察其他相关因素，最后综合以上因素得出认定结论。因此，认定企业是否具有市场支配地位，具体分为以下三个步骤：

首先，界定相关市场。即该企业是在什么市场、多大范围的市场进行竞争的。相关市场，是指同类产品或替代产品竞争所存在的一定的时间范围和空间范围。相关市场范围的大小直接影响市场支配地位的构成与否。科学合理地界定相关市场，对识别竞争者和潜在竞争者、判定经营者市场份额和市场集中度、认定经营者的市场地位、分析经营者的行为对市场竞争的影响等关键问题具有重要的作用。相关市场的界定通常是对滥用市场支配地位行为进行分析的起点。同时，不同类型垄断案件对于相关市场界定的实际需求不同。因此，应当坚持个案分析原则。

在界定相关市场时，必须考虑到商品的各种相关因素，通常考虑的是交易对象、交易地区、交易时间等因素。反垄断法专家通常把相关市场归纳为相关商品市场、相关地域市场和相关时间市场三个概念。①

相关商品市场，是根据商品的特性、用途及价格等因素，通常由需求者认为具有较为紧密替代关系的一组或一类商品所构成的市场。界定相关商品市场其实就是要判定哪些产品具有竞争关系。一般来说，相关商品市场的界定需要考虑两种情况：一是有竞争关系的同质产品，二是有竞争关系的紧密替代品。在反垄断执法实践中，同质产品比较容易认定，一般是根据产品的工艺流程和产品成分构成等特点来判断的。紧密替代品比较难认定，常用的认定方法是需求替代法。即根据商品功能用途、质量、价格以及获取的难易程度等因素，从需求者的角度确定不同商品之间的替代关

---

① 刘继峰：《竞争法学》，北京大学出版社 2018 年版，第 141~147 页。

系。原则上，需求者认为商品之间的替代程度越高，不同质商品就越可能属于同一相关商品市场。从需求替代角度界定相关商品市场，可以考虑的因素如下：产品的功能、产品的价格因素、消费者的偏好等。紧密替代品还可适用供给替代分析法，即根据其他经营者生产设施改造的投入、承担的风险、进入目标市场的时间等因素，从经营者的角度确定不同商品之间的替代程度。

相关地域市场，是指需求者获取具有较为紧密替代关系的商品的地理区域。这些地域表现出较强的竞争关系，在反垄断执法中可以作为经营者进行竞争的地域范围。相关地域市场界定同样可以采用需求替代法和供给替代法进行分析。在个案中界定相关地域市场时，可以综合评估考虑多数用户选择商品的实际区域、用户的语言偏好和消费习惯、相关法律法规的规定、不同区域竞争约束程度等因素。

相关时间市场，是指相关市场存在的时间期限。但在反垄断执法实践中，时间因素仅作为一个辅助性的认定标准。

其次，考察企业在相关市场占有的市场份额。市场份额是认定企业具有市场支配地位的基础性指标。在传统经济领域，市场份额的计算公式是：市场份额=（特定企业的销售额÷相关市场的总销售额）×100%。在平台经济领域，受免费营销模式的影响，不应该按照销售额来计算市场份额，应当根据平台经济领域的特点作出变通（详见下文）。反垄断法第二十四条规定了直接推定经营者具有市场支配地位的三种情形：一个经营者在相关市场的市场份额达到二分之一的；两个经营者在相关市场的市场份额合计达到三分之二的；三个经营者在相关市场的市场份额合计达到四分之三的。但是，在后两种情形中，其中有的经营者市场份额不足十分之一的，不应当推定该经营者具有市场支配地位。

最后，认定企业具有市场支配地位还应当依据其他因素。市场份额是认定企业是否具有市场支配地位的重要因素，但它并非唯一因素。判定企业是否具有市场支配地位，还需要依据下列因素：

第一，该经营者控制销售市场或者原材料采购市场的能力。一般来说，一个经营者能够控制产品销售渠道或原材料采购来源，就能对上下游经营者形成间接控制。经营者与原材料供应商或者与产品销售商结合越紧密，其在相关市场上的竞争力就越强。

第二，该经营者的财力和技术条件。经营者的财力越强或拥有的融资能力越强，其竞争力越强，就越能维持和扩大其市场地位。同时，经营者的技术条件越好，则其竞争力必然越强，支配市场的能力就越强。

第三，其他经营者对该经营者在交易上的依赖程度。其他经营者在交易中对该经营者的依赖程度越高，则该经营者被认定具有市场支配地位的可能性越大。

第四，其他经营者进入相关市场的难易程度，即市场的进入障碍程度。其他经营者进入某一市场的障碍越大，企业对特定市场的支配能力就越强。衡量其他经营者进入市场的难易程度，需要考虑以下因素：是否需要高额资金方能进入；是否需要高度的技术能力；产销流通之服务等是否会阻碍其他经营者之进入。

综上所述，认定企业是否具有市场支配地位的基本步骤是界定相关市场、测算市场份额、综合考量其他相关因素。

同时，就滥用市场支配地位行为的举证责任而言，《最高人民法院关于审理因垄断行为引发的民事纠纷案件应用法律若干问题的规定》明确规定，原告应当对被告在相关市场内具有支配地位和其滥用市场支配地位承担举证责任。而被诉垄断行为属于公用企业或者其他依法具有独占地位的经营者滥用市场支配地位的，人民法院可以根据市场结构和竞争状况的具体情况，认定被告在相关市场内具有支配地位，但有相反证据足以推翻的除外。

（二）特殊适用情形

随着市场经济的快速发展，认定企业具有市场支配地位还存在如下的特殊情况：

1. 关于认定平台经济领域经营者具有市场支配地位

互联网行业的网络外部性、用户锁定效应和边际成本递减等特点，使市场份额在决定企业的市场支配地位时起到的作用已经相对微弱。在互联网行业，拥有再大的市场份额的企业也可能因其他企业的更优质的创新成果而迅速丧失市场地位，拥有较小的市场份额的企业也可能因为产品的明显创新优势而逐渐取得市场支配地位。可见，决定企业具有市场支配地位的是“经营者控制市场的能力”，而市场份额仅仅是控制市场的结果和一般表征之一。因此，判定平台经济领域的经营者是否具有市场支配地位，应当倾向于从市场本身的特征出发，再结合商品在市场中的具体份额，决定是否构成市场支配地位。结合国务院反垄断委员会印发的《国务院反垄断委员会关于平台经济领域的反垄断指南》，具体考量因素如下：

（1）经营者的市场份额以及相关市场竞争状况。确定平台经济领域经营者市场份额，可以考虑交易金额、交易数量、销售额、活跃用户数、点击量、使用时长或者其他指标在相关市场所占比重，同时考虑该市场份额持续的时间。

（2）分析相关市场竞争状况，可以考虑相关平台市场的发展状况、现有竞争者数量和市场份额、平台竞争特点、平台差异程度、规模经济、潜在竞争者情况、创新和技术变化等。

（3）经营者控制市场的能力。可以考虑该经营者控制上下游市场或者其他关联市场的能力，阻碍、影响其他经营者进入相关市场的能力，相关平台经营模式、网络效应，以及影响或者决定价格、流量或者其他交易条件的能力等。

（4）经营者的财力和技术条件。可以考虑该经营者的投资者情况、资产规模、资本来源、盈利能力、融资能力、技术创新和应用能力、拥有的知识产权、掌握和处理相关数据的能力，以及该财力和技术条件能够以何种程度促进该经营者业务扩张或者巩固、维持市场地位等。

（5）其他经营者对该经营者在交易上的依赖程度。可以考虑其他经营者与该经营者的交易关系、交易量、交易持续时间、锁定效应、用户粘性，以及其他经营者转向其他平台的可能性及转换成本等。

（6）其他经营者进入相关市场的难易程度。可以考虑市场准入、平台规模效应、资金投入规模、技术壁垒、用户多栖性、用户转换成本、数据获取的难易程度、用户习惯等。

（7）其他因素。可以考虑基于平台经济特点认定经营者具有市场支配地位的其他因素。

2. 关于认定知识产权领域经营者具有市场支配地位

随着知识产权保护的日益深入，滥用知识产权垄断纠纷案件逐渐增多。相较于传统的市场份额认定方法，涉知识产权案件中判定市场支配地位具有特殊性，具体表现为：

（1）知识产权经营者的市场支配地位不同于其他商品主要来源于长期的竞争形成的历史地位，而是来源于商品即知识产品本身的创新优势和市场迎合度。

（2）知识产权在市场中的替代性较低，导致其相关市场的范围一般较小。而且如果知识产权出现“一个商品一个相关市场”的结论，那么该知识产权的权利人或独占许可人就极易成为市场上唯一的经营者，而直接获得市场支配地位。

（3）知识产权权利人的市场支配地位较强。知识产权权利人对市场的控制力更强。知识产权的支配权能够及于已经销售的物质载体，能够影响不特定多数人对于物的使用方式。

因此，在涉知识产权的反垄断案件中，在界定相关市场后，首要任务是寻找知识产权权利人而非市场份额最大的经营者。市场份额最大的经营者可能由于权利来源不合法而无法取得市场支配地位；而知识产权权利人虽尚未进入市场，但同样可以获得支配市场的能力，因为其随时可以通过侵权诉讼禁令、直接实施、广泛授权等方式迅速占领市场，从而获得控制商品价格、质量、数量或者其他交易条件的能力。同时，《禁止滥用市场支配地位行为暂行规定》第十二条也明确规定了认定知识产权领域经营者具有市场支配地位，可以考虑知识产权的替代性、下游市场对利用知识产权所提供商品的依赖程度、交易相对人对经营者的制衡能力等因素。

3. 关于行业协会等特殊主体市场支配地位的认定

判定经营者是否具有市场支配地位时，行业协会等特殊主体作为经营者也可能导致市场支配地位的认定更具特殊性。首先，行业协会是指由同一行业的商事主体为增进共同利益、维护合法权益而自愿组成的非营利性社会团体法人。其也可以纳入反垄断法第十五条规定的经营者的“非法人组织”概念范畴。其次，反垄断法第二十一条也专门规定了行业协会组织本行业的经营者签订垄断协议的行政责任，从侧面证明了行业协会利用其行业内的影响力和协调能力，完全有能力获得对市场的支配地位。因此，判定行业协会是否具有市场支配地位，也与上述步骤一致，核心是判断其是否具有较强的市场支配力，再综合考量其他因素，从而得出相应的认定结论。

二、企业合规指引

本条提示了经营者的反垄断合规风险重点之一为禁止滥用市场支配地位。具言之，经营者具有市场支配地位的，不得从事反垄断法相关规定所禁止的滥用市场支配地位行为。判断经营者是否具有市场支配地位、是否构成滥用市场支配地位的行为，可以依据反垄断法及《国务院反垄断委员会关于平台经济的反垄断指南》《经营者反垄断合规指南》《禁止滥用市场支配地位行为暂行规定》《企业境外反垄断合规指引》等作出评估、判断。

【相关规定】

《中华人民共和国反垄断法》第十五条、第二十一条、第二十二条、第二十四条；《最高人民法院关于审理因垄断行为引发的民事纠纷案件应用法律若干问题的规定》第八条至第九条；《国务院反垄断委员会关于平台经济领域的反垄断指南》第四条、第十一条；《经营者反垄断合规指南》第十二条；《禁止滥用市场支配地位行为暂行规定》第六条至第十条；《企业境外反垄断合规指引》第十条。

第二十四条　【市场支配地位的推定规则】 有下列情形之一的，可以推定经营者具有市场支配地位：

（一）一个经营者在相关市场的市场份额达到二分之一的；

（二）两个经营者在相关市场的市场份额合计达到三分之二的；

（三）三个经营者在相关市场的市场份额合计达到四分之三的。

有前款第二项、第三项规定的情形，其中有的经营者市场份额不足十分之一的，不应当推定该经营者具有市场支配地位。

被推定具有市场支配地位的经营者，有证据证明不具有市场支配地位的，不应当认定其具有市场支配地位。

【条文主旨】

本条是关于市场支配地位推定规则的规定。

【条文释义】

一、推定规则的内涵与意义

（一）推定规则的内涵

反垄断法通过本条确立起市场支配地位推定规则。所谓推定规则即当基础事实与推定事实之间高概率地存在“若 p 则 q”这一逻辑关系时，立法预设“若满足基础事实，则推定事实成立”这一逻辑规则。

（二）反垄断法设立推定规则意义

市场支配地位的认定是对经营者滥用市场支配地位行为进行规制的必要前提。实务中，影响市场支配地位认定结果的变量繁多，需结合大量的经济学分析工具。相关分析的复杂性致使市场支配地位的认定往往需耗费大量的时间成本和证明成本。根据全国人大常委会法制工作委员会所作的说明：“为了节约执法成本和对经营者实行有效监管，本条规定了推定制度，即反垄断执法机构仅根据本条规定的经营者的市场份额，就可推定该经营者具有市场支配地位，因为市场份额是判断经营者是否具有市场支配地位的重要因素。”① 反垄断法在滥用市场支配地位章节中设置了推定规则，具有以下两方面的意义：第一，衡平双方诉讼能力。在滥用市场支配地位的民事诉讼中，原告方负责举证证明对方具有市场支配地位的举证责任，囿于证据材料、载体的归属问题，事实上存在一定的举证困难。而通过推定规则来认定市场支配地位，原告方只需要相对简单地提交市场份额信息即可完成举证，在举证责任分配上对处于信息弱势地位的原告一方予以适当倾斜，确保双方当事人在事实上平等参与能力与参与效果。第二，提升执法绩效。推定规则确立后，若想证明推定事实成立，只需证明基础事实存在。本条将市场份额作为推定依据，将市场支配地位这一抽象状态的证明转化为市场份额这一量化的标准，本质上即通过改变证明对象来降低证明难度，在一定程度上有利于解决事实认定难题。

（三）以市场份额为推定标准的缘由

反垄断法将市场份额分类划档归为基础事实，以市场支配地位存在为推定事实。其合理性可从以下三方面理解：其一，从市场份额的内容来看，它是经营者竞争能力的直观反映。市场份额是经营者在一段时间内参与竞争、累积形成的结果，它能够反映市场结构和竞争状况。其二，从市场份额与市场支配地位的关系来看，通常情况下市场份额和市场地位之间具有正相关性。更高的市场份额占比意味着更强的市场竞争能力、更广泛的市场认可、更高的市场绩效。市场份额作为基础事实与市场支配地位这一推定事实之间通常属“若 p 则 q”的关系。其三，从市场份额的特征来看，它具有可量化的特点，通过量化的数据可以直观地在经营者之间作出比较，且能够反映个体企业在相关市场的比重。

二、市场支配地位推定规则的适用

（一）市场份额的计算

就理论层面而言，市场份额即经营者所提供的商品或服务在相关市场中所占比重，在传统经济中通常根据该市场上企业所提供产品或服务的销售额，在总销售额或某个时间段内总销售额中的比例来确定。另外，根据《禁止滥用市场支配地位行为暂行规定》第六条，在确定经营者在相关市场的市场份额时，除销售额外，还可以考虑一定时期内经营者的特定商品

① 全国人大常委会法制工作委员会经济法室：《〈中华人民共和国反垄断法〉条文说明、立法理由及相关规定》，北京大学出版社 2007 年版，第 112 页。

的销售数量或者其他指标在相关市场所占的比重。

就实践层面而言，市场份额的计算应当注意：首先，数据来源具有真实性、全面性。在某甲公司诉某乙公司案①中，法院认为某甲公司并未举证其如何计算的市场份额，所以“无法确信该市场份额的确定源于科学、客观的分析”，并未采纳该证据。即在计算时应当充分证明数据收集来源权威、收集程序合法、计算逻辑合理。其次，数据具有动态性。市场份额的信息获取需与市场结构的更新保持同步，但数字经济产业的市场结构快速变化，因此互联网领域市场份额信息的获取存在一定的技术难度。另外，由于市场份额的计算是以相关市场的准确界定为前提的，相关市场界定得过宽或过窄，都会直接影响到市场份额的多寡。实务中绝大部分有关市场份额的争议焦点，实质上是围绕相关市场界定范围的争议。

（二）推定规则

在对单个企业市场支配地位进行推定时，经营者所提供的商品或服务在相关市场占比大于或等于二分之一时，该经营者即被推定为具有市场支配地位。

为对寡头垄断进行规制，反垄断法确立了多个企业共同构成市场支配地位的推定规则。单独市场支配地位的认定是通过市场份额来推定的，即只要该企业市场份额超过50%就可以推定具有市场支配地位，但共同市场支配地位的推定实际上包含了“共同”和“市场支配地位”两个部分。②若两个经营者提供的商品或服务在相关市场所占比大于或等于三分之二，该两个经营者即可被推定为具有市场支配地位；三个经营者提供的商品或服务在相关市场所占比大于或等于四分之三，该三个经营者即可被推定为具有市场支配地位。例如，在P药品原料垄断案中③，执法机构查明某戊公司与某已公司在P药品原料药市场上2017年的市场份额合计为96.38%；2018年1—7月的市场份额合计为88.55%，且两个经营者的市场份额均超过1/10，因此推定两个经营者具有市场支配地位。

本条未指明若超过三个经营者共同享有支配地位时，是否能够按照前

① 参见北京市高级人民法院（2010）高民终字第489号民事判决书，载北京法院网，https：//bjgy.chinacourt.gov.cn/paper/essearch.shtml，最后访问时间：2022年6月30日。

② 参见李剑：《〈反垄断法〉中推定的限度——对共同市场支配推定规则的反思》载《社会科学研究》2021第4期。

③ 参见国家市场监督管理总局国市监处〔2018〕21号行政处罚决定书、国家市场监督管理总局国市监处〔2018〕22号行政处罚决定书，载国家市场监督管理总局网站，https：//gkml.samr.gov.cn/nsjg/bgt/201902/t20190216_288679.html，最后访问时间：2022年6月30日。

述规律进行类推。从立法目的来看，若三个以上经营者以非属垄断协议的行为方式，共同实施滥用市场支配地位的行为，类推适用市场支配地位推定规则具有一定的合理性。

（三）推定市场支配地位的豁免

在多个企业共同构成的市场支配地位推定中，市场份额不足十分之一的经营者被豁免于市场支配地位的认定。由于此部分经营者市场力量过小，通常亦非滥用市场支配地位行为主导方，而滥用市场支配地位行为往往需体量、市场优势地位达一定程度的经营者实施才具有规制必要，因此市场份额小于十分之一的经营者不属于滥用市场支配地位制度规制的主体范围，不宜将其置于滥用市场支配地位体制下对其进行规制。若其以垄断协议的方式实施本法第二十二条规定之行为，排除限制竞争效果达到应予规制的程度，可适用垄断协议的规制方式。

（四）推定市场支配地位的抗辩

正如前述，基础事实与推定事实之间高概率地存在“若 p 则 q”这一逻辑关系时，仍存在“虽 p 但非 q”的可能性，此时有一定概率出现基础事实虽然成立，但推定事实并不成立的情形，因此需保留通过抗辩纠正推定偏差的渠道。市场份额本身仅仅是企业具有市场支配地位的信号，高市场份额并不必然表明企业具有市场支配地位，[①] 故市场支配地位的推定结果并非确定、终局的，经营者仍可通过举证证明其不具有市场支配地位来将推定结果推翻。例如，可以按照反垄断法第二十三条规定的认定市场支配地位的因素，举证证明不具有控制销售市场或者原材料采购市场的能力；财力、技术条件不足以支配市场等，以推翻市场支配地位的推定。

在司法、执法实践中，凭市场份额即认定经营者具有市场支配地位的案例仅有三起。[②] 绝大多数市场支配地位的认定均系综合考量各因素的结

---

① 参见李剑：《市场支配地位认定、标准必要专利与抗衡力量》，载《法学评论》2018年第2期。

② 参见江苏省无锡市中级人民法院（2011）锡知民初字第0031号民事判决书，载中国裁判文书网，https：//wenshu. court. gov. cn/website/wenshu/181107ANFZ0BXSK4/index. html? docId=3ccf29aebd3244e6be6c3f0a6562079b，最后访问时间：2022年6月30日。云南省昆明市中级人民法院（2015）昆知民重字第3号民事判决书，载中国裁判文书网，https：//wenshu. court. gov. cn/website/wenshu/181107ANFZ0BXSK4/index. html? docId = afd5e426006c4de0a98daa3400f5074b，最后访问时间：2022年6月30日。江苏省南京市中级人民法院（2014）宁知民初字第256号民事判决书，载中国裁判文书网，https：//wenshu. court. gov. cn/website/wenshu/181107 ANFZ0BXSK4/index. html? docId = dd4d4a333a464c6ba12afae10e214a52，最后访问时间：2022年6月30日。

果。尤其在数字经济领域，商品服务的多元化特征极为显著，产品更新换代速度快，数字经济型企业很难长时间占据较大的市场份额，某一时期内的高市场份额并不能代表之后的市场优势。因此，在数字经济产业市场支配地位的认定中，市场份额这一因素所占权重不断降低，例如，在某滥用市场支配地位纠纷案①中，最高人民法院在确定被告市场份额超过80%的情况下，仍未适用推定规则，认为“高的市场份额并不能直接推断出市场支配地位的存在”。

市场支配地位的推定规则反映了反垄断法在效率与公平之间的衡平，通过推定规则简化市场支配地位的认定路径实现效率要求，同时设置抗辩、豁免情形，提高市场支配地位认定的准确度。

【适用指南】

本条在规定市场支配地位推定规则的同时，亦明确了豁免、抗辩情形，因此在适用时，为更好地发挥推定制度的效率价值，提高推定结果准确度，可理清步骤，搭建流程体系，层层网筛过滤。具体而言，依照以下步骤展开市场支配地位的推定较为适宜：

首先，测算市场份额。市场份额系经营者所提供的商品或服务在相关市场中所占比重。在传统经济中，通常根据该市场上企业所提供产品或服务的销售额，在总销售额或某个时间段内总销售额中的比例来确定。根据《禁止滥用市场支配地位行为暂行规定》第六条，在确定经营者在相关市场的市场份额时，除销售额外，还可以考虑一定时期内经营者的特定商品的销售数量或者其他指标在相关市场所占的比重。

在具体实践中，计算市场份额所考察的相关因素需结合行业特征，具体问题具体分析，但确定一个统一合理的标准是计算市场份额的重要前提。常用的标准包括：第一，根据特定商品或服务的销售额计算市场份额。在经营者提供的商品或服务种类单一时，或是相关市场的界定仅覆盖经营者部分业务时，宜以该部分商品或服务的销售金额为标准，计算其在相关市场的占比。第二，根据企业收益计算市场份额。尤其在互联网领域中，经营者提供的各商品或服务之间相互独立但又高度关联，难以独立统计。此时，可以时间为单位，根据企业收益在相关市场总收益的占比测算

---

① 参见《北京某虎科技有限公司诉某讯科技（深圳）有限公司、深圳市某讯计算机系统有限公司滥用市场支配地位纠纷案》，载人民法院报网站，http：//rmfyb.chinacourt.org/paper/html/2017-03/16/content_123483.htm？div=-1，最后访问时间：2022年6月30日。

该企业市场份额。值得注意的是，属共同市场支配地位推定情形的，应当按照同一计算标准分别计算各经营者在相关市场的市场份额。

其次，判断是否存在推定市场支配地位的豁免情形。若多个经营者共同实施了垄断行为且市场份额测算结果符合本条第一款第二项、第三项规定的情形，但其中存在市场份额不足十分之一的经营者时，即便该经营者可能对垄断发挥了一定的作用力，依照本条第二款规定，也需将其剔除于市场支配地位推定之外，推定剩余的经营者具有共同市场支配地位。

最后，经营者对该支配地位推定结果是否提出抗辩。经营者对市场支配地位推定进行抗辩可分为两种情形：一种是抗辩该推定本身不成立，例如对市场份额的测算结果提出异议。市场份额是市场支配地位推定的阈值，若市场份额这一前提性标准存在测算错误，那么市场支配地位的推定即被推翻。值得注意的是，除计算过程问题外，市场份额的计算标准是否合理本身也是经营者抗辩的对象之一。例如，以销售额为标准和以企业收益为标准计算出的市场份额结果之间可能存在较大差异。另一种是被推定为具有市场支配地位的经营者并不对推定程序提出怀疑，而是结合反垄断法第二十三条规定的要素，阻却推定到认定的证成，此时的抗辩并不围绕推定，而是对体现市场支配地位的各要素展开。若将市场支配地位的推定定位成市场支配地位认定的“简易程序”，那么在此情形发生时即进入对市场支配地位的实质性审查认定环节。

【相关规定】

《禁止滥用市场支配地位行为暂行规定》第六条。

第四章　经营者集中

第二十五条　【经营者集中情形】经营者集中是指下列情形：

（一）经营者合并；

（二）经营者通过取得股权或者资产的方式取得对其他经营者的控制权；

（三）经营者通过合同等方式取得对其他经营者的控制权或者能够对其他经营者施加决定性影响。

【条文主旨】

本条是关于经营者集中情形的规定。

【条文释义】

本条规定了经营者集中的具体情形，采用举例加标准的立法体例，对反垄断法规制的经营者集中控制类型予以界定。

本条第一项规定的经营者集中情形是经营者合并，也称组织合并，是指由相互独立的两个或两个以上的企业合并成一个企业，合并前的企业在经济、法律等方面相互独立。在我国法律体系下，公司法对公司合并有详细规定，其中第一百七十二条规定："公司合并可以采取吸收合并或者新设合并。一个公司吸收其他公司为吸收合并，被吸收的公司解散。两个以上公司合并设立一个新的公司为新设合并，合并各方解散。"该规定是对于公司合并法律主体、行为、效果的规定，反垄断法则是从市场竞争的角度考虑企业合并对于市场经济的影响。民法典第六十七条第一款规定："法人合并的，其权利和义务由合并后的法人享有和承担。"因此，经营者合并是合并前经营者的各项权利与义务集中于合并后经营者的形式，在经济上表现为合并前经营者所拥有的生产经营能力、市场份额等全部由合并后的经营者享有和承担。这是最典型、最彻底的经营者集中形式。

本条第二项规定的经营者集中情形是经营者通过取得股权或者资产的方式取得对其他经营者的控制权。从企业商事行为角度出发，“并购”（Mergers and Acquisitions，M&A）是企业进行集中的主要情形，所谓“并购”是指两家或两家以上的企业（公司）合并组成一家企业（公司），通常由一家占优势的公司吸收一家或者多家公司。并购的内涵非常广泛，一般是指合并（Merger）和收购（Acquisition）。本条第一项规定即通过“合并”进行的经营者集中，第二项规定即通过“收购”进行的经营者集中。“收购”有两种表现形式，一是取得股权，这是在实践中较为常见的经营者集中方式。关于取得股权的行为方式，以我国公司法为例：有限责任公司的股东之间可以相互转让股份，股份有限公司的股份发行、股份转让等行为表现均可以构成经营者集中行为的形式表现。公司股东依法享有资产收益、参与重大决策和选择管理者等权利，因此经营者取得股权后能够实际参与被取得企业的运营。二是取得资产，一般指企业取得另一企业全部或重大部分财产的所有权或使用权，能够对被取得资产施加支配性影响。

本条第三项规定的经营者集中情形是通过合同等方式取得其他经营者的控制权或者能够对其他经营者施加决定性影响。一般来说，通过合同方式取得其他经营者的控制权需要达到类似取得股权或资产的方式实现对其他经营者的管理和资源控制或者能够施加决定性影响，同时合同的期限应该较长且通常被合同控制的一方不享有随时提前终止合同的可能性。实践中，通过合同方式取得控制权的情况并不常见。对于何为合同控制，尚未形成明确的标准或指南。

除以上情形外，《国家市场监督管理总局反垄断局关于经营者集中申报的指导意见》还规定了另一种经营者集中的情形，即对于新设合营企业，如果至少有两个经营者共同控制该合营企业，也构成经营者集中。

反垄断法对经营者集中行为考察的重点之一就是实施集中的经营者能否取得其他经营者的实际控制权（包括施加决定性影响），因为只有当实施集中的经营者具有实际控制权时，才会使其产生或增强市场力量，从而使市场结构发生变化，这也是反垄断法控制经营者集中的重要原因。

经营者是否取得对其他经营者的控制权或者能够对其他经营者施加决定性影响（以下统称为控制权）是判断一项交易是否构成经营者集中的标准。经营者集中审查制度中所称的控制权是指经营者对其他经营者的生产经营活动或者重大经营决策具有或者可能具有决定性影响的权利或者状态，既包括直接和间接、单独和共同、积极和消极的控制权，也包括控制的权利和事实状态。① 关于控制权的认定标准，反垄断法未有明确规定，反垄断法授权国务院反垄断执法机构负责反垄断统一执法工作，国家市场监管总局发布的《经营者集中审查暂行规定》第四条②和《国家市场监督管理总局反垄断局关于经营者集中申报的指导意见》第三条③对判断经营者集中控制权的考量因素进行了规定。

【适用指南】

经营者集中控制制度是反垄断法的重要组成部分，与垄断协议、滥用市场支配地位共同构成了现代反垄断法的三大支柱，对保护市场公平竞争、促进社会主义市场经济健康发展具有重要意义。

1. 经营者集中的基本含义

如何认定反垄断法意义上的经营者集中，是理论与实践中的一个难题，也正因如此，我国反垄断法在条文上才选择了以举例加标准的立法体

---

① 参见《市场监管总局反垄断局主要负责人就〈经营者集中审查暂行规定〉答记者问》，载国家市场监督管理总局网站，https：//gkml. samr. gov. cn/nsjg/xwxcs/202010/t20201027_322668. html，最后访问时间：2022 年 6 月 30 日。

② 《经营者集中审查暂行规定》第四条规定，判断经营者是否通过交易取得对其他经营者的控制权或者能够对其他经营者施加决定性影响，应当考虑下列因素：（一）交易的目的和未来的计划；（二）交易前后其他经营者的股权结构及其变化；（三）其他经营者股东大会的表决事项及其表决机制，以及其历史出席率和表决情况；（四）其他经营者董事会或者监事会的组成及其表决机制；（五）其他经营者高级管理人员的任免等；（六）其他经营者股东、董事之间的关系，是否存在委托行使投票权、一致行动人等；（七）该经营者与其他经营者是否存在重大商业关系、合作协议等；（八）其他应当考虑的因素。

③ 《国家市场监督管理总局反垄断局关于经营者集中申报的指导意见》第三条规定，经营者集中所指的控制权，包括单独控制权和共同控制权。判断经营者是否通过交易取得对其他经营者的控制权或者能够对其他经营者施加决定性影响（控制权和决定性影响以下统称为“控制权”），取决于大量法律和事实因素。集中协议和其他经营者的章程是重要判断依据，但不是唯一的依据。虽然从集中协议和章程中无法判断取得控制权，但由于其他股权分散等原因，实际上赋予了该经营者事实上的控制权，也属于经营者集中所指的控制权取得。判断经营者是否通过交易取得其他经营者的控制权，通常考虑包括但不限于下列因素：（一）交易的目的和未来的计划；（二）交易前后其他经营者的股权结构及其变化；（三）其他经营者股东大会的表决事项及其表决机制，以及其历史出席率和表决情况；（四）其他经营者董事会或监事会的组成及其表决机制；（五）其他经营者高级管理人员的任免等；（六）其他经营者股东、董事之间的关系，是否存在委托行使投票权、一致行动人等；（七）该经营者与其他经营者是否存在重大商业关系、合作协议等。控制权取得，可由经营者直接取得，也可通过其已控制的经营者间接取得。

例。该条共列举了3项经营者集中的情形，包括经营者之间的合并行为、通过取得股权或者资产的方式取得对其他经营者的控制权行为、通过合同等方式取得其他经营者的控制权行为。在实践中还有一种常见的经营者集中情形，即企业之间进行合营，而当前反垄断法中并未就企业合营的反垄断规制问题作出专门的规定。[①]《国家市场监督管理总局反垄断局关于经营者集中申报的指导意见》对此进行了补充规定。根据该意见第四条，对于新设合营企业，如果至少有两个经营者共同控制该合营企业，则构成经营者集中；如果仅有一个经营者单独控制该合营企业，其他的经营者没有控制权，则不构成经营者集中。

案例：2009年3月，商务部（时为经营者集中反垄断审查执法机构）发布了《商务部关于禁止甲公司收购乙公司审查决定的公告》，依法禁止此项经营者集中。[②] 该案是反垄断法实施后首个被禁止的并购案件。在本案中，2008年9月3日，甲公司宣布其旗下全资附属公司以总代价179.1957亿港元收购乙公司全部已发行股本，若交易完成，乙公司将撤销上市地位，甲公司将取得乙公司全部已发行股本，是典型的经营者通过取得股权方式来取得对其他经营者的控制权，因此符合反垄断法关于经营者集中控制制度规定的情形。

反垄断法意义上控制的经营者集中，是对具有或者可能具有排除或限制竞争效果的经营者集中行为进行控制，是一种事先预防性规制。与之相比，反垄断法所禁止的垄断协议与滥用市场支配地位是对违法垄断行为的事后规制。同时，与经营者之间达成垄断协议、经营者滥用市场支配地位等相比，经营者集中行为会长期改变市场结构，对于市场竞争的影响更加深刻、更加广泛。因此，为避免由一家经营者或少数经营者垄断市场，法律规定在集中行为发生前进行审查，只有当集中行为具有或者可能具有排除或限制竞争效果时，才会禁止或附加限制性条件批准，并非所有集中行为一律禁止。

需要注意区分反垄断法意义上的经营者集中与民商法意义上的企业并购等行为。反垄断法意义上需要控制的是可能产生排除、限制市场竞争效果的经营者集中，除经营者合并、取得股权或资产、通过合同等形式，以

① 参见江山、黄勇：《论中国企业联营的经营者集中控制》，载《法学杂志》2012年第10期。

② 参见《商务部关于禁止甲公司收购乙公司审查决定的公告》，载商务部网站，http://www.mofcom.gov.cn/aarticle/b/c/200903/20090306108617.html，最后访问时间：2022年6月30日。

及通过类似方式使得原本相互独立的市场竞争力量之间发生的集中外，反垄断法第二十五条及相关配套规定也以“控制权”和“施加决定性影响”混合模式的标准①，确定了需要进行申报审查的经营者集中范围。民商法意义上的企业并购等行为，主要侧重点在于参与并购交易之间企业作为民事主体在此过程中相关主体的产生、变更及消灭，以及彼此之间权利义务关系的产生、变更及消灭。

当然，经营者集中的主要行为表现仍以商行为作为外观，企业并购更是主要的经营者集中形式，尤其涉及企业的跨国经营时，外国投资者常以并购形式参与到本国市场经济中，故在从事相关企业并购等商行为时，需要注意是否构成反垄断法意义上需要申报的经营者集中，如果构成，则应当及时进行申报。譬如《中华人民共和国外商投资法》第三十三条规定：“外国投资者并购中国境内企业或者以其他方式参与经营者集中的，应当依照《中华人民共和国反垄断法》的规定接受经营者集中审查。”

2. 反垄断法控制经营者集中的基本经济原理

在市场经济体制下，企业之间因市场经营行为、市场优胜劣汰等原因进行的合并、重组是常见的现象。企业之间进行的合并、重组将使得原各个企业的劳动力、资本、技术、数据等生产要素，以及在生产经营过程中所积累的市场份额、销售网络、消费群体等迅速聚集于合并后的企业。因此，经营者集中对于企业而言，具有扩大企业规模、提高企业生产经营效率、增强企业竞争力等重要作用；对于产业而言，可能具有实现优化和调整产业结构、提升产业生产效率、促进技术传播推广等重要作用；对于市场而言，具有优化市场资源配置、增强企业竞争力进而增强市场竞争等重要作用。

但与此同时，经营者集中时同样会产生一些反竞争效果。首先，对于具有直接竞争关系的经营者进行集中，最直接的表现是在企业集中后，市场上的竞争者数量减少，原本具有竞争关系的竞争者在集中后，直接消除了彼此之间的竞争，使得市场份额迅速集中导致市场集中度过高，此后市场竞争不充分，会扭曲市场对资源的配置作用。其次，对于不具有直接竞争关系的经营者进行集中，同样可能产生反竞争效果（如纵向的封锁效果）。

案例：某药品生产企业 A，生产某一种药品 M 时必须用到某一种原料药 N，但当前市场上仅有原料药生产企业 B 能够生产销售该原料药 N，A

---

① 参见叶军：《经营者集中法律界定模式研究》，载《中国法学》2015 年第 5 期。

则只能向B购买原料药N以生产药品M。若此时A与B合并成为新企业C，则C能够直接生产原料药N并能够依靠原料药N生产药品M。此时，可以说A和B关于生产药品M实现了纵向一体化，该经营者集中所产生的积极效果在于提高了药品M的生产效率，降低了药品M的生产成本，这一方面增加了生产者剩余，另一方面消费者将有可能以更低的价格购买到药品M，即有可能增加消费者剩余，最终或将有利于增加社会总福利。但同时，该合并亦有可能产生消极效果。一方面，原先仅有企业B能生产销售原料药N，合并后该能力由企业C继承，同时企业C自己在生产药品M时需要原料药N，而对于市场上其他需要购买原料药N的企业而言，只能向企业C购买，企业C可能会利用自身的市场优势不当提高原料药N对外销售的价格，从而达到剥削其他生产者剩余的目的。另一方面，在药品M的市场上，由于企业C已实现纵向一体化，具有较强的竞争优势，为进一步抢占和扩张市场份额，企业C可能会不当利用由经营者集中实现的竞争优势而排斥在该市场上的其他经营者。当其他经营者由于该排斥行为无力存活时，药品M的市场将可能逐渐演变成寡头市场甚至是独占市场，此时企业C将可能不断提高药品价格，最终使得消费者不得已用较高的价格购买药品M，最终损害消费者利益。

综上，以经济学的基本理论检视经营者集中行为，其具有积极效果：对于企业而言，能够降低生产经营成本，提高经济效益，从而有利于将该效果传导至消费者，增加生产者剩余与消费者剩余；此外，对于产业和市场而言，还具有优化产业结构、增强市场竞争等效果。同时，其具有消极效果：经营者集中能够迅速将企业的劳动、资本、技术等要素汇聚于同一经营者，容易使单一企业在相关市场上占据支配地位，这将使其有可能滥用市场支配地位或相对优势地位，即对企业自身而言是降低了生产经营成本、增加了企业利润，但对于整个市场而言，可能损害市场竞争，进而损害消费者利益和其他经营者利益，最终有损市场经济效率。因此，当经营者集中导致市场集中度过高、单一企业规模过大等情形时，可能会导致整体市场公平竞争、经济运行效率、消费者利益和社会公共利益受损，最终损害市场经济的健康发展。

因此，发生反垄断法意义上的经营者集中，必须进行申报审查，对于具有或者可能具有排除、限制竞争效果的，执法机构应当作出禁止经营者集中的决定。但是，经营者集中对竞争产生的积极效果明显大于消极效果时，或者符合社会公共利益的，可以对经营者集中不予禁止，或者对经营者集中附加限制性条件。

3. 经营者集中的经济类型

在经济学上，根据参与集中经营者的经济关系，可以将集中分为横向集中、纵向集中和混合集中三类，在市场经济条件企业所从事的经营活动往往具有多样性，因此在实践中企业进行经营者集中通常同时具有多类特征。理论上的分类是为了便于更加清晰地认识和分析经营者集中所产生的经济效果，实践中所实施的集中并不必然是泾渭分明地归入某一类集中，而是需要根据个案进行具体研判。

（1）横向集中

横向集中是指在生产经营商品或服务的相关市场上存在直接竞争关系的经营者进行的经营者集中。如前所述，相关经营者并不需要在公司法意义上合并成为一个新的法人主体，只需要参与集中的经营者能够对其他企业存在控制权或能够施加决定性影响即可。

横向集中能够产生的最直接的积极效果就是规模经济。规模经济是指企业长期平均总成本随产量增加而减少的特性。由于参与横向集中的经营者具有生产经营同类商品或服务的特征，因此在进行集中后，原有的经营规模将集中于一个经营者。在技术不变的前提下，进行生产的平均可变成本通常是不变的，产量的快速提升能够使企业迅速降低平均固定成本；同时，由于较高的产量水平能够在生产过程中实现专业化、标准化，从而能够进一步降低平均可变成本，达到降低生产成本的效果。故此，横向集中有利于降低企业的生产经营成本，从而提升生产效率。

但是，由于横向集中会直接减少甚至消除相关市场上的竞争者，对于市场竞争而言具有较为明显的影响。横向集中可以通过消除参与集中各方之间的竞争来增强市场力量，即使横向集中不改变其他公司的行为方式，这种影响也会出现，以这种方式产生的不利竞争效应被称为“单边效应”。横向集中还可以通过对竞争者之间协调、包容等行为来增强市场力量，以这种方式产生的不利竞争效应称为“协调效应”。并且，在同一个横向集中里可能同时出现单边效应和协调效应。①

单边效应是由于相关市场的竞争者进行横向集中后，其市场份额与市场力量增加，如果因此为经营者带来了市场支配地位，则经营者将利用其市场力量来提高产品价格、降低产品质量或作出其他相关排除限制竞争的

---

① 参见美国司法部与联邦贸易委员会《横向合并指南》，载美国联邦贸易委员会官网，https：//www. justice. gov/atr/horizontal-merger-guidelines-08192010，最后访问时间：2022 年 8 月 15 日。

行为。由于进行集中后的经营者以自身的市场力量便可以实现排除或限制竞争的行为，并不需要与其他经营者进行协调，此类效应便被称为单边效应。

协调效应是指进行横向集中后的经营者未能占据市场支配地位，但在其他市场条件不变的情况下，横向集中将使得相关市场上经营者数量减少、市场集中度提升。此时，由于相关市场上进行生产经营的企业已较少，彼此之间容易进行协调或联合，以建立卡特尔来实现减少竞争，从而实现对市场的控制，损害生产效率与消费者利益。此类效应便被称为协调效应。

综上，横向集中具有能够产生规模经济的积极效果，同时中小企业进行集中还能够提升其市场竞争力，实现与大企业之间的竞争，进而提升市场竞争度，但同时存在可能出现单边效应与协调效应等反竞争的影响。因此，对于横向集中必须严格分析对相关市场可能带来的影响。

（2）纵向集中

纵向集中，也称纵向兼并、垂直集中，是指同一产业不同阶段的不具备直接竞争关系，但存在实际联系与交易的经营者之间进行的合并。典型表现是工业与商业的结合，如商品的生产商与零售商的结合。

纵向集中能够实现的最明显的积极效果是纵向一体化，即有利于企业降低生产成本、稳定销售渠道，从而实现生产效率的提升。譬如，A 药品生产企业需要一种原料药来进行生产，而当前市场上仅有 B 企业生产该原料药，则 A 企业只能通过向 B 企业购买原料药来生产药品；但 A 企业若能合并 B 企业，则能够节约交易费用，提升生产效率。

纵向集中存在的反竞争效果主要体现为：

第一，可能妨碍市场现有竞争。进行纵向集中后可能会对相关市场上的其他经营者产生排斥效果，至少是会对其产生一些不利影响。以上述药品生产为例，原本 B 企业每年能够生产一定量的原料药，若原先在原料药销售市场上存在购买者 A 企业和 C 企业，在集中前 A 企业和 C 企业可以开展竞争，但集中后显然 A 企业具有购买优势，C 企业将置于不利地位，甚至丧失购买原料药的机会。因此，纵向集中可能会产生妨碍市场现有竞争的效果。此外，集中后的企业如果具有了相关市场上的支配地位，还有可能从事滥用市场支配地位的行为，在该例子中 C 企业只能向集中后的企业购买原料药，新企业为扩大竞争优势，极有可能以不公平的价格向 C 企业出售原料药或直接拒绝交易等。

第二，可能提高相关市场的进入壁垒。进行纵向集中后，企业能够实现纵向一体化，提升生产效率，进而降低企业的生产成本。对于潜在竞争者而言，不仅需要考虑其竞争者的实力，还需要考量不同阶段的生产经营成本，增加了潜在竞争者进入市场的壁垒。仍以上述药品生产为例，原先成品药生产领域有 A 企业和 C 企业，他们都需要从 B 企业处购买原料药，此时若有 D 企业想开展该成品药的生产，在发生纵向集中前，D 企业需要购买原料药进行生产，能够以竞争性条件与 A 企业、C 企业竞争，发生纵向集中后，D 企业不仅需要考虑在该药品市场上与 A 企业、C 企业的竞争，还需要考虑在原料药市场上如何竞争。因此，纵向集中可能会提高相关市场的进入壁垒。

（3）混合集中

混合集中是指来自完全不同市场的经营者进行的集中，既不具有直接的竞争关系，也不存在同一产业上下游之间等实际联系交易的关系。因此，混合集中通常不会对市场结构发生明显改变，对相关市场上的竞争影响不会太大。

混合集中产生的积极效果在于能够使企业在不同市场、不同产业、不同行业间相互作用，有利于创造研发出新的产品或服务，能够扩大企业的生产经营范围，应对市场可能出现的经济风险等。可能出现的消极效果是大型企业在跨界并购时，能够利用自己已有的市场势力进入其他市场，扩大自身的影响和市场力量，进而实现对其他市场上竞争者的排斥。譬如，当前理论与实务界重点关注扼杀式并购问题，大企业通过自身优势不断收购初创企业，以维持市场竞争优势。初创企业并购通常不会引起显著的市场结构变化，但随着时间推移，大企业实施“切香肠式”的扼杀式并购，在扼杀潜在竞争对手、强化自身市场支配地位的同时，更会扭曲长期创新供给，致使未来市场可竞争性丧失。[①]

因此，对于混合集中是否需要控制，仍然需要在个案中判断集中对竞争产生的影响来决定是否实施控制。

【相关规定】

《经营者集中审查暂行规定》第三条、第四条。

---

① 参见王伟：《平台扼杀式并购的反垄断法规制》，载《中外法学》2022 年第 1 期。

第二十六条　【经营者集中事先申报制度】 经营者集中达到国务院规定的申报标准的，经营者应当事先向国务院反垄断执法机构申报，未申报的不得实施集中。

经营者集中未达到国务院规定的申报标准，但有证据证明该经营者集中具有或者可能具有排除、限制竞争效果的，国务院反垄断执法机构可以要求经营者申报。

经营者未依照前两款规定进行申报的，国务院反垄断执法机构应当依法进行调查。

【条文主旨】

本条是关于经营者集中事先申报制度的规定。

【条文释义】

本条第一款是关于经营者集中事先申报制度的有关规定，规定了经营者集中的申报标准、申报义务、未申报的法律后果。此次反垄断法修正，增加了第二款与第三款，规定了国务院反垄断执法机构的调查权。

一、经营者集中事先申报

反垄断法上的经营者集中控制制度是对具有或者可能具有排除或限制竞争效果的经营者集中行为进行控制，是一种事先预防性规制，必须在经营者实施集中行为前进行审查。因此，经营者集中事先申报程序是反垄断执法机构开展对市场竞争秩序调查的必要程序，只有经过该申报程序后，反垄断执法机关认为相关集中不会损害市场竞争秩序时，经营者才能够实施集中。

1. 经营者集中的申报标准

第二十六条第一款规定的第一项要求就是经营者集中达到国务院规定的申报标准时，才需要进行申报。首先，反垄断法控制经营者集中的主要目的是维持市场上有效竞争的市场结构，避免因企业之间的集中导致市场集中度过高，形成寡头市场、独占市场，从而损害竞争。只有当经营者的市场份额、市场规模或相关条件达到一定标准时，集中才会对市场结构产生影响。

其次，由于经营者集中申报审查会产生较高的经济成本，因此只有当经营者集中达到特定的标准时才会启动审查。其中的成本主要包括：(1) 行政成本，进行案件调查需要组建专业的反垄断执法机构，并配置相应的资源，审查案件会消耗大量的人力、物力。(2) 企业申报成本，对经营者集中交易的审查除会让反垄断执法机构产生行政成本外，企业也需要负担相应成本：一方面是申报的强制性伴随了对不申报的交易的处罚，企业要因此而支付合规成本；另一方面是在具体交易的申报中，参与集中交易的企业还需要花费成本提交相关申报材料。(3) 救济成本，作为事前预防反竞争效果的方式，救济并不直接禁止相关交易，而是要求交易方满足反垄断执法机构提出的条件。(4) 交易停滞带来的成本，经营者集中申报制度导致大量在交易规模上达到申报标准的交易需要等待反垄断执法机构的审查结果，交易的停滞不仅会造成交易的不确定，也会造成巨大的成本，包括等待结果中需支付的各种成本、交易机会的丧失等。[①] 因此，如果一律要求所有参与集中的经营者都进行申报，无疑会给企业和执法机构增加巨额的经济成本，当相关法律实施的经济成本与收益不成比例时，则需要根据实效性予以考虑。

反垄断法第二十六条第一款规定经营者集中的申报标准确有必要，既充分考虑经营者集中对市场竞争所造成的影响与效果，也考虑到法律实施的经济成本。对于经营者集中的申报标准。《国务院关于经营者集中申报标准的规定》第三条规定："经营者集中达到下列标准之一的，经营者应当事先向国务院反垄断执法机构申报，未申报的不得实施集中：（一）参与集中的所有经营者上一会计年度在全球范围内的营业额合计超过 100 亿元人民币，并且其中至少两个经营者上一会计年度在中国境内的营业额均超过 4 亿元人民币；（二）参与集中的所有经营者上一会计年度在中国境内的营业额合计超过 20 亿元人民币，并且其中至少两个经营者上一会计年度在中国境内的营业额均超过 4 亿元人民币。营业额的计算，应当考虑银行、保险、证券、期货等特殊行业、领域的实际情况，具体办法由国务院反垄断执法机构会同国务院有关部门制定。"

2. 经营者集中的申报义务

本条第一款规定的第二项要求就是经营者集中的事先申报义务，经营者应当事先向反垄断执法机构申报。该事先申报义务是反垄断法对参与集中经营者规定的强制性义务，只要达到法定标准的集中，无论该集中是否会对市场竞争产生影响，经营者都必须履行申报义务。如果达到

---

① 参见李剑：《经营者集中强制申报制度的实效与转变》，载《交大法学》2021 年第 4 期。

标准而未申报，即使经营者集中不会对市场竞争产生负面影响，或者国务院反垄断执法机关经过调查后认为集中不影响竞争，能够维持集中现状，仍然会构成违反反垄断法的经营者集中事先申报义务，应当承担相应的法律责任。

经营者集中的参与者至少有两个或两个以上的企业，对于是否所有参与集中的经营者都应当承担申报义务，在理论与实践中曾存在一定的争议。现行的《经营者集中审查暂行规定》与《国家市场监督管理总局反垄断局关于经营者集中申报的指导意见》进行了详细规定。①

3. 经营者集中未申报的法律后果

本条第一款规定了经营者集中未申报的法律后果，即未申报的不得实施集中。若经营者违反事先申报义务实施了集中，将会根据反垄断法第五十八条之规定受到处罚。集中若具有或者可能具有排除、限制竞争效果的，则由国务院反垄断执法机构责令停止实施集中、限期处分股份或者资产、限期转让营业以及采取其他必要措施恢复到集中前的状态，处上一年度销售额百分之十以下的罚款。即使集中不具有排除、限制竞争效果的，仍可以处五百万元以下的罚款。

不履行事先申报义务，已成为实践中经营者违反反垄断法关于经营者集中控制制度的重要表现，尤其是在当前数字经济时代，数据已成为数字经济核心的生产要素，互联网企业为快速整合数据资源、增强自身数据优势，或者是为扩张企业的商业版图与经营模式，常以并购的形式收购中小企业，尤其是具有创新模式、拥有快速收集整合数据能力的中小企业。然而，在此过程中，诸多企业未能做好经营者集中合规工作，遭到了反垄断法执法机构的处罚。2021 年 11 月国家市场监管总局对 43 起未依法申报违

---

① 《经营者集中审查暂行规定》第十一条第一款、第二款规定，通过合并方式实施的经营者集中，合并各方均为申报义务人；其他情形的经营者集中，取得控制权或者能够施加决定性影响的经营者为申报义务人，其他经营者予以配合。同一项经营者集中有多个申报义务人的，可以委托一个申报义务人申报。被委托的申报义务人未申报的，其他申报义务人不能免除申报义务。申报义务人未申报的，其他参与集中的经营者可以提出申报。《国家市场监督管理总局反垄断局关于经营者集中申报的指导意见》第十三条规定，通过合并方式实施的经营者集中，由参与合并的各方经营者申报；其他方式的经营者集中，由取得控制权的经营者申报，其他经营者予以配合。在同一案件中，有申报义务的经营者是两个或两个以上时，可以约定由其中一个经营者负责申报，也可以共同申报。约定一个经营者申报而没有申报的，其他有申报义务的经营者不因上述约定而减免其未依法申报法律责任。申报义务人未进行集中申报的，其他参与集中的经营者可以提出申报。

法实施经营者集中案集中作出行政处罚决定。①

二、国务院反垄断执法机构的主动审查权

在此次反垄断法修改中，增加了第二款："经营者集中未达到国务院规定的申报标准，但有证据证明该经营者集中具有或者可能具有排除、限制竞争效果的，国务院反垄断执法机构可以要求经营者申报。"

此次修法新增的本条第二款在法律层面确立了我国经营者集中的"营业额标准+主动审查标准"。结合本条内容，第一款规定了经营者集中申报的营业额标准，即达到相关规定的营业额即应当具有申报义务；第二款则是确立了即使在经营者未达到相关规定标准时，只要有证据证明相关集中可能存在反竞争效果，执法机构就可以主动介入，要求参与集中的经营者履行申报义务。单一的"营业额标准"会因不同行业经济规模差异，导致部分行业市场难以纳入经营者集中控制制度的规制范围内。同时，在当前迈入数字经济时代的背景下，大量初创企业经营额难以达到规定标准，头部企业的"扼杀式收购"都难以纳入申报范围，长此以往，将导致相关行业与市场的竞争受损、损害创新，使得相关的市场逐步演化成寡头市场乃至独占市场的局面，易导致具有市场支配地位的经营者频发滥用行为，影响市场经济健康发展。

此次反垄断法修正规定了反垄断执法机构的"主动审查权"，弥合了单一"营业额标准"的不足，使得反垄断执法机构在有证据的情形下能够主动启动集中申报程序，对于可能具有反竞争效果的经营者集中及时进行审查，以此实现科学审慎的反垄断监管。

三、国务院反垄断执法机构的依法调查权

此次反垄断法修改，增加了第三款："经营者未依照前两款规定进行申报的，国务院反垄断执法机构应当依法进行调查。"

该款规定了国务院反垄断执法机构的调查权，以法律授权的形式，明确了国务院反垄断执法机构在经营者集中未依法申报的情况下，可以依法开展相关调查。此前，《国务院关于经营者集中申报标准的规定》第四条"经营者集中未达到本规定第三条规定的申报标准，但按照规定程序收集的事实和证据表明该经营者集中具有或者可能具有排除、限制竞争效果的，国务院反垄断执法机构应当依法进行调查"和《经营者集中审查暂行

---

① 参见《市场监管总局依法对43起未依法申报违法实施经营者集中案作出行政处罚决定》，载国家市场监督管理总局网站，https：//www. samr. gov. cn/xw/zj/202111/t20211119_337049. html，最后访问时间：2022年6月30日。

规定》第六条第二款“经营者集中未达到申报标准，但按照规定程序收集的事实和证据表明该经营者集中具有或者可能具有排除、限制竞争效果的，市场监管总局应当依法进行调查”均对此作出规定。

此次反垄断法修正将该规定的法律位阶提升到法律层面，以法律授权的形式，赋予国务院反垄断执法机构调查权。执法机构在开展行政调查程序过程中，应当严格遵守正当程序原则，案件当事人（被调查对象）应当履行法定的容忍义务与协助义务，积极配合执法机构开展相关调查，若不履行法定配合调查义务，将承担相应的法律责任。

【适用指南】

本条是关于经营者集中事先申报制度的相关规定，在满足了本法第二十五条的经营者集中情形时，经营者达到本条授权规定的申报标准，即负有事先申报的义务。

案例：2009 年 3 月，商务部（时任经营者集中反垄断审查执法机构）发布了《商务部关于禁止甲公司收购乙公司审查决定的公告》，依法禁止此项经营者集中。①

在该案当中，甲公司收购乙公司不仅满足了本法关于经营者集中的规定，同时，由于甲公司和乙公司 2007 年在中国境内的营业额分别为 12 亿美元（约合 91.2 亿人民币）和 3.4 亿美元（约合 25.9 亿人民币），分别超过 4 亿元人民币，达到并超过了《国务院关于经营者集中申报标准的规定》的申报标准，因此该案必须接受相关审查。②

不履行事先申报义务，已成为实践中经营者违反反垄断法关于经营者集中控制制度的典型违法行为。尤其是在当前数字经济时代，数据已成为数字经济核心的生产要素，互联网企业为快速整合数据资源、增强自身数据优势，或者是为扩张企业的商业版图与经营模式，常以并购的形式收购中小企业，尤其是具有创新模式、拥有快速收集整合数据能力的中小企业。然而，在此过程中，诸多企业未能做好经营者集中合规工作，遭到了反垄断法执法机构的处罚。2021 年 11 月，国家市场监管总局对 43 起未依

---

① 参见《商务部关于禁止甲公司收购乙公司审查决定的公告》，载商务部网站，http：//www.mofcom.gov.cn/aarticle/b/c/200903/20090306108617.html，最后访问时间：2022 年 6 月 30 日。

② 参见《商务部新闻发言人就甲公司收购乙公司反垄断审查决定答记者问》，载商务部网站，http：//www.mofcom.gov.cn/article/ae/ai/200903/20090306123715.shtml，最后访问时间：2022 年 6 月 30 日。

法申报违法实施经营者集中案集中作出行政处罚决定。[①]

【相关规定】

《国务院关于经营者集中申报标准的规定》第一条、第二条；《经营者集中审查暂行规定》第六条、第七条、第八条、第九条；《金融业经营者集中申报营业额计算办法》。

第二十七条　【申报义务豁免制度】经营者集中有下列情形之一的，可以不向国务院反垄断执法机构申报：

（一）参与集中的一个经营者拥有其他每个经营者百分之五十以上有表决权的股份或者资产的；

（二）参与集中的每个经营者百分之五十以上有表决权的股份或者资产被同一个未参与集中的经营者拥有的。

【条文主旨】

本条是关于申报义务豁免制度的规定。

【条文释义】

本条规定了经营者集中申报义务豁免的法定情形，根据本条之规定，有两类情形的经营者集中可以不向国务院反垄断执法机构申报：（1）参与集中的一个经营者拥有其他每个经营者百分之五十以上有表决权的股份或者资产的；（2）参与集中的每个经营者百分之五十以上有表决权的股份或者资产被同一个未参与集中的经营者拥有的。这两类合并不会影响市场竞争结构，不属于反垄断法需要控制的经营者集中，因此可以不进行申报。[②]

---

① 参见《市场监管总局依法对43起未依法申报违法实施经营者集中案作出行政处罚决定》，载国家市场监督管理总局网站，https://www.samr.gov.cn/xw/zj/202111/t20211119_337049.html，最后访问时间：2022年6月30日。

② 参见王晓晔：《反垄断法》，法律出版社2011年版，第264页。

【适用指南】

对于第一种情形，参与集中的一个经营者拥有其他每个经营者50%以上有表决权的股份或者资产的，该经营者已经对其他经营者形成了控制与被控制的关系。因此，基于反垄断法对经营者集中控制审查视角，这一类型的集中实质上是同一集团企业内部间的调整，并不会对现有市场竞争结构产生影响，不需要向反垄断执法机构进行申报。但是需要注意的是，如果参与集中的经营者A在交易前是由B和C共同控制，在交易后被B单独控制，且交易前B持有A的50%以上的股权，实践中对于此种情况是否可以适用申报豁免的规定仍存在一定的不确定性。

对于第二种情形，参与集中的每个经营者50%以上有表决权的股份或者资产被同一个未参与集中的经营者拥有的，本质上是同一集团内部子公司间的合并，相关子公司均被未参与集中的经营者所实际控制，也不会对现有市场竞争结构产生影响，故不需要向反垄断执法机构进行申报。

【相关规定】

《国家市场监督管理总局反垄断局关于经营者集中申报的指导意见》第四条、第二十五条。

第二十八条　【申报文件与资料】经营者向国务院反垄断执法机构申报集中，应当提交下列文件、资料：

（一）申报书；

（二）集中对相关市场竞争状况影响的说明；

（三）集中协议；

（四）参与集中的经营者经会计师事务所审计的上一会计年度财务会计报告；

（五）国务院反垄断执法机构规定的其他文件、资料。

申报书应当载明参与集中的经营者的名称、住所、经营范围、预定实施集中的日期和国务院反垄断执法机构规定的其他事项。

【条文主旨】

本条是关于申报文件与资料的规定。

【条文释义】

本条规定了经营者集中申报应当提交的文件与资料，主要有：（1）申报书；（2）集中对相关市场竞争状况影响的说明；（3）集中协议；（4）参与集中的经营者经会计师事务所审计的上一会计年度财务会计报告；（5）国务院反垄断执法机构规定的其他文件、资料等。这些材料是反垄断法执法机关处理案件的重要分析资料，对于申报义务人与反垄断审查机关而言具有重要意义。

【适用指南】

2018 年 9 月，国家市场监督管理总局反垄断局发布了《国家市场监督管理总局反垄断局关于经营者集中申报文件资料的指导意见》，指明了关于经营者集中申报文件资料的要求，对经营者制作申报文件资料具有重要指导意义。

当前，国家市场监督管理总局在《经营者集中审查暂行规定》中规定了简易申报制度，符合相关规定情形的，经营者可以作为简易案件进行申报。简易案件所要求提交的申报文件、资料更加简化，便于经营者进行申报，有利于降低申报成本、提高申报审查效率。

《经营者集中审查暂行规定》第十七条规定，符合下列情形之一的，经营者可以作为简易案件申报，市场监管总局按照简易案件程序进行审查：（1）在同一相关市场，参与集中的经营者所占的市场份额之和小于百分之十五；在上下游市场，参与集中的经营者所占的市场份额均小于百分之二十五；不在同一相关市场也不存在上下游关系的参与集中的经营者，在与交易有关的每个市场所占的市场份额均小于百分之二十五；（2）参与集中的经营者在中国境外设立合营企业，合营企业不在中国境内从事经济活动的；（3）参与集中的经营者收购境外企业股权或者资产，该境外企业不在中国境内从事经济活动的；（4）由两个以上经营者共同控制的合营企业，通过集中被其中一个或者一个以上经营者控制的。

《经营者集中审查暂行规定》第十八条规定，符合本规定第十七条但存在下列情形之一的经营者集中，不视为简易案件：（1）由两个以上经营者共同控制的合营企业，通过集中被其中的一个经营者控制，该经营者与合营企业属于同一相关市场的竞争者，且市场份额之和大于百分之十五的；（2）经营者集中涉及的相关市场难以界定的；（3）经营者集中对市场进入、技术进步可能产生不利影响的；（4）经营者集中对消费者和其他有关经营者可能产生不利影响的；（5）经营者集中对国民经济发展可能产生不利影响的；（6）市场监管总局认为可能对市场竞争产生不利影响的其他情形。

【相关规定】

《国家市场监督管理总局反垄断局关于经营者集中申报文件资料的指导意见》；《国家市场监督管理总局反垄断局关于经营者集中简易案件申报的指导意见》。

第二十九条　【申报文件资料补正制度】经营者提交的文件、资料不完备的，应当在国务院反垄断执法机构规定的期限内补交文件、资料。经营者逾期未补交文件、资料的，视为未申报。

【条文主旨】

本条是关于申报文件资料补正制度的规定。

【条文释义】

本条规定了经营者集中申报文件资料的补正制度，包括补正条件、补正期限和逾期后果。申报文件、资料真实、可靠和准确，是反垄断执法机构对集中的竞争效果作出准确评估和判断的前提，也有利于提高审查质量和效率。补正制度是经营者集中申报中的程序性规定，对于保护申报人利益、提高审查机关工作效率具有重要意义。

第一，补正条件。当经营者提交的文件、资料不完备时，国务院反垄断执法机构可以要求经营者进行补正。文件、资料不完备存在的情形主要有：其一，不满足反垄断法关于申报文件、资料要求的形式要件，存在缺少的情形；其二，满足反垄断法关于申报文件、资料要求的形式要件，但是对于个案而言还需要补充其他的文件、资料；其三，已提交的文件、资料满足形式要件，但内容说明力不强，对相关要求难以达到证明标准。根据特定情况，申报经营者应当根据国务院反垄断执法机构特定要求进行补正。

第二，补正期限。本条规定经营者应当在国务院反垄断执法机构规定的期限内进行补正。至于具体期限，现行的法律法规尚无明确规定，属于执法机构可以进行自由裁量的空间。根据正当程序原则，执法机构规定的期限不应过短，应当保证申报人能够有合理的时间整理、制作、提交补正材料。

第三，逾期后果。本条规定了经营者逾期未补交文件、资料的，视为未申报。这里有两重含义，其一，“逾期未补交”是指在规定期限内（包括反垄断执法机构同意的额外期限内）没有补交材料，如果超过规定期限后提交材料，仍然属于逾期，不能认为逾期提交后仍视为已申报。其二，“视为未申报”属于法律推定，即只要满足“逾期未补交”的条件，就推定认为经营者此次未申报经营者集中，自始不发生法律效力，此前已提交的相关文件、资料和申报行为自始归于无效。如果在此期间，经营者实施了集中或其他违反反垄断法的行为，需要承担相应的法律责任。

【适用指南】

当经营者提交的文件、资料不完备时，国务院反垄断执法机构可以要求申报方进行补正，当反垄断执法机构认为申报文件、资料（包括补充的文件、资料）符合反垄断法第二十八条规定的，应当立案审查，并向申报人递送立案通知，此时反垄断执法机构将开始进行审查。

案例：在某威半导体公司收购某思公司股权案中，2021 年 1 月 19 日，市场监管总局收到本案经营者集中反垄断申报。经审核，市场监管总局认为该申报材料不完备，要求申报方予以补充。2021 年 4 月 7 日，市场监管总局确认经补充的申报材料符合 2008 年反垄断法第二十三条规定，对此项经营者集中予以立案并开始初步审查。①

① 参见《市场监管总局关于附加限制性条件批准某威半导体公司收购某思公司股权案反垄断审查决定的公告》，载国家市场监督管理总局网站，https：//www. samr. gov. cn/fldes/tzgg/ftj/202204/t20220424_342166. html，最后访问时间：2022 年 6 月 30 日。

【相关规定】

《国家市场监督管理总局反垄断局关于经营者集中申报的指导意见》第十六条、第十七条、第十八条、第十九条。

第三十条　【初步审查】国务院反垄断执法机构应当自收到经营者提交的符合本法第二十八条规定的文件、资料之日起三十日内，对申报的经营者集中进行初步审查，作出是否实施进一步审查的决定，并书面通知经营者。国务院反垄断执法机构作出决定前，经营者不得实施集中。

国务院反垄断执法机构作出不实施进一步审查的决定或者逾期未作出决定的，经营者可以实施集中。

【条文主旨】

本条是关于经营者集中初步审查的规定。

【条文释义】

本条主要规定了经营者初步审查制度，包括初步审查期限、初步审查期间内经营者的义务及逾期未决定后果。

初步审查期限是经营者集中反垄断审查中的重要期限之一，本条规定了反垄断执法机构自收到经营者提交的符合本法第二十八条规定的文件、资料之日起三十日内作出决定。对于在实践中该日期如何计算，根据《经营者集中审查暂行规定》，国家市场监督管理总局认为申报文件、资料符合法定要求的，应当自收到申报文件、资料之日予以立案。立案之日起三十日内，对申报的经营者集中进行初步审查。立案当日是否计算在内，反垄断法没有明确规定，根据我国法律计算期限的一般原则，开始的当日不计入，自下一日开始计算，最后一日是法定休假日的，以法定休假日结束的次日为期间的最后一日，期间的最后一日的截止时间为二十四时；有业务时间的，停止业务活动的时间为截止时间。

在该期限内经营者负有不得实施集中的不作为义务，如果在该期限内实施了集中，则将承担相应的法律责任。同时，根据正当程序原则，反垄断执法机构应当在规定期限内作出是否进一步审查的决定，逾期未实施进一步审查的决定或者未作出决定的，法律推定反垄断执法机构对集中不存在异议，经营者可以实施集中，以正当程序保障经营者的合法权益。

【适用指南】

反垄断执法机构经核查认为申报文件、资料符合法定要求的，应当在收到完备的申报文件、资料之日予以立案并书面通知申报人。反垄断执法机构应当自立案之日起三十日内，对申报的经营者集中进行初步审查，作出是否实施进一步审查的决定，并书面通知经营者。反垄断执法机构决定实施进一步审查的，应当自决定之日起九十日内审查完毕，作出是否禁止经营者集中的决定，并书面通知经营者。符合反垄断法第三十一条第二款规定情形的，反垄断执法机构可以延长本款规定的审查期限，最长不得超过六十日。

【相关规定】

《经营者集中审查暂行规定》第十五条、第十九条。

第三十一条　【进一步审查的期限】国务院反垄断执法机构决定实施进一步审查的，应当自决定之日起九十日内审查完毕，作出是否禁止经营者集中的决定，并书面通知经营者。作出禁止经营者集中的决定，应当说明理由。审查期间，经营者不得实施集中。

有下列情形之一的，国务院反垄断执法机构经书面通知经营者，可以延长前款规定的审查期限，但最长不得超过六十日：

（一）经营者同意延长审查期限的；

（二）经营者提交的文件、资料不准确，需要进一步核实的；

（三）经营者申报后有关情况发生重大变化的。

国务院反垄断执法机构逾期未作出决定的，经营者可以实施集中。

【条文主旨】

本条是关于经营者集中进一步审查期限的规定。

【条文释义】

我国经营者集中审查主要分为两个阶段：初步审查和进一步审查。反垄断执法机构经初步审查发现集中可能具有排除、限制竞争影响的，会作出决定，进入进一步审查阶段。

一、进一步审查程序

（一）进一步审查的一般期限

进入进一步审查阶段的案件，一般较为复杂，或者很可能具有排除、限制竞争效果，所以反垄断执法机构需要更长的时间来审查。相比于初步审查的三十日，反垄断法规定的进一步审查期限是九十日。

（二）进一步审查后的决定

一般来说，在九十日内，反垄断执法机构会作出是否禁止集中的决定，并书面通知经营者。反垄断执法机构如果认为集中具有或者可能具有排除、限制竞争效果，则会作出禁止或者附条件批准集中的决定；反垄断执法机构如果认为集中不会排除、限制竞争，则会作出不予禁止集中的决定。

反垄断执法机构作出禁止经营者集中的决定，应当说明理由。对于是否禁止集中，反垄断执法机构拥有较大的自由裁量权；而禁止经营者集中又会对参与集中经营者的行为产生较大限制，并会对参与集中经营者的利益产生重大影响。为了确保反垄断执法机构合理行使自由裁量权，保护参与集中经营者的合法权益，该条要求反垄断执法机构在作出禁止经营者集中的决定时，应当说明理由。

（三）企业“等待期”

在集中交易的审查期间，经营者不得实施集中。这在反垄断法上被称为“等待期（waiting period）”制度。在反垄断执法机构尚未作出批准决定时，参与集中的经营者径行实施集中行为的，可能会排除、限制竞争。即便最后反垄断执法机构批准了该项集中，经营者在批准前实施集中的，也构成程序性违法，需要承担相应的法律责任。

二、进一步审查期限的延长

如果集中交易比较复杂或者出现了特殊情况，反垄断执法机构难以在九十日内审查完毕的，可能会出现审查期限的进一步延长。

根据是否需要经营者同意，反垄断执法机构可以进一步延长审查期限的情形分为两种。一种是进一步延长审查期限需要经过经营者的同意，经营者同意就相当于放弃了程序性权利。另一种是进一步延长审查期限无需经过经营者的同意，这又分为两种情形：一是经营者提交的文件、资料不准确，需要进一步核实；二是经营者申报后有关情况发生重大变化。前一种情形是由经营者自己的过错导致的，经营者应当承受审查期限延长的不利后果；后一种情形则是由客观条件变化导致的，反垄断执法机构只能延长审查期限，否则难以作出正确、合理的审查决定。客观条件的变化包括各种内容，但需要达到“重大”的程度，即对反垄断执法机构的审查产生了实质性影响。例如，可能是参与集中的经营者的市场份额、组织结构、人事变更、与他人的控制与被控制关系等情况发生重大变化，这些变化很可能影响审查结果；也可能是客观的市场结构发生变化，如竞争对手、上下游市场竞争格局发生改变，导致集中交易的经营影响需要重新评估。

反垄断执法机构作出进一步延长审查期限的决定，应当以书面形式通知当事人。进一步延长审查期限决定的作出意味着企业等待期也自动延长，这会对当事人的权益产生不利影响，因此反垄断执法机构应当以书面形式告知当事人。

审查期限最多延长六十日，也就是说，进入进一步审查阶段的案件，反垄断执法机构最长需要在一百五十日内完成审查并作出最终决定。

三、逾期未作出决定时的默示同意规则

经营者集中是一种市场行为，过长的审查期限不仅影响经营者利益，也限制了市场对资源的有效配置。在法律已经设定明确的审查期限时，经营者会对反垄断执法机构产生期待，即审查决定会在审查期限内作出并告知经营者，经营者可以据此进行后续的商业安排。为了督促反垄断执法机构及时作出审查决定，防止审查活动对经济运行造成过多的影响，本条与初步审查程序一样，确立了反垄断执法机构逾期未作出决定时的默示同意规则，即反垄断执法机构逾期未作出决定的，经营者可以实施集中。

【适用指南】

关于经营者集中审查期限中的“日”，包括三十日、六十日、九十日，是指工作日还是日历日，理论上和实践中存在不同理解。我国当前执法实践中，反垄断执法机构选择的是日历日、自然日，即不扣除节假日。这导致审查期限被大幅缩短，很多不会严重限制竞争的集中案件不得不进入进一步审查阶段，或者当事人在审查日期截止前“撤回申请”。

欧盟采用的是工作日。根据欧盟第802/2004号条例第二十四条规定，“日”是指除了星期六、星期日以及在每年开始之前公布在《欧盟官方公报》上的休假日以外的所有日子。[①]

经营者集中的申报与审查性质上是一种行政许可，而我国行政许可法采用的也是工作日。行政许可法第八十二条规定：“本法规定的行政机关实施行政许可的期限以工作日计算，不含法定节假日。”

【相关规定】

《行政许可法》第八十二条。

第三十二条 【审查期限的中止计算】 有下列情形之一的，国务院反垄断执法机构可以决定中止计算经营者集中的审查期限，并书面通知经营者：

（一）经营者未按照规定提交文件、资料，导致审查工作无法进行；

（二）出现对经营者集中审查具有重大影响的新情况、新事实，不经核实将导致审查工作无法进行；

（三）需要对经营者集中附加的限制性条件进一步评估，且经营者提出中止请求。

自中止计算审查期限的情形消除之日起，审查期限继续计算，国务院反垄断执法机构应当书面通知经营者。

【条文主旨】

本条规定的是经营者集中审查期限的中止计算制度。

---

① 欧盟委员会关于实施欧盟理事会第139/2004号企业集中控制条例的第802/2004号条例（2004年4月7日），第二十四条。

【条文释义】

一、基本含义

经营者集中审查期限的中止计算制度，是反垄断法 2022 年修改时新增的内容。该制度的基本含义是，在出现特定情况导致经营者集中审查工作难以继续进行，或者无法在法定期限内完成时，反垄断执法机构审查经营者集中的期限可以暂停计算，直至导致暂停的事项消除为止。因为该制度的适用效果是中止计算经营者集中的审查期限，所以又被形象地称为“停表”（Stop the Clock）制度。

二、现实意义

经营者集中审查期限的中止计算制度引入我国反垄断法，是基于我国经营者集中审查实践而作出的现实选择。

经营者集中审查期限的中止计算可以帮助反垄断执法机构克服此前审查时限不足的困境。随着我国社会与经济的不断发展，经营者集中案件的申报数量不断增加，且案件的复杂程度也有所提高，这使得法定的审查时限难以满足现实需求，反垄断执法机构面临较大的审查压力。在初步审查阶段，如果反垄断执法机构不能在规定的三十日内审查完毕，部分不会严重限制市场竞争的案件会进入进一步审查阶段。而在进一步审查阶段，如果部分复杂案件在九十日的审查期限届满前难以审查完毕的，经营者可能需要撤回申报并再次提交申请，有的案件甚至需要多次撤回。此外，集中交易情况或者相关市场竞争状况发生重大变化的，经营者也可能需要撤回申请。不论是简单案件进入进一步审查阶段，还是复杂案件的撤回重报，对反垄断执法机构和当事人来说都是沉重的负担。引入经营者集中审查期限的中止计算制度能够在一定程度上缓解上述困境。当案件审查面临特殊情况、审查期限不足时，一旦符合法定的审查期限中止计算情形，反垄断执法机构就可以启用该制度来暂停计算审查期限，这样能够有效减少流程性因素对于审查时间的挤占，保障反垄断执法机构有额外时间来收集信息或与当事人协商谈判。如此一来，那些不会严重限制竞争的案件就不会进入进一步审查阶段，经营者也无需陷入撤回后重报的流程性消耗之中。

此外，经营者集中审查期限的中止计算制度在实践中也可以起到督促经营者按规定提交文件、资料的作用。一般而言，尽快完成集中交易才能使经营者最大限度地获得预期的市场收益或者实现集中交易的目标，因此经营者往往追求高效率、低耗时的审查程序。而“停表”制度规定了一旦因经营者原因导致审查工作难以进行时，反垄断执法机构可以暂停计算审查期限，这就使得经营者因担忧被“停表”而更注重集中的前期准备，更为自觉、更加完整地提交符合规定的文件、资料。对于某些试图通过隐藏关键信息来逃避集中审查不利后果的经营者，反垄断执法机构可以启用“停表”制度，通过延长审查期限的方式来避免经营者的隐瞒行为，从而迫使其如实提供集中审查所需的文件、资料。

三、主要情形

依据本条规定，经营者集中审查期限的中止计算主要适用于三种情形。这些情形都具有较高的适用门槛或条件，目的是限制反垄断执法机构的自由裁量权，保护经营者的合法权益。

第一，经营者未按照规定提交文件、资料，导致审查工作无法进行。经营者申报集中案件时，应当按照反垄断法第二十八条的规定提交文件、资料，反垄断执法机构对申报人提交的文件、资料进行核查。反垄断法第二十九条规定：“经营者提交的文件、资料不完备的，应当在国务院反垄断执法机构规定的期限内补交文件、资料。经营者逾期未补交文件、资料的，视为未申报。”因此，经营者提交的文件、资料不足的，先是继续补交，这并不会直接导致审查期限的中止计算。只有当经营者未按规定提交文件、资料，达到导致审查工作无法进行的严重程度时，反垄断执法机构方可决定启动“停表”制度。

第二，出现对经营者集中审查具有重大影响的新情况、新事实，不经核实将导致审查工作无法进行。与第一种情形类似，新情况、新事实的出现必须对集中审查具有重大影响，且达到不经核实会导致审查工作无法继续进行的严重程度时，反垄断执法机构方可决定启动“停表”制度。

第三，需要对经营者集中附加的限制性条件进一步评估，且经营者提出中止请求。这种情形仅适用于附加限制性条件的经营者集中案件。一项集中交易需要被附加限制性条件的，意味着其具有或者可能具有排除、限制竞争的效果。而限制性条件需要进一步评估，则说明限制性条件的确定非常复杂，或者执法机构与当事人未能达成一致意见。在这些非常复杂的集中案件中，反垄断执法机构需要更长的时间来评估集中交易的竞争影响或者选择合适的限制性条件，而“停表”制度的适用能够给反垄断执法机构提供额外的审查时限，以免仓促作出决定、不当影响市场竞争。同时，反垄断法对本项情形的适用还设置了严格的条件，即需要经营者提出中止请求。这样做的目的显然是赋予经营者更多的主动权，限制执法机构的自由裁量，以便更好地保护经营者的合法权益。

【适用指南】

本条规定的“停表”制度与反垄断法第三十一条规定的进一步审查期限的延长制度存在相似性，两者在适用上需要进行区分，避免混淆。

1. 适用阶段

在适用阶段方面，“停表”制度与审查期限延长制度虽然存在相似性，但两者的差异之处更为明显。审查期限延长制度仅适用于进一步审查阶段，且仅在前置的九十日审查期限难以满足审查工作需要时方可适用。而对于“停表”制度，我国反垄断法并未限制适用阶段。由此可以推知，“停表”制度在经营者集中的两个审查阶段皆可适用。同时，“停表”制度的适用与审查期限的延长制度不构成排斥关系或者先后关系：不论审查期限延长制度是否适用，还是正在适用，只要符合“停表”制度的三种适用情形且确有适用必要，反垄断执法机构都可决定启用“停表”制度。

2. 适用情形

在适用情形方面，“停表”制度与审查期限延长制度存在更多的相似之处（参见下表）。对此，需要通过细致的比较分析加以区分。

“停表”制度的适用情形	审查期限延长制度的适用情形
（1）经营者未按照规定提交文件、资料，导致审查工作无法进行	（1）经营者同意延长审查期限的
（2）出现对经营者集中审查具有重大影响的新情况、新事实，不经核实将导致审查工作无法进行	（2）经营者提交的文件、资料不准确，需要进一步核实的
（3）需要对经营者集中附加的限制性条件进一步评估，且经营者提出中止请求	（3）经营者申报后有关情况发生重大变化的

第一，“停表”制度的适用情形（1）为“经营者未按照规定提交文件、资料，导致审查工作无法进行”，而审查期限延长制度的适用情形（2）是“经营者提交的文件、资料不准确，需要进一步核实的”，两种都涉及经营者提交的文件、资料有瑕疵。不过，仔细对比仍能发现二者差异：前者为经营者“未按照规定”提交文件、资料，后者为经营者提交的文件、资料“不准确”。从字面看，“未按照规定”这一表述的外延要大于“不准确”，“不准确”是“未按照规定”的一种表现形式，延迟提交、不提交等行为皆可构成“未按照规定”提交。同时，“停表”制度的适用需

要文件瑕疵达到导致审查工作“无法进行”的严重程度，而审查期限延长制度的适用仅要求文件“需要进一步核实”。可见，在适用情形相似的情况下，“停表”制度具有更为严格的适用条件。基于此，实践中可以通过比较经营者提交文件、资料的瑕疵内容、对审查工作的影响程度来区别“停表”制度与审查期限延长制度的适用情形。

第二，“停表”制度的适用情形（2）与审查期限延长制度的适用情形（3）也较为相似，对此，亦可通过二者对审查工作的影响程度来进行区分。“停表”制度的适用情形（2）中所表述的“有重大影响的新情况、新事实”，在内涵上基本等同于审查期限延长制度的适用情形（3）中的“重大变化”，两者的适用条件皆为新情况、新事实的出现，其不同仅在于该变化对审查工作所造成的阻碍程度。“停表”制度的适用情形（2）明确规定新情况的出现需要达到导致审查工作“无法进行”的严重程度，而审查期限延长制度的适用情形（3）无此限制，因此前者要求的阻碍程度明显高于后者。至于何种程度满足审查工作“无法进行”的要求，反垄断法并未明确规定，因而需要由反垄断执法机构在审查实践根据个案的具体情况来把握。

第三，“停表”制度的适用情形（3）与审查期限延长制度的适用情形（1）相互独立、明显不同。前者适用于附加限制性条件的经营者集中案件，且经营者为主动方，享有申请权；后者不论是否禁止或者附加限制性条件，适用于进一步审查阶段内的所有案件，且此时反垄断执法机构为主动方，经营者有同意权。

3. 适用时限

“停表”制度一旦启动，其结束与否取决于中止事项的消除与否。因此从理论上看，“停表”制度下的审查期限存在无限期延长的可能，最终审查期限在不同案件中也会存在较大差异，且具有较大的不确定性。而审查期限延长制度的最长时限，在反垄断法中有明确规定，即“最长不得超过六十日”。两项制度在适用时限上呈现的不确定性与确定性的差异，也是导致“停表”制度的适用条件较审查期限延长制度更为严格的重要因素。

【相关规定】

《经营者集中审查暂行规定》。

第三十三条 【经营者集中的审查因素】 审查经营者集中，应当考虑下列因素：

（一）参与集中的经营者在相关市场的市场份额及其对市场的控制力；

（二）相关市场的市场集中度；

（三）经营者集中对市场进入、技术进步的影响；

（四）经营者集中对消费者和其他有关经营者的影响；

（五）经营者集中对国民经济发展的影响；

（六）国务院反垄断执法机构认为应当考虑的影响市场竞争的其他因素。

【条文主旨】

本条是关于经营者集中审查因素的规定。

【条文释义】

对一项经营者集中，反垄断执法机构可能作出三种决定：禁止、附条件批准和无条件批准。反垄断执法机构作出何种决定，主要取决于集中是否影响市场竞争、如何影响市场竞争以及集中对市场竞争的影响是否可以被救济。

根据反垄断法规定，反垄断执法机构审查经营者集中主要考虑下列因素：

一、经营者的市场份额及其市场控制力

（一）市场份额

界定相关市场并计算市场份额通常是审查集中案件的第一步。在相关市场内，参与集中的经营者市场份额越高，集中对市场竞争的影响越大。

确定经营者在相关市场的市场份额，主要考虑一定时期内经营者的特定商品销售金额、销售数量或者其他指标在相关市场所占的比重。在传统经济领域，市场份额一般通过经营者的销售额计算；在平台经济领域，市场份额往往需要多项指标来进行计算，既可以通过经营者的销售额计算，也可以通过其他指标，如月活跃用户数、用户月使用时长等计算。之所以通过月活跃用户数、用户月使用时长计算经营者的市场份额，原因是当免

费模式、低收费模式适用于数字音乐、社交媒体、搜索引擎等平台中时，各平台竞争的对象已不再是服务本身的价格，而是流量，而流量的多少首先由用户使用平台的时长决定，最终还是由月活跃用户数决定。月活跃用户数、用户月使用时长之所以能反映经营者的市场份额，是因为它们就是各平台的核心竞争对象并且可以像传统的价格、产量指标一样量化。不过，仅计算月活跃用户数、用户月使用时长可能会存在一定的误差，因为大多数用户具有多栖性，同一用户尽管不大可能同时使用不同平台，但仍可能是不同平台的用户，所以执法机构在通过月活跃用户数、用户月使用时长计算经营者的市场份额的同时，仍需将经营者的销售额纳入考量范围。

案例："甲控股有限公司收购乙音乐集团案"。在 2021 年 7 月公布的甲控股有限公司（以下简称甲公司）收购乙音乐集团案中，市场监管总局将本案相关市场界定为交易双方存在横向重叠的中国境内网络音乐播放平台市场，并以多个指标计算了交易双方的市场份额。

2016 年 7 月集中发生时，甲公司和乙音乐集团的月活跃用户数分别为 1.6 亿人、2.3 亿人，市场份额分别为 33.96%、49.07%；用户月使用时长分别为 8.05 亿小时、6.98 亿小时，市场份额分别为 45.77%、39.65%，集中双方均列市场前两位，合计市场份额超过 80%。2016 年集中双方在相关市场的销售金额合计（略），约占相关市场总收入规模的 70%。以音乐版权核心资源占有率计算，甲公司和乙音乐集团的曲库数量分别为 1210 万、821 万，其中独家曲库为 314 万、130 万，曲库和独家资源的市场占有率均超过 80%。①

案例："丙公司与丁公司合并案"。在 2021 年 7 月公布的丙公司与丁公司合并案中，市场监管总局从营业额、活跃用户数、主播资源三个方面界定了合并双方的市场份额。在中国境内游戏直播市场，从营业额看，丙公司和丁公司市场份额分别超过 40%、30%，合计超过 70%；从活跃用户数看，双方市场份额分别超过 45%和 35%，合计超过 80%；从主播资源看，双方市场份额均超过 30%，合计超过 60%。②

---

① 参见国家市场监督管理总局国市监处〔2021〕67 号行政处罚决定书，载国家市场监督管理总局网站，https://www.samr.gov.cn/xw/zj/202107/P020210724302729586098.pdf，最后访问时间：2022 年 7 月 1 日。

② 参见《市场监管总局关于禁止丙公司与丁公司合并案反垄断审查决定的公告》，载国家市场监督管理总局网站，https://www.samr.gov.cn/fldys/tzgg/ftj/202204/t20220424_342157.html，最后访问时间：2022 年 7 月 1 日。

（二）市场控制力

除市场份额外，反垄断执法机构还需考虑参与集中的经营者控制市场的能力。分析参与集中的经营者控制市场的能力，就是评估它们的市场力量。一般来说，市场份额越大，市场的控制力就越强，但这并不是绝对的。受工艺、技术、专利、商业模式甚至政策影响，经营者的市场份额在不断变化，而通过界定相关市场计算出来的市场份额具有静态性，它可能既无法准确反映不同时点经营者市场份额的大小，也无法反映经营者市场份额的变化趋势。

基于此，分析参与集中的经营者对市场的控制力，除其市场份额外，还可以考虑以下因素：

第一，产品或者服务的替代程度。经营者产品或者服务的可替代性越强，其面临的竞争压力就越大，消费者就越有可能发生转移，经营者对市场的控制力就越小。

第二，控制销售市场或者原材料采购市场的能力。如果经营者作为卖方通过独家交易协议等方式控制了下游最好的销售渠道，或者作为买方控制了上游最好的原材料来源，则会对竞争对手造成封锁效果，或者会大大提高竞争对手的成本。经营者对下游销售市场或者上游原材料采购市场的控制能力越强，其与竞争者之间市场力量的差距就越大，越有可能在当前市场具有较大的市场力量。

第三，财力和技术条件。经营者财力越强、技术越先进，其市场力量也就越大。根据我国反垄断法的规定，在市场支配地位的认定中，财力和技术条件属于认定经营者市场力量的基本要素。

第四，相关市场的市场结构。市场集中度越高，市场结构越趋向垄断性，市场受到控制的程度越强，市场份额较高的企业也就越具有市场力量。考察市场结构，本质上就是在考察行为人或竞争对手是否也具有较高的市场控制能力。

第五，其他经营者的生产能力。该因素主要是看其他经营者能否迅速扩大产出。通常来说，行为人具有较大的市场力量，意味着其消费者难以转向其竞争对手，这往往反映出其竞争对手的产能有限。如果其他经营者能够迅速扩大产出，则消费者转向就会非常容易，这时行为人对市场的控制能力就会较弱。

第六，下游客户购买能力和转换供应商的能力。该因素体现的主要是交易相对人对经营者的依赖性，这种依赖性可能源于经营者的品牌、交易相对人与经营者签订的长期合同关系或者经营者掌握的关键基础设施，也可能源于忠诚折扣等变相排他性交易安排。

第七，潜在竞争者进入的抵消效果。潜在竞争者指具备在一定时期内进入相关市场竞争的计划和可行性的经营者。潜在竞争者虽然现在还未进入市场，但具有进入市场的极大可能性，因而会对在位经营者形成竞争压力。潜在竞争者进入市场越容易、越及时，在位竞争者对市场的控制能力就越弱。

在分析经营者的市场份额和市场控制力时，还需要注意一个问题："市场份额"所涉及的市场范围要比"市场的控制力"小。"市场份额"存在于相关市场中，"市场的控制力"所涉及的市场则不仅包括相关市场，还包括上下游市场或者关联市场。

二、相关市场的市场集中度

市场集中度是指在一个特定的相关市场中，生产经营活动集中在少数几家经营者手中的程度，一般来说，它由各经营者的市场份额来进行衡量。所以，市场集中度也可理解为市场份额的集中程度。评估相关市场的市场集中度，主要考虑相关市场内的经营者数量及市场份额。通常情况下，经营者数量越少，每个经营者的市场份额就越多，市场集中度就越高；市场集中度越高，市场竞争程度就越弱，或者说，垄断程度就越强。

经营者集中会带来市场集中度的改变，市场集中度提高得越多，集中后经营者或者少数经营者控制市场的能力就越强，集中的竞争损害就越明显。市场集中度的提高可能会导致协调效应，即集中后的经营者更容易协调彼此的行动。一般来说，集中会减少市场上的经营者数量，剩余经营者之间更容易达成垄断协议，且垄断协议的监督成本、惩罚背离行为的成本都随之降低，垄断协议实施起来也更为容易。由于市场集中度的变化能直观地反映集中将使得市场变得更具竞争性还是更具垄断性，以及竞争性或垄断性发生了何种程度的变化，它比市场份额更能准确反映一项集中交易对市场竞争的影响。

一般来说，市场集中度的衡量方法主要有两种：

第一，赫芬达尔—赫希曼指数（HHI 指数），指相关市场中每个企业市场份额的平方和。当以百分比的方式计算出所有企业的市场份额时，[①]

---

① HHI 指数的精确计算需要以相关市场上所有企业的市场份额为基础，但市场份额较小的企业对 HHI 指数的影响不大，因此实践中，如果相关市场上企业数量较多，执法机构计算 HHI 指数时可能会将小企业的市场份额忽略不计。此外，执法机构通常会在相关市场上经营者数量不多时，选择用 HHI 指数来衡量市场集中度，如果企业数量较多，执法机构可能倾向于选择 CRn 指数（详见下文）。

HHI 指数即这些百分数中分子的平方和。例如，市场上只有一个企业，市场份额为 100%，HHI 指数就是 10000（100 的平方）；市场上有两个企业，市场份额分别为 50%、50%，HHI 指数就是 5000（50 的平方加上 50 的平方）。如果市场上的竞争者数量非常多，以至于每个竞争者的市场份额都极小，则 HHI 指数趋近于 0。可见，HHI 指数的范围为 0~10000。数值越大，市场集中度越高，市场越趋于垄断；数值越小，市场集中度越低，市场越趋于竞争。经营者集中审查时，反垄断执法机构主要是比较集中前后的 HHI 指数变化幅度，HHI 指数增加越大，集中对市场竞争的影响就越大。

案例："甲公司收购乙音乐集团案"。在甲公司收购乙音乐集团案的处罚决定书中，市场监管总局指出，从本案相关市场的赫芬达尔—赫希曼指数（HHI 指数）看，交易后为 6950，为高度集中市场，集中产生的增量为 3350。因此，本次交易导致相关市场集中度进一步提高，竞争被进一步削弱。①

第二，市场集中率即 CRn 指数，指相关市场上前 n 家企业的市场份额之和。CRn 指数的基本原理是，市场上 n 个最大的企业很可能会共谋，市场的其他部分仍然是竞争的。因此，如果这 n 个企业构成市场的全部或绝大部分，则市场上的价格基本就是垄断的；如果这 n 个企业的市场份额很小，则它们无能力将价格提到竞争性水平之上，即不具有实施反竞争行为的市场力量。实践中，执法机构会根据个案情况选择 n 的具体范围，比较常用的是 4，即考察 CR4 指数的大小。

案例："科某远、丰某中国、P××E、新某源、丰某通商拟设立合营企业案"。2013 年 12 月 31 日，商务部收到上述五公司拟设立合营企业的经营者集中反垄断申报。经审查，商务部决定附加限制性条件批准此项经营者集中。

本案涉及的相关市场界定为全球车用镍氢电池市场和中国混合动力汽车市场。在分析第一个相关市场的市场集中度时，商务部使用了 CR4 指数。商务部经审查发现，全球车用镍氢电池市场的行业集中度高，P××E、松某、科某远以及江某自控四家公司的市场集中度（CR4）高达 97%，几乎垄断了全球车用镍氢电池的供应。此次 P××E 和科某远共同设立合

---

① 参见国家市场监督管理总局国市监处〔2021〕67 号行政处罚决定书，载国家市场监督管理总局网站，https：//www. samr. gov. cn/xw/zj/202107/P020210724302729586098. pdf，最后访问时间：2022 年 7 月 1 日。

营企业，使P××E、松某、科某远全球三大车用镍氢电池生产商之间具有不同程度的共同利益，将减弱三者之间的竞争意愿，产生限制竞争的效果。①

三、经营者集中对市场进入的影响

评估经营者集中对市场进入的影响，可以考虑经营者通过控制生产要素、销售和采购渠道、关键技术、关键设施等方式影响市场进入的情况，并考虑进入的可能性、及时性和充分性。

第一，市场进入的可能性。潜在竞争者能对集中后的经营者形成竞争约束，但竞争约束形成的前提是潜在竞争者有可能进入相关市场。这意味着，潜在竞争者能以合理的成本获得进入市场所需要的资金、原材料、专利、技术等，或者在位经营者实施掠夺性定价、排他交易、拒绝交易等方式人为制造的进入壁垒不会实质上对潜在竞争者进入市场形成障碍。

第二，市场进入的及时性。即便潜在竞争者可能进入市场，但如果进入市场所需时间太长，则潜在竞争者也无法对集中后的经营者施加有效竞争约束，因为集中后的经营者可以在没有市场进入的这段时间内通过减少产量、提高价格、降低质量等获得高额利润。至于何时进入市场才能被认为是及时的，反垄断执法机构需要根据个案判断。不过考虑到市场力量一般指企业能够在较长时期内有利可图地提高商品或服务价格的能力，市场进入所需时长不应当超过这里的“较长时期内”。

第三，市场进入的充分性。新进入的竞争者只有能够与集中后的经营者相抗衡，市场竞争才能有所保证。这主要体现为，集中后的经营者一旦涨价，消费者可以充分转向这些新进入者。因此，新进入者必须满足发生转向的消费者的需求。这时，新进入的竞争者要么数量众多，要么虽然数量不多，但也能满足绝大多数转向消费者的需求。

四、经营者集中对技术进步的影响

在评估经营者集中对技术进步的影响时，反垄断执法机构可以考虑经营者集中对相关主体技术创新动力、技术研发投入和利用、技术资源整合等方面的影响。

反垄断法上的创新应当作两种解释：一是创新动机的强弱；二是创新能力的强弱。两者之间可能存在一定的冲突。例如，垄断更有利于提高创新能力，竞争则更有利于增强创新动机。因此从理论上看，不同市场结构

---

① 参见《中华人民共和国商务部2014年第49号公告》，载商务部网站，http：//www.mofcom.gov.cn/article/b/g/201409/20140900740681.shtml，最后访问时间：2022年7月1日。

可能都有利于创新，只是分工不同、创新的实现机制也不同。反垄断法的实施需要平衡不同行业、不同类型企业的创新动机和创新能力。一项经营者集中，既可能促进创新，也可能损害创新，反垄断执法机构需要找到其中的平衡点。不过通常来说，涉及科技领域的集中，对创新具有更大的影响；被并购方如果是一个创新性比较强的企业，集中可能带来的创新损害就越需要重视。

五、经营者集中对消费者和其他有关经营者的影响

评估经营者集中对消费者的影响，可以考虑经营者集中对产品或者服务的价格、质量、数量、多样化等方面的影响。一般来说，反垄断法上的消费者利益，主要指向价格以及与价格密切相关的质量、数量、产品多样化等方案。在传统经济和数字经济领域，消费者利益的内容也有一定的差异。同时，评估消费者利益时，还需要特别注意以下问题：第一，评估集中对消费者的影响，应当着眼于消费者群体而非单个消费者。正如反垄断法保护竞争但不保护单个竞争者一样，反垄断法也不保护单个消费者而是保护整个消费者群体。第二，集中对消费者的影响是通过特定的方式实现的，这种方式既可能是通过对商品或服务减少产量、提高价格、降低质量等损害消费者福利，也可能是通过降低商品或服务的多样性等来损害消费者选择权。第三，消费者利益有时可以量化，有时未必能够量化，不能量化的消费者利益也需要考虑。第四，消费者利益的内容不断拓展，数字时代的消费者利益和传统经济下的消费者利益未必相同。

评估经营者集中对其他有关经营者的影响，可以考虑经营者集中对同一相关市场、上下游市场或者关联市场经营者的市场进入、交易机会等竞争条件的影响。经营者行使反竞争行为可能提高潜在竞争者进入相关市场的壁垒，甚至造成封锁效应。这都是其对相关经营者影响的具体体现。

案例：“虎某公司与斗某国际控股有限公司合并案”。2021 年 7 月公布的虎某公司（以下简称虎某）与斗某国际控股有限公司（以下简称斗某）合并案，是我国反垄断执法机构禁止的第三个集中案件。

本项集中的双方当事人都与腾某控股有限公司（以下简称腾某）存在关联。交易前，腾某已具有虎某单独控制权和斗某共同控制权，但虎某和斗某之间尚存在一定的竞争，本项集中将彻底消除这种竞争，进一步强化其市场支配地位。

市场监管总局认为，集中将使腾某在上游中国境内网络游戏运营服务市场和下游中国境内游戏直播市场拥有双向封锁能力，可能具有排除、限制竞争效果。

1. 腾某在上下游市场均拥有较强的市场控制力，有能力实施双向纵向封锁。一是集中后实体在上下游均拥有较强的市场力量。在上游中国境内网络游戏运营服务市场，腾某市场份额超过40%，排名第一。其他竞争者市场份额远低于腾某，难以对其构成有效竞争约束。在下游中国境内游戏直播市场，集中后实体以营业额、活跃用户数和主播资源计算的市场份额均超过60%。二是网络游戏运营服务市场进入壁垒高，短期内出现新进入者可能性不大。进入市场的资金和时间成本较高，且需要取得有关资质、获得游戏版号。宣发渠道对游戏推广具有重要作用，游戏直播是网络游戏的重要推广渠道，交易将进一步提高网络游戏运营服务市场进入门槛。

2. 集中后实体有动机实施双向纵向封锁。一方面，网络游戏运营服务商拥有的游戏著作权使用许可是开展游戏直播的关键。腾某有动机通过网络游戏著作权许可封锁，排除、限制游戏直播市场竞争，进一步强化其在游戏直播市场的竞争优势。另一方面，游戏直播是重要的游戏内容推广渠道，二者用户具有高度重合性，可以相互转化。网络游戏运营服务商的主要盈利来自玩家付费或广告商付费。交易完成后，腾某有动机利用其控制的游戏直播平台对网络游戏市场竞争者实施推广渠道封锁，排除、限制上游网络游戏运营服务市场竞争。

因此，本项集中后，腾某在上下游均拥有较强的市场控制力，有能力和动机对下游游戏直播市场的竞争对手实施网络游戏著作权许可封锁，对上游网络游戏运营服务市场的竞争对手实施直播推广渠道封锁，在上下游市场形成闭环，排挤现有竞争对手、扼杀潜在竞争对手。①

六、经营者集中对国民经济发展的影响

集中不仅会影响相关市场中经营者之间的竞争，也可能对整体的国民经济发展造成影响。任何经营者集中都发生在特定产业，有些产业在国家经济发展中具有重要地位，审查这个领域的集中案件，就需要考察集中交易对国民经济发展的影响。例如，我国近年来半导体行业发生了大量的集中案件，且多属于境外企业对境内企业的并购，对这些涉及“卡脖子”技术的产业，经营者集中审查的考虑因素就必须包括其对国民经济发展的影

---

① 参见《市场监管总局关于禁止虎某公司与斗某国际控股有限公司合并案反垄断审查决定的公告》，载国家市场监督管理总局网站，https://www.samr.gov.cn/fldys/tzgg/ftj/202204/t20220424_342157.html，最后访问时间：2022年7月1日。

响。此外，集中还可能发生在一些关系到国民经济发展命脉的重要行业，如航空航天、信息技术、高铁行业等，当集中发生于这些行业时，反垄断执法机构也应当考虑集中对国民经济发展的影响。

七、应当考虑的影响市场竞争的其他因素

集中是否会以及会在多大程度上损害市场竞争，主要受参与集中的经营者的市场力量、相关市场的市场集中度等内在因素的影响。通常情况下，经营者市场份额越大、市场集中度越高，集中越有可能限制市场竞争。集中对市场竞争的具体影响，主要体现在市场进入、技术进步、消费者利益、其他有关竞争者利益、国民经济发展等方面。反垄断执法机构审查经营者集中，主要考虑上述各类要素。

除此之外，个案中还可能存在一些其他因素需要考虑。例如，交易相对人的抗衡力量、纵向一体化的性质和程度等。此外，反垄断执法机构还可以综合考虑集中对公共利益的影响，如对环境保护、救灾救助、文化多样性的影响，以及参与集中的经营者是否为濒临破产的企业等因素。这些因素在反垄断法第三十三条中，主要体现为兜底项，即“国务院反垄断执法机构认为应当考虑的影响市场竞争的其他因素”。

案例：“马某基、某海航运、某飞设立网络中心经营者集中案”。2013年9月18日，商务部收到马某基、某海航运、某飞设立网络中心的经营者集中反垄断申报。2013年12月19日，商务部立案。2014年1月18日，商务部决定对此项经营者集中实施进一步审查。2014年4月18日，商务部决定延长进一步审查期限，截止日期为2014年6月17日。审查过程中，商务部征求了相关政府部门、行业协会和相关企业的意见，了解了相关市场界定、市场结构、行业特征、未来发展前景等方面信息，并对申报方提交的文件、资料的真实性、完整性和准确性进行了审核，同时，聘请独立第三方机构对此项集中的竞争问题进行了法律和经济分析论证。

商务部认为，本案相关商品市场为国际集装箱班轮运输服务市场，相关地域市场为亚洲—欧洲航线、跨太平洋航线和跨大西洋航线。经评估，商务部认为，此项集中具有或者可能具有排除、限制竞争效果。理由包括：

（1）本次交易形成了紧密型联营，与松散型的传统航运联盟有实质不同。审查发现，在合作形式方面，传统的航运联盟一般采取船舶共享、箱位互换等合作形式；本案中，交易方通过共同设立网络中心，对交易方在合作航线上的所有船舶进行日常管理，交易方仅保留对船舶的技术管理权。在运营程序方面，航运联盟通过每条航线的代表组成的委员会对运营进行协调；本案中，由网络中心根据事先商定的工作程序单独负责管理运营。在费用分摊方面，航运联盟各成员各自承担船舶的运营费用，独立核算并承担成本；本案中，通过规定航次成本（包括租船费、燃油费、港口费、运河费），合作涉及的所有航线分为若干结算组统一结算成本并分摊船舶运营成本。在未使用箱位销售方面，航运联盟成员根据所有权人利益条款可直接出售给其他成员，或出售、转租给任何第三方；本案中，交易方对未使用箱位的销售由网络中心统一协调处理。在停航方面，航运联盟由成员共同商定；本案中，由网络中心直接决定。

（2）本次交易显著增强交易方的市场控制力。运力份额是反映集装箱班轮运输企业市场力量的重要指标之一。截至2014年1月1日，马某基、某海航运、某飞在亚洲—欧洲航线运力份额分别为20.6%、15.2%、10.9%，分别排名第一、第二、第三，任一交易方的运力份额均超过其他竞争对手。交易方合计运力份额高达46.7%，运力整合后的市场控制力明显增强。

（3）本次交易将大幅提高相关市场的集中度。审查表明，交易前，市场上存在包括本案交易方在内的多个竞争者，亚洲—欧洲航线国际集装箱班轮海运市场的赫芬达尔—赫希曼指数（HHI）值约为890。交易后，由于交易方形成紧密型联营，减少了市场主要竞争者的数量，HHI值增至约2240，HHI值变量约为1350。亚洲—欧洲航线集装箱班轮运输服务市场将从较为分散变为高度集中，市场结构将发生明显变化。

（4）本次交易将进一步推高相关市场的进入壁垒。国际集装箱班轮海运服务是资金密集型行业，具有规模经济效应，但市场中存在一定数量且具有有效竞争关系的竞争者是维护市场竞争的必要条件。本次交易集合了交易方的实力，整合交易方的运营网络，消除了相关市场中主要竞争者之间的有效竞争，可能进一步推高国际集装箱班轮海运服务市场的进入壁垒，难以产生新的有竞争力的制约力量。

（5）本次交易对其他有关经营者的影响。交易完成后，交易方通过整合其航线和运力资源，进一步增强其市场控制力，可能挤压其他竞争者的发展空间，使其在未来的竞争中进一步处于劣势地位。审查发现，货主企业对集装箱运输的议价能力较弱。交易方可能利用其增强的市场控制力损害货主的利益。本案还将增强交易方对港口的议价能力。为争取交易方船舶挂靠，港口可能被迫接受更低的港口服务价格，给港口发展带来负面影响。①

---

① 参见《中华人民共和国商务部2014年第46号公告》，载商务部网站，http：//www.mofcom.gov.cn/article/b/c/201406/20140600628730.shtml，最后访问时间：2022年7月1日。

【适用指南】

1. 企业的自我评估

根据反垄断法第二十八条的规定，经营者向国务院反垄断执法机构申报集中时，应当提交的文件、资料包括“集中对相关市场竞争状况影响的说明”。因此，参与集中的当事人需要对集中的竞争影响进行自我评估。为此，经营者需要界定集中案件的相关市场，并提供市场份额、市场集中度等数据，还要分析集中对竞争秩序、市场进入、消费者利益、其他经营者利益的影响。实践中，大多经营者集中案件都由经营者委托律师事务所代为申报，所以，竞争影响的自我评估一般由律师事务所完成。

2. 反垄断执法机构的审查

反垄断法第三十三条虽然以列举方式规定了经营者集中审查的主要考虑因素，但这只能反映一般情况。每个经营者集中案件都有特殊性，需要考虑的具体因素可能与其他案件不同，而且在一个案件中能够反映竞争损害的因素在其他案件中未必代表竞争损害。反垄断执法机构应当基于不同集中案件的特殊性，选择适合本案的重点审查因素与分析方法。例如，在当前讨论较多的“扼杀式并购”中，传统的市场份额、市场集中度等因素，较难反映这类集中的竞争损害。“扼杀式并购”的基本含义是，大企业收购目标企业，目的是终止其正在进行的创新项目。[①] 大企业之所以收购目标企业，是因为目标企业的创新项目一旦成功，会构成对自己的挑战，收购是为了消灭这种竞争威胁，即“扼杀”创新项目。“扼杀式并购”的竞争损害主要体现为创新遏制和限制未来的市场竞争。这种损害难以通过分析当前市场上的各种因素来证明，例如，被并购方的市场份额小，并购引起的市场集中度变化也不会太大。

【相关规定】

《中华人民共和国反垄断法》第二十三条。

---

① ［美］科琳·坎宁安、弗洛里安·埃德勒兹、宋·麦克斯：《扼杀式并购》，载社会科学研究网，https：//ssrn. com/abstract=3241707，最后访问时间：2022 年 8 月 16 日。

第三十四条　【经营者集中审查标准和抗辩制度】 经营者集中具有或者可能具有排除、限制竞争效果的，国务院反垄断执法机构应当作出禁止经营者集中的决定。但是，经营者能够证明该集中对竞争产生的有利影响明显大于不利影响，或者符合社会公共利益的，国务院反垄断执法机构可以作出对经营者集中不予禁止的决定。

【条文主旨】

本条是关于经营者集中的审查标准和抗辩制度的规定。

【条文释义】

一、经营者集中的审查标准

本条确立了我国经营者集中的审查标准是“排除、限制竞争效果”，即经营者集中具有或者可能具有排除、限制竞争效果的，国务院反垄断执法机构应当作出禁止经营者集中的决定。

美国《克莱顿法》第七条确立的集中审查标准是“实质性减少竞争或趋于产生垄断”（substantially to lessen competition, or to tend to create a monopoly）。[①] 欧盟《合并控制条例》第二条确立的集中审查标准是“严重妨碍有效竞争”（significantly impede effective competition）。[②]

集中的审查标准比较抽象，在美国和欧盟的合并指南中，抽象的审查标准又具体化为两种竞争损害效应：一是单边效应（Unilateral Effects），又称非协调效应（Non-coordinated effects），主要指集中产生或加强了某一经营者单独排除、限制竞争的能力、动机及其可能性；二是协调效应（Coordinated effects），主要指集中产生或加强了相关经营者共同排除、限制竞争的能力、动机或可能性。简单来说，单边效应指单个经营者是否因集中而获得更大的市场力量进而有可能从事涨价等行为；协调效应指集中是否会改变市场结构，导致市场更加透明，进而市场份额较高的几个经营者更容易从事协调行为。

---

① 美国法典第十五编第十八条。

② 欧盟理事会关于控制企业集中的第 139/2004 号条例（2004 年 1 月 20 日）第二条。

在经营者集中审查实践中，单边效应和协调效应的判断，体现为当事人的市场份额、市场集中度、相对人的抗衡能力等更为具体的因素。因此，我国反垄断法第三十三条列举的经营者集中审查因素，可以视作第三十四条所说的“排除、限制竞争效果”的具体分析方法。

二、经营者集中的抗辩制度

执法机构认为经营者集中具有或者可能具有排除、限制竞争效果的，会告知申报人，并设定允许经营者提交书面意见的合理期限。经营者为避免集中被禁止，可以通过提交书面意见进行抗辩。经营者集中抗辩可以分为效率抗辩和社会公共利益抗辩两种。反垄断法第三十四条所说的集中“对竞争产生的有利影响明显大于不利影响”，主要指效率抗辩；集中“符合社会公共利益的”，主要指社会公共利益抗辩。当事人援引效率抗辩的，要证明集中产生了更大的经济方面的积极效果，包括降低价格、提高产量、促进创新等。当事人援引社会公共利益抗辩的，要证明集中虽然没有带来更大的经济效率，但有助于非经济性社会公共利益的实现，如有助于节约能源、保护环境、救灾救助等。

【适用指南】

一、单边效应与协调效应的评估

对反垄断执法机构来说，评估经营者集中竞争损害，主要就是分析集中的单边效应和协调效应。不同类型的经营者集中，所产生的这两种效应会有较大差异，反垄断执法机构一般需要分别考虑。

（一）横向集中

1. 单边效应

评估横向集中是否会产生单边效应，主要应看集中是否会增强单一企业的市场力量，从而便利其单方涨价行为，或产生排斥、扭曲市场竞争等反垄断法意义上的损害。实践中，单边效应一般可通过分析以下因素来评估：集中在多大程度上增加了经营者的市场份额、合并是否会消除当事人重要的竞争威胁、合并是否会减少用户的转换机会或增加转换成本、合并是否会增加竞争对手市场扩张的难度等。一般来说，对紧密竞争对手（close competitors）的合并会增大单边效应，合并方之间的竞争关系越激烈，合并的单边效应越明显，合并对市场竞争的损害越大。实践中，反垄断法执法机构可能会使用“分流比”等评估工具来分析单边效应。

案例："甲公司收购乙公司股权案"。2021 年 3 月 11 日，市场监管总局收到甲公司收购乙公司股权案的经营者集中反垄断申报。经审查，市场监管总局决定附加限制性条件批准此项经营者集中。

市场监管总局认为，本次集中消除了交易双方之间的紧密竞争关系。交易前，甲公司、乙公司在中国境内高端电液伺服材料测试设备市场上分别排名第一和第二，是最为紧密的竞争对手。审查发现：一是甲公司、乙公司生产的电液伺服材料测试设备在性能、质量方面均属高端产品，两者在同一层面竞争；二是甲公司、乙公司在同一招投标中同时出现的频率最高，远高于其他竞争者；三是基于当事方提交的招投标数据，同样验证了集中双方是中国境内高端电液伺服材料测试设备市场上最为紧密竞争对手。本次交易将消除相关市场上两个最主要竞争者之间的竞争约束。①

2. 协调效应

评估集中是否会产生协调效应，主要看集中后的市场条件是否有助于促进协调行动（共谋），因为在一个充分竞争的市场中，垄断协议很难达成或即使达成也很难维持。

根据欧盟《横向合并评估指南》，审查横向集中是否会产生协调效应，主要看集中是否会形成一个高度透明的市场，从而强化集中后的企业采取一致行动。这主要分析三个因素，也即协调效应持续存在的三个条件：集中是否增强了市场透明度，进而使得监督机制很容易建立；集中后是否便于对背离协调行为施加惩罚；竞争者、交易相对人的行动能否削弱集中后的一致行动。② 美国《横向合并指南》指出，评估协调效应的重要指标是市场集中度，③ 同时也要求对经营者过去是否从事过协调行为等历史行为进行考察。

案例："丙株式会社收购丁公司部分业务案"。2020 年 12 月 15 日，市场监管总局收到本案的经营者集中反垄断申报。经审查，市场监管总局决定附加限制性条件批准此项经营者集中。

市场监管总局在"竞争分析"部分认为，本项集中可能增强相关市场竞争者协调价格的动机和能力。交易完成后，SATA 企业级固态硬盘市场

---

① 参见《市场监管总局关于附加限制性条件批准甲公司收购乙公司股权案反垄断审查决定的公告》，载国家市场监督管理总局网站，https：//www. samr. gov. cn/fldys/tzgg/ftj/202204/t20220424_342159. html，最后访问时间：2022 年 7 月 1 日。

② 关于在控制企业集中的第 139/2004 号条例下评估横向合并的指南（2004），第 44~57 段。

③ 美国司法部和联邦贸易委员会：《横向合并指南》（2010），第 25 页。

主要竞争者由4家减少为3家，全球合计市场份额超过90%；PCIe企业级固态硬盘市场主要竞争者由3家减少为2家，全球合计市场份额超过80%。固态硬盘市场技术成熟，价格相对透明，客户主要通过招投标方式采购。在主要竞争者数量减少的情况下，竞争者之间通过明示或默示方式进行沟通协调的成本降低，经营者也更容易通过中标结果，推测其他竞争者的定价策略。同时，固态硬盘市场协调价格行为获利空间较大，背离协调的行为更易被发现和受到约束，竞争者间协调价格的动机和能力进一步提高。①

（二）纵向集中

1. 单边效应

纵向集中最主要的单边效应体现为封锁效应（foreclosure），包括原料封锁（Input foreclosure）和客户封锁（Customer foreclosure）两种。具体是指，如果经营者合并的上游原料供应商或下游销售商在市场上非常重要，合并后该供应商或销售商可能不再与并购方的经营者对手合作，从而对竞争对手造成市场封锁效果，或者大幅度提高竞争对手的成本。②

案例："A公司收购B公司股权案"。2019年10月22日，市场监管总局收到A公司收购B公司股权案的经营者集中反垄断申报。经审查，市场监管总局决定附加限制性条件批准此项经营者集中。

市场监管总局经审查发现，B公司在上游相干数字信号处理器、相干光子集成电路、相干光收发模块市场和A公司在下游光传输系统市场存在纵向关系，两者在相干光收发模块市场和路由器市场存在相邻关系。在"竞争分析"部分，市场监管总局认为，本项集中对中国光传输系统市场可能具有排除、限制竞争效果。

（1）集中后实体具有实施原料封锁的能力

第一，集中后实体在上游独立相干数字信号处理器市场具有较强市场力量。在全球和中国相干数字信号处理器市场上，B公司市场份额分别为45%~50%和40%~45%，均排名第一，与其他竞争者相比优势明显，集中后A公司可以凭借公司较强实力，加大资金支持力度，巩固或者增强其市场力量。

---

① 参见《市场监管总局关于附加限制性条件批准丙株式会社收购丁公司部分业务案反垄断审查决定的公告》，载国家市场监督管理总局网站，https：//www. samr. gov. cn/fldys/tzgg/ftj/202204/t20220424_342161. html，最后访问时间：2022年7月1日。

② Guidelines on the assessment of non-horizontal mergers under the Council Regulation on the control of concentrations between undertakings（2008/C 265/07），para. 29.

第二，相干数字信号处理器是光传输系统的核心部件。相干数字信号处理器成本约占相干光收发模块成本的40%～45%，决定了光传输系统的功耗、架构、传输距离等关键性能，对光传输系统产品竞争力具有重要意义。

第三，光传输系统厂商更换独立相干数字信号处理器供应商成本高、难度大。相干数字信号处理器的编码协议由供应商自行设计，不同供应商的产品无法兼容。下游光传输系统厂商确定相干数字信号处理器供应商后，再行更换将导致产品难以兼容，大幅提高后续维护技术难度和成本。因此，双方通常签署10年以上的服务支持协议，光传输系统厂商对独立相干数字信号处理器供应商具有较强的用户粘性，很难在短期内更换。

第四，独立相干数字信号处理器市场进入壁垒高，短期难以出现新进入者。相干数字信号处理器技术门槛高、研发投入大、失败概率高，相关市场存在较高的技术和资金壁垒，短期内难以出现能够形成有效竞争约束的进入者。

（2）集中后实体具有实施原料封锁的动机

第一，光传输系统市场发展潜力巨大。光传输设备具有传输距离远、信号不易丢失等优点，应用范围日益广泛，市场规模持续快速扩大，特别是数据中心和5G建设使得光传输系统需求增长迅速，行业发展前景广阔。面对不断增长的市场需求，集中后实体有动机提高光传输系统市场占有率，获取更广阔的市场发展空间。

第二，集中后实体可能减少甚至停止对外销售相干数字信号处理器。A公司作为一体化生产商，本身不对外销售相干数字信号处理器。在收购独立生产商B公司后，可能改变B公司的经营模式，将其产品更多用于自用，减少甚至不再对外销售，以限制光传输系统市场上的竞争者，增强自身产品竞争优势，获得更多市场份额。

第三，集中后实体提高相干数字信号处理器价格能够增加利润。经济学量化分析结果显示，A公司在中国光传输系统市场价格和利润率均较高，集中后实体提高上游相干数字信号处理器价格导致销量下降所产生的利润损失，完全可以通过下游光传输系统销售的增加来弥补。因此，集中后实体有动机提高中国市场相干数字信号处理器的价格以获利。

（3）集中可能在中国光传输系统市场产生排除、限制竞争效果

第一，集中后实体可能通过拒绝交易等行为排除、限制市场竞争。中国光传输系统市场发展迅速，是全球最大的相干数字信号处理器需求国，很多光传输系统厂商在相干数字信号处理器上依赖外部供应。如果集中后

实体实施原料封锁，其他光传输系统厂商甚至可能被直接排挤出市场，失去发展机会，影响中国光传输系统市场竞争。

第二，集中后实体可能通过提高相干数字信号处理器价格排除、限制市场竞争。集中后实体提高相干数字信号处理器产品价格，将增加下游其他光传输系统厂商的生产成本，削弱其竞争者的竞争能力，扩大自身竞争优势，排除、限制中国光传输系统市场竞争，并损害下游客户和消费者的利益。[①]

2. 协调效应

纵向集中的协调效应主要体现为通过集中，可以减少上游或下游的竞争者，从而便利共谋，甚至可以消除那些不愿协调的“异类”。分析纵向集中的协调效应，与横向集中类似，都是评估集中对市场透明度、惩罚机制和外部反应的影响。

二、经营者集中抗辩的适用条件

经营者集中审查是一种事前防御机制，无论是反竞争效果的评估还是对集中所产生的积极影响的评估均带有一定的预测性。因此，建立稳定的分析模式能够增强审查的准确性和确定性。不过，反垄断法第三十四条对经营者集中抗辩制度的规定比较简单，没有详细列明抗辩的具体适用条件。

（一）效率抗辩的适用条件

在反垄断法中，效率抗辩主要体现为“对竞争产生的有利影响明显大于不利影响”。由于“有利影响”和“明显大于”的标准具有模糊性，而配套规章中也没有对这两项标准进行细化规定，因此可以考虑结合反垄断法的其他条文进行解释和分析。

在“垄断协议”一章，反垄断法第二十条规定的豁免制度也涉及效率抗辩。根据该条，能被豁免的垄断协议除要产生经济效率外，还有额外条件。首先，经营者必须证明“所达成的协议不会严重限制相关市场的竞争，并且能够使消费者分享由此产生的利益”。其次，根据《禁止垄断协议暂行规定》第二十七条第一款，反垄断执法机构认定被调查的垄断协议是否属于反垄断法第十五条规定的情形，应当考虑下列因素：（1）协议实现该情形的具体形式和效果；（2）协议与实现该情形之间的因果关系；（3）协议是否是实现该情形的必要条件；（4）其他可以证明协议属于相关情形的因素。这里特别强调了协议具有必要性，即只有达成限制竞争的垄

---

① 参见《市场监管总局关于附加限制性条件批准A公司收购B公司股权案反垄断审查决定的公告》，载国家市场监督管理总局网站，https://www.samr.gov.cn/fldys/tzgg/ftj/202204/t20220424_342153.html，最后访问时间：2022年7月1日。

断协议才能实现豁免情形、带来经济利益。

由以上分析可知，经营者集中的效率抗辩，主要应从以下几个方面进行判断。企业在集中审查中主张效率抗辩的，也可以从以下几个方面进行证明：第一，集中能够带来经济效率，即能够产生经济上的好处，如降低商品价格、提高质量、增加商品种类或促进创新等。第二，上述好处能够使得消费者受益。第三，效率是客观存在的，具有可验证性，而非经营者的想象，或者具有极大的不确定性。第四，效率为集中所特有，即集中和效率的产生具有因果关系，集中是效率产生的必不可少的手段，没有集中也就无法获得这样的效率。第五，集中不会严重限制相关市场的竞争，即相比效率，集中带来的损害更小。

（二）社会公共利益抗辩的适用条件

1. 破产抗辩

经营者集中的社会公共利益抗辩，最主要的类型是破产抗辩。我国《经营者集中审查暂行规定》第三十条也有规定，即“评估经营者集中的竞争影响，还可以综合考虑集中对公共利益的影响、参与集中的经营者是否为濒临破产的企业等因素”。只不过，本条内容规定的是经营者抗辩制度，表述上却被定位为反垄断执法机构应当考虑的因素。实际上，在经营者集中审查中，主张集中带来经济效率或符合社会公共利益，主要是经营者的权利，而非执法机构的义务。执法机构在经营者集中审查中，只需要先对集中具有或可能具有的排除、限制竞争效果进行分析，然后再由经营者提出积极效果抗辩，最后由执法机构对消极效果和积极效果进行平衡。

2. 其他社会公共利益抗辩

社会公共利益的内涵和外延非常丰富，非经济方面的各种利益都可被解释为社会公共利益。总的来说，社会公共利益抗辩是一种针对非经济性收益的抗辩，其原理是，如果一项集中带来了比经济效率更为重要的社会层面的价值，则可予以豁免。一般来说，这里的社会公共利益可能处于比经济效率更为重要的价值位阶，因此在进行豁免分析时不宜进行定量比较，本条规定的豁免条件也的确没有涉及“利大于弊”的要求。同时，社会公共利益抗辩一般也不需要满足“集中不会严重限制相关市场的竞争”这一要件。①

---

① 例如，南北车合并就是一个典型的有利于社会公共利益的合并。参见《南北车合并将助力中国高端装备“走出去”》，载人民网，http：//politics. people. com. cn/n/2015/0326/c1001-26751612. html，最后访问时间：2022 年 8 月 1 日。

【相关规定】

《中华人民共和国反垄断法》第一条、第二十条。

第三十五条 【经营者集中的救济措施】对不予禁止的经营者集中，国务院反垄断执法机构可以决定附加减少集中对竞争产生不利影响的限制性条件。

【条文主旨】

本条是关于经营者集中附加限制性条件的规定，也可以称为经营者集中的救济措施。

【条文释义】

一、限制性条件的概念

经营者集中附加限制性条件是指，在经营者集中审查中，对于具有或者可能具有排除、限制竞争影响的集中案件，如果参与集中的当事人作出相关承诺以消除集中具有或者可能具有排除、限制竞争影响，反垄断执法机构可以接受当事人的承诺，以附加限制性条件的方式批准集中交易。"限制性条件"是我国反垄断法中的提法，美国和欧盟主要称"救济措施"，经营者集中附加限制性条件批准制度因此也被称为"经营者集中救济制度"，或者"合并救济制度"。

二、限制性条件的类型

限制性条件主要有两类：第一，结构性条件，又称结构性救济、资产或业务剥离，主要体现为对经营者特定权益的处分，包括剥离有形资产，知识产权、数据等无形资产或者相关权益（这些处分的权益被称为"剥离业务"）；第二，行为性条件，又称行为性救济，主要体现为对经营者特定行为的约束，其内容具有开放性，可以包括开放网络或者平台等基础设施、许可关键技术（包括专利或者其他知识产权）、终止排他性协议、保持独立运营、修改平台规则或者算法、承诺兼容或者不降低互操作性水平等。

实践中，两种救济措施既可以单独适用，也可以并行适用。

1. 单独附加行为性救济措施

案例："××××士株式会社收购英××公司部分业务案"。2020年12月15日，市场监管总局收到××××士株式会社（以下简称××××士）收购英××公司部分业务（以下简称目标业务）案（以下简称本案）的经营者集中反垄断申报。经审查，市场监管总局决定附加限制性条件批准此项经营者集中。

市场监管总局经审查认为，鉴于此项经营者集中在PCIe企业级固态硬盘、SATA企业级固态硬盘市场具有或可能具有排除、限制竞争效果，根据申报方提交的附加限制性条件承诺方案，市场监管总局决定附加限制性条件批准此项集中，要求集中后实体履行如下义务：

（1）不得以不合理的价格向中国境内市场供应PCIe企业级固态硬盘产品和SATA企业级固态硬盘产品。向中国境内市场销售的PCIe企业级固态硬盘产品和SATA企业级固态硬盘产品的价格，在交易条款相当的情况下，不得高于其在生效日前24个月内的平均价格。

（2）在生效日起5年内持续扩大PCIe企业级固态硬盘产品和SATA企业级固态硬盘产品的产量。

（3）依据公平、合理、无歧视原则向中国境内市场继续供应所有产品。

（4）不得强制或者变相强制中国境内市场的客户从××××士或××××士控制的任何公司排他性地采购产品；不得将PCIe企业级固态硬盘产品与其他产品，SATA企业级固态硬盘产品与其他产品强制搭售或捆绑销售。①

案例："思×系统公司收购阿××通信公司股权案"。2019年10月22日，市场监管总局收到思×系统公司收购阿××通信公司股权案的经营者集中反垄断申报。经审查，市场监管总局决定附加限制性条件批准此项经营者集中。

鉴于此项经营者集中对中国光传输系统市场可能具有排除、限制竞争效果，根据申报方提交的附加限制性条件承诺方案，市场监管总局决定附加限制性条件批准此项集中，要求集中后实体履行如下义务：

（1）交易双方和集中后实体将继续履行现有客户合同，包括各项商业条款以及现有销售做法和程序。除非相关中国客户自行决定终止现有客户

---

① 参见《市场监管总局关于附加限制性条件批准××××士株式会社收购英××公司部分业务案反垄断审查决定的公告》，载国家市场监督管理总局网站，https：//www.samr.gov.cn/fldys/tzgg/ftj/202204/t20220424_342161.html，最后访问时间：2022年7月1日。

合同，交易双方和集中后实体不得终止现有客户合同。

（2）交易双方和集中后实体应按照公平、合理、无歧视的原则，继续向中国客户供应相干数字信号处理器。

（3）交易双方和集中后实体不得在销售相干数字信号处理器时对中国客户强制搭售商品，或附加其他不合理的交易条件。

（4）交易双方和集中后实体应对其相关管理人员和员工进行培训，采取必要措施，确保承诺方案落实。

（5）帮助一个第三方竞争者进入 PCIe 企业级固态硬盘和 SATA 企业级固态硬盘市场。

（6）不得在销售价格、产量或销量方面与其在中国的主要竞争对手达成任何排除或限制竞争的书面或口头协议、决定或进行其他协同行为（包括默示协同）。①

2. 单独附加结构性救济措施

案例：“丹××公司收购伊×股份有限公司部分业务案”。2020 年 6 月 23 日，市场监管总局收到丹××公司收购伊×股份有限公司部分业务案的经营者集中反垄断申报。

鉴于此项经营者集中在中国摆线马达市场具有或可能具有排除、限制竞争效果，根据申报方提交的附加限制性条件承诺方案，市场监管总局决定附加限制性条件批准此项集中，要求丹××公司和集中后实体履行如下义务：剥离丹××公司的摆线马达业务，包括所有有形资产和无形资产（包括知识产权）、协议、租约、承诺和客户订单，以及人员等。②

3. 混合适用结构性救济和行为性救济措施

案例：“环×晶圆股份有限公司收购世×股份有限公司股权案”。2020 年 12 月 25 日，市场监管总局收到环×晶圆股份有限公司（以下简称环×晶圆）收购世×股份有限公司（以下简称世×）股权案的经营者集中反垄断申报。

鉴于此项经营者集中在 8 英寸区熔晶圆市场具有或可能具有排除、限制竞争效果，根据申报方提交的附加限制性条件承诺方案，市场监管总局

---

① 参见《市场监管总局关于附加限制性条件批准思×系统公司收购阿××通信公司股权案反垄断审查决定的公告》，载国家市场监督管理总局网站，https：//www.samr.gov.cn/fldys/tzgg/ftj/202204/t20220424_342153.html，最后访问时间：2022 年 7 月 1 日。

② 参见《市场监管总局关于附加限制性条件批准丹××公司收购伊×股份有限公司部分业务案反垄断审查决定的公告》，载国家市场监督管理总局网站，https：//www.samr.gov.cn/fldys/tzgg/ftj/202204/t20220424_342155.html，最后访问时间：2022 年 7 月 1 日。

决定附加限制性条件批准此项集中，要求交易双方和集中后实体履行如下义务：

（1）剥离环×晶圆的区熔晶圆业务，即丹麦 Topsil GlobalWafers A/S（×谱公司）的区熔法晶圆业务，包括该公司所有有形资产和无形资产；所有协议、租约、承诺和客户订单；所有客户、信贷及其他记录等维持该业务运营、确保该业务存续性和竞争性所必需的全部资产及人员。

（2）自审查决定生效日起6个月内完成剥离，如到期无法完成，经市场监管总局批准，上述时限可延长3个月；如未能在上述期限内完成剥离，应根据《经营者集中审查暂行规定》委托剥离受托人寻找合适的剥离买方并完成剥离。

（3）按照公平、合理、无歧视的原则，继续向中国境内客户供应各类晶圆产品。在同等条件下，不得就价格、质量、数量和交货期、售后服务等交易条件对中国境内客户实施差别待遇。

（4）合同期满后，如果中国境内客户希望续签合同，集中后实体无正当理由不得拒绝，且续签条件不得低于原合同。

（5）对相关管理人员和员工进行持续培训，并采取必要措施，确保承诺方案的落实。①

三、限制性条件的确定

经营者向执法机构提出附加限制性承诺方案，执法机构应对承诺方案的有效性、可行性和及时性进行评估。执法机构认为承诺方案不足以减少集中产生的消极竞争影响的，可以与经营者进行磋商，要求其在合理期限内提出其他承诺方案。参与集中的经营者未能在规定期限内提出附加限制性条件承诺方案，或者所提出的承诺方案不能有效减少集中对竞争产生的不利影响的，市场监管总局应当作出禁止经营者集中的决定。

在限制性条件的确定中，行为性条件相对简单，结构性条件则比较复杂。对一项经营者集中附加结构性条件，意味着集中有竞争损害，但可以通过剥离的方式解决这种损害。经营者集中审查中的结构性救济有特定目的，不仅是为了削减集中方的资产或业务规模（进而削弱其市场力量），更是为了创造一个新的、可与集中后企业相竞争的独立业务实体。换言之，集中导致独立的市场主体减少，市场结构被长期改变，剥离就是要再

---

① 参见《市场监管总局关于附加限制性条件批准环×晶圆股份有限公司收购世×股份有限公司股权案反垄断审查决定的公告》，载国家市场监督管理总局网站，https://www.samr.gov.cn/fldys/tzgg/ftj/202204/t20220424_342163.html，最后访问时间：2022年7月1日。

创设一个独立的市场主体，以恢复市场竞争。美国司法部在2020年发布的“合并救济手册”指出，剥离的目标，就是确保买方有能力和动机将市场竞争维持在并购前的水平，也即创设一个有效的、长期的竞争者（an effective, long-term competitor）。[①] 欧盟关于合并控制的救济措施通告也指出，剥离的业务必须具有“可存活性”（the viability），即如果由合适的购买方经营，其可以在长期基础上与合并后企业进行有效竞争。[②] 可见，被剥离资产或业务能够独立参与竞争，是剥离的核心要求。

基于这一目标，剥离业务一般应当具有在相关市场开展有效竞争所需要的所有要素，包括有形资产、无形资产、股权、关键人员以及客户协议或者供应协议等权益。剥离对象可以是参与集中经营者的子公司、分支机构或者业务部门等。

四、限制性条件的监督与实施

（一）限制性条件的监督

对于附加限制性条件批准的经营者集中，审查决定中要求履行相关义务的经营者（以下简称义务人）应当严格履行审查决定规定的义务，并按规定向市场监管总局报告限制性条件履行情况。

对义务人履行限制性条件的情况进行监督的方式有两种，包括执法机构自行监督和受托人监督。受托人包括监督受托人和剥离受托人。监督受托人，是指受义务人委托并经市场监管总局评估确定，负责对义务人实施限制性条件进行监督并向市场监管总局报告的自然人、法人或者其他组织。剥离受托人，是指受义务人委托并经市场监管总局评估确定，在受托剥离阶段负责出售剥离业务并向市场监管总局报告的自然人、法人或者其他组织。

通过受托人监督检查的，义务人应当在市场监管总局作出审查决定之日起十五日内向市场监管总局提交监督受托人人选。限制性条件为剥离的，义务人应当在进入受托剥离阶段三十日前向市场监管总局提交剥离受托人人选。受托人应当符合下列要求：（1）独立于义务人和剥离业务的买方；（2）具有履行受托人职责的专业团队，团队成员应当具有对限制性条件进行监督所需的专业知识、技能及相关经验；（3）能够提出可行的工作方案；（4）过去五年未在担任受托人过程中受到处罚；（5）市场监管总局

---

① 美国司法部：《合并救济手册》（2020），第6页。

② 欧盟委员会关于第139/2004号理事会条例和第802/2004号委员会条例项下可接受的救济措施的通告（2008），第23段。

提出的其他要求。①

市场监管总局评估确定受托人后，义务人应当与受托人签订书面协议，明确各自权利和义务，并报市场监管总局同意。受托人应当勤勉、尽职地履行职责。义务人支付受托人报酬，并为受托人提供必要的支持和便利。

监督受托人应当在市场监管总局的监督下履行下列职责：（1）监督义务人履行本规定、审查决定及相关协议规定的义务；（2）对剥离义务人推荐的买方人选、拟签订的出售协议进行评估，并向市场监管总局提交评估报告；（3）监督剥离业务出售协议的执行，并定期向市场监管总局提交监督报告；（4）协调剥离义务人与潜在买方就剥离事项产生的争议；（5）按照市场监管总局的要求提交其他与义务人履行限制性条件有关的报告。

未经市场监管总局同意，监督受托人不得披露其在履行职责过程中向市场监管总局提交的各种报告及相关信息。

（二）限制性条件的实施

行为性条件的实施比较简单，这里主要介绍结构性条件的实施。

1. 剥离的实施

按照我国《经营者集中审查暂行规定》，剥离主要包括自行剥离和受托剥离两个阶段。

（1）自行剥离

附加限制性条件为剥离的，剥离义务人应当在审查决定规定的期限内，自行找到合适的剥离业务买方、签订出售协议，并报经市场监管总局批准后完成剥离。审查决定未规定自行剥离期限的，剥离义务人应当在审查决定作出之日起六个月内找到适当的买方并签订出售协议。经剥离义务人申请并说明理由，市场监管总局可以酌情延长自行剥离期限，但延期最长不得超过三个月。

剥离义务人应当在市场监管总局审查批准买方和出售协议后，与买方签订出售协议，并自签订之日起三个月内将剥离业务转移给买方，完成所有权转移等相关法律程序。经剥离义务人申请并说明理由，市场监管总局可以酌情延长业务转移的期限。

（2）受托剥离

剥离义务人未能在规定期限内完成自行剥离的，市场监管总局可以要求义务人委托剥离受托人在规定的期限内寻找合适的剥离业务买方。审查

① 《经营者集中审查暂行规定》第三十七条。

决定未规定受托剥离期限的，剥离受托人应当在受托剥离开始之日起六个月内找到适当的买方并签订出售协议。

2. 买方的条件

一般来说，为了确保剥离能够实现创造一个独立竞争者的目的，剥离业务的买方应当符合下列要求：（1）独立于参与集中的经营者；（2）拥有必要的资源、能力并有意愿使用剥离业务参与市场竞争；（3）取得其他监管机构的批准；（4）不得向参与集中的经营者融资购买剥离业务；（5）市场监管总局根据具体案件情况提出的其他要求。

如前所述，剥离业务一般应当具有在相关市场开展有效竞争所需要的所有要素。但是，当买方已有或者能够从其他途径获得剥离业务中的部分资产或者权益时，可以向市场监管总局申请对剥离业务的范围进行必要调整。

3. 买方的确定时间

当事人一般附条件批准的审查决定已经作出，集中已经实施后再寻找合适买方。但在有些情况下，提前确定买家非常重要，例如，剥离业务的价值可能存在减损风险，这时如不提前找好买家，执法机构会担心剥离能否成功。这就是所谓的“买家前置”（Upfront Buyers）规则。欧盟关于合并控制的救济措施通告和美国“合并救济手册”中均有相关规定。

根据我国《经营者集中审查暂行规定》的规定，满足以下特定情形的，经营者也可在承诺方案中提出特定买方和剥离时间建议：（1）剥离存在重大困难；（2）剥离前维持剥离业务的竞争性和可销售性存在较大风险；（3）买方身份对剥离业务能否恢复市场竞争具有重要影响；（4）市场监管总局认为有必要的其他情形。

4. 剥离的特别保障措施

（1）“皇冠宝石”条款

当资产剥离的实施可能存在不确定性时，如剥离业务的可能找不到愿意接受的买家，执法机构一般需要当事人提交更高价值的备选资产包。备选资产包要比首选方案的条件更严格，价格更高，所以这个要求也被称为“皇冠宝石”条款。

（2）“资产分持”条款

在剥离完成前，一定要确保剥离业务的独立性与存续性，防止参与集中的经营者破坏剥离业务。为此，一般需要为剥离业务设置独立的管理人，并与参与竞争的经营者的其他业务相分离。这就是所谓的“资产分持”条款。

根据我国《经营者集中审查暂行规定》的规定，在剥离完成之前，为确保剥离业务的存续性、竞争性和可销售性，剥离义务人应当履行下列义务：（1）保持剥离业务与其保留的业务之间相互独立，并采取一切必要措施以最符合剥离业务发展的方式进行管理；（2）不得实施任何可能对剥离业务有不利影响的行为，包括聘用被剥离业务的关键员工，获得剥离业务的商业秘密或者其他保密信息等；（3）指定专门的管理人，负责管理剥离业务。管理人在监督受托人的监督下履行职责，其任命和更换应当得到监督受托人的同意；（4）确保潜在买方能够以公平合理的方式获得有关剥离业务的充分信息，评估剥离业务的商业价值和发展潜力；（5）根据买方的要求向其提供必要的支持和便利，确保剥离业务的顺利交接和稳定经营；（6）向买方及时移交剥离业务并履行相关法律程序。

五、限制性条件的变更和解除

（一）到期解除

附条件批准的审查决定应当规定附加限制性条件的期限。根据审查决定内容的不同，到期解除分为自动解除和义务人申请解除两种：第一，根据审查决定，限制性条件到期自动解除的，经市场监管总局核查，义务人未违反审查决定的，限制性条件自动解除。义务人存在违反审查决定情形的，市场监管总局可以适当延长附加限制性条件的期限，并及时向社会公布。第二，根据审查决定，限制性条件到期后义务人需要申请解除的，义务人应当提交书面申请并说明理由。市场监管总局评估后决定解除限制性条件的，应当及时向社会公布。

限制性条件为剥离，经市场监管总局核查，义务人履行完成所有义务的，限制性条件自动解除。

（二）生效期间内变更或解除

审查决定生效期间内，执法机构可以主动或者应义务人申请对限制性条件进行重新审查，变更或者解除限制性条件，并及时向社会公布。

市场监管总局变更或者解除限制性条件时，应当考虑下列因素：（1）集中交易方是否发生重大变化；（2）相关市场竞争状况是否发生实质性变化；（3）实施限制性条件是否无必要或者不可能；（4）应当考虑的其他因素。

【适用指南】

按照《经营者集中审查暂行规定》第四十七条的规定，附加限制性条件是经营者集中控制中的核心制度之一，但本条规定具有较大的原则性，没有为两种救济措施的选择设定判断标准。

一、结构性救济和行为性救济的选择

消除集中带来的不利竞争影响和有效维持竞争，是救济制度设置的关键。因此，原则上应当根据个案中集中带来的损害来确定救济方案。一般来讲，结构性救济具有明确性强、容易监督的特点；行为性救济的设计更加复杂、不易监督，但能够根据经济社会的发展和变化进行调整。从比较法上讲，美国合并控制制度下，结构性救济具有优先性，行为性救济一般与结构性救济混合适用，且只有在结构性救济无法实现的情况下才能独立适用；欧盟《合并救济通告》中规定，救济措施的确定应与个案中的竞争损害相适应，且委员会只有在其他救济措施的效果至少与分离措施效果一致的情况下，才会接受其他类型的救济措施承诺。

我国法律未明确规定救济措施的适用情形和适用位阶，实践中，行为救济措施的适用反而具有压倒性的优势。在“×华收购××康案”中，欧盟、加拿大以及澳大利亚等国家地区选择了结构性救济，而我国商务部则对该项集中附加了两项行为性救济措施。①

无论适用哪种救济措施，其目标都在于矫正集中产生的排除、限制竞争效果。有效适用的前提在于对个案中竞争损害的准确分析，且具体适用时应保证救济措施的针对性、有效性、合比例性以及后续可监督性。基于经营者权益保护的考虑，执法机构在确定救济措施时，应遵循比例原则，若存在对于经营者负担更轻的限制性条件，就不能提出对其负担更重的限制性条件。同时，经济社会等客观情况发生变化的，也应当及时变更相应的救济措施。

我国当前立法对结构性救济措施的确定、监督和实施进行了较为详细的规定，但对行为性救济的规定则较少。这可能因为行为救济措施的类型比较多元，没有固定模式和内容，需要在个案中确定。美国 2011 年《合并救济指南》中，列举了诸多行为性救济措施：（1）防火墙条款；（2）非歧视条款；（3）强制许可条款；（4）透明度条款；（5）反报复条款；（6）禁止特定的合同行为；（7）其他行为救济措施。但在 2020 年“合并救济手册”中，这些行为性救济措施全部被删除了。②

行为性救济可能因为设计过于模糊而难以实现救济目的，且存在实施时间过长、监督成本较高的弊端。因此，从我国经营者集中审查实践出

---

① 参见《商务部关于附条件批准×华股份公司收购××康公司反垄断审查决定的公告》，载商务部网站，http：//www. mofcom. gov. cn/article/b/c/201008/20100807080645. shtml，最后访问时间：2022 年 7 月 1 日。

② 载 https：//www. justice. gov/atr/merger-enforcement. 最后访问时间：2022 年 7 月 29 日。

发，未来可以在相关文件中进一步细化行为性救济措施的实施和监督机制，使得执法机构有法可依，也能够增强经营者的合规预期。

二、救济制度和“停表”制度的衔接

反垄断法修改后，附加限制性条件还可能和“停表”制度挂钩。若一项经营者集中涉及附加限制性条件，经营者可以申请中止计算审查期限，执法机构认为确有必要的可同意中止请求。实践中，绝大多数的附加限制性条件案件在法定的180天内无法审结，存在大量经营者撤销申报再重新申报的情况，如“思×系统公司收购阿××通信公司股权案”甚至撤回了两次。① 特定情况下，由经营者掌握申请中止审查期限的主动权，一定程度上可以缓解频繁撤回再重新申报带来的效率和资源等损耗，减少申报方的负担。

【相关规定】

《经营者集中审查暂行规定》第三十二条、第三十三条。

第三十六条 【经营者集中审查决定的公布】 国务院反垄断执法机构应当将禁止经营者集中的决定或者对经营者集中附加限制性条件的决定，及时向社会公布。

【条文主旨】

本条是关于公布经营者集中审查决定的规定。

【条文释义】

本条内容比较简单，主要涉及以下几方面内容：

1. 公布主体是国务院反垄断执法机构

经营者集中案件审查决定的公布主体具有法定性，即国务院反垄断执法机构。当前，国家市场监督管理总局（国家反垄断局）负责经营者集中审查工作，并作出审查决定，因此，决定的公布主体也就是国家市场监督

---

① 参见《市场监管总局关于附加限制性条件批准思×系统公司收购阿××通信公司股权案反垄断审查决定的公告》，载国家市场监督管理总局网站，https：//www.samr.gov.cn/fldes/tzgg/ftj/202204/t20220424_342154.html，最后访问时间：2022年7月1日。

管理总局。

需要注意的是，国家市场监督管理总局正在试点委托北京、上海、广东、重庆、陕西五个省级市场监管部门实施部分经营者集中案件审查工作，但委托审查不会改变本条规定的公布主体。一方面，委托审查本质上是一种行政委托关系，受托机关必须以委托方的名义从事审查活动，因此，委托审查无法改变经营者集中审查属于中央事权的属性，审查工作结束后，受托方仍需将审查报告和审查意见提交国家市场监督管理总局，由后者作出最终决定；另一方面，根据《市场监管总局关于试点委托开展部分经营者集中案件反垄断审查的公告》，试点委托审查的案件都是适用经营者集中简易程序的案件，这些案件的审查决定都是无条件批准，因此与本条所说的“禁止经营者集中的决定或者对经营者集中附加限制性条件的决定”无关。

2. 公布的审查决定主要包括两类

反垄断执法机构审查经营者集中案件后，可能作出的决定主要有三种：禁止集中、附条件批准集中和无条件批准集中。需要公布的决定主要是前两种，因为这两种决定对当事人权益有实质性影响，也可能影响第三人，因此需要公布，以便相关主体及时维权。

3. 公布应当具有及时性

反垄断执法机构应当及时向社会公布这两种决定，但对于决定做出后多久发布算及时、未及时公布会造成什么后果，现行法还没有明确规定。

4. 公布方式

本条没有规定公布的具体方式，可以理解为公布方式具有灵活性。根据《中华人民共和国政府信息公开条例》第二十三条的规定，行政机关应当建立健全政府信息发布机制，将主动公开的政府信息通过政府公报、政府网站或者其他互联网政务媒体、新闻发布会以及报刊、广播、电视等途径予以公开。当前实践中，反垄断执法机构主要通过政府网站、微信公众号等将两类决定予以公开。

【适用指南】

1. 无条件批准决定的公布

根据本条，经营者集中审查的无条件批准决定不需要公布。法律之所以这样规定，可能是考虑到无条件批准决定对参与集中的当事人有利，至少不会对其权益产生实质性影响。另外，经营者集中案件数量众多，大多集中的审查结果都是无条件批准，如果这类决定也要像其他两类决定一样公布，反垄断执法机构会承受较重的负担，也可能影响经营者集中案件的审查效率。实践中，我国反垄断执法机构对无条件批准的案件也予以了公布，不过采取了集中公布及简易公布的方式，即每隔一段时间公布一批无条件批准的案件，且只公布案件名称。

从理论上看，无条件批准的案件也涉及公共利益问题。反垄断法主要维护竞争秩序和消费者利益，这本身就属于社会公共利益的范畴。无条件批准决定尽管对参与集中的当事人无不利影响，但仍可能影响第三方，甚至影响市场结构、产业发展和消费者利益。《中华人民共和国政府信息公开条例》第十九条规定："对涉及公众利益调整、需要公众广泛知晓或者需要公众参与决策的政府信息，行政机关应当主动公开。"因此，如果从维护公共利益的角度看，所有的经营者集中审查决定都应当公布，且应当以相同方式公布。

2. 经营者集中调查决定的公布

根据反垄断法规定，反垄断执法机构对经营者集中案件有审查和调查两种处理方式：经营者申报集中交易的，反垄断执法机构予以审查；经营者对集中交易应报未报的，反垄断执法机构应主动调查。在调查结束后，反垄断执法机构也会作出决定，同样可能是禁止集中或附条件批准集中的决定。本条并未限制应当公布的决定是审查后的决定还是调查后的决定，对此，应当理解为反垄断执法机构调查后作出的禁止集中或附条件批准集中的决定也应公布。

【相关规定】

《中华人民共和国政府信息公开条例》第十九条、第二十三条。

第三十七条　【经营者集中分类分级审查制度】国务院反垄断执法机构应当健全经营者集中分类分级审查制度，依法加强对涉及国计民生等重要领域的经营者集中的审查，提高审查质量和效率。

【条文主旨】

本条是关于经营者集中分类分级审查制度的规定。

【条文释义】

经营者集中分类分级审查制度是反垄断法 2022 年修改时新增的内容。

一、分类分级审查的含义

经营者集中分类分级审查的基本含义是，反垄断执法机构根据不同领域、行业、类型的经营者集中案件的差异，采取与之相适应、有针对性的分析方法和审查模式。它包括分类和分级两个方面：分类是基础，通过分类识别不同集中案件的差异；分级是目标，通过分级实现集中案件的更有效审查。

之所以要引入分类分级审查制度，主要基于两方面考虑：

第一，经营者集中案件不断增多。反垄断法实施以来，经营者集中案件在所有垄断案件中数量最多，且以较大幅度逐年增加。2012 年年底，我国经营者集中反垄断审查案件数量从 2008 年的 17 件上升至每年 2000 余件。[①] 而根据《中国反垄断执法年度报告（2020）》，“十三五”期间（2016—2020 年），反垄断执法机构共收到经营者集中申报 2316 件，立案 2130 件，审结 2147 件，平均每年审结的案件已经超过 400 件；《中国反垄断执法年度报告（2021）》披露，2021 年全年，市场监管总局收到的经营者集中申报案件已经达到 824 件，审结 727 件。随着经济不断发展，每年申报的经营者集中案件很快就会破千。案件数量的大幅增加对反垄断执法机构带来较大的审查压力，这个难题无法通过不断增加人手的方式来解决。引入经营者集中分类分级审查制度，区分重点领域、行业和案件类型，实现案件分流，可以进一步提高集中审查的质量和效率，引导反垄断执法机构更有效地分配有限的执法资源。

第二，经营者集中案件涉及领域广、案件种类多，不同领域、行业以及不同类型的集中案件对市场竞争的影响差异较大，需要反垄断执法机构予以不同关注。按照以前的审查模式，只要达到申报标准，经营者就需要将集中交易向国务院反垄断执法机构申报，所有的集中案件不论行业差异、繁简程度、竞争关注有何不同，都由大致相同的人员按照基本相同的模式审查。这种审查模式不仅增加了反垄断执法机构的审查压力，也不利于集中案件得到更有效的审查。分类分级审查制度的本质是通过分类来分级，强调立足于不同集中案件的差异，选择更合适的分析方法和审查模式。

---

① 《反垄断审查数量攀升 商务部拟推简易程序》，载中国政府网，http：//www. gov. cn/govweb/banshi/2012-12/28/content_2301064. htm，最后访问时间：2022 年 7 月 30 日。

二、分类分级审查的目标

分类分级审查制度的主要目标是提高经营者集中审查的质量和效率。

提高审查质量主要体现在多个方面，如通过分类分级，聚焦对市场竞争影响较大的集中案件，对特定领域、特定行业和特定类型的集中予以特别关注；根据不同类型集中案件的竞争影响差异，选择更适合的分析方法和更妥当的救济措施；基于不同行业市场竞争状况的区分，如市场集中度不同，找到本行业集中案件最合适的处理方式。

提高审查效率主要是缩短审查时间，让更多的集中案件得到处理。集中案件的当事人需要尽快获知审查结果，以便安排后续的商业行为；反垄断执法机构也需要尽快审结案件，以便处理更多的集中案件。分类分级审查制度的引入有助于实现集中案件的繁简分流，并让更多的执法人员参与案件审查，这样不仅能提高单个案件的审查效率，如对市场竞争影响较小的案件可以迅速被审结，也能让更多的集中案件尽快进入审查流程。近年来，我国反垄断执法机构已经通过各种方式持续提升经营者集中案件的审查效率。根据《中国反垄断执法年度报告（2020）》披露，2020 年，国家市场监管总局共收到申报案件 520 件，审结 473 件，各环节审查用时进一步缩短，效率进一步提升。具体来说，申报到立案（包含申报方补充材料时间）平均 17. 8 个自然日，同比加快 27%；立案到审结平均 24. 2 个自然日，同比加快 14. 5%。经营者集中分类分级审查制度的引入，将会进一步提升整体案件的审查效率，助力压缩企业交易时间和经济成本。

三、分类分级审查的主要内容

分类分级审查的具体内容，反垄断法未作明确规定，而是留待配套规定细化。从反垄断法表述和修法过程来看，分类分级审查的最主要内容是“依法加强对涉及国计民生等重要领域的经营者集中的审查”，即对重要领域的集中案件予以特别关注。

2022 年 3 月 25 日发布的《中共中央 国务院关于加快建设全国统一大市场的意见》正式提出要“健全经营者集中分类分级反垄断审查制度”，主要内容是指“加强对金融、传媒、科技、民生等领域和涉及初创企业、新业态、劳动密集型行业的经营者集中审查，提高审查质量和效率，强化垄断风险识别、预警、防范”。在最终通过的反垄断法中，这些重点领域未再列举。根据 2022 年 6 月全国人民代表大会宪法和法律委员会在反垄断法（修正草案）二审时的报告，之所以不再列举重点审查领域，是因为“有的常委委员和单位、专家学者提出，经营者集中审查的重点领域将随着形势变化不断调整，法律只作原则要求，为实践留出空间，更为积极稳妥”。[①] 也就是说，分类分级审查制度的核心内容，仍是加强对重点领域集中交易的审查，只不过在不同时期，重点领域有所差异，因此立法宜保持开放性，以便能够因时制宜，更妥当地进行分类分级。在当前阶段，反垄断执法机构关注的重点领域，主要是金融、传媒、科技、民生等领域。这些领域和行业因关系到国家经济安全（金融）、文化安全（传媒）、经济高质量发展（科技领域，特别是半导体行业）和公众利益（民生领域，如社区团购市场）而具有较大的特殊性。

分类分级审查制度本身并无特定化的唯一理解。除重点领域外，还可以从多维度去理解分类分级审查制度，例如：

第一，关注不同的集中类型。经营者集中一般被分为横向集中、纵向集中和混合集中，不同的集中类型对市场竞争影响差异较大，反垄断执法机构需要关注不同集中类型竞争损害及其程度差异。欧盟与美国针对不同类型的集中发布了不同的评估指南，如美国分别有《横向合并指南》（Horizontal Merger Guidelines）和《纵向合并指南》（Vertical Merger Guidelines），欧盟同样有《横向合并评估指南》（Guidelines on the assessment of horizontal mergers）和《非横向合并评估指南》（Guidelines on the assessment of non-horizontal mergers）。这两类指南中提供了评估横向集中和非横向集中竞争影响的不同方法和考虑因素。例如，横向集中的竞争评估，需要更多关注集中交易给当事人直接带来的市场力量叠加，纵向集中的竞争评估则更多分析集中是否有可能导致原料或客户方面的封锁效应。在各国集中审查中，横向集中都是反垄断执法机构关注的重点。

第二，关注特殊主体的并购活动。近年来，我国互联网经济蓬勃发展，新业态、新模式层出不穷，成为经济增长的新动能，对推动经济高质量发展和满足人民群众美好生活需要发挥了重要作用。同时，关于互联网平台垄断问题的反映和举报明显增加，显示出互联网领域在发展过程中存在一些竞争风险。互联网平台经济具有规模效应、网络效应。整体来看，目前我国互联网行业已形成相对集中的竞争格局。一方面，头部平台企业凭借强大的数据、算法、技术、资本实力和优势，以及各项业务的协同效应和新兴业务的拓展能力，在核心业务上不断取得明显的竞争优势；另一

① 参见《全国人民代表大会宪法和法律委员会关于〈中华人民共和国反垄断法（修正草案）〉审议结果的报告》，载中国人大网，http：//www. npc. gov. cn/npc/c30834/202206/850d885cacb947b5894527ef65829ff1. shtml，最后访问时间：2022 年 7 月 1 日。

方面，头部平台企业热衷于开展全领域投资布局，不断拓展生态体系的覆盖范围，而投资并购则是互联网平台实现生态布局的重要方式之一。通过大量收购竞争对手和新兴企业来，头部平台的市场力量不断增大，跨市场竞争优势更加明显，同时还能提前消灭未来可能存在的竞争威胁。从 2020 年下半年以来，我国反垄断执法机构密切关注平台经济领域的并购活动，包括对未申报案件的回溯处理，以及对新申报案件的重点审查等。2022 年反垄断法新增或修改的多个条文，都特别指向平台经济领域。此外也有些条文，虽然未明确提及平台经济，但也与该领域密切相关。随着新反垄断法的实施，平台经济领域执法不断常态化，大型互联网平台实施的各类并购活动都会全面进入反垄断执法机构的审查范围。

第三，关注特殊的并购对象。《中共中央 国务院关于加快建设全国统一大市场的意见》特别指出要加强对涉及初创企业、新业态、劳动密集型行业的经营者集中审查。这些被并购对象要么具有较强的创新性和发展潜力，对确保市场竞争非常重要，要么涉及众多劳动者或雇员的权益保护，需要特别对待。大型企业特别是头部互联网平台对这些特殊对象的并购活动十分活跃，已经引起反垄断执法机构的注意。例如，2021 年 4 月 13 日，市场监管总局、中央网信办、税务总局联合召开互联网平台企业行政指导会，提出要严肃整治“掐尖并购”等问题。这里的“掐尖并购”，主要指的就是对初创企业的并购。2021 年 9 月 3 日市场监管总局发布的《中国反垄断执法年度报告（2020）》正式提出了“掐尖式并购”的概念并进行了详细解释。报告指出，近年来，互联网巨头凭借巨大资本力量，大量投资并购初创平台和新兴企业。对与自身业务具有互补作用的，在并购后通过优势业务“引流”抢占市场份额；对与自身业务可能产生竞争的，在并购后通过团队整合、规则再造，彻底消灭潜在竞争对手。由于在资金、规模、人力、技术、市场份额等方面存在巨大差距，初创平台和新兴企业往往对互联网巨头的收购要约难以抗拒，如果拒绝收购要约，将可能面临互联网巨头集中资源的“降维打击”。互联网经济具有动态竞争、颠覆式创新的特点，中小初创企业可以通过研发先进技术和创新商业模式迅速成长，促进行业竞争，激发市场活力。

第四，区分复杂案件与简易案件。我国经营者集中审查制度是一种典型的事前模式。根据反垄断法的规定，经营者集中达到国务院规定的申报标准的，经营者应当事先向国务院反垄断执法机构申报，未申报的不得实施集中。申报标准是一种筛选机制，目的是将有可能排除、限制市场竞争的规模较大的集中案件识别出来，交由反垄断执法机构事前审查。但是，以营业额为基础的申报标准本身具有天生的局限性，即它只看参与集中的经营者的绝对营业额，而非将其与竞争对手的营业额相比较，同时它也难以兼顾市场结构的特殊性。这就使得一方面，有些集中交易的营业额不高，但仍可能限制市场竞争；另一方面，有些集中交易的营业额较高，但因当事人市场份额和整个市场集中度都较低，而不可能具有排除、限制市场竞争效果。对于前者，2022 年反垄断法修改时基本解决了这个问题；① 对于后者，则主要依靠集中案件的繁简分流机制。我国效仿欧盟经营者集中审查中的简易程序，② 将某些集中交易确立为"简易案件"，就是重要的分流手段。

第五，中央审查与地方审查相结合。2018 年机构改革以来，市场监管总局已就垄断协议、滥用市场支配地位和滥用行政权力排除、限制竞争三类行为处理建立普遍授权的调查机制，形成国家和省两级执法机制，对提高反垄断执法效能，维护市场公平竞争发挥了重要作用。而对于经营者集中案件，我国一直施行中央审查模式，地方反垄断执法机构无权审查集中案件。这不利于发挥地方反垄断执法机构的积极性，也不足以缓解市场监管总局的审查压力。2020 年 10 月，市场监管总局出台的《经营者集中审查暂行规定》试图改变这种局面，其明确规定，市场监管总局可以委托省级市场监管部门实施经营者集中审查。这为今后在有条件的地区开展委托审查试点提供法律依据，有利于发挥地方力量共同做好反垄断工作，促进反垄断执法机构纵向深度融合。《中国反垄断执法年度报告（2021）》指出，自 2021 年以来，市场监管总局以提升反垄断审查效能、便利企业申报为目的，正探索试点委托部分省级反垄断执法机构开展经营者集中审查。2022 年 7 月，《市场监管总局关于试点委托开展部分经营者集中案件反垄断审查的公告》发布，市场监管总局正式试点委托北京、上海、广东、重庆、陕西 5 个省（直辖市）市场监督管理部门实施部分经营者集中案件（主要是简易案件）反垄断审查。总的来说，让地方反垄断执法机构参与集中案件审查，可以充分调动地方积极性，优化央地执法资源配置，提高审查效率，充分发挥经营者集中审查的事先预防功能。随着新反垄断法的实施和经营者集中审查分类分级审查制度的健全，大多经营者集中简易案件将由试点省份的反垄断执法机构审查，这样一来，市场监管总局就可以

① 反垄断法第二十六条第二款规定："经营者集中未达到国务院规定的申报标准，但有证据证明该经营者集中具有或者可能具有排除、限制竞争效果的，国务院反垄断执法机构也可以要求经营者申报。"

② 欧盟委员会关于根据第 139/2004 号理事会条例处理某些集中的简易程序的通告（2013）。

集中力量开展重大集中案件的审查和调查工作。

第六，区分境内外集中的差异。从集中交易是否包含涉外因素看，经营者集中案件大致分为三类：境内企业间集中、境外企业间集中和境内外企业间集中。境内外企业间集中又分为境内企业收购境外企业、境外企业收购境内企业和境内外企业新设合营企业等。这些不同的集中交易对国内市场竞争的影响差异很大，而反垄断法确立经营者集中审查制度的目的主要在于维护境内市场竞争，因此，反垄断执法机构区别对待这些案件。

【适用指南】

经营者集中分类分级制度旨在通过确立监管重点提高审查质量和效率。对企业来说，如果集中交易涉及金融、传媒、科技、民生等领域，或者属于对初创企业、新业态、劳动密集型行业经营者的并购，则应当特别注意本条的适用，要自我评估集中交易对市场竞争的影响，并严格按照反垄断法的规定履行相关义务。

平台经济领域的并购活动，特别是大型平台企业对初创企业的并购，是本条关注的重中之重。2020 年年末，我国发布了“强化反垄断和防止资本无序扩张”的政策主张，[①] 该政策主要针对平台经济领域，而频繁的并购活动则是平台经济领域资本扩张的重要方式。我国当前平台经济领域的市场集中度高，越发呈现准独占或寡头垄断局面。这一市场结构的形成，固然与网络效应、锁定效应有关，但也与平台企业频繁实施并购策略密不可分。并购是平台企业进入新的市场领域、打压竞争对手的常见手段。

从实践看，大型互联网企业实施的各类并购中，最常见的是两类：一是数据驱动型并购（data-driven merger），即并购的主要目的是获取目标企业的数据，特别是用户数据，如微软对领英的收购[②]、Facebook 对 What-

---

① 2020 年 12 月 16 日至 18 日，中央经济工作会议在北京举行，会议定调了 2021 年中国经济“八大重点任务”，其中第六项就是“强化反垄断和防止资本无序扩张”。会议指出：“反垄断、反不正当竞争，是完善社会主义市场经济体制、推动高质量发展的内在要求。国家支持平台企业创新发展、增强国际竞争力，支持公有制经济和非公有制经济共同发展，同时要依法规范发展，健全数字规则。要完善平台企业垄断认定、数据收集使用管理、消费者权益保护等方面的法律规范。要加强规制，提升监管能力，坚决反对垄断和不正当竞争行为。金融创新必须在审慎监管的前提下进行。”载光明网，https：//m. gmw. cn/baijia/2020-12/18/1301955910. html，最后访问时间：2022 年 7 月 29 日。

② Case M. 8124：微软收购领英案（2016），https：//ec. europa. eu/competition/elojade/isef/case_details. cfm？proc_code＝2_M_8124.

sApp 的收购[①]；二是初创企业并购（Startup Acquisitions），也可称新生企业并购（Nascent Acquisitions），即并购对象是一些成立时间不长，但发展潜力较大的年轻企业，这类并购的主要目的是提前消灭未来可能出现的竞争威胁。这两种并购类型可能是重合关系，如 Facebook 收购 WhatsApp，也是典型的初创企业并购。

英国竞争与市场管理局（CMA）曾委托咨询公司 Lear 评估数字市场并购执法情况。2019 年 5 月，Lear 发布调研报告，发现在 2008—2018 年，谷歌收购了 168 家公司，Facebook 收购了 71 家公司，亚马逊收购了 60 家公司，而收购发生时近 60% 交易中的目标企业才成立 4 年或不足 4 年——具体地说，亚马逊目标企业平均成立时长为 6.5 年，谷歌目标企业平均成立时长为 4 年，而 Facebook 目标企业平均成立时长仅为 2.5 年。[②]

2020 年 2 月，美国联邦贸易委员会（FTC）向近年来进行了大量收购的五家大型科技公司发布“特别命令”（Special Orders），要求它们提供 2010—2019 年实施的无须依据《哈特—斯科特—罗迪诺反托拉斯改进法》（HSR 法）[③] 向反垄断机构申报的并购交易信息。[④] 2021 年 9 月，FTC 以 5 票赞成、0 票反对的投票结果公布了最终调研报告。[⑤] 报告指出，五家大型科技公司提交了过去 10 年间无须依 HSR 法申报的并购交易共 819 笔，其中交易价值超过 100 万美元的交易 616 项，而这 616 项交易中，至少有 242 项（占比 39.3%）、甚至 295 项（占比 47.9%）的目标公司成立时长不到五年。[⑥]

---

① Case M.7217：脸书收购 WhatsApp 案（2014），https：//ec.europa.eu/competition/elojade/isef/case_details.cfm？proc_code=2_M_7217.

② 李尔公司：《数字市场合并控制决定的事后评估》，2019 年 5 月 9 日发布。

③ 美国并购控制反垄断审查的主要法律依据是《克莱顿法》第 7 条，该法制定时未确立事前申报制度。1976 年《哈特—斯科特—罗迪诺反托拉斯改进法》（Hart-Scott-Rodino Antitrust Improvement Act of 1976，简称“HSR 法”）对《克莱顿法》第 7 条进行了修正，增加了第 7A 条，正式确立并购行为的事前申报制度。不过，HSR 法也同时规定了 12 种“被豁免的交易”（Exempt transactions），即无须履行申报义务的情况。

④ 美国联邦贸易委员会网站 2020 年 2 月 11 日新闻稿：《美国联邦贸易委员会将审查大型科技公司过去的并购活动》，https：//www.ftc.gov/news-events/news/press-releases/2020/02/ftc-examine-past-acquisitions-large-technology-companies。

⑤ 美国联邦贸易委员会：《2010 年至 2019 年部分科技平台无需依据 HSR 法申报的收购情况的联邦贸易委员会报告》，2021 年 9 月发布。

⑥ FTC 工作人员从 PitchBook、标准普尔 451 研究数据库和 Refinitiv 中收集了被收购方的成立时长数据，但三个数据库给出的信息不一致。如果使用目标公司最近的创建年份，则被收购方创立时长 5 年以下的并购交易有 295 笔；如果使用目标公司最早的创立年份，则被收购方创立时长 5 年以下的并购交易有 242 笔。

初创企业并购也就是我国反垄断执法机构所说的“掐尖式收购”。这类并购对市场结构影响较大，能够改变未来的市场竞争格局，也可能具有较明显的创新损害效应，并减少消费者的选择机会，在各国都是反垄断执法机构关注的重点。

【相关规定】

《经营者集中审查暂行规定》。

第三十八条　【经营者集中的国家安全审查】对外资并购境内企业或者以其他方式参与经营者集中，涉及国家安全的，除依照本法规定进行经营者集中审查外，还应当按照国家有关规定进行国家安全审查。

【条文主旨】

本条是关于经营者集中国家安全审查的参引性规定。

【条文释义】

当一项外资参与的交易符合经营者集中申报的门槛时，若涉及国家安全，还应按照有关规定进行国家安全审查。国家安全审查是国家安全法和外商投资法中确立的制度，目的是对可能影响国家安全的外商投资等重大事项或活动进行安全审查，以有效预防和化解国家安全风险。

【适用指南】

本条是有关国家安全审查的参引性规范，其功能在于提示经营者集中所涉各方通过其他规范进行国家安全审查。

当外资参与的经营者集中满足以下条件时，一般应在经营者集中申报后立即申请或并行申请国家安全审查：（1）投资军工、军工配套等关系国防安全的领域，以及在军事设施和军工设施周边地域投资；（2）投资关系国家安全的重要农产品、重要能源和资源、重大装备制造、重要基础设施、重要运输服务、重要文化产品与服务、重要信息技术和互联网产品与服务、重要金融服务、关键技术以及其他重要领域，并取得所投资企业的实际控制权。①

国家安全审查作为一个基本性的制度，在不同领域有具体的审查表现形式，进而呈现出不同的审查标准和程序。因此，当相关交易涉及特殊领域或行业的安全，如种业安全、生物安全、密码工作安全、情报工作安全、网络安全和数据安全等，还需具体结合种子法、生物安全法、密码法、国家情报法、网络安全法、数据安全法等规定进行特殊的安全审查。

【相关规定】

《中华人民共和国国家安全法》第五十九条；《中华人民共和国外商投资法》第三十五条；《外商投资安全审查办法》第四条。

① 参见《外商投资安全审查办法》第四条。

第五章　滥用行政权力排除、限制竞争

第三十九条　【禁止限定交易】行政机关和法律、法规授权的具有管理公共事务职能的组织不得滥用行政权力，限定或者变相限定单位或者个人经营、购买、使用其指定的经营者提供的商品。

【条文主旨】

本条是关于禁止行政机关和法律、法规授权的具有管理公共事务职能的组织滥用行政权力实施限定交易行为的规定。

【条文释义】

结合现行规范文本来看，所谓限定交易，也称指定交易或者强制交易，是指通过直接或者间接方式强制他人（包括单位或者个人）与其指定的特定主体进行交易的情形。在行为构成方面，根据现有法律规定，限定交易行为大体上需要满足以下几个要件：

在行为主体方面，应当是行政机关和法律、法规授权的具有管理公共事务职能的组织。

在行为表现方面，该行为必须是基于行政权力滥用情形而实施的具有强制属性的相关限定交易行为，其主要表现为限定经营、限定购买以及限定使用等。具体而言，在限定形式上，其不仅包括较为显性的直接限定，也会涉及具有隐性的间接限定。其中与直接限定有所不同的是，间接限定往往更多表现为通过预先设定一个特定的标准或者单方提出某种理由，表面上所有竞争主体似乎可以满足相应要求，但实际上仅有被指定的经营者才能达到相关要求。此处，限定交易不仅涉及具体的行政性垄断行为，也会涵括抽象的行政性垄断行为。前者主要表现为行政机关针对特定的行政相对人做出的限定情形，而后者则主要呈现为行政机关通过发布行政性文件的方式针对不特定主体实施的限定情形。根据 2019 年《制止滥用行政权力排除、限制竞争行为暂行规定》第四条规定，[①] 其将限定交易行为主要归纳为以下四类情形：（1）以明确要求、暗示、拒绝或者拖延行政审批、重复检查、不予接入平台或者网络等方式，限定或者变相限定经营、购买、使用特定经营者提供的商品；（2）通过限制投标人所在地、所有制形式、组织形式等方式，限定或者变相限定经营、购买、使用特定投标人提供的商品；（3）没有法律、法规依据，通过设置项目库、名录库等方式，限定或者变相限定经营、购买、使用特定经营者提供的商品；（4）限定或者变相限定单位或者个人经营、购买、使用其指定的经营者提供的商品的其他行为。进一步结合 2021 年颁行《公平竞争审查制度实施细则》第十三条第三项规定，其明确指出，不得限定经营、购买、使用特定经营者提供的商品和服务，包括但不限于：（1）以明确要求、暗示、拒绝或者拖延行政审批、重复检查、不予接入平台或者网络、违法违规给予奖励补贴等方式，限定或者变相限定经营、购买、使用特定经营者提供的商品和服务；（2）在招标投标、政府采购中限定投标人所在地、所有制形式、组织形式，或者设定其他不合理的条件排斥或者限制经营者参与招标投标、政府采购活动；（3）没有法律、行政法规或者国务院规定依据，通过设置不合理的项目库、名录库、备选库、资格库等条件，排斥或限制潜在经营者提供商品和服务。

在行为目的方面，其必须是为了排除限制其他市场主体依法享有的参与市场公平竞争的权利。

在行为对象方面，限定交易的对象不仅仅指向相关经营者，还可以针对相关消费者，如政府机关要求本辖区企业的工作人员必须购买本地企业生产的商品或者提供的服务。

在行为结果方面，该行为需要造成不同程度上的“社会总产出减少”。

---

① 2022 年 6 月，国家市场监督管理总局发布了《制止滥用行政权力排除、限制竞争行为规定（征求意见稿）》其中第五条将限定交易行为表述为如下几种情形：（1）以明确要求、暗示、拒绝或者拖延行政审批、重复检查、不予接入平台或者网络等方式，限定或者变相限定经营、购买、使用特定经营者提供的商品；（2）通过限制投标人所在地、所有制形式、组织形式等方式，限定或者变相限定经营、购买、使用特定经营者提供的商品；（3）没有法律、法规依据，通过设置不合理的项目库、名录库、备选库、资格库等方式，限定或者变相限定经营、购买、使用特定经营者提供的商品；（4）限定或者变相限定单位或者个人经营、购买、使用其指定的经营者提供的商品的其他行为。

诚如学者所指出的，“反垄断法上衡量行为违法性的根本性标准是‘社会总产出减少’，单纯排除限制竞争并不一定是限定交易，还要看其是否有可能减少社会总产出”。[①] 承此论述加以延伸，那么在判定涉案相关行为是否构成限定交易时，便有必要深入考察该行为是否在结果层面造成社会总产出的降低。质言之，若相关行为虽具有排除限制竞争的效应，但并未引致社会总产出降低，此时不应认定其构成限定交易行为；相反，若相关排除限制竞争行为最终造成了社会总产出的降低，则该行为应当被认定为限定交易行为。

为了更为全面且准确地把握此处有关限定交易行为的内在意涵，有必要进一步对相关近似概念之间加以适度辨析，从而有效厘清概念相互之间的基本界限。

一是行政性限定交易与日常生活领域的经济性限定交易的关系。总体来看，两者之间既有内在的相似性，同时也有本质的差异性。就相同之处而言，行政性限定交易与经济性限定交易均含有强迫的内在因素，即均表现为要求交易相对人只能与其指定的交易对象之间达成交易。显而易见，该做法不仅极大地限制了交易相对人的意识自治，严重偏离了市场交易过程中应当遵循的自由原则，而且会损害交易相对人合法的市场交易权益。就不同之处而言，首先，行政性限定交易与经济性限定交易的主要区别在于实施主体上的不同，即前者为行政机关和法律、法规授权的具有管理公共事务职能的组织，而后者为占有市场支配地位且参与相关市场竞争的经营者。其次，两种行为实施背后所依附的力量或者行为基础存有差别。行政性限定交易的实施背后所依赖的是相关主体所享有的行政权力，其体现的是行政权力介入市场经济运行的政府行为；而经济性限定交易的实施背后所借助的相关市场主体所累积形成的强大市场力量或者优势市场地位，其反映的是经济力量限制市场竞争的市场行为。再次，两种行为的行为表现也存在一定的区别。囿于相关主体自身的法律地位及其职能范围，行政性限定交易主要表现为行政机关和法律、法规授权的具有管理公共事务职能的组织强制交易相对人与其指定的交易对象进行交易，通常不包括与其本身进行交易的情形；而经济性限定交易的表现形式则更为多样，其中既包括相关经营主体限定交易相对人只能与其进行交易，也包括限定交易相对人只能与其指定的经营者进行交易。最后，除了前述区别以外，其还体

① 参见王文君、许光耀：《行政垄断中限定交易行为的反垄断法分析——对〈反垄断法〉第32条的解读》，载《中国物价》2016年第1期。

现为在目的追求方面具有差异性，即行政性限定交易主要是通过限制行为进而为后期谋取更多的经济利益，而日常经济生活中的限定交易意在通过限制行为谋求当前的可见利益。从这个角度来看，是否具有排除限制竞争效应构成了行政性限定交易行为的一个重要且不可或缺的组成部分。[①]

二是行政性限定交易与其他行政垄断行为的关系。就一致性层面而言，毫无疑问，由于行政性限定交易与其他行政垄断行为均属于行政性垄断之范畴，因而其在主体要件、主观要件、客体要件及客观要件等构成要件事实上具有宏观上的相近性。然而此种总体层面的一致性并不能完全遮蔽两者之间存在的微观差异。此处择取行政性限定交易与地区封锁、部门垄断为例，它们之间的不同之处主要体现在影响对象与影响范围上。[②] 具体而言，受到行政性限定交易所影响的对象通常指向的是本地区、本部门、本行业的经营者，其排除限制竞争的范围往往局限于本地区、本部门、本行业之内；与之形成鲜明对比的是，受地区封锁以及部门垄断所影响的对象主要指向的是本地区、本部门、本行业以外的经营者，其导致的排除限制竞争范围牵涉本地区、本部门、本行业以外。

此外，在行为影响方面，此种限定交易产生的不利后果也是多重的，其大致包括以下几个方面：

一是限制了交易相对人的交易自由。作为从事相关生产经营活动的经营者本应享有的自由选择交易对象的基本权利，然而行政性限定交易行为的出现将直接导致其前述选择权受到相应限制甚至是完全剥夺，而只能被迫接受与指定的交易相对人进行交易，这无疑是对市场交易自由原则的严重破坏。

二是抑制了其他相关市场的有效竞争。限定交易行为不仅会直接压缩交易相对人的市场自由选择空间，也会连带引起作为交易人竞争对手的其他市场主体在时空范围内无法有效发挥作用，大大降低了相关市场的交易开放程度。

三是可能会造成市场壁垒的出现。与经济性限定交易行为的危害性相同，行政性限定交易行为在某种程度上也会引起某类产品或者服务在销售商之间本应进行的市场竞争被予以限制，如此一来，其事实上无异于相关领域的商品市场或者服务市场被人为加以划分。[③] 就此而言，在市场经济

---

① 参见种明钊主编：《竞争法学》（第二版），高等教育出版社 2012 年版，第 327 页。

② 参见郑鹏程：《行政垄断的法律控制研究》，北京大学出版社 2002 年版，第 56 页。

③ 参见刘继峰：《竞争法学》（第三版），北京大学出版社 2018 年版，第 174 页。

运行过程中，如果不对此种限定交易行为予以有效规制，其势必会在相关市场领域形成相应的市场壁垒效应。

【适用指南】

案例："某市市场监督管理局纠正某区教育委员会滥用行政权力排除、限制竞争行为案"。2021 年 11 月，某市市场监管局对某区教育委员会涉嫌滥用行政权力排除、限制竞争行为进行调查。经查，2011 年 5 月 23 日，某区教委下发了《某市某区教育委员会关于坚持民生导向服务教育事业加强中小学后勤服务管理工作的意见》，文件规定"一是全区中小学教辅资料发行统一由某区教委组织，具体由学某公司统一发行；二是全区中小学服装采购统一由学某公司组织供货；三是全区中小学办公用品、文教用品、体育器材供给，一律由学某公司集中采购供给；四是全区中小学学生保险，统一由学某公司代理；五是全区教育考察培训，统一由学某公司组织办理"。某区教育委员会上述行为违反了 2008 年反垄断法第三十二条"行政机关和法律、法规授权的具有管理公共事务职能的组织不得滥用行政权力，限定或者变相限定单位或者个人经营、购买、使用其指定的经营者提供的商品"之规定，排除、限制了竞争。当事人认识到上述行为违反了 2008 年反垄断法之规定，在调查期间积极整改，消除了不良影响。一是废止了相关文件，2021 年 12 月 9 日，当事人在其官网发布《关于废止某教〔2011〕230 号文件的决定》，将原文件予以废止。二是认真学习反垄断法、公平竞争审查制度实施细则，严格落实公平竞争审查制度，举一反三地对规范性文件进行清理和审查。[①]

在条文内容上，此次新修改的反垄断法第三十九条有关行政性限定交易的规定与原法中相对应的第三十二条规定保持了一致，并未作出任何调整。这在某种程度上也可以反映出相关条文具有较强的稳定性、涵括性与适应性，基本上可以契合相关反垄断行政执法与司法的总体需要。进一步结合上述案例来看，在法律实践层面上，要准确把握某一涉案行为是否构成行政性限定交易行为，关键在于：（1）实施主体是否为行政机关和法律、法规授权的具有管理公共事务职能的组织，其中尤其不能忽视法律、法规授权的具有管理公共事务职能的组织可以构成违法主体的情形。（2）客观行为

---

① 参见《某市市场监督管理局纠正某区教育委员会滥用行政权力排除、限制竞争行为》，载国家市场监督管理总局竞争政策协调司网站，https：//www. samr. gov. cn/jzxts/tzgg/qlpc/202203/t20220330_340933. html，最后访问时间：2022 年 7 月 1 日。

是否为借助行政权力的滥用，以期实施限定或者变相限定单位或者个人经营、购买、使用其指定的经营者提供的商品之情形。

【相关规定】

《制止滥用行政权力排除、限制竞争行为暂行规定》第四条；《公平竞争审查制度实施细则》第十三条。

第四十条　【禁止利用合作协议等方式实施垄断】 行政机关和法律、法规授权的具有管理公共事务职能的组织不得滥用行政权力，通过与经营者签订合作协议、备忘录等方式，妨碍其他经营者进入相关市场或者对其他经营者实行不平等待遇，排除、限制竞争。

【条文主旨】

本条是关于禁止行政机关和法律、法规授权的具有管理公共事务职能的组织滥用行政权力利用政企合作协议等方式实施行政垄断的规定。

【条文释义】

结合现行规范文本层面来看，所谓利用合作协议等方式实施垄断（也可简称“行政性限制竞争协议”），是指行政机关和法律、法规授权的具有管理公共事务职能的组织滥用行政权力，通过与特定经营者签订合作协议、备忘录等方式，实施妨碍其他经营者进入相关市场或者对其他经营者实行不平等待遇排除、限制竞争行为。在构成要件方面，利用合作协议等方式实施垄断主要包括以下几个部分：

在行为主体方面，必须是行政机关和法律、法规授权的具有管理公共事务职能的组织。如果相关排除限制行为是由两个或者两个以上经营者所实施的，那么该行为则很可能构成相应的垄断协议行为，而非本条文中所规定的行政垄断行为。

在表现形式方面，该行为主要是通过与经营者签订合作协议、备忘录等方式所实施的妨碍其他经营者进入相关市场或者对其他经营者实行不平等待遇的垄断行为，其典型表现主要包括政企合作协议式行政垄断与政企备忘录式行政垄断。从提升行政管理水平维度而言，行政主体与作为经营者的企业之间签订合作协议以及备忘录等有其合理性。就实践层面来看，行政主体与经营者签订合作协议、备忘录等是地方营商合作领域的常见做法。结合现代反垄断法的一项基础性共识来看，具有市场垄断地位并不当然违法，也非反垄断法的规制对象，只有当相关主体实施以控制市场为目的的排除限制竞争，才会受到反垄断法的制约。① 就此而论，行政主体与经营者签订合作协议以及备忘录本身并不必然具有违法性与可苛责性。判定某一行为是否构成本条所规定的行政垄断行为，除了需要满足政企合作协议或者政企备忘录等基本“外衣”以外，更为关键的举措是需要详细考察利用前述行为“外衣”背后所进一步采取的滥用行政权力以排除限制竞争行为，即是否借助已经签订的合作协议、备忘录等，妨碍其他经营者进入相关市场，或者对其他经营者实行不平等待遇。无论是妨碍进入行为，还是不平等待遇行为，之所以将前述行为界定为“滥用行政权力”，很大程度上是源于此类行为既不属于行政主体为维护社会经济秩序需要而实施的正常经济管理活动，也不构成行政主体为实现国民经济宏观调控而采取的产业政策、财政政策等经济政策或者社会政策。②

以政企合作协议式行政垄断为例，在一起涉及行政垄断的执法案件中，某地卫生健康局（甲方）与某公司（乙方）签订《药品、耗材、设备购销战略合作协议》，该协议约定：“甲方辖区内所有公立医疗机构（附名单在后）所需药品、耗材、器械设备等拿出一定比例的采购量给乙方。甲方以文件的形式下达指标到所辖公立医疗机构，由乙方与有关公立医疗机构签订供需合同。”③ 在另外一起案件中，某县人民政府与某医药经营有限公司签订《公立医疗卫生机构药房托管、药品统一配送协议书》。在此背景下，该县各公立性医疗卫生机构紧接着与相关医药经营有限公司全资子公司又签订了《药房托管、药品统一配送协议书》。相关协议书内容主要涉及公立性医疗卫生机构药品统一配送与药房托管等方面。最终，这两起案件均被执法机关认定违反反垄断法，构成行政垄断。

透过前述案例不难看出，在认定利用合作协议等方式实施行政垄断行为时，“合作协议”与“备忘录”事实上仅是基本形式要求，实质内核在

① 参见李昌麒主编：《经济法学》（第二版），法律出版社 2008 年版，第 244~245 页。

② 参见王晓晔：《竞争法学》，社会科学文献出版社 2007 年版，第 362 页。

③ 参见《湖南纠正某县卫健局涉嫌滥用行政权力排除限制竞争行为》，载湖南省市场监督管理局网站，http：//amr. hunan. gov. cn/amr/xxx/mtzsx/202112/t20211224_21322886. html，最后访问时间：2022 年 7 月 1 日。

于是否依托前述形式实施相应的排除限制竞争行为。

在行为目的层面，该行为旨在通过合理协议等方式实现排除限制竞争的目的。如前所述，行政主体与经营者之间签订合作协议、备忘录的现实案例不仅较为常见，也有其存在的内在合理性。然而，如果行政机关利用与经营者达成协议等方式实施排除、限制竞争意图，那么该类协议行为便有可能涉嫌构成行政垄断行为。[①] 反言之，尽管行政机关与经营者之间达成合作协议或者备忘录等，但该协议未有实施排除限制竞争之意图，则该行为并不必然构成此类行政垄断行为。

在行为后果层面，该行为将会造成排除限制竞争的消极效果。结合现有条文来看，其中的“排除、限制竞争”不仅应当被视作该行为的意图之所在，同时也是对其行为后果的法定要求。也就是说，在满足前述相关基础性要件以外，判定相关行为是否构成利用政企合作协议等方式实施行政垄断行为，还应当进一步考察涉案行为是否最终造成了排除限制竞争的效果。

在全面阐述利用政企合作协议等方式实施的行政垄断行为概念意涵的基础上，本部分将着重分析此类垄断行为与反垄断法中其他垄断行为之间的关系。

一是利用政企合作协议等方式实施行政垄断行为与行政性限定交易行为之间的关系。总体而言，两者在法律性质上均属于行政垄断行为，均是行政主体通过滥用行政权力而实施的不当干预市场行为，均会对其他经营者参与市场公平竞争产生排挤效应，使得市场竞争机制的无法正常发挥作用。甚至有的情形下，前述两种行政垄断行为之间可以发生竞合。例如，地方行政主体与企业签订合作协议，使得该企业获得了在当地某一市场领域形成了独家经营的垄断地位，此时作为该企业交易对象的相关主体事实上处于被限定交易的地步。正是基于两者具有的一致性，本次反垄断法修改之前的相关行政垄断的执法实践中，加之缺少相对应的利用政企合作协议等方式实施行政垄断行为的规制条款，行政执法机关在查处此类案件往往会诉诸原法中的行政性限定交易规制条款。例如，在国家市场监督管理总局部署在全国范围内开展制止滥用行政权力排除、限制竞争执法专项行动中，各地市场监管部门积极行动，结合本地区存在的突出问题，依法调查处理了一批行政机关违反反垄断法有关规定实施的限定交易、妨碍商品

---

① 参见翟巍：《社会公共服务视野下行政垄断行为之厘定、识别与规制》，载《经济法论丛》2021 年第 1 期。

自由流通、限制外地经营者参加本地招标投标活动、制定含有排除限制竞争内容的规定等行为。其中便有数起案件涉及通过与经营者签订“政企合作”协议、备忘录等方式，妨碍其他经营者进入相关市场或者对其他经营者实行不平等待遇排除、限制竞争行为。然而在处罚依据层面，这些案件不约而同援引的均是2008年反垄断法第三十二条规定，即认定涉案行为均违反了“行政机关和法律、法规授权的具有管理公共事务职能的组织不得滥用行政权力，限定或者变相限定单位或者个人经营、购买、使用其指定的经营者提供的商品”，构成行政性限定交易行为。当然，利用政企合作协议等方式实施行政垄断行为与行政性限定交易行为也存在显著区别，其中最为主要的不同之处反映在行为表现形式之上：前者采用的是政企合作协议或者备忘录等方式，后者则采取的是通过行政命令限定经营、购买以及使用的强制交易行为。

二是利用政企合作协议等方式实施行政垄断行为与作为经济性垄断的垄断协议的关系。就相同点而言，两者均属于利用“协议外衣”（本条所提到的“备忘录”某种程度上也可被视作一种协议）方式实施的垄断行为，均会对市场竞争造成限制。但两种垄断行为也存在较大区别：（1）行为实施主体不同。前者为行政主体，后者为经营者（从事商品生产、经营或者提供服务的自然人、法人和非法人组织）。（2）行为表现形式不同。前者主要为借助政企合作协议等妨碍其他经营者进入相关市场或者对其他经营者实行不平等待遇，后者则一般包括对其他经营者有关市场价格、市场额度、市场区域、技术开发与技术标准、交易相对人的联合限制。[①]（3）行为目的追求不同。前者的目的在于保护本地区、本部门、本行业的所属利益，[②] 而经济性垄断更多谋求的是企业自身利益。（4）行为本质属性不同。前者属于是一种透过行政权力对市场进行干预的政府行为，而后者则是一种作为市场主体的经营者采取联合的市场行为。（5）行为危害程度不同。基于利用政企合作协议等方式实施行政垄断行为采取了滥用行政权力的做法，其对市场竞争造成的损害远远甚于经营者之间达成的垄断协议。

---

① 参见《经济法学》编写组编：《经济法学》（第二版），高等教育出版社2018年版，第242页。

② 参见刘继峰主编：《反垄断法案例评析》，对外经济贸易大学出版社2012年版，第166页。

【适用指南】

案例：“某省市场监管局纠正某市城市管理局滥用行政权力排除、限制竞争行为案”。2021 年 12 月 27 日，某省市场监管局依法对某市城市管理局涉嫌滥用行政权力排除、限制竞争行为进行立案调查。经查，2017 年 11 月 14 日，当事人以政府采购的方式确定某网络科技有限公司为某市城区共享单车经营企业，并于 12 月 18 日签订战略合作协议，合作内容（三）条款中注明：“为避免单车同行无序投放，控制城市车辆总数，甲方不再引进乙方以外的共享单车品牌。如有其他品牌的单车未经甲方许可就随意投放，甲方将联动相关部门进行车辆管控。”协议有效期为 5 年。

某省市场监管局认为，当事人以政府采购的方式确定某网络科技有限公司为某市城区独家共享单车经营企业，限制了其他具有合格资质和服务能力的共享助力车品牌进入该区域市场，排除、限制了竞争，违反了 2008 年反垄断法第三十二条“行政机关和法律、法规授权的具有管理公共事务职能的组织不得滥用行政权力，限定或者变相限定单位或者个人经营、购买、使用其指定的经营者提供的商品”的规定，构成滥用行政权力排除、限制竞争行为。2022 年 1 月 7 日，当事人发布了《关于废止共享单车相关文件的公告》，决定废止与某网络科技有限公司签订的战略合作协议。该公告已在当事人官方网站进行了公示。①

本条文是在 2008 年反垄断法所列举的几类具体行政垄断行为基础上，通过新增条款方式，进而在一定程度上扩充了行政垄断行为类型的规制范围。应当指出的是，立法机关在总结相关实践经验前提下，引入新形态的行政垄断行为形态以契合当前反行政法垄断的做法具有必要性与现实性。2022 年 6 月 9 日，国家市场监督管理总局公布了 2022 年第一批制止滥用行政权力排除、限制竞争执法专项行动案件。② 在相关的 12 件涉及行政垄断案件中，其中便有多件涉及利用合作协议等方式实施行政垄断的案件。概括而言，这些案件集中表现为行政机关与特定经营者提供签订政企合作协议的方式，使得特定经营者在相关市场获得独家经营或者固定的政府采

---

① 参见《某省市场监管局纠正某市城市管理局滥用行政权力排除、限制竞争行为》，载国家市场监督管理总局竞争政策协调司网站，https：//www.samr.gov.cn/jzxts/tzgg/qlpc/202206/t20220608_347613.html，最后访问时间：2022 年 7 月 1 日。

② 《走近 3·15，反垄断在行动——强化反垄断优化公平竞争 去年查处垄断案件 176 件罚没金额 235.86 亿元》，载国家市场监管总局网站，https：//www.samr.gov.cn/xw/zj/202203/t20220313_340391.html，最后访问时间：2022 年 7 月 30 日。

购比例等，最终均被认定构成行政垄断。可以看出，在实践层面，借助以政企合作协议方式来实施排除限制竞争的情形俨然成为行政垄断的一种常见情形。在此背景下，此次反垄断法修改适时确立相应的新型行政垄断法定类型不仅能有效回应行政垄断执法领域的现实关切，也能进一步织牢行政垄断规制制度之网。从这个意义上来说，新增本条文无疑是此次反垄断法修改中有关行政垄断规制制度调整方面的主要亮点之一。在本案中，当地城市管理局与涉案企业签订合作协议，使得该企业获得了独家共享单车经营权，这将直接剥夺了其他具有合格资质和服务能力的共享助力车企业进入相关市场的可能性，构成了本条所规定的利用政企合作协议妨碍其他经营者进入相关市场或者对其他经营者实行不平等待遇的行政垄断情形。

【相关规定】

《公平竞争审查制度实施细则》第十三条。

第四十一条　【禁止地区封锁】行政机关和法律、法规授权的具有管理公共事务职能的组织不得滥用行政权力，实施下列行为，妨碍商品在地区之间的自由流通：

（一）对外地商品设定歧视性收费项目、实行歧视性收费标准，或者规定歧视性价格；

（二）对外地商品规定与本地同类商品不同的技术要求、检验标准，或者对外地商品采取重复检验、重复认证等歧视性技术措施，限制外地商品进入本地市场；

（三）采取专门针对外地商品的行政许可，限制外地商品进入本地市场；

（四）设置关卡或者采取其他手段，阻碍外地商品进入或者本地商品运出；

（五）妨碍商品在地区之间自由流通的其他行为。

【条文主旨】

本条是关于禁止行政机关和法律、法规授权的具有管理公共事务职能的组织滥用行政权力实施妨碍地区之间商品自由流通的规定。

【条文释义】

结合现行规范文本来看，所谓地区封锁，也称地区垄断、地区壁垒或者地区保护主义，是指行政机关和法律、法规授权的具有管理公共事务职能的组织滥用行政权力对跨地区的商品自由流通所进行的限制。从本质上看，地区封锁背后体现的是一种地方保护主义，它是地方政府人为设置的一道屏障，用以保护本地区企业免于与外来企业进行公平市场竞争，将严重制约全国统一、公平竞争、规范有序的市场体系形成。[①]

地区封锁对市场经济产生的不利影响大体涉及以下几个方面：[②]（1）商品流通被人为地限制在狭小的流通范围之内。（2）阻碍了企业参与统一的市场竞争，不利于企业提高效率、改进技术、增强竞争实力，反而容易导致本地区经济功能的衰退。（3）由于商品生产和流通不能在全国范围内进行，造成某些地区生产优势得不到发挥，另外一些地区却因资源或技术的限制，造成产品短缺，引起全国范围的结构失衡。（4）地区封锁使得地区之间的生产资料、资金、技术、人员和信息流通受阻，使得企业的竞争环境受到影响，价格机制的调节信号可能失真；同时也会造成企业的纵向兼并和多角化经营受到阻碍，影响市场结构的优化重组。这样，资源就不能在全社会范围内合理地配置和组合，影响市场组织的有效性。（5）地区封锁可刺激各地区之间的超额投资。出于对本地区高利益的追求，各地区都争着上“短、平、快”项目，为了确保地方财政收入，企业被迫大上产量产值，拼设备，拼原料，地方政府强迫银行贷款，这样造成的后果是：一方面，各地区不能很好地发挥本地优势；另一方面，由于各地的重复引进，不但资料使用效率低下，而且可能造成全国范围内的基本建设投资失控，从而引发通货膨胀。（6）地区封锁不仅使得企业对资源的内部协调机制受到干扰、协调成本上升，而且这种政企之间的暧昧关系会严重影响企业的生产积极性，使企业无法真正成为独立自主的市场运行主体。

事实上，反垄断法正式出台之前，我国很早便在规范实践层面对地区封锁给予了积极关注。例如，1990 年国务院发布了《国务院关于打破地区间市场封锁进一步搞活商品流通的通知》[③]。为了打破地区间的市场封锁，

---

① 参见周昀：《反垄断法新论》（修订本），中国政法大学出版社 2016 年版，第 217 页。

② 参见吴敬琏、张卓元主编：《中国市场经济建设百科全书》，北京工业大学出版社 1993 年版，第 467 页。

③ 根据《国务院关于宣布失效一批国务院文件的决定》，该文件已于 2016 年 6 月 25 日起失效。

进一步搞活商品流通，该通知要求要维护企业的生产、经营自主权；要确保商品流通畅通无阻；严格执行国家财政、税收管理制度；各地银行在资金上要支持经营企业择优选购产品，在信贷上要对经销外地产品与经销本地产品的企业一视同仁，不得对经销外地产品的企业限制贷款或提高贷款利率，按照合同规定到货或需要购进的外地产品，银行应按照结算办法和有关规定，及时办理结算；物价部门要加强物价管理，支持企业在商品购销活动中平等竞争；各地区、各部门应自觉制止和纠正地区封锁的错误做法，集中力量抓好经济结构的调整。又如，1993 年反不正当竞争法第七条规定，政府及其所属部门不得滥用行政权力，限制外地商品进入本地市场，或者本地商品流向外地市场。[①] 此外，2001 年颁行的《国务院关于禁止在市场经济活动中实行地区封锁的规定》第三条明确规定，禁止各种形式的地区封锁行为，包括禁止任何单位或者个人违反法律、行政法规和国务院的规定，以任何方式阻挠、干预外地产品或者工程建设类服务进入本地市场，或者对阻挠、干预外地产品或者服务进入本地市场的行为纵容、包庇，限制公平竞争。

2008 年施行的反垄断法以专门法的形式明文将地区封锁行为首次纳入行政垄断行为的规制范围之内。按照行为方式或者垄断内容的不同，其将地区封锁行为细分为五大类型：（1）费用或价格歧视，即对外地商品设定歧视性收费项目、实行歧视性收费标准，或者规定歧视性价格。（2）标准歧视，对外地商品规定与本地同类商品不同的技术要求、检验标准，或者对外地商品采取重复检验、重复认证等歧视性技术措施，限制外地商品进入本地市场。（3）许可壁垒，采取专门针对外地商品的行政许可，或者对外地商品实施行政许可时采取不同的许可条件、程序、期限等，阻碍、限制外地商品进入本地市场。（4）关卡壁垒，设置关卡或者采取其他手段，阻碍、限制外地商品进入本地市场或者本地商品运往外地市场。（5）妨碍商品在地区之间自由流通的其他行为。

2011 年修订的《国务院关于禁止在市场经济活动中实行地区封锁的规定》第四条将地区封锁划分为如下情形：（1）以任何方式限定、变相限定单位或者个人只能经营、购买、使用本地生产的产品或者只能接受本地企业、指定企业、其他经济组织或者个人提供的服务；（2）在道路、车站、港口、航空港或者本行政区域边界设置关卡，阻碍外地产品进入或者本地

① 需要说明的是，为了明确与反垄断法的适用边界，2017 年修改后的反不正当竞争法已经删除了相关规定。

产品运出；（3）对外地产品或者服务设定歧视性收费项目、规定歧视性价格，或者实行歧视性收费标准；（4）对外地产品或者服务采取与本地同类产品或者服务不同的技术要求、检验标准，或者对外地产品或者服务采取重复检验、重复认证等歧视性技术措施，限制外地产品或者服务进入本地市场；（5）采取专门针对外地产品或者服务的专营、专卖、审批、许可等手段，实行歧视性待遇，限制外地产品或者服务进入本地市场；（6）通过设定歧视性资质要求、评审标准或者不依法发布信息等方式限制或者排斥外地企业、其他经济组织或者个人参加本地的招投标活动；（7）以采取同本地企业、其他经济组织或者个人不平等的待遇等方式，限制或者排斥外地企业、其他经济组织或者个人在本地投资或者设立分支机构，或者对外地企业、其他经济组织或者个人在本地的投资或者设立的分支机构实行歧视性待遇，侵害其合法权益；（8）实行地区封锁的其他行为。

2016 年出台的《国务院关于在市场体系建设中建立公平竞争审查制度的意见》以及 2021 年颁行的《公平竞争审查制度实施细则》的相关内容对地区封锁行为类型作出了明确规定。例如，在前述意见以及实施细则设置的“商品和要素自由流动标准”部分，其中与 2008 年反垄断法第三十三条所规定的地区封锁行为类型基本相同的有两大类：一是对外地和进口商品、服务实行歧视性价格和歧视性补贴政策，包括但不限于：（1）制定政府定价或者政府指导价时，对外地和进口同类商品、服务制定歧视性价格；（2）对相关商品、服务进行补贴时，对外地同类商品、服务，国际经贸协定允许外的进口同类商品以及我国作出国际承诺的进口同类服务不予补贴或者给予较低补贴。二是限制外地和进口商品、服务进入本地市场或者阻碍本地商品运出、服务输出，包括但不限于：（1）对外地商品、服务规定与本地同类商品、服务不同的技术要求、检验标准，或者采取重复检验、重复认证等歧视性技术措施；（2）对进口商品规定与本地同类商品不同的技术要求、检验标准，或者采取重复检验、重复认证等歧视性技术措施；（3）没有法律、行政法规或者国务院规定依据，对进口服务规定与本地同类服务不同的技术要求、检验标准，或者采取重复检验、重复认证等歧视性技术措施；（4）设置专门针对外地和进口商品、服务的专营、专卖、审批、许可、备案，或者规定不同的条件、程序和期限等；（5）在道路、车站、港口、航空港或者本行政区域边界设置关卡，阻碍外地和进口商品、服务进入本地市场或者本地商品运出和服务输出；（6）通过软件或者互联网设置屏蔽以及采取其他手段，阻碍外地和进口商品、服务进入本地市场或者本地商品运出和服务输出。

可以看出，在本次反垄断法修改之前，我国已经确立起以反垄断法为基础、以专门性行政法规以及公平竞争审查制度等为补充的地区封锁规制法律规则体系。结合以往相关执法实践来看，行政执法机关查处了大量的地区封锁行为，积累了较为丰富的执法经验。就实际取得的执法成效层面而言，这些实践也进一步验证了反垄断法中既有的地区封锁规制条款所具有的适应性与生命力。也正是基于此，2022 年新修改的反垄断法第四十一条延用了原法中第三十三条的规定，并未对地区封锁规制条款的规范内容作出调整。

【适用指南】

案例："某市市场监督管理局纠正某县教委滥用行政权力排除、限制竞争行为案"。2019 年 10 月，某市市场监管局根据举报线索，对某县教委滥用行政权力排除、限制竞争行为进行立案调查。经查，2019 年 8 月 2 日，某县教委内设部门某县营养改善计划领导小组办公室，印发《关于某县学校食堂采购企业资格准入方案的通知》，该通知设定了某县学校食堂采购企业准入条件：企业需提供县市场监管局出具的征信报告；企业在本县内有规范的固定经营场所，粮油、干副食专用仓储不少于 40 平方米，饮用奶专用仓储不少于 20 平方米；县外生物燃料经营企业提供营业执照以及在某县应急管理局备案的相关材料；供货企业需缴纳履约保证金：干货配送企业缴纳 10 万元，粮油配送企业缴纳 20 万元，肉类配送企业缴纳 30 万元，饮用奶、糕点配送企业缴纳 5 万元，生物燃料企业缴纳 10 万元。经查某县学校食堂采购活动按照通知要求进行了实施。某县教委实施的上述行为，违反了 2008 年反垄断法第三十三条"行政机关和法律、法规授权的具有管理公共事务职能的组织不得滥用行政权力，实施下列行为，妨碍商品在地区之间的自由流通：……（三）采取专门针对外地商品的行政许可，限制外地商品进入本地市场"和第三十七条"行政机关不得滥用行政权力，制定含有排除、限制竞争内容的规定"之规定，构成滥用行政权力，排除、限制竞争行为。调查期间，某县教委高度重视，认识到其行为违反了反垄断法相关规定后，积极配合调查，主动进行整改，第一时间废止相关违法文件并向社会公开，并及时提交了书面整改报告。①

---

① 参见《某市市场监督管理局纠正某县教委滥用行政权力排除、限制竞争行为》，载国家市场监督管理总局竞争政策协调司网站，https：//www. samr. gov. cn/fldys/tzgg/xzjj/202204/t20220424_342245. html，最后访问时间：2022 年 7 月 1 日。

作为一种严重的行政垄断行为，地区封锁不仅人为地将本地市场与外地市场进行地区划分，割裂了地区间的市场联系，阻碍了商品自由流通，也会造成社会资源的浪费与商品交易成本的增加。就本案而言，当地县教委通过下发规范性文件的方式，对外地商品进入学校食堂采购领域设置了专门的行政许可，其实质是通过许可壁垒阻碍外地商品进入本地市场，该做法显然违法本条有关地区封锁规制条款的相关规定，构成行政垄断。当然，由于形成地区封锁采用的途径是制定含有排除限制竞争内容的规定，因而其同时构成抽象行政垄断行为。

【相关规定】

《国务院关于禁止在市场经济活动中实行地区封锁的规定》第四条；《公平竞争审查制度实施细则》第十四条。

第四十二条 【禁止排斥或者限制招投标等经营活动】 行政机关和法律、法规授权的具有管理公共事务职能的组织不得滥用行政权力，以设定歧视性资质要求、评审标准或者不依法发布信息等方式，排斥或者限制经营者参加招标投标以及其他经营活动。

【条文主旨】

本条是关于禁止行政机关和法律、法规授权的具有管理公共事务职能的组织滥用行政权力在招投标等经营领域实施排除限制竞争的规定。

【条文释义】

结合现行规范文本层面来看，所谓排除或者限制招投标等经营活动，是指行政机关和法律、法规授权的具有管理公共事务职能的组织滥用行政权力对经营者参与招投标等经营活动所施加的限制。在理论分类上，以往学界通常会将本条所规定的禁止排斥或者限制招投标等经营活动纳入广义的地区封锁行为范畴之内。[1] 究其缘由，结合社会实践层面来看，地区封锁实则体现

① 参见种明钊主编：《竞争法学》（第二版），高等教育出版社 2012 年版，第 324 页。

的是一种地方保护主义，其所指向的不仅仅局限于商品，也涉及服务以及其他生产要素，因而针对各类生产要素在跨地区间自由流动的不合理限制均有必要被囊括其中。通常而言，在以招标投标为代表的经营活动之中，每一个市场主体均应当享有公平、公开、公正的参与机会，受到一视同仁的对待，而非由特定的少数经营者参与或者控制。如果放任行政权力对于招投标等经营活动采取不当干预，那么相关领域的竞争机制势必受到破坏，如此一来，其不仅会有损全国统一大市场的建立，也会严重侵害市场竞争秩序。

从历史沿革的角度来考察，针对此类排除限制竞争的行政垄断行为，2008 年反垄断法作出的规定是，行政机关和法律、法规授权的具有管理公共事务职能的组织不得滥用行政权力，以设定歧视性资质要求、评审标准或者不依法发布信息等方式，排斥或者限制外地经营者参加本地的招标投标活动。而新法的规定则表述为，行政机关和法律、法规授权的具有管理公共事务职能的组织不得滥用行政权力，以设定歧视性资质要求、评审标准或者不依法发布信息等方式，排斥或者限制经营者参加招标投标以及其他经营活动。不难看出，较之于原法中的第三十四条规定，2022 年新修改后的反垄断法第四十二条规定既有内容上的总体延续，也在一定程度上进行了细微调整。具体而言，其中“既有内容上的总体延续”主要涉及以下几个方面：（1）实施主体相同，即均为行政机关和法律、法规授权的具有管理公共事务职能的组织；（2）客观要件相同，即均要求行政主体实施了违反法定权限或者法定程序的行为——滥用行政权力之行为。（3）限制方式相同，即均涉及设定歧视性资质要求、评审标准或者不依法发布信息等情形。其中的“细微调整”则主要涉及体现在两个方面：（1）行政垄断行为所限制的对象范围不同。原法中规定的是“排斥或者限制外地经营者”，而新法中的规定为“排斥或者限制经营者”，即删除了原先附加于经营者之前的“外地”表述。在语义学上，这种变化意味着此类行政垄断行为所排斥或者限制的对象不限于本地经营者，也可能会牵涉外地经营者。（2）行政垄断行为所限制的领域范围不同。原法中就此类行政垄断行为规定的是，排斥或者限制参加的是“招标投标活动”；而新法中就相关行政垄断行为表述的是，排斥或者限制参加的是“招标投标以及其他经营活动”，即增加了“其他经营活动”。这样一来，作为一个兜底性概念，“其他经营活动”具有较强的涵括性与不确定性，因而新法中针对此类行政垄断行为所涉及的领域将不再仅仅局限于以往所关注的招标投标活动领域，还会进一步覆盖其他的市场经营活动，如竞争性谈判、询价、竞争性磋商等竞争性采购领域。从形式上看，此种“一减一增”看似变化幅度不大；然而在实质内容维度上，前述调整不仅丰富了此类行政垄断行为的概念意涵，也将进一步拓宽相应法律条文的调整范围。

从最终目的指向上来看，此举也将有利于实现真正的市场竞争中立，即不论是对外地企业还是本地企业的排斥或者限制竞争行为均应被禁止，无论是对招标投标还是其他的经营活动进行的均应被禁止。[①] 在以上简要比对分析关于新旧法相应条文内容变化基础上，根据垄断行为所限制的对象范围与所限制的领域范围的不同，实则可将新修改的反垄断法第四十二条所规制的行政垄断行为划分为四种类型：（1）行政主体滥用行政权力，以设定歧视性资质要求、评审标准或者不依法发布信息等方式，排斥或者限制外地经营者参加招标投标。例如，某县财政局在对外发布《关于财政局投资评审中心评审任务协作机构遴选项目的采购公告》，要求“非本地企业须在本地区有固定办公场所，须提供相关证明材料”。（2）行政主体滥用行政权力，以设定歧视性资质要求、评审标准或者不依法发布信息等方式，排斥或者限制本地经营者参加招标投标。例如，某地政府针对本地区不同所有制形式设定投标人资格条件的行为。（3）行政主体滥用行政权力，以设定歧视性资质要求、评审标准或者不依法发布信息等方式，排斥或者限制外地经营者参加招标投标以外的经营活动。例如，某地政府下发内部文件针对本地企业参与公共住宅电梯更新改造会给予相应的政府补贴，而外地企业并无资格享有相应的补贴待遇政策。（4）行政主体滥用行政权力，以设定歧视性资质要求、评审标准或者不依法发布信息等方式，排斥或者限制本地经营者参加招标投标以外的经营活动。例如，某地政府针对本地区不同商品或服务品牌的企业设置参与本地工程承揽的歧视性审查要求。

尽管新修改的反垄断法第四十二条可能涉及的四类行政垄断行为之间存在一定的差别，但其排斥或者限制招投标或者其他经营活动所采用的手段却是如出一辙，大体上涉及如下三种情形：[②]（1）提出歧视性资质要求。招标投标法第十八条规定，招标人不得以不合理的条件限制或者排斥潜在投标人，不得对潜在投标人实行歧视待遇。该法第二十条规定，招标文件不得要求或者标明特定的生产供应者以及含有倾向或者排斥潜在投标人的其他内容。所谓歧视性资质要求，是指不涉及一般性标准的产品或服务质

① 参见时建中：《更加完善的反垄断制度保障高质量发展》，载《中国法律评论》2022年第4期。

② 参见刘继峰：《竞争法学》（第三版），北京大学出版社2018年版，第242页。

量内容的资质要求。一般而言，提供产品稳定性的要求，如 3 年内无公开曝光记录、产品质量认证或成立时间等方面要求，或主体设立时间如成立 1 年以上、获得企业质量体系认证等都不应视为歧视性要求。但一些与中标后完成标书无实质性关联关系的“资质”内容则属于歧视性资质要求，如要求参与投标的外地经营者具有高于本地经营者的注册资本、经营期限条件等。（2）歧视性评审标准。评审标准应该以完成中标任务来设计，一般以产品的质量、技术水平、售后服务、价格等为主要内容，如果将这些主要内容弃之不用，而夸大其他参考内容或无关紧要的特点就构成歧视性评审标准。例如，本地企业优于外地企业、大型企业优于中小企业、外国公司优于本国公司等。（3）不依法发布信息。招投标过程始终要坚持的基本原则是公开、公平、公正。不依法发布信息包括招标信息不公开、中标结果不公开，不管哪个过程、环节的不公开，只要是法律规定应当公开而未公开的，都违反“三公”原则。信息公开是招投标结果公平、公正的前提，利用行政权力在招投标中“暗箱操作”，不仅违反反垄断法，也违反招标投标法，甚至可能构成犯罪。

此外，我国现行公平竞争审查制度对于此类行政垄断行为所采取的手段也作出了列举。《公平竞争审查制度实施细则》第十四条第三项规定，不得排斥或者限制外地经营者参加本地招标投标活动，包括但不限于：（1）不依法及时、有效、完整地发布招标信息；（2）直接规定外地经营者不能参与本地特定的招标投标活动；（3）对外地经营者设定歧视性的资质资格要求或者评标评审标准；（4）将经营者在本地区的业绩、所获得的奖项荣誉作为投标条件、加分条件、中标条件或者用于评价企业信用等级，限制或者变相限制外地经营者参加本地招标投标活动；（5）没有法律、行政法规或者国务院规定依据，要求经营者在本地注册设立分支机构，在本地拥有一定办公面积，在本地缴纳社会保险等，限制或者变相限制外地经营者参加本地招标投标活动；（6）通过设定与招标项目的具体特点和实际需要不相适应或者以与合同履行无关的资格、技术和商务条件，限制或者变相限制外地经营者参加本地招标投标活动。应当说，在排斥或者限制招标投标领域，相比于反垄断法第四十二条中“设定歧视性资质要求、评审标准或者不依法发布信息等方式”具有的模糊性而言，《公平竞争审查制度实施细则》有关行政垄断行为手段的表述更为具化与明晰。

就行为后果而言，此种禁止排斥或者限制招投标等经营活动可能引致以下负面效应：（1）个别排挤群体效应。例如，通过不依法及时、有效、完整地发布招标投标信息，仅使特定主体知晓招标信息进而中标。该个别主体在行政权力介入下中标，实际上会不公平地排斥其他主体参与。(2) 本地排挤外地效应，或者相反。例如，一些地方政府为了保护本地企业利益，通过设定与招标项目的具体特点和实际需要不相适应或者以与合同履行无关的资格、技术和商务条件为借口，形式上进行公开招标，但变相限制外地经营者参加本地招标投标活动。(3) 大企业排挤中小企业效应。例如，设定的招标门槛过高，超出一般性的资质要求，使得相关中小经营者无法参与竞争。(4) 外国企业排斥本国企业效应，或者相反。例如，某政府进行空调采购项目的招标条件中"技术规格"要求空调必须是外国产品。(5) 国有企业排挤民营企业效应。例如，某地方政府在招投标过程中对不同所有制形式企业进行区别对待，优先采购国有企业的产品。

【适用指南】

案例："某省市场监督管理厅纠正某经济技术开发区相关部门滥用行政权力排除、限制竞争行为案"。2020 年 6 月，某省市场监督管理厅对某经济技术开发区相关部门涉嫌滥用行政权力排除、限制竞争行为进行立案调查。经查，某经济技术开发区审计局、财政局、财政投资评审中心于 2020 年 5 月 11 日在某公共资源交易网上发布《某经济技术开发区审计局、财政局、财政投资评审中心某经济技术开发区工程造价咨询机构资格入围采购项目公开招标公告》，对投标人资格要求："2.3 投标人必须在某市范围内设有固定的办公场所，提供租赁合同或者产权证明、2.9 外埠企业需按某建管〔2015〕50 号、某建管〔2018〕12 号、某建管〔2019〕11 号、某建管〔2019〕28 号等文件规定办理入籍备案，备案登记后方可参与投标。"当事人实施的上述行为，违反了 2008 年反垄断法第三十四条"行政机关和法律、法规授权的具有管理公共事务职能的组织不得滥用行政权力，以设定歧视性资质要求，评审标准或者不依法发布信息等方式，排斥或者限制外地经营者参加本地的招标投标活动"之规定，构成滥用行政权力排除、限制竞争行为。调查过程中，当事人认识到上述行为涉嫌违反反垄断法后，立即进行了整改，第一时间在某市公共资源交易网上发布《某经济技术开发区工程造价咨询机构资格入围采购项目终止公告》，并向某省市场监督管理厅报送了整改报告。①

① 参见《某省市场监督管理厅纠正某经济技术开发区相关部门滥用行政权力排除、限制竞争行为》，载国家市场监督管理总局竞争政策协调司网站，https://www.samr.gov.cn/fldys/tzgg/xzjj/202204/t20220424_342247.html，最后访问时间：2022 年 7 月 2 日。

在本案中，当地开发区审计局、财政局、财政投资评审中心所发布的项目公开招标公告对投标人的资格设置了歧视性的资质条件要求，包括“在某市范围内设有固定的办公场所，提供租赁合同或者产权证明”以及“办理入籍备案，备案登记后方可参与投标”，这种限定与招标项目的具体特点和实际需要并不相关，不具有合理性，本质是排斥或者限制外地经营者参与本地招投标，违反了新修改的反垄断法中第四十二条规定，构成行政垄断行为。

【相关规定】

《中华人民共和国招标投标法》第六条；《公平竞争审查实施细则》第十四条。

第四十三条　【禁止排斥、限制或者强制外地经营者的投资活动】行政机关和法律、法规授权的具有管理公共事务职能的组织不得滥用行政权力，采取与本地经营者不平等待遇等方式，排斥、限制、强制或者变相强制外地经营者在本地投资或者设立分支机构。

【条文主旨】

本条是关于禁止行政机关和法律、法规授权的具有管理公共事务职能的组织滥用行政权力排斥、限制、强制或者变相强制外地经营者在本地投资或者设立分支机构的规定。

【条文释义】

结合现行规范文本层面来看，所谓排斥、限制、强制或者变相强制外地经营者的投资活动，是指行政机关和法律、法规授权的具有管理公共事务职能的组织滥用行政权力，通过采取有关歧视性的做法，排斥、限制、强制或者变相强制外地经营者在本地投资或者设立分支机构的情形。在资本逐利主义的引导下，企业往往会根据区位比较优势确定是否参与跨地区的投资经营活动，具体包括选择进入外地投资或者不进入外地进行投资，选择在外地设立分支经营机构或者不设立分支经营机构，借以获取原材料、寻求优质劳动力或者扩大商品或者服务的市场份额，提升自身市场竞争力。但需要指出的是，在市场经济体制环境下，通常这样一种地区投资经营流动应当是企业的自主选择，而非受外力影响尤其是行政干预下的被迫之举。

2008 年反垄断法第三十五条规定，行政机关和法律、法规授权的具有管理公共事务职能的组织不得滥用行政权力，采取与本地经营者不平等待遇等方式，排斥或者限制外地经营者在本地投资或者设立分支机构。针对排斥、限制、强制或者变相强制外地经营者在本地投资或者设立分支机构的情形，我国公平竞争审查制度事实上对此也作出了相应规定。《公平竞争审查制度实施细则》第十四条第四项规定，政策制定机关不得排斥、限制或者强制外地经营者在本地投资或者设立分支机构，包括但不限于：（1）直接拒绝外地经营者在本地投资或者设立分支机构；（2）没有法律、行政法规或者国务院规定依据，对外地经营者在本地投资的规模、方式以及设立分支机构的地址、模式等进行限制；（3）没有法律、行政法规或者国务院规定依据，直接强制外地经营者在本地投资或者设立分支机构；（4）没有法律、行政法规或者国务院规定依据，将在本地投资或者设立分支机构作为参与本地招标投标、享受补贴和优惠政策等的必要条件，变相强制外地经营者在本地投资或者设立分支机构。《公平竞争审查制度实施细则》第十四条第五项规定，政策制定机关不得对外地经营者在本地的投资或者设立的分支机构实行歧视性待遇，侵害其合法权益，包括但不限于：（1）对外地经营者在本地的投资不给予与本地经营者同等的政策待遇；（2）对外地经营者在本地设立的分支机构在经营规模、经营方式、税费缴纳等方面规定与本地经营者不同的要求；（3）在节能环保、安全生产、健康卫生、工程质量、市场监管等方面，对外地经营者在本地设立的分支机构规定歧视性监管标准和要求。

与以往的有关规定相比，2022 年新修改的反垄断法第四十三条的规范内容既有相应的内容保留，也进行了一定幅度的调整。具体而言，前述调整主要体现为行政垄断行为手段的扩充，即在原先“排斥或者限制外地经营者在本地投资或者设立分支机构”的基础上，增加了“强制或者变相强制外地经营者在本地投资或者设立分支机构”。此举旨在应对实践中可能出现的各种不同情况。事实上，一些地方政府基于本地利益考量，除了会实施原法中已经提到的排斥或者限制外地经营者在本地的投资或者设立分支机构以外，往往也存在通过强制或者变相强制的方式要求外地经营者在本地投资或者设立分支机构。从行为后果层面来看，无论是前述的排斥行为，还是限制行为，抑或强制与变相强制行为，其均构成了滥用行政权力排除、限制竞争的。因而通过增加“强制或者变相强制”的表述，实则可有效弥补原法相关规定的不足。

在以上简要分析基础上，依据采取手段的不同，可将2022年新修改的反垄断法第四十三条所规定的行政垄断行为进一步划分为四种类型：（1）采取与本地经营者不平等待遇等方式，排斥外地经营者在本地投资或者设立分支机构。此处的所谓排斥行为，是指直接阻止外地经营者进入本地市场。例如，某地出现了禁止外地企业收购本地企业的现象。（2）采取与本地经营者不平等待遇等方式，限制外地经营者在本地投资或者设立分支机构。例如，在没有现行法律法规及上位政策依据的情况下，某市交通运输局采取审核备案等形式对本市运营的泥头车及驾驶员实行单独的牌证管理，增设行政许可，提高市场准入门槛，限制外地运输企业进入本地市场从事砂石渣土运输。（3）采取与本地经营者不平等待遇等方式，强制外地经营者在本地投资或者设立分支机构。例如，某地在美丽乡村建设排水工程等项目招标文件中明确要求企业于合同签订前成立分（子）公司，否则取消中标人资格。各乡镇参照县政府做法，要求建筑企业在本乡镇设立分（子）公司，导致当地企业在多个乡镇设立分（子）公司。（4）采取与本地经营者不平等待遇等方式，变相强制外地经营者在本地投资或者设立分支机构。需要指出的是，本质上，此处的变相强制也是一种强制方式。与第三种行为类型具有的直接强制性有所不同的是，变相强制主要是通过采取间接方式来实现的。例如，某地方政府为让企业将税收留在当地，责成税务、住建等部门联合开展督导行动，变相要求企业在当地设立分（子）公司。

进一步就本次修法中新增的“强制或者变相强制外地经营者在本地投资或者设立分支机构”情形而言，地方政府之所以会主动采取此类强制行为，究其根源，很大程度上可以归结为地方保护主义的内在考量。若进一步从现实层面来看，其背后受到深刻的经济利益驱动，即通过稳定税收维持地方获得充足的财政收入。以近些年备受关注的网约车监管领域为例，不少地方的监管立法呈现出来更多的做法则是过度干预、限制竞争，尤其是一些地方网约车监管规定设置了诸多不合理的限制竞争条件或者要求。其中普遍存在着强制要求企业必须在当地设立分支机构的情形。譬如，在《××市网络预约出租汽车经营服务管理若干规定》中所列明的网约车平台条件中，其便提到，非本市注册的企业法人在本市申请从事网约车经营服务的，应当具备线上线下服务能力，应当在本市设立分支机构。地方针对网约车设置此项监管规定，旨在通过此种方式确保在本地开展经营活动的网约车平台须向本地缴纳相应的税收。根据《中华人民共和国增值税暂行条例》第二十二条第一款第一项规定，“固定业户应当向其机构所在地的主管税务机关申报纳税。总机构和分支机构不在同一县（市）的，应当分别向各自所在地的主管税务机关申报纳税”。在这一种税收体制背景下，“如果网约车平台企业不在当地设立分支机构，当地政府则很难从网约车平台企业相关增值或收入中获得增值税或企业所得税，这意味着当地税源的流失。更关键的是，与网约车平台经营者构成竞争关系的巡游出租车行业，基本上都是当地注册的本地企业，会缴纳相当比例的增值税和企业所得税给当地。如果放任网约车平台企业做大做强，甚至替代本地巡游出租车行业，还允许网约车平台经营者不在当地设立分支机构，当地政府就面临税源流失的问题”。① 从这个角度来看，依靠强制或者变相强制外地经营者在本地投资或者设立分支机构，地方政府可在一定范围内借以实现地方税源的稳定，保护本地的经济利益。

【适用指南】

案例：“某省纠正某区‘营改增’工作协调推进领导小组行政性垄断行为案”。某省发展和改革委员会对某区“营改增”工作协调推进领导小组涉嫌滥用行政权力排除、限制竞争行为进行调查。经查，2017 年 7 月 1 日，某区“营改增”工作协调推进领导小组印发了《关于进一步加强综合治税有关工作的通知》，其中明确：一是有关部门要从提升资质、人才引进、项目融资、财政政策、市场准入等各方面给予政策扶持，促进本地建筑企业做大做强。二是积极引导外地建筑企业到某区登记设立独立法人机构，暂时不能设立独立法人机构的先设立分支机构。三是对区外施工企业（包括分包企业及关联企业），由项目业主督促其在某区注册成立分公司，并签订补充协议，在某区金融机构开设账户，明确今后工程款和税收全部通过分公司结算申报。四是对今后开工实施的新项目，由项目业主（建设）单位在项目招投标公告（包括招标文件）中明确，区外中标企业（包括施工、服务性企业）于办理施工许可证前必须在某区注册成立项目管理和资金结算的分公司；直接发包的项目，区外企业（包括施工、服务性企业）必须先在某区注册成立项目管理和资金结算的分公司，再对直接发包

---

① 张效羽：《互联网平台经济下地方立法边界的重构——以网约车立法为例》，载《地方立法研究》2019 年第 3 期。

告知书进行备案；区外企业分公司必须在某区金融机构开设账户，统一办理工程项目资金结算和税收申报。五是项目业主（建设）单位负责在招投标公告（包括招标文件）中明确并督促落实上述政策措施”。通过增加登记注册要求限制了域外有关企业参与域内相关工程业务招投标的竞争，不利于促进相关市场充分竞争。①

就本案而言，在某区“营改增”工作协调推进领导小组印发的相关通知之中，其既存在直接强制外地经营者在本地投资或者设立分支机构的内容，也有变相强制外地经营者在本地投资或者设立分支机构的内容。在直接强制方面，通知明确要求“直接发包的项目，区外企业（包括施工、服务性企业）必须先在新建区注册成立项目管理和资金结算的分公司”；在变相强制方面，该通知提到，“对区外施工企业（包括分包企业及关联企业），由项目业主督促其在新建区注册成立分公司，并签订补充协议”。无论是前者，还是后者，这些行为均构成了新修改的反垄断法第四十三条所规定的行政垄断行为，即“行政机关和法律、法规授权的具有管理公共事务职能的组织不得滥用行政权力，采取与本地经营者不平等待遇等方式，排斥、限制、强制或者变相强制外地经营者在本地投资或者设立分支机构”。

【相关规定】

《公平竞争审查制度实施细则》第十四条。

第四十四条　【禁止强制经营者从事违法的垄断行为】 行政机关和法律、法规授权的具有管理公共事务职能的组织不得滥用行政权力，强制或者变相强制经营者从事本法规定的垄断行为。

【条文主旨】

本条是关于禁止行政机关和法律、法规授权的具有管理公共事务职能的组织滥用行政权力强制或者变相强制经营者从事违法的垄断行为的规定。

① 参见《市场监管总局关于发布 2018 年市场监管部门制止滥用行政权力排除、限制竞争行为典型案例的公告》，载国家市场监督管理总局网站，https：//gkml. samr. gov. cn/nsjg/bgt/201902/t20190216_288690. html，最后访问时间：2022 年 7 月 2 日。

【条文释义】

结合现行规范文本层面来看，所谓强制经营者从事违法的垄断行为，是指行政机关和法律、法规授权的具有管理公共事务职能的组织滥用行政权力，通过直接或者间接的方式迫使经营者从事反垄断法规定的各类垄断行为。在构成要件上，本条所禁止的强制经营者从事违法的垄断行为需要符合以下要求：

在实施主体方面，该行政垄断行为应当是行政机关和法律、法规授权的具有管理公共事务职能的组织，经营者在其中更多的是居于被强迫对象的地位。如果相关经营者被强制从事本法规定的垄断行为是由其他经营者或者经营者利益团体所引致的，那么该行为自然不应被视作行政垄断行为，而可能构成经济性垄断行为。例如，如果某饮食行业协会以取消会员资格作为威胁手段，使得本行业协会会员的经营者达成固定或者变更商品价格的垄断协议，那么该行为并非本条所规定的行政垄断行为，而属于反垄断法第二十一条规定的行业协会组织本行业的经营者从事垄断协议行为。

在实施方式方面，该行政垄断行为采取的是强制性手段，即并非经营者根据自身意愿实施的，而是在行政权力介入的情形下被迫作出的行为。此处需要着重说明的是，针对强迫方式，2022 年新修改的反垄断法第四十四条规定与 2008 年反垄断法第三十六条规定有一定的变化之处。具体而言，修改后第四十四条对强制方式进行了适度扩展，即在原先单一的“强制”基础上增加了“变相强制”。其目的在于编织更为严密的强制经营者从事违法垄断行为的规制之网，即不论具有直接性的强制经营者实施垄断行为，还是具有间接性的变相强制经营者实施垄断行为均应被禁止。在实践中，行政垄断行为不仅会通过较为直接的方式予以实现，在很多情形下，往往也会通过间接方式得以进行。应当说，此次反垄断法修改通过引入“变相强制”的表述，可以有效弥补原法相关法律规定的不足与缺失，强化对各式各样、层出不穷的“变相强制”行为的有效规制。当然，在本质意涵方面，此处的直接强制与间接强制实际上具有内在共通性，即均指涉的是经营者并无选择余地与决定自由。

在实施行为的动因方面，引起该行政垄断行为得以发生背后的考量因素并非单一指向的。其中既有可能是出于部门利益，也有可能是特定经营者利益或者个人利益，有些情形下还有可能是出于维护经济发展的利益。例如，基于地方利益的考量或者受到相关利益机关的游说，一些地方政府有可能会要求本地区的相关企业形成相关的垄断协议或者达成垄断性同盟；又如，一些地方政府基于促进地方经济发展、产业升级转型的需要，强迫本地的相关企业进行所谓“强强联合”的合并行为，即俗称的“拉郎配”。[①] 由此可见，本条所规定的强制或者强制经营者从事违法的垄断行为的内在动机是较为复杂的。

在实施行为的具体表现形式方面，该行政垄断行为所强制实施的行为是反垄断法所规定的经济性垄断行为。根据《公平竞争审查制度实施细则》第十六条第一项规定，其主要包括以行政命令、行政授权、行政指导等方式或者通过行业协会商会，强制、组织或者引导经营者达成垄断协议、滥用市场支配地位，以及实施具有或者可能具有排除、限制竞争效果的经营者集中等行为。

在前述有关行为构件简要解析基础上，总体上可将此类行政垄断行为归纳为如下三种情形：

一是强制或者变相强制实施垄断协议，即行政主体通过滥用行政权力强迫经营者之间达成具有排除限制竞争属性的垄断协议的情形。在实践中，此种行政主体强制经营者从事垄断行为的做法较为常见。例如，在一起案件中，某地通信管理局牵头组织当地四家电信运营商多次会议协商，达成《基础电信运营企业规范各类赠送活动的协议》，对四家电信运营商开展相关赠送活动的内容、额度、频次等进行了约定，进而实施了价格垄断协议行为。又如，在另外一起案件中，政府有关部门组织下，由某市城区燃气经营企业对瓶装燃气配送网点进行整合。整合过程中，在当地住建局的主导下，该市城区瓶装燃气配送网点由A公司统一经营管理，A公司与B公司达成并实施划分瓶装燃气充装市场垄断协议行为。

二是强制或者变相强制实施滥用市场支配地位，即行政主体通过滥用行政权力强迫具有市场支配地位的经营者实施滥用市场支配地位的情形。通常而言，滥用市场支配地位行为主要是在相关市场占据着市场支配地位的经营者的自身选择。基于排挤竞争对手以及攫取超额垄断利润的考量，其本身往往有着滥用此种优势地位的冲动，从而对市场竞争机制造成损害。然而，在少数情形下，经营者滥用市场支配地位的做法可能并非出于自身意愿，而是在行政主体主导下的无奈之举。例如，在地方政府的强制下，具有市场支配地位的经营者没有正当理由，拒绝与交易相对人进行交

① 参见邓志松：《论行政垄断成因、特定及法律规制》（第二版），法律出版社2017年版，第33页。

易。在危害程度上，鉴于行政垄断行为具有的超经济的强制性与限制竞争的封闭性特征，其无疑会大幅超过纯粹的作为经济性垄断的滥用市场支配地位所产生的不利影响。

三是强制或者变相强制实施经营者集中，即行政主体通过滥用行政权力强迫相关经营者合并、通过取得股权或者资产的方式取得对其他经营者的控制权或者通过合同等方式取得对其他经营者的控制权或者能够对其他经营者施加决定性影响的情形。与强制或者变相强制实施滥用市场支配地位情形类似，目前实践中与之直接相关的案件并不常见。结合以往一些涉及国有企业合并的案件来看，在行政机关的主导下，政府部门往往会大力推进涉及铁路、电力、IT 等领域的大企业对市场的集中和垄断，目的在于拓展海外市场，扩大产品出口。尽管通过企业合并来整合资源、减少内部恶性竞争以推动国内大企业走向国际市场是必要之举，但维护国内市场的竞争性在推动国有企业提高经济效率方面仍然是一个非常重要的因素。① 就此而论，针对涉及行政主体强制或者变相强制经营者尤其是国有企业实施企业合并的做法时，有必要对其是否违反反垄断法进行深入考察分析，防止可能出现的过度经济集中。

概括而言，在法律性质上，上述三类强制或者变相强制经营者从事违法的垄断行为虽然均披着经济性垄断的外衣，且表现各有差异，但其本质上均是基于行政权力的滥用的行政垄断行为。

【适用指南】

案例：“某市场监管局纠正某县应急管理局滥用行政权力排除、限制竞争行为案”。2020 年 8 月 18 日，某市场监管局对某市某县应急管理局涉嫌滥用行政权力排除、限制竞争行为进行立案调查。经查，2019 年 11 月 7 日，当事人印发《某县烟花爆竹批发企业配送区城和 2019—2020 年烟花爆竹零售点布点指导计划表》，将辖区内 28 个乡镇划分为 7 个区域，采取烟花爆竹划区域配送措施。2019 年 11 月 15 日，当事人通知某县 7 家烟花爆竹批发公司到该局开会，要求签订烟花爆竹经营（批发）安全承诺书，承诺按照计划表划定的区域“执行辖区配送烟花爆竹产品决定”。会上 4 家公司明确表示只支持分片安全管理，不支持分片配送经营烟花爆竹产品决定，拒绝签订承诺书。当事人在会上表示若不按照指定辖区配送烟花爆

① 参见王晓晔：《我国反垄断法中的经营者集中控制：成就与挑战》，载《法学评论》2017 年第 2 期。

竹产品将作为非法运输处理。某市场监管局认为，当事人要求某县7家烟花爆竹批发公司按照划定区域配送，强制7家烟花爆竹批发公司签订承诺书，划分某县烟花爆竹销售市场，妨碍了商品自由流通，限制了烟花爆竹批发企业自由配送经营的权利，妨碍了该县烟花爆竹批发和零售市场公平竞争。上述行为违反了2008年反垄断法第三十三条“行政机关和法律、法规授权的具有管理公共事务职能的组织不得滥用行政权力，实施下列行为，妨碍商品在地区之间的自由流通：……（五）妨碍商品在地区之间自由流通的其他行为”和第三十六条“行政机关和法律、法规授权的具有管理公共事务职能的组织不得滥用行政权力，强制经营者从事本法规定的垄断行为”的规定，构成滥用行政权力排除、限制竞争行为。①

在本案之中，某县应急管理局通过下发行政性文件，在辖区内采取烟花爆竹划区域配送措施，并强制要求当地7家烟花爆竹批发公司执行这一配送烟花爆竹产品措施，且明确提到，不按照指定辖区配送烟花爆竹产品将作为非法运输处理，这势必会导致当地县烟花爆竹销售市场被人为进行划分。结合新修改的反垄断法来看，涉案行为在性质上属于典型的行政机关滥用行政权力，强制或者变相强制经营者从事本法所禁止的垄断协议的情形，应当予以禁止。

【相关规定】

《公平竞争审查制度实施细则》第十六条。

第四十五条　【抽象行为的行政垄断】行政机关和法律、法规授权的具有管理公共事务职能的组织不得滥用行政权力，制定含有排除、限制竞争内容的规定。

【条文主旨】

本条是关于禁止行政机关和法律、法规授权的具有管理公共事务职能的组织滥用行政权力制定含有排除、限制竞争内容的规定。

---

① 参见《某市场监管局纠正某县应急管理局滥用行政权力排除、限制竞争行为》，载国家市场监督管理总局竞争政策协调司网站，https://www.samr.gov.cn/fldys/tzgg/xzjj/202204/t20220424_342247.html，最后访问时间：2022年7月2日。

【条文释义】

结合现行规范文本层面来看，所谓抽象行政垄断行为，是指行政机关和法律、法规授权的具有管理公共事务职能的组织通过制定具有含有排除、限制竞争内容的规定。如果从语词结构关系层面来看，那么抽象行政垄断行为大体上包含“抽象行政行为”与“垄断”两部分。也就是说，该行为既是抽象行政行为，同时也是具有垄断属性的行为。从功能指向维度来看，其中抽象行政行为仅是是抽象行政垄断行为的实施方式，而垄断则是该行为意在追求的实质目的。就构成要件方面而言，本条文所规定的行政垄断行为总体上需要符合如下要求。

在主体要件方面，本条所规定的抽象行政垄断行为的实施主体包括行政机关和法律、法规授权的具有管理公共事务职能的组织，即广义上的行政主体。从新旧条文对比维度来看，根据 2008 年反垄断法第三十七条规定，关于抽象行政垄断行为的实施主体仅仅局限于行政机关，而不包括法律、法规授权的具有管理公共事务职能的组织。2022 年反垄断法在总结以往实践经验的基础上，对其此类抽象行政垄断行为的实施主体进行了扩展，增加了“法律、法规授权的具有管理公共事务职能的组织”，此种变化是本次反垄断法修改中涉及抽象行政垄断行为规制条款的主要亮点。进一步而言，这样一种规范调整背后实则蕴含双重考量：就制度的体系协调维度而言，在抽象行政垄断行为主体之中增加“法律、法规授权的具有管理公共事务职能的组织”，使得抽象行政行为的主体与公平竞争审查的主体保持一致，预防和制止行政性垄断的制度与公平竞争审查制度之间将得以有效衔接。[①] 就行政垄断行为的现实表现而言，法律、法规授权的具有管理公共事务职能的组织既然可以基于行政权力的滥用实施具体的行政垄断行为，如前述的限定交易、地区封锁等，同理，其也可以通过做出具有普遍约束力的命令、指示、文件等方式来实现排除限制竞争，如具有管理公共管理职能的某行业学会通过下发文件通知所有会员单位必须订购其所指定的特定经营者的商品。如果按照原法中的相关条文，该行为仅涉及限定交易，并不构成抽象行政垄断。以此来审视，修改前的反垄断法第三十七条将抽象行政垄断行为主体限定于“行政机关”的做法是存有一定局限的。修改后的反垄断法第四十五条则可以有效弥补这一不足，将各类行政

---

① 参见时建中：《更加完善的反垄断制度保障高质量发展》，载《中国法律评论》2022 年第 4 期。

主体实施的抽象行政行为全面纳入竞争法治约束框架之中。

在行为手段表现方面，本条所规定的抽象行政垄断行为采取的实施方式是制定含有排除、限制竞争内容的规定，即借助的是具有反竞争内容的抽象行政行为。通常认为，所谓抽象行政行为，也称普遍行政行为，是指行政主体制定的针对不特定主体、可以反复适用且具有普遍约束力的决定、命令等，其主要具有以下几点特征：（1）对象的普遍性。抽象行政行为以普遍的、不特定的人或事作为行为对象。（2）效力的普遍性和持续性。抽象行政行为是针对某一类人或事所具有的约束力，不仅适用于当时的行为或事件，而且适用于以后将要发生的同类行为或事件。（3）准立法性。抽象行政行为具有普遍性、规范性和强制性的法律特征，往往需要经过立项、起草、审查、决定、公布、备案等一系列程序。[①] 而某一抽象行政行为要想真正构成行政垄断，还需要进一步满足的是该行为具有反竞争的属性，也就是要求制定的规范性文件含有排除限制竞争的内容，两者缺一不可。

此外，这些具有反竞争属性的规定在内容覆盖领域上可能涉及市场准入、产业发展、招商引资、招标投标、政府采购、经营行为规范、资质标准等有关市场主体经济活动的诸多方面。

通过以上关于抽象行政垄断构成要件的简要分析，借此可进一步厘清抽象行政垄断行为与具体行政垄断行为之间的关系。从行为之间的相互关系层面来看，抽象行政垄断行为的广泛存在通常会为与之密切相关的具体行政垄断行为披上相应的“合法性外衣”。进一步来说，前述“合法性外衣”又主要体现为如下两种情形：第一种情形是，抽象行政垄断行为为可能发生的有关具体行政垄断行为的实施提供了相应依据；第二种情形则是，抽象行政垄断行为直接包含涉及具体行政垄断的内容。就两者的差异性而言，主要有如下几点不同：（1）行为指向的对象不同。抽象行政垄断行为针对的是不特定的人或事，其对象范围具有不确定性；而具体行政行为针对的具体特定的人或事，其对象范围具有确定性；（2）行为的适用效力不同。抽象行政垄断行为具有普遍适用性，能够进行反复适用；具体行政行为是一次性的行为，不具有反复适用性。（3）行为的救济方式不同。按照现有法律规定，针对抽象行政垄断行为，相关主体并不能直接提起行政诉讼。根据行政诉讼法第五十三条的规定，当事人如果认为行政行为所

---

① 参见罗豪才、湛中乐主编：《行政法学》（第二版），北京大学出版社2006年版，第139页。

依据的规范性文件不合法，可在对行政行为提起诉讼时一并请求对该规范性文件进行审查。当然，接受审查的规范性文件的范围并不包括规章。针对具体行政垄断行为，相关主体则可以直接提起行政诉讼或行政复议。

抽象行政垄断行为自身具有的独特属性决定了其给市场竞争带来的危害后果会远远超出具体行政垄断行为可能导致的损害。就行为危害层面来看，在纵向维度上，与具体行政垄断相比，抽象行政垄断行为的影响往往会持续较长一段时间；在横向维度上，抽象行政垄断行为的影响主体的范围也更为广泛。结合具体实践来看，前述两种不同行政垄断行为给市场竞争带来的损害后果之间的差异也是十分明显的。就具体行政垄断行为而言，如在“某市纠正某区燃气开发中心行政性垄断行为案”之中，某区燃气开发中心负责某区天然气工程建设、管理和经营等工作在开展燃气项目报装审批过程中，以直接委托、指定等形式，要求开发单位签订由某区燃气开发中心提供的制式合同，限定开发单位选择房山区燃气开发中心下属企业从事施工建设。[①] 显而易见，这样一种垄断行为的效力维持时间较为有限——“一次性适用”效力，且仅仅对作为特定的行政相对人的开发公司具有约束力。就抽象行政垄断行为而言，如在“某省交通运输厅滥用行政权力排除、限制竞争有关行为案”中，该省交通运输厅自2011年以来便多次印发有关文件，要求全省相关车辆必须直接接入指定的信息服务平台，同时要求进入该省市场的车载卫星定位终端必须通过省技术服务平台的统一调试，并为此设定了相应的最高限价。[②] 透过前述个案不难看出，在涉及抽象行政垄断情形下，不仅受到该行为影响的主体范围往往十分广泛，而且其影响的时间通常也持续较长。

【适用指南】

案例：“某省纠正某市道路运输管理机构行政性垄断行为案”。2017年12月，根据举报，原某省工商行政管理局对某市道路运输管理机构涉嫌滥用行政权力排除、限制竞争行为进行调查。经查，2017年2月，某市交通运输局下发《关于同意2017年某市驾驶人培训市场发展计划的批复》（某交〔2017〕22号），同意某市运输管理处“2017年某市驾驶人培训市场发

---

① 参见《某市纠正某区燃气开发中心行政性垄断行为》，载国家市场监督管理总局网站，https：//gkml. samr. gov. cn/nsjg/bgt/201902/t20190216 _ 288690. html，最后访问时间：2022年7月2日。

② 参见《关于建议纠正某省交通运输厅滥用行政权力排除限制竞争有关行为的函》，载《中国价格监管与反垄断》2015年第4期。

展计划”，明确“2017年共新增C1（C2）教学车辆400辆，其中市区60辆、甲区60辆、乙市80辆、丙市60辆、丁市60辆、戊市80辆。新增车辆额度全部采用‘智慧驾培’模式，并通过服务质量招投标方式公开择优投放”。2月14日，某市运输管理处下发《关于实施2017年某市驾驶人培训市场发展计划的通知》（某运字〔2017〕7号），要求新增车辆额度全部采用“智慧驾培”模式，并通过服务质量招投标方式公开择优投放。①

道路运输条例第三十九条对申请从事机动车驾驶员培训的规定了明确的条件；第四十条规定，对符合条件的驾驶员培训申请，“县级道路运输管理机构应当自受理申请之日起15日内审查完毕，作出许可或者不予许可的决定，并书面通知申请人”。某市道路运输管理机构未严格执行道路运输条例，在驾驶培训市场管理中通过招投标方式增设准入条件，提高驾驶培训市场准入门槛，其行为违反了2008年反垄断法第三十七条“行政机关不得滥用行政权力，制定含有排除、限制竞争内容的规定”之规定，构成滥用行政权力，排除、限制竞争行为。

在本案中，某市交通运输局通过下发相关批复与通知，违法在驾驶培训市场管理中通过招投标方式增设准入条件，使得当地的驾驶培训市场准入门槛被人为提升。结合反垄断法来看，涉案做法的本质是一种典型的抽象行政垄断行为，即由相关行政机关滥用行政权力制定含有排除、限制竞争内容的规定，具有普遍约束力，而不是针对特定对象采取的行为，会对当地的驾驶培训市场秩序造成严重破坏，违反了新修改的反垄断法第四十五条规定。

【相关规定】

《中华人民共和国行政诉讼法》第五十三条；《公平竞争审查制度实施细则》第二条。

---

① 参见《江苏省纠正某市道路运输管理机构行政性垄断行为》，载国家市场监督管理总局网站，https：//gkml. samr. gov. cn/nsjg/bgt/201902/t20190216_288690. html，最后访问时间：2022年7月2日。

第六章　对涉嫌垄断行为的调查

第四十六条　【反垄断调查及举报】反垄断执法机构依法对涉嫌垄断行为进行调查。

对涉嫌垄断行为，任何单位和个人有权向反垄断执法机构举报。反垄断执法机构应当为举报人保密。

举报采用书面形式并提供相关事实和证据的，反垄断执法机构应当进行必要的调查。

【条文主旨】

本条是关于涉嫌垄断行为举报及反垄断行政调查的规定。

【条文释义】

本条第一款规定的是反垄断执法机构依职权对涉嫌垄断行为展开反垄断调查的情形，依法对涉嫌垄断行为进行调查时反垄断执法机构享有的一项法定职责。这既是反垄断执法机构享有的一种权力，同时也是其负有的一项法定义务，如果反垄断执法机构未依法对涉嫌垄断的行为展开调查，则是一种失职，可能遭受损害的市场竞争秩序将处于一种放任或进一步恶化状态。反垄断行政执法是反垄断法实施的重要方式，与反垄断法司法实施的被动性不同，反垄断行政执法具有主动性。反垄断法执法机构能够根据市场竞争状况的实际情况主动出击，对涉嫌垄断的行为展开调查，判断其是否具有排除限制竞争效果并采取相应的执法措施，能够及时有效恢复市场竞争秩序，具有效率优势。我国、欧盟、德国、日本、韩国等司法辖区采取的是行政执法模式，反垄断执法机构能够对涉嫌垄断行为展开反垄断执法并直接作出处罚决定。而以美国为代表的司法辖区则采取的是司法实施模式，相关行政机关在对涉嫌垄断行为展开调查认定可能构成垄断时，将主要以原告的身份向法院提起诉讼，由法院根据反垄断法裁决被诉行为是否构成垄断。很难说哪一种实施模式孰优孰劣，各司法辖区都是依据各自的历史、制度等各方面的因素而作出的选择。

在我国，反垄断执法机构包括中央反垄断执法机构和地方反垄断执法机构。反垄断执法机构作为行政机构，随着国家行政机构改革在不同时期而有所不同。当前，我国负责反垄断执法的为统一之后的市场监管部门。中央层面为国家市场监督管理总局，地方层面主要为省、自治区、直辖市市场监督管理部门（以下简称省级市场监管部门）。国家市场监管总局和省级市场监管部门在各自管辖案件范围内，对相关涉嫌垄断行为依法展开调查。基于执法资源、调查便利等方面的考虑，上级反垄断执法机构可以委托下级相关机构进行调查。根据《禁止垄断协议暂行规定》《禁止滥用市场支配地位行为暂行规定》等规定，国家市场监管总局在查处垄断协议、滥用市场支配地位行为等时，可以委托省级市场监管部门进行调查。省级市场监管部门在查处垄断协议、滥用市场支配地位行为等时，可以委托下级市场监管部门进行调查。受委托的市场监管部门在委托范围内，以委托机关的名义实施调查，不得再委托其他行政机关、组织或者个人进行调查。对于经营者集中而言，如果具有或可能具有排除、限制竞争效果，反垄断执法机构也应当依法进行调查。根据《经营者集中审查暂行规定》，经营者集中未达到申报标准，但按照规定程序收集的事实和证据表明该经营者集中具有或者可能具有排除、限制竞争效果的，市场监管总局应当依法进行调查。经营者集中达到申报标准，经营者未申报实施集中、申报后未经批准实施集中或者违反审查决定的，市场监管总局也应当进行调查。对于行政机关涉嫌滥用行政权力排除、限制竞争的行为，根据《制止滥用行政权力排除、限制竞争行为暂行规定》，国家市场监管总局和省级市场监管部门对管辖范围内的涉嫌滥用行政权力排除、限制竞争行为进行调查，在调查时，也可以进行类似于垄断协议、滥用市场支配地位查处中的委托调查。

本条第二款、第三款规定的是反垄断执法机构依举报对涉嫌垄断行为展开反垄断调查的情形。对于市场上所可能存在的涉嫌垄断行为，尽管反垄断执法机构能够主动发现其中的一部分，但囿于执法资源等的限制，必然有许多涉嫌垄断行为是游离于反垄断执法机构的发现范围之外的。此时，就需要发挥社会力量，涉嫌垄断行为往往比较隐蔽，很难从外部发现，但是，对于受涉嫌垄断行为影响的相关主体，则往往能够深刻感受到涉嫌垄断行为给其利益造成的损害，因此对涉嫌垄断行为具有很高的敏感性，由这些主体向反垄断执法机关提供线索，通常具有很大的可信度和价值。当然，即便是那些未受到涉嫌垄断行为直接损害的相关主体，也可以向反垄断执法机构进行举报，这也体现出了一种公民责任。本条第二款规定“任何单位和个人”有权向反垄断执法机构举报涉嫌垄断行为，即不限于受涉嫌垄断行为损害的相关主体，而是发动一切可能的社会力量来为反垄断执法机构提供案件线索。事实上，从某种程度上来说，向反垄断执法机构举报涉嫌垄断行为，这不仅是相关单位和个人的一种权利，同时也是一种义务。当然，这种义务并不具有强制性，而更多具有的是一种倡导性，相关单位和个人并不会因为其未主动举报涉嫌垄断行为而承担相应的法律责任。在实践中，一些单位和个人由于担心事后遭到从事涉嫌垄断行为的经营者的报复而不敢举报，为了打消这些单位和个人的顾虑，本条第二款明确规定反垄断执法机构应当为举报人保密。

充分发挥社会力量举报涉嫌垄断行为，对于丰富反垄断执法机构的执法线索固然具有重要价值，但是，如果不对举报线索进行甄别和筛选，很有可能导致大量举报线索涌向反垄断执法机构，反垄断执法机构将疲于评估举报线索的价值，这反而会占有反垄断执法机构有限的执法资源。此外，也不排除某些举报人是出于打击竞争对手之目的而进行恶意举报。显然，需要通过设定一定的举报标准，筛选出那些真正具有价值的举报线索。本条第三款规定的标准为“举报采用书面形式并提供相关事实和证据”。如果举报者能够通过书面形式进行举报，并且提供相关事实和证据，至少初步表明该举报线索具有较高的价值。根据《禁止垄断协议暂行规定》《禁止滥用市场支配地位行为暂行规定》《制止滥用行政权力排除、限制竞争行为暂行规定》，书面举报一般包括下列内容：（1）举报人的基本情况；（2）被举报人的基本情况；（3）涉嫌垄断协议、涉嫌滥用市场支配地位行为、涉嫌滥用行政权力排除限制竞争行为的相关事实和证据；（4）是否就同一事实已向其他行政机关举报或者向人民法院提起诉讼。根据《经营者集中审查暂行规定》，举报需要采用书面形式，并提供举报人和被举报人基本情况、涉嫌违法实施经营者集中的相关事实和证据等内容。对于符合标准的举报，反垄断执法机构应当进行必要的调查。

【适用指南】

反垄断执法机构应当主动从关联案件查处、媒体报道等渠道主动发掘涉嫌垄断行为线索，不断提升自身的案件敏感度。同时，反垄断执法机构也应当高度重视相关主体针对涉嫌垄断行为进行的举报，将其视为一种重要的案件线索来源，对于举报人通过书面形式进行举报并且提供了相关事实和证据的，反垄断执法机构应当进行必要调查。为了切实保障举报人的合法权益，反垄断执法机构应当加强对举报人的保密工作，不得泄露举报人的信息。

【相关规定】

《禁止垄断协议暂行规定》第十五条、第十六条；《禁止滥用市场支配地位行为暂行规定》第二十三条、第二十四条；《经营者集中审查暂行规定》第四十九条。

第四十七条　【反垄断调查措施】反垄断执法机构调查涉嫌垄断行为，可以采取下列措施：

（一）进入被调查的经营者的营业场所或者其他有关场所进行检查；

（二）询问被调查的经营者、利害关系人或者其他有关单位或者个人，要求其说明有关情况；

（三）查阅、复制被调查的经营者、利害关系人或者其他有关单位或者个人的有关单证、协议、会计账簿、业务函电、电子数据等文件、资料；

（四）查封、扣押相关证据；

（五）查询经营者的银行账户。

采取前款规定的措施，应当向反垄断执法机构主要负责人书面报告，并经批准。

【条文主旨】

本条是关于反垄断执法机构调查涉嫌垄断行为时所采取的调查措施的规定。

【条文释义】

涉嫌垄断行为是否具有排除、限制竞争效果，是否真正构成应当为反垄断法所禁止的垄断行为，需要由反垄断执法机构展开全面、深入的调查之后，才能够得出最终的结论，并采取相应的反垄断执法措施。如今，反垄断处罚决定的说理性越来越受到重视，只有建立在事实清楚、证据充分、论证合理基础之上的反垄断处罚，才具有公信力。而这些都有赖于反垄断执法机构在案件调查过程中依法有效地收集相关证据。

本条第一款规定了反垄断执法机构在调查涉嫌垄断行为时所能够采取的五种具体措施。这与反不正当竞争法第十三条规定的五种调查措施类似。根据本条第二款规定，反垄断执法机构在采取这些调查措施时，应当首先向反垄断执法机构主要负责人进行书面报告，并获得批准。这也体现出了反垄断执法机构的“首长负责制”，因为被调查的经营者，只是涉嫌从事了相关的垄断行为，而并不必然构成垄断行为。反垄断执法机构所采取的这些措施，必然会对经营者的正常生产经营活动产生影响，尤其是可能会给经营者的声誉带来消极影响。因此，需要由反垄断执法机构的主要负责人进行综合权衡判断。如果反垄断执法机构工作人员未事先向主要负责人报告并经批准就擅自采取调查措施，则不符合程序性要求，也会影响调查所获得证据的证明力。对于被调查的经营者而言，也可以以此为由而拒绝反垄断执法机构工作人员擅自进行调查。

1. 检查被调查的经营者的营业场所等有关场所。经营者所从事的涉嫌垄断行为的决策、执行等都是发生在一定的场所范围之内，其中通常主要为经营者的营业场所。通过对经营者的营业场所进行现场检查，尤其是通过一些专项检查等，往往能够获取和固定大量的一手证据和资料，因为被调查的经营者尚没有足够的时间来销毁相关证据，因此反垄断执法机构通过现场检查能够掌握诸多具有重要价值的原始证据。

2. 询问有关单位和个人。语言沟通往往能够传递出比单纯文字更生动、更丰富的信息。反垄断执法机构在调查过程中，可以要求被调查的经营者对相关情况进行说明和补充，借此了解经营者的动机、抗辩理由等。反垄断执法机构也可以询问相关的利害关系人。由于利害关系人对涉嫌垄断行为的认识要更加深刻，尤其是行业内的竞争对手，对行业内发展情况、商业模式等有更加准确的认识，能够向反垄断执法机构提供许多专业背景知识。这对于反垄断执法机构准确认识涉嫌垄断行为的本质具有重要价值。为了获取更加全面的信息，反垄断执法机构还可以询问其他有关单位或者个人。

3. 查阅、复制有关文件、资料。被调查的经营者从事的涉嫌滥用行为，如垄断协议行为，往往会体现在相关协议或者与竞争对手的电子邮件等中；对于涉嫌滥用市场支配地位行为，则需要认定被调查经营者是否具有市场支配地位，这就需要通过经营者的会计账簿等来分析其所拥有的市场份额是否达到了市场支配地位的程度等。反垄断执法机构查阅、复制被调查经营者的相关文件、资料，能够获得大量原始数据，查明被调查经营者的业务活动、资金往来等，为认定其行为的性质提供支撑性证据。除了被调查的经营者以外，反垄断执法机构还可以查阅、复制利害关系人或者其他有关单位或者个人的文件、资料，以扩大信息的来源范围，更好地满足反垄断调查认定的需要。

4. 查封、扣押相关证据。反垄断执法机构在调查过程中所获取的相关证据，有些是易损，有些可能遭到被调查经营者的故意损毁、隐匿等，如果不进行有效保存，很有可能因被破坏从而无法起到证明作用。反垄断执法机构可以根据具体情况对相关证据进行查封或者扣押，以更好地保存证据。

5. 查询经营者的银行账户。经营者的资金往来、业务活动等，都需要通过其银行账户来进行收支。通过查询经营者的银行账户，能够了解经营者的具体经营情况，与其他经营者的业务往来等，发现资金流转背后的行为及其业务关系，以认定经营者的相关行为的违法性。

【适用指南】

反垄断执法机构决定对涉案行为展开调查，如果需要采取本条第一款所规定的五种措施，则应当首先向本机构的主要负责人进行书面报告，只有在获得批准之后才可以展开。否则，反垄断执法机构所进行的这种调查在程序上就是不合法的，最终所获得证据也因具有重大瑕疵而不能用于案件认定，并且还要承担相应的不利法律后果。

【相关规定】

《中华人民共和国反不正当竞争法》第十三条。

第四十八条　【反垄断调查程序合法】反垄断执法机构调查涉嫌垄断行为，执法人员不得少于二人，并应当出示执法证件。

执法人员进行询问和调查，应当制作笔录，并由被询问人或者被调查人签字。

【条文主旨】

本条是关于反垄断执法机构调查程序合法性要求的规定。

【条文释义】

为了确保反垄断执法机构能够有效地查处涉嫌垄断行为，反垄断法赋予了反垄断执法机构较大的调查权力，以确保反垄断执法机构能够展开充分、全面的调查。但是，反垄断调查工作仍然是由具体的执法人员负责进行的，在此过程中很难完全避免执法人员滥用权力。因此，需要在调查程序上对执法人员予以具体约束，确保其能够依法展开反垄断调查工作。本条即对反垄断执法人员展开反垄断调查进行的程序性规定。

1. 反垄断执法人员数量的限定。反垄断调查本身是一项很复杂的工作，仅由一人进行难堪重任，无法保证反垄断调查的效果，同时，还可能发生滥用职权违法展开调查的行为，甚至被调查对象所俘获。因此，本条规定反垄断执法人员不得少于二人。这样既能确保执法人员之间的相互合作，确保反垄断调查的效果，同时又可以使执法人员之间互相监督，确保反垄断调查工作依法展开。执法人员不得少于二人是行政执法调查中的一项普遍性规定。

2. 反垄断执法人员应当出示执法证件。反垄断执法人员向被调查对象出示执法证件，可以表明自己拥有合法的调查权限，是一种公务行为，而非执法人员的一种个人行为。对于被调查对象而言，其也有权要求执法人员出示执法证件。否则，如有人冒充执法人员而对被调查对象展开调查，这不仅会损害被调查对象的合法权益，而且会妨碍公务活动的正常进行，损害政府的公信力。只有在执法人员出示执法证件的情况下，被调查对象才有义务配合调查，否则，被调查对象有权拒绝执法人员的调查。行政处罚法第五十五条第一款规定："执法人员在调查或者进行检查时，应当主动向当事人或者有关人员出示执法证件。当事人或者有关人员有权要求执法人员出示执法证件。执法人员不出示执法证件的，当事人或者有关人员有权拒绝接受调查或者检查。"

3. 反垄断执法人员应制作笔录并由对方签字。反垄断执法人员在对涉嫌垄断行为展开调查的过程中，往往会向被询问人或被调查人提出诸多问题，由对方予以回答。如果不对这种口头表述的内容予以文字固定，则无法起到证明的作用。同时，在语言交流过程中可能会存在一些歧义，只有通过制作笔录，才能够让被询问人或被调查人在回答问题之后进行浏览核对，以避免记载了并非其真实意思表述的内容。为了保证笔录所记载内容确实是被询问人或被调查人的真实意思表述，必须由其签字予以确认，只有如此才能确保笔录的法律文书效力。

【适用指南】

反垄断执法机构在对涉嫌垄断行为展开调查时，要始终注意遵守法定程序，应当向被调查人员出示执法证件，并确保执法人员人数不得少于二人。否则调查将不符合法律规定。反垄断执法人员在对相关主体进行询问和调查之后，应当制作笔录，准确记载所提问题及被询问人员的回答，以及相关调查情况，确保被询问人或者被调查人能够有机会核实笔录情况，并由被询问人或者被调查人签字确认。

【相关规定】

《中华人民共和国行政处罚法》第五十五条。

第四十九条　【反垄断执法主体的保密义务】 反垄断执法机构及其工作人员对执法过程中知悉的商业秘密、个人隐私和个人信息依法负有保密义务。

【条文主旨】

本条是关于反垄断执法主体保密义务的规定。

【条文释义】

反垄断执法机构及其工作人员在反垄断执法调查过程中，需要查阅、复制经营者、利害关系人或者其他有关单位或者个人的文件、资料，就不可避免地获取有关单位和个人的商业秘密、个人隐私和个人信息，这些信息对于有关单位和个人具有重要价值，一旦泄露将会严重损害其合法权益。反垄断执法机构及其工作人员应当严格保密，反垄断执法并不能成为公开这些信息的正当理由。2022 年新修改的反垄断法，在原反垄断法第四十一条的基础上增加了反垄断执法机构及其工作人员负有保密义务的对象，即“个人隐私和个人信息”，凸显出了对相关个人隐私和信息的保护，这也与我国2020年发布的《中华人民共和国民法典》人格权编中关于隐私权和个人信息保护的规定以及2021年发布的《中华人民共和国个人信息保护法》关于个人信息保护的规定相契合。

负有保密义务的主体是反垄断执法机构及其工作人员。反垄断执法机构的工作人员不限于负责具体反垄断执法的执法人员，其他非执法人员因工作需要、交流等方面的原因也有可能获得这些信息，这些工作人员同样负有保密义务。这有利于对这些信息形成更加全面的保护。

保密义务的保护对象是反垄断执法机构及其工作人员在执法过程中所知悉的相关信息。此处虽然强调的是反垄断执法机构及其工作人员在“执法过程中”所知悉的相关信息，但并不意味着反垄断执法机构及其工作人员对通过其他方式知悉的相关信息不负有保密义务，只不过对于并非在反垄断“执法过程中”所知悉的相关信息的保密义务主要源于其他相关法律法规的规定。对于在反垄断执法过程中所知悉的相关信息的保密义务，则直接源于反垄断法的规定。

反垄断执法机构及其工作人员保密义务的涵盖范围具体包括商业秘密、个人隐私和个人信息三种类型。

1. 商业秘密。我国关于商业秘密的界定主要规定在反不正当竞争法中。反不正当竞争法第九条第四款规定，商业秘密，是指不为公众所知悉、具有商业价值并经权利人采取相应保密措施的技术信息、经营信息等商业信息。商业秘密是企业的核心资产，一旦泄露将会给其造成严重损害。为了更好地保护自己的商业秘密，拥有商业秘密的相关单位和个人在向反垄断执法机构提供包含这些商业秘密的文件和资料时，可以对这些商业秘密予以标明，以便于反垄断执法机构及其工作人员识别这些商业秘密并进行更加谨慎的保护。

2. 个人隐私。根据民法典第一千零三十二条第二款的规定，隐私是自然人的私人生活安宁和不愿为他人知悉的私密空间、私密活动、私密信息。反垄断执法机构及其执法人员在执法调查过程中，需要对被调查经营者的高管、其他利害关系人等进行询问和调查，其中能够获知这些自然人的相关隐私信息，包括住址、联系方式等，这些信息一旦被公布，将会给这些自然人的生活安宁等造成严重影响。反垄断执法机构及其工作人员应当对这些自然人的隐私进行严格保密。

3. 个人信息。根据民法典第一千零三十四条第一款、第二款的规定，自然人的个人信息受法律保护。个人信息是以电子或者其他方式记录的能够单独或者与其他信息结合识别特定自然人的各种信息，包括自然人的姓名、出生日期、身份证件号码、生物识别信息、住址、电话号码、电子邮箱、健康信息、行踪信息等。个人信息中的私密信息构成隐私，按照隐私予以保护。个人信息保护法第四条第一款规定，个人信息是以电子或者其他方式记录的与已识别或者可识别的自然人有关的各种信息，不包括匿名化处理后的信息。对于在反垄断执法过程中所知悉的相关个人信息，反垄断执法机构及其工作人员也应当予以保密。

保守在反垄断执法过程中所知悉的相关商业秘密、个人隐私和个人信息是反垄断执法机构及其工作人员最基本的职业要求，如果确实需要对外公布相关信息，也应当进行脱敏化、匿名化处理，并征得利害关系人的确认。反垄断执法机构工作人员违法泄露在执法过程中所知悉的商业秘密、个人隐私和个人信息，将要承担相应的法律责任，依法对其给予处分，构成犯罪的，还应当承担刑事责任。

【适用指南】

反垄断执法机构及其工作人员对于在执法过程中所知悉的商业秘密、个人隐私和个人信息应当依法予以保密，不得以任何理由、通过任何方式进行公开。

【相关规定】

《中华人民共和国民法典》第一千零三十二条、第一千零三十四条；《中华人民共和国个人信息保护法》第四条；《中华人民共和国反不正当竞争法》第九条。

第五十条　【反垄断调查配合】被调查的经营者、利害关系人或者其他有关单位或者个人应当配合反垄断执法机构依法履行职责，不得拒绝、阻碍反垄断执法机构的调查。

【条文主旨】

本条是关于相关单位或者个人应当配合反垄断调查的规定。

【条文释义】

反垄断执法机构在对涉嫌垄断行为展开调查时，只有得到相关单位或者个人的积极配合，才能够顺利进行。本条规定对被调查的经营者、利害关系人或者其他有关单位或者个人施加了配合反垄断调查的法定义务，反垄断执法机构据此可以向相关单位或者个人提出强制性的配合要求。本条从两个方面规定了相关单位或者个人的配合义务，一是从正面规定相关单位或者个人要进行积极的配合，至于如何积极配合，则需要根据反垄断执法机构在具体的调查过程中所提出的要求来进行判定；二是从反面规定相关单位或者个人不得从事消极的抗拒行为，即不得拒绝、阻碍反垄断执法机构所依法展开的调查。需要说明的是，如果反垄断执法机构所进行的反垄断调查不符合法律规定，如依据反垄断法第四十七条第一款规定采取相关调查措施前，并未书面报经反垄断执法机构主要负责人批准，或者仅有一名反垄断执法人员进行调查，或者反垄断调查人员未出示执法证件等，相关单位或者个人自然有权拒绝反垄断执法机构所进行的调查，并不构成不依法配合反垄断调查的行为。

2020 年 9 月 11 日，国务院反垄断委员会发布了《经营者反垄断合规指南》，其中第十七条对经营者及其员工配合反垄断调查的义务作出了具体规定。根据该条，经营者及员工应当配合反垄断执法机构依法对涉嫌垄断行为进行调查，避免从事以下拒绝或者阻碍调查的行为：（一）拒绝、阻碍执法人员进入经营场所；（二）拒绝提供相关文件资料、信息或者获取文件资料、信息的权限；（三）拒绝回答问题；（四）隐匿、销毁、转移证据；（五）提供误导性信息或者虚假信息；（六）其他阻碍反垄断调查的行为。经营者及员工在反垄断执法机构采取未预先通知的突击调查中应当全面配合执法人员。虽然该条规定涉及的仅为被调查的经营者及其员工，但对于反垄断执法机构调查的其他单位或者个人同样适用。

相关单位或者个人不配合反垄断执法机构的调查，甚至拒绝、阻碍反垄断执法机构展开调查，不仅严重影响了涉嫌垄断行为的查处，更是严重藐视国家法律权威，造成的社会影响极为恶劣，因此应当依法追究其法律责任。2022 年修改后的反垄断法第六十二条规定，对反垄断执法机构依法实施的审查和调查，拒绝提供有关材料、信息，或者提供虚假材料、信息，或者隐匿、销毁、转移证据，或者有其他拒绝、阻碍调查行为的，由反垄断执法机构责令改正，对单位处上一年度销售额百分之一以下的罚款，上一年度没有销售额或者销售额难以计算的，处五百万元以下的罚款；对个人处五十万元以下的罚款。就处罚力度而言，要比修改前的反垄断法第五十二条显著提高，大大增强了反垄断法的威慑力。

事实上，在实践中，确实有一些经营者及其工作人员从事了性质恶劣的拒绝、阻碍调查行为，并因此而受到了严厉的处罚。2020 年 4 月 13 日，国家市场监管总局发布了山东康某医药有限公司、潍坊普某某医药有限公司及相关人员拒绝、阻碍反垄断调查违法行为行政处罚决定书，披露了两医药公司及其相关人员拒绝、阻碍反垄断调查的违法行为。例如，根据国家市场监管总局对潍坊普某某医药有限公司的行政处罚决定书来看，当事人法定代表人强硬拒绝提供采购、销售葡萄糖酸钙等原料药的票证、单据、记录、会计账簿等资料，阻挠执法人员查阅公司电子数据、文件资料，拒绝在《调查通知书》送达回证上签字，并多次表示“不同意执法人员开展调查”“不同意提取证据材料”。在调查过程中，当事人业务部人员通过微信告知相关人员拔除 U 盘并隐匿。当事人法定代表人将打印出的记录涉嫌实施垄断行为的微信聊天记录等证据材料当众撕毁，在执法人员警告其行为构成违法的情况下，当事人法定代表人依然继续销毁证据材料。调查询问时，当事人法定代表人谎称公司 2017 年年底的采购合同以及与原料药生产企业签订的合作协议等材料，均因发生交通事故而丢失，后经核实，上述资料是被转移而非丢失。国家市场监管总局认为，当事人对其依法开展的调查不予配合，严重影响了执法工作。当事人的上述行为违反了反垄断法的规定，构成了拒绝提供有关材料、信息，隐匿、销毁、转移证据，拒绝、阻碍反垄断执法机构调查的违法行为。当事人的上述行为蔑视国家法律权威，暴力抗拒执法调查，性质恶劣、情节严重、影响极坏，应当依法从重处罚。依据反垄断法，国家市场监管总局决定对当事人处以罚款 100 万元。①

【适用指南】

针对反垄断执法机构依法展开的调查，被调查的经营者、利害关系人或者其他有关单位或者个人应当积极予以配合，为反垄断执法机构提供便利，如实回答反垄断执法机构的询问，按照要求提供相关材料，不得以任何方式、任何理由拒绝、阻碍反垄断执法机构的调查。

---

① 参见国家市场监督管理总局国市监处〔2019〕20 号行政处罚决定书，载国家市场监督管理总局网站，https：//gkml. samr. gov. cn/nsjg/fldj/202004/t20200414_314247. html，最后访问时间：2022 年 7 月 2 日。

案例：张某某是某天然气有限公司综合管理部的负责人。当地市场监督管理厅在对滥用市场支配地位案调查中，张某某故意隐瞒事实，提供虚假的报警器和波纹管价格、随货清单及其他票据，并在调查过程中指使波纹管供货商宁夏×××工贸有限公司法定代表人王某某出具虚假的销售价格、销售清单和授权委托书，阻挠执法人员调查取证。2021 年 8 月 27 日，当地市场监督管理厅对张某某拒绝、阻碍反垄断调查行为展开调查，其间进行了调查询问，提取了相关证据材料；召开案件讨论会对案件进行分析论证；多次听取当事人陈述意见，保障当事人合法权利。当地市场监督管理厅认为，张某某的行为影响、阻碍了执法人员案件调查工作，情节严重。2022 年 5 月 7 日，当地市场监督管理厅决定对张某某处以 5 万元罚款。①

【相关规定】

《经营者反垄断合规指南》第十七条。

> **第五十一条　【反垄断调查对象的陈述意见权】**被调查的经营者、利害关系人有权陈述意见。反垄断执法机构应当对被调查的经营者、利害关系人提出的事实、理由和证据进行核实。

【条文主旨】

本条是关于被调查对象所享有的陈述意见权的规定。

【条文释义】

“兼听则明，偏听则暗”。反垄断执法机构决定对涉嫌垄断行为展开调查，就不可避免地在主观上有一定的预先假定。为了避免这种先入为主，防止“一言堂”的发生，反垄断执法机构应当确保被调查对象有充分的权利陈述自己的意见。尤其是对于被调查的经营者而言，最终的反垄断处罚

① 参见《市场监管总局发布某天然气有限公司滥用市场支配地位案行政处罚决定书》，载国家市场监督管理总局网站，https：//www. samr. gov. cn/fldys/tzgg/xzcf/202205/t20220526_347331. html，最后访问时间：2022 年 7 月 2 日。

决定将直接影响其切身利益。虽然被调查的经营者所从事的行为确实可能涉嫌构成垄断行为，但这并不妨碍其享有进行自我辩护的权利，其可以提出之所以从事涉嫌垄断行为的理由或者涉案行为不构成垄断行为的证据。被调查经营者所提出的抗辩理由，往往是作为市场之外的反垄断调查机构和执法人员所无法预见到的，但这无疑也提供了一种认定涉案行为的新视角，因而同样具有价值。对于其他利害关系人而言，反垄断执法机构的认定也会影响其利益，其也有权陈述自己的意见。总之，保障被调查的经营者、利害关系人陈述意见的权利，是执法民主的体现。而这种意见被倾听的权利的实现，又能够确保反垄断执法机构能够更加全面、深刻地认识涉案行为的本质，从而实现法律认定的准确。根据《禁止垄断协议暂行规定》第二十条以及《禁止滥用市场支配地位行为暂行规定》第二十八条的规定，如果反垄断执法机构最终认定经营者的行为构成垄断并对其作出行政处罚，则在行政处罚决定书中必须包含“经营者陈述、申辩的采纳情况及理由”，这也促使反垄断执法机构在调查中就必须做到对经营者的陈述意见和申辩理由进行核实与分析。《经营者集中审查暂行规定》第五十四条也规定：“在调查过程中，被调查的经营者、利害关系人有权陈述意见。市场监管总局应当对被调查的经营者、利害关系人提出的事实、理由和证据进行核实。”

被调查的经营者、利害关系人陈述意见的权利，除了有赖于在形式上保障其实现，即反垄断执法机构确实向其提供陈述意见的机会，更有赖于在实质上保障其实现，即反垄断执法机构切实对被调查的经营者、利害关系人所提出的事实、理由和证据进行核实，而非是程式化地直接认定其不具有正当性而不予采纳。当然，反垄断执法机构也不能在不进行核实的情况下就直接予以采信。对被调查的经营者、利害关系人所提出的事实、理由和证据进行核实，就是要通过这种去伪存真的过程，发现真正的客观事实，认清涉案行为的本质，从而最终为反垄断执法机构对涉案行为的定性与定量分析提供可靠的基础。

【适用指南】

在面对反垄断执法机构的调查时，被调查的经营者、利害关系人也应当敢于提出自己的意见，这是其享有的合法权益，可以提出与反垄断执法机构不同的意见。如果反垄断执法机构未能充分听取被调查经营者、利害关系人的意见，则被调查的经营者和利害关系人可以提出异议，请要求反垄断执法机构予以倾听。

反垄断执法机构应当切实保障被调查的经营者、利害关系人能够充分陈述其意见。如果被调查的经营者、利害关系人提出了相关事实、理由和证据，则反垄断执法机构应当进行核实，以确定是否予以采纳和支持。

【相关规定】

《禁止垄断协议暂行规定》第二十条；《禁止滥用市场支配地位行为暂行规定》第二十八条；《经营者集中审查暂行规定》第五十四条。

第五十二条 【反垄断处理及其公布】 反垄断执法机构对涉嫌垄断行为调查核实后，认为构成垄断行为的，应当依法作出处理决定，并可以向社会公布。

【条文主旨】

本条是关于反垄断处理及其公布的规定。

【条文释义】

反垄断执法机构对涉嫌垄断行为展开调查，目的就在于判断其是否构成垄断行为。如果构成垄断行为，则需要对其作出相应的处理决定。处理决定的内容主要包括责令经营者停止垄断行为，没收违法所得，处以相应的罚款。处理决定的作出也标志着垄断案件的查处告一段落，但这并不是反垄断执法的终点，因为反垄断执法机构作出的处理决定是否真正为经营者所遵守执行，仍然需要反垄断执法机构进行持续性地监督。

本条所规定的"涉嫌垄断行为"，主要是指涉嫌构成垄断协议的行为和涉嫌构成滥用市场支配地位的行为。因为对于经营者集中而言，如果构成垄断行为，则反垄断执法机构将会作出禁止或者附加限制性条件的决定。然而，根据反垄断法第三十六条的规定："国务院反垄断执法机构应当将禁止经营者集中的决定或者对经营者集中附加限制性条件的决定，及时向社会公布。"对于这两类决定，国务院反垄断执法机构是"应当"而非"可以"及时向社会公布。因此，反垄断法第五十二条中所规定的"可以向社会公布"，自然就不包括国务院反垄断执法机构作出的禁止经营者集中的决定或者对经营者集中附加限制性条件的决定。

反垄断执法机构作出的处理决定，主要体现为行政处罚决定书的形式。根据《禁止垄断协议暂行规定》第二十条和《禁止滥用市场支配地位行为暂行规定》第二十八条的规定，反垄断执法机构对垄断协议、滥用市场支配地位行为进行行政处罚的，应当依法制作行政处罚决定书。行政处罚决定书的内容包括：（1）经营者的姓名或者名称、地址等基本情况；（2）案件来源及调查经过；（3）违法事实和相关证据；（4）经营者陈述、申辩的采纳情况及理由；（5）行政处罚的内容和依据；（6）行政处罚的履行方式、期限；（7）不服行政处罚决定，申请行政复议或者提起行政诉讼的途径和期限；（8）作出行政处罚决定的反垄断执法机构名称和作出决定的日期。

对于反垄断执法机构作出的处理决定，其“可以”向社会进行公布。这表明反垄断执法机构可以自行决定是否将相关处理决定向社会公布。之所以做这种规定，而未要求反垄断执法机构“应当”向社会公布，立法者最初认为主要是源于两个方面的考虑：一是在我国反垄断执法的初期，经营者涉嫌垄断行为的案件可能比较多，如果一概公告恐怕反垄断执法机构力有不逮，因此允许他们选择影响重大的、具有典型性的案件予以公告更为妥当；二是反垄断执法机构审查的一些案件中可能涉及国家秘密和商业秘密，能否公告还是个案确定为妥。① 但是，在 2022 年反垄断法修改时，本条规定的内容并没有作任何变动。显然，经过十多年的反垄断法实施，我国已经不再处于反垄断法实施的初期，反垄断执法机构经过十多年的改革已经不断壮大，反垄断执法力量也不断充实，对于每一个垄断案件，如果经过调查认定其构成垄断行为，反垄断执法机构都会作出相应的处理决定，否则将不符合程序要求，案件也无法结案。将这些制作完成的处理决定向社会公布，并没有什么技术障碍和困难。即便是对于那些可能涉及国家秘密和商业秘密的案件，也可以通过技术处理实现脱敏。在当今的阶段，为了更好地实现反垄断执法的规范，保障社会公众的知情权，反垄断执法机构还是应当主动公布所作出的处理决定。可喜的是，在实践中，反垄断执法机构主动公布了绝大多数的处理决定。

在《市场监管总局关于反垄断执法授权的通知》中，对中央以及省级反垄断执法机构执法权进行配置的同时，也强调各级反垄断执法机构要严格依法履行法定职责，其中就包括要加强案件信息公开。总局和省级市场

① 参见全国人大常委会法制工作委员会经济法室：《中华人民共和国反垄断法——条文说明、立法理由及相关规定》，北京大学出版社 2007 年版，第 262 页。

监管部门要按照有关规定要求，通过国家企业信用信息公示系统，做好相关涉企信息的公示工作。总局建设和进一步完善反垄断执法信息发布平台。省级市场监管部门要在作出行政处罚决定、中止和终止调查决定以及对滥用行政权力排除限制竞争行为提出依法处理建议后 5 个工作日内，将有关文书报送总局。总局与省级市场监管部门同步向社会公布反垄断执法信息。当前，国家市场监管总局网站以及省级市场监管部门网站基本都能及时公布反垄断处理决定，透明度不断提高。

反垄断执法机构公布处理决定具有多重价值和意义。一是可以保障社会公众的知情权。垄断行为损害了社会公共利益，对于社会公众而言，垄断行为查处的结果也关系其利益，自然有权获知和了解处理决定的具体情况。二是可以发挥社会监督作用。这种社会监督作用既包括对反垄断执法的监督，也包括对经营者遵守执行处理决定的实际情况进行监督。三是可以发挥威慑作用。每一次反垄断执法，都表明了反垄断执法机构的执法态度，发布反垄断处理决定，对于那些潜在的试图从事垄断行为的经营者将形成强有力的威慑，促使其放弃实施垄断行为。四是可以促进我国竞争文化的形成。每一次反垄断执法同样也是一次良好的反垄断法普法宣传，尤其是一些典型、重大的反垄断案件，往往能够引起社会的普遍关注和讨论，在此过程中，社会公众和经营者的竞争文化会潜移默化地提高。

【适用指南】

反垄断执法按机构应当根据不同的垄断行为类型，分别作出相应的处理决定。虽然反垄断法仍然赋予反垄断执法机构公布处理决定的自由，但在当前普遍强调政府公开的大趋势下，反垄断执法机构应当提高要求与标准，继续主动及时公布相应的处理决定。

【相关规定】

《禁止垄断协议暂行规定》第二十条；《禁止滥用市场支配地位行为暂行规定》第二十八条。

第五十三条 【经营者承诺】对反垄断执法机构调查的涉嫌垄断行为，被调查的经营者承诺在反垄断执法机构认可的期限内采取具体措施消除该行为后果的，反垄断执法机构可以决定中止调查。中止调查的决定应当载明被调查的经营者承诺的具体内容。

反垄断执法机构决定中止调查的，应当对经营者履行承诺的情况进行监督。经营者履行承诺的，反垄断执法机构可以决定终止调查。

有下列情形之一的，反垄断执法机构应当恢复调查：

（一）经营者未履行承诺的；

（二）作出中止调查决定所依据的事实发生重大变化的；

（三）中止调查的决定是基于经营者提供的不完整或者不真实的信息作出的。

【条文主旨】

本条是关于经营者承诺制度的规定。

【条文释义】

经营者承诺制度，在许多司法辖区也被称为和解制度，本质上是反垄断执法机构与被调查的经营者之间达成的一种妥协，被调查的经营者承诺采取具体措施以消除涉案行为的后果，而反垄断执法机构则同意中止调查。经营者承诺制度对于反垄断执法机构和被调查的经营者而言是一个“双赢”的结果。对于反垄断执法机构而言，正常来说，其所查处的每一个涉嫌垄断案件都应当一查到底，而不能“半途而废”，这样才能不放过任何事实上从事了垄断行为的经营者。但是，由于垄断案件本身很复杂，需要展开大量的调查与分析，而反垄断执法力量又是有限的，这就导致反垄断执法机构事实上无法真正查处所有的涉嫌垄断案件。而且，反垄断执法的最终目标并不完全是对从事垄断行为的经营者进行处罚，也包括保护公平市场竞争、鼓励创新、提高经济运行效率，维护消费者利益和社会公共利益，如果经营者能够承诺采取具体的措施以消除涉案行为的后果，则反垄断执法的目标也基本上得以实现。应该说，这是一种以相对较低执法成本换取最大执法效果的方式，也体现了“惩罚与教育并重”的理念。反垄断执法机构可以将执法资源集中在那些复杂、疑难且经营者拒不承诺消除涉案行为后果的案件查处上，可以说这也是反垄断执法机构优化执法资源配置的一种表现。对于被调查的经营者而言，如果反垄断执法机构继续对其展开反垄断调查，则被调查的经营者将处于一种极度不确定的状态，这必然会影响其声誉和正常的生产经营活动。而且，一旦最终被认定构成垄断行为，被调查经营者还可能面临严重的行政处罚。如果被调查经营者承诺消除涉案行为的后果，就可能换取反垄断执法机构的中止调查，从而消除其所处的不确定状态。因此，对于被调查的经营者而言，该制度也是有利于其自身利益的。需要注意的是，反垄断执法机构接受经营者的承诺而作出的中止调查决定及终止调查决定，并不是对经营者的行为是否构成垄断作出认定。执法机构仍然可以依法对其他类似行为实施调查并作出行政处罚。中止调查及终止调查决定也不应作为认定该行为是否构成垄断行为的相关证据。

一、适用经营者承诺制度的涉嫌垄断行为类型

适用经营者承诺制度的涉嫌垄断行为主要为涉嫌垄断协议行为与涉嫌滥用市场支配地位行为。因为对于具有或可能具有排除限制竞争效果的经营者集中而言，国务院反垄断执法机构需要经过调查来判定其是否具有或可能具有排除限制竞争效果，而不可能因经营者承诺消除经营者集中的后果而中止调查。经营者集中制度中的经营者承诺制度，也只是适用于国务院反垄断执法机构经审查虽然决定不禁止经营者集中，但为了减少集中对竞争产生的不利影响从而决定附加限制性条件时，参与集中的经营者可以提出附加限制性条件的承诺方案。此时国务院反垄断执法机构已经完成了对经营者集中的审查，自然不存在中止调查之说。经营者如果希望避免国务院反垄断执法机构对其的调查，也只能通过撤回经营者集中申报的方式来实现，如果国务院反垄断执法机构同意撤回，则经营者集中审查终止，同样不存在中止之说。总之，反垄断法第五十三条经营者承诺制度所适用的涉嫌垄断行为类型，并不包括具有或可能具有排除限制竞争效果的经营者集中。经营者承诺制度适用的主要是涉嫌垄断协议和涉嫌滥用市场支配地位行为。《禁止垄断协议暂行规定》第二十一条第一款规定："涉嫌垄断协议的经营者在被调查期间，可以提出中止调查申请，承诺在反垄断执法机构认可的期限内采取具体措施消除行为影响。"《禁止滥用市场支配地位行为暂行规定》第二十九条第一款规定："涉嫌滥用市场支配地位的经营者在被调查期间，可以提出中止调查申请，承诺在反垄断执法机构认可的期限内采取具体措施消除行为影响。"

但是，也并不是所有的涉嫌垄断协议行为都能够适用经营者承诺制度。《国务院反垄断委员会垄断案件经营者承诺指南》第二条规定："对于具有竞争关系的经营者之间固定或者变更商品价格、限制商品生产或者销售数量、分割销售市场或者原材料采购市场的横向垄断协议案件，执法机构不应接受经营者提出承诺，实施中止调查。对于其他垄断案件，经营者主动提出承诺，执法机构可以决定中止调查及终止调查程序。”之所以要将这些类型的垄断协议排除在经营者承诺制度的适用范围之外，是因为这些类型的垄断协议对竞争的损害非常之大，通常适用“本身违法原则”，达成这些垄断协议的经营者的主观恶性也相对较大。禁止对这些类型的垄断协议适用经营者承诺制度，也表明相关部门对这些类型垄断协议予以坚决禁止的态度。如果允许反垄断执法机构与达成这些垄断协议的经营者进行和解，不仅有悖法治精神，而且可能会变相鼓励经营者达成这些类型的垄断协议。

二、经营者承诺的提出

经营者承诺的提出有时间限定，通常是在反垄断执法机构已经掌握了相关线索并对涉嫌垄断行为展开调查之后，但尚未获得充分的证据以证明其构成垄断行为之前提出承诺。只有在这段期限内提出承诺，反垄断执法机构才能够避免进一步花费大量的执法资源与时间展开调查，经营者提出承诺对于反垄断执法机构才具有价值。如果反垄断执法机构已经通过大量的调查掌握了充分的证据，足以证明经营者所从事的行为构成垄断行为，则可以直接认定其构成垄断行为并作出相应的处理决定。根据《国务院反垄断委员会垄断案件经营者承诺指南》第四条第二款规定，鼓励经营者在反垄断执法机构采取任何调查措施后，作出行政处罚事先告知前提出承诺；经营者在行政处罚事先告知后提出承诺的，执法机构一般不再接受。执法机构对涉嫌垄断行为调查核实后，认为构成垄断行为的，应当依法作出处理决定，不再接受经营者提出承诺。之所以要对经营者提出承诺的时间进行限定，就是为了鼓励经营者尽早提出承诺，消除涉案行为的后果，这样不仅能最大限度地节约执法资源，还能尽早地恢复市场竞争秩序，保护消费者和社会公共利益。执法机构鼓励经营者在尽可能早的阶段提出承诺。经营者提出承诺前，可以与执法机构进行必要的沟通。执法机构可以告知经营者涉嫌垄断行为的基本事实以及可能造成的影响，并可以与经营者进行沟通。在沟通基础上，由经营者自愿提出承诺。

《国务院反垄断委员会垄断案件经营者承诺指南》第六条规定，经营者应以书面形式提出承诺。承诺通常载明下列事项：（一）被调查的涉嫌垄断行为及可能造成的影响；（二）承诺采取消除行为后果的具体措施；（三）承诺采取的具体措施能够消除行为后果的说明；（四）履行承诺的时间安排及方式；（五）需要承诺的其他内容。执法机构在收到经营者承诺后，向经营者出具书面回执，明确收到承诺的时间及材料清单。

经营者提出的承诺措施，应确保能够消除涉案行为所可能具有的排除、限制竞争效果。经营者承诺的措施可以是结构性措施，如剥离有形资产、知识产权等无形资产或者相关权益等；也可以是行为性措施，如调整定价策略、取消或者更改各类交易限制措施、开放网络或者平台等基础设施，许可专利、技术秘密或者其他知识产权等；还可以是综合性措施，即同时包含结构性措施和行为性措施。

三、反垄断执法机构对经营者承诺的审查及中止调查决定的作出

对于经营者提出的承诺措施，反垄断执法机构需要对其进行审查，以判断这些承诺措施是否能够消除涉案行为所可能具有的排除、限制竞争后果，解决反垄断执法机构的竞争关注。反垄断执法机构在对经营者提出的承诺措施进行审查时，可以综合考虑以下因素：经营者实施涉嫌垄断行为的主观态度；经营者实施涉嫌垄断行为的性质、持续时间、后果及社会影响；经营者承诺的措施及其预期效果。

反垄断执法机构经过审查，如果认为经营者所提出的承诺措施能够消除涉案行为所可能具有的排除、限制竞争效果的，则可以决定中止调查。需要指出的是，即便反垄断执法机构经过审查认定经营者的承诺措施是有效的，仍然有权决定不中止调查，因为反垄断执法机构可能有其他政策方面的考虑，如投入更多的执法资源查处该典型案件，以便发挥更大的威慑效果等。总之，是否接受经营者所提出的承诺措施并中止调查的主动权掌握在反垄断执法机构的手中，反垄断执法机构可以根据案件查处的需要、执法资源的动态分布等因素的考虑而决定是否中止调查。如果反垄断执法机构最终决定接受经营者提出的承诺措施并中止调查，则必须以书面的形式体现出来，制作中止调查决定书。中止调查决定书应当载明以下内容：（一）涉嫌垄断行为的事实及对竞争产生或者可能产生的影响；（二）经营者承诺的消除行为后果的措施；（三）经营者履行承诺的期限及方式；（四）经营者在规定的时限内向执法机构报告承诺履行情况的义务；（五）对经营者履行承诺的监督措施；（六）不履行或者不完全履行承诺的法律后果等。反垄断执法机构应当将中止调查决定及时向社会公布。

四、经营者履行承诺情况的监督及终止调查决定的作出

经营者向反垄断执法机构提出的承诺措施仍然只是停留在纸面上，至于经营者是否会将这种纸面上的承诺付诸实践认真履行，则需要由反垄断执法机构后续对经营者的履行承诺的情况进行监督，也即不仅要听其言，还要观其行。经营者按照中止调查决定书的要求，需要向反垄断执法机构书面报告承诺的履行情况。

如果经营者切实履行了其所作出的承诺，则表明其之前所从事的涉案行为所可能产生的排除限制竞争效果通过其实际行动已经被消除，此时反垄断执法机构也没有再展开反垄断调查的必要。为了结束这种不确定状态，反垄断执法机构可以决定终止调查。同样需要指出的是，不管是否决定终止调查，反垄断执法机构都享有自由裁量权。反垄断执法机构决定终止调查的，应当制作终止调查决定书。终止调查决定书需要载明下列内容：（一）执法机构调查的经营者涉嫌垄断行为；（二）经营者承诺的消除行为后果的措施；（三）经营者履行承诺的情况；（四）对经营者履行承诺的监督情况；（五）终止涉嫌垄断行为的调查决定。反垄断执法机构应当将终止调查决定及时向社会公布。

五、反垄断调查的恢复

反垄断执法机构作出中止调查决定后，如果经营者切实履行了承诺，则反垄断执法机构可以终止调查。但是，如果因经营者方面的原因或客观原因而导致经营者所作出的承诺无法有效消除涉案行为可能存在的排除限制竞争效果，则反垄断执法机构就应当及时恢复反垄断调查。根据反垄断法第五十三条的规定，反垄断执法机构应当恢复反垄断调查的情形主要包括以下三种。

1. 经营者未履行承诺。经营者承诺制度的本质就在于通过经营者承诺消除涉案行为的后果来换取反垄断执法机构的中止调查，如果经营者不履行承诺，则反垄断执法机构中止调查就失去了“对价”，自然应当恢复反垄断调查。经营者未履行承诺，既可能表现为形式上根本就未采取任何措施来履行，也可能表现为虽然形式上采取了一定的措施，但是从实质上来看，这些措施并不能有效消除涉案行为所可能具有的排除限制竞争效果。无论是哪一种情形，经营者都未真正践行承诺，应当承担相应的不利后果，即反垄断执法机构恢复对其展开反垄断调查。在此种情形下，反垄断执法机构在恢复调查后，将不再接受经营者提出承诺。

2. 作出中止调查决定所依据的事实发生重大变化。反垄断执法机构作出中止调查决定时，会依据相关的事实来进行综合判断。如果所依据的实施发生了重大变化，则建立在此基础上的评估结论显然也是不准确的，此时，反垄断执法机构应当恢复展开反垄断调查。由于这种事实的变化更多的是一种客观情况，而并非经营者所能够改变的，因此，反垄断执法机构因这种情形而恢复调查的，反垄断执法机构可以基于新的事实而接受经营者提出承诺。

3. 中止调查的决定是基于经营者提供的不完整或者不真实的信息作出的。在这种情形下，经营者主观上具有较大的恶意，其故意向反垄断执法机构提供不完整或者不真实的信息，目的就在于欺诈或误导反垄断执法机构，使其基于片面或虚假的信息而对涉案行为的竞争影响作出错误的认定。经营者提供的不完整或者不真实的信息在客观上要确实影响了反垄断执法机构的正确判断。如果只是经营者疏忽遗漏了部分信息且不会对反垄断执法机构的认定产生实质性影响，则并不符合此种情形。经营者的这种恶意行为本身就能够说明其试图掩盖涉案行为所具有的排除限制竞争效果这一事实，反垄断执法机构应当恢复反垄断调查，且不再接受经营者提出的承诺。

【适用指南】

为了节约执法资源，尽快恢复市场竞争秩序，更好地保护消费者和社会公共利益，反垄断执法机构应当高度重视经营者承诺制度的价值，在反垄断执法中采取更加灵活和务实的态度。如果被调查的经营者承诺采取具体措施消除涉案行为的后果，虽然反垄断执法机构并不是必须予以接受并决定中止调查，但还是应当尽可能给予经营者进行改进的机会。一旦反垄断执法机构决定中止调查，则必须对经营者履行承诺的情况进行严格监督，并根据经营者履行承诺的情况以及相关客观情况的变化，而作出终止调查或者恢复调查的决定。

对于被调查的经营者而言，应当深刻认识到自身行为所带来的竞争关注和可能存在的危害，并真诚地向反垄断执法机构作出承诺以消除涉案行为的后果，并严格恪守承诺，而不能将经营者承诺制度作为一种延缓反垄断调查的策略，否则将会遭到更加严厉的处罚。

【相关规定】

《禁止垄断协议暂行规定》第二十一条至第二十五条；《禁止滥用市场支配地位行为暂行规定》第二十九条至第三十三条。

第五十四条　【行政性垄断调查中的配合义务】反垄断执法机构依法对涉嫌滥用行政权力排除、限制竞争的行为进行调查，有关单位或者个人应当配合。

【条文主旨】

本条是关于涉嫌滥用行政权力排除、限制竞争的有关单位或者个人对反垄断执法机构依法进行的调查应承担的配合义务的规定。

【条文释义】

反垄断执法机构依法对涉嫌滥用行政权力排除、限制竞争的行为展开调查时，可能因为对地方保护主义、既得利益藩篱等产生影响而遭到各种阻挠，容易出现各种不配合调查乃至拒绝、阻碍调查的行为。更严峻的是，行政性垄断调查往往需要面对各类行政机关和法律、法规授权的具有管理公共事务职能的组织，它们比市场中的经营者拥有更大的行政权力。因此，相比经济性垄断的调查，行政性垄断的调查往往步履维艰。但是在2008年反垄断法中，只规定被调查的经营者、利害关系人或者其他有关单位或者个人应当配合反垄断执法机构依法履行职责，不得拒绝、阻碍反垄断执法机构的调查。这里的“其他有关单位或者个人”一般也理解为私主体，并不指涉公权力主体。2022年反垄断法的修改强化了反垄断执法机构对行政性垄断的调查权力，规定反垄断执法机构依法对涉嫌滥用行政权力排除、限制竞争的行为进行调查，有关单位或者个人应当配合。本条中的“有关单位或者个人”显然囊括行政机关和法律、法规授权的具有管理公共事务职能的组织。

要求公权力主体承担配合义务的规定是非常有力的，反映了国家对行政性垄断问题的重视。因为在我国的法律体系里，往往只有一些涉及国家利益、社会公共利益的重要法律中，才会规定公权力主体的配合义务。例如，食品安全法第一百零八条第一款规定：“食品安全事故调查部门有权向有关单位和个人了解与事故有关的情况，并要求提供相关资料和样品。有关单位和个人应当予以配合，按照要求提供相关资料和样品，不得拒绝。”期货和衍生品法第一百零九条第一款规定：“国务院期货监督管理机构依法履行职责，被检查、调查的单位和个人应当配合，如实作出说明或者提供有关文件和资料，不得拒绝、阻碍和隐瞒。”审计法第三十四条第三款规定：“审计机关对取得的电子数据等资料进行综合分析，需要向被审计单位核实有关情况的，被审计单位应当予以配合。”数据安全法第三十五条规定：“公安机关、国家安全机关因依法维护国家安全或者侦查犯罪的需要调取数据，应当按照国家有关规定，经过严格的批准手续，依法进行，有关组织、个人应当予以配合。”因此，本条明确规定了行政性垄断调查中的配合义务，将打通行政性垄断调查中可能遇到的各种阻碍，增强调查程序的刚性和约束力。对反垄断执法机构依法实施的针对行政性垄断的调查，有关单位或者个人需要履行的配合义务包括但不限于：提供有关文件、材料、信息，接受问询，提供相关的专业知识支持，不得提供虚假材料、信息，不得隐匿、销毁、转移证据，不得隐瞒事实，为实施调查的反垄断执法机关提供便利条件等。

由于原有法律只明确了被调查的经营者、利害关系人等的配合义务，公权力主体的配合义务暧昧不明，所以也缺少相应的法律责任规定。2022年反垄断法的修改明确了行政性垄断调查中公权力主体的配合义务，这样如果不履行该义务就有可能承担相应的法律责任。2022年6月发布的《制止滥用行政权力排除、限制竞争行为规定（征求意见稿）》第二十七条就明确规定了“可以向其上级机关、监察机关等反映情况”的法律后果，其具体规定如下：对反垄断执法机构依法实施的调查，有关单位或者个人拒绝提供有关材料、信息，或者提供虚假材料、信息，或者隐匿、销毁、转移证据，或者有其他拒绝、阻碍调查行为的，反垄断执法机构依法作出处理，并可以向其上级机关、监察机关等反映情况。反过来，如果涉及被调查的行政性垄断的相关单位或个人积极履行配合、协助义务，则可以根据具体情况依法对法律责任进行减免。①

需要注意的是，当上级反垄断执法机构委托下级反垄断执法机构进行调查时，被调查的经营者、利害关系人等对受委托的执法机构同样负有配合义务。2019年公布的《制止滥用行政权力排除、限制竞争行为暂行规定》第十六条规定，市场监管总局在查处涉嫌滥用行政权力排除、限制竞争行为时，可以委托省级市场监管部门进行调查。省级市场监管部门在查处涉嫌滥用行政权力排除、限制竞争行为时，可以委托下级市场监管部门进行调查。被调查的经营者、利害关系人等应当积极配合受委托执法机关的调查，如果只向作出委托的执法机关负有配合义务，而不需要配合受委托的执法机关，那么上述条款规定的委托调查制度将形同虚设。

【适用指南】

本条规定了行政性垄断调查程序中的有关单位或者个人的配合义务，

---

① 参见时建中：《更加完善的反垄断制度保障高质量发展》，载《中国法律评论》2022年第4期。

这具有重要的应用价值。原反垄断法第六章中缺少行政性垄断的针对性调查手段，也未明确有关单位或者个人的配合义务，加之行政主体具有一定的身份特殊性，导致实践中反垄断执法机关面对涉嫌滥用行政权力排除、限制竞争的行为时常常束手无策，很难展开有效的调查。配合义务的规定能够保障调查权的正常运转。对于反垄断执法机构而言，在调查活动中其能够依法向有关单位或者个人了解情况、询问相关利害关系人、查阅或复制资料、收集材料、调取证据、进入现场调查等。由于反垄断执法机构的调查权力得到增强，在调查过程中更要遵循正当程序、比例原则等法治原则，遵守行政调查的相关工作规则。例如，在调查过程中，应当出示证明调查正当性的证件，执法人员不得少于二人，应当告知被调查对象依法享有的权利和义务，有直接利害关系者应当回避，要保守被调查对象的秘密等。对于被调查的行政主体，要增强自己的合规意识，认识到自己负担的配合义务。同时，还需要明确此种负担的配合义务不仅针对国家市场监管总局，还针对接受调查委托的省级市场监管部门。与拒绝、阻挠反垄断执法机构调查的市场主体相比，不履行配合义务的行政性单位或者个人可能要承担被上级机关问责、监察机关追责等相关政治责任风险。

案例：2021 年 2 月，某省市场监管局对某省老龄工作委员会办公室涉嫌滥用行政权力排除、限制竞争行为进行调查。经查，2014 年 8 月，某省老龄工作委员会办公室与某保险公司某省分公司联合下发《关于实施“××安康行动”的通知》，该通知要求全省老年人意外伤害综合保险由各市、县老龄办牵头组织推广，该保险公司各分支机构负责提供老年人保险保障产品及服务。2019 年 7 月，上述两家单位再次联合下发了《关于深入推进“××安康行动”的通知》，要求各市老龄办和该保险公司各市分公司把“××安康行动”作为一项长期任务坚持开展实施。上述行为违反了反垄断法第三十二条“行政机关和法律、法规授权的具有管理公共事务职能的组织不得滥用行政权力，限定或者变相限定单位或者个人经营、购买、使用其指定的经营者提供的商品”之规定，构成滥用行政权力，排除、限制竞争行为。在调查过程中，根据执法机构指出的问题，某省老龄工作委员会办公室主动进行整改，对上述规定和行为予以纠正。制定出台了《关于进一步做好老年人意外伤害保险工作的通知》，同时废止《关于实施“××安康行动”的通知》和《关于深入推进“××安康行动”的通知》；明确提出老年人意外伤害保险是具有较强社会公益性的保险业务，要求各市在推广实施中不得限制其他市场主体平等参与竞争。[①]

【相关规定】

《中华人民共和国食品安全法》第一百零八条;《中华人民共和国期货和衍生品法》第一百零九条;《中华人民共和国审计法》第三十四条;《中华人民共和国数据安全法》第三十五条;《中华人民共和国人民检察院组织法》第二十一条。

第五十五条 【反垄断行政约谈】 经营者、行政机关和法律、法规授权的具有管理公共事务职能的组织，涉嫌违反本法规定的，反垄断执法机构可以对其法定代表人或者负责人进行约谈，要求其提出改进措施。

【条文主旨】

本条是关于对涉嫌违反反垄断法规定的市场主体或行政主体进行约谈的规定。

【条文释义】

本条创新性地将行政约谈引入了反垄断领域，丰富了反垄断执法工具箱。行政约谈是对特定领域有调查和处罚权力的行政机关为防止该领域某些不利情况发生，在危害结果出现之前就对行为人进行谈话的柔性行政执法手段，是在正式行政处罚或其他行政决定作出前行政机关与行为人发生的接触活动，具有替代、取消或减轻行政处罚等不利后果的功能。相比于刚性权威的行政命令行为，行政约谈行为属于一种行政指导行为，体现了软法约束特征。质言之，在约谈框架下行政机关和可能的被规制对象处在一个平等的对话平台上，进行双向互动与沟通，并不主要依赖于行政强制力。行政机关通过约谈传递监管关切、政策意图、可能的后果等信息，而

① 参见《某省市场监管局纠正某省老龄工作委员会办公室滥用行政权力排除、限制竞争行为》，载国家市场监督管理总局竞争政策协调司网站，https://www.samr.gov.cn/jzxts/tzgg/qlpc/202109/t20210917_334851.html，最后访问时间：2022年7月2日。

可能的被规制对象则通过约谈提前进行抗辩，或及时发现错误并进行纠正。有学者把规制的执行进路分为两种：一种是建立在最为正式的执行机制基础之上，采取严格的惩罚性或震慑性方法；另一种遵循劝诫性、教育性或合规式的进路。行政约谈、行政指导无疑都属于后一种进路。[①]

著名规制法学家科林·斯科特阐述了“执法金字塔”的概念，[②] 即各种执法工具按照强制力由弱到强的顺序排列成金字塔状，最低层次的是劝服工具，再往上是更为严格的警示、罚款，再往上则可能是吊销证照、褫夺资格、终身禁入等。体现平衡论的现代规制法下，通常会赋予最低层次的工具优先权，只有当这种方式无法达致目标时，再往上寻找更刚烈的工具。此次反垄断法的修改极大丰富了反垄断执法机构的执法金字塔，除了引入位于塔底的约谈制度，还增加了位于塔上部的加重罚款[③]、信用监管[④]等制度工具。在风险社会中，随着管制型政府向服务型政府转变，反垄断执法手段也要倡扬人本主义，约谈制度在反垄断法的“执法金字塔”中应当具有重要的应用价值。

实际上，行政约谈已经在食品安全、税收治理、环境保护、价格管制等方面得到了运用。2015 年食品安全法的修订就将行政约谈引入法律层面，其第一百一十四条规定：“食品生产经营过程中存在食品安全隐患，未及时采取措施消除的，县级以上人民政府食品药品监督管理部门可以对食品生产经营者的法定代表人或者主要负责人进行责任约谈。食品生产经营者应当立即采取措施，进行整改，消除隐患。责任约谈情况和整改情况应当纳入食品生产经营者食品安全信用档案。”事实上，在此次反垄断法修改之前，约谈制度在反垄断执法中已有运用实践。2017 年上海商务委发布的典当行年审通知直接指定了负责年审工作的会计师事务所，该行为限制了会计师事务所在典当行年审市场的竞争，涉嫌构成反垄断法规定的强制交易。为此，上海市发改委约谈上海市商务委，双方在约谈过程中就整改方案达成一致，上海市商务委的行政性垄断行为得到了纠正。[⑤] 2021 年

---

① ［美］梅·彼得、伯比·雷蒙德：《理解规制实施的意义》，载《法与政策》1998 年第 20 辑第 2 期。

② 参见［英］科林·斯科特：《规制、治理与法律：前沿问题研究》，安永康译，清华大学出版社 2018 年版，第 10 页。

③ 参见反垄断法第六十三条。

④ 参见反垄断法第六十四条。

⑤ 参见《市场监管总局关于发布 2018 年市场监管部门制止滥用行政权力排除、限制竞争行为典型案例的公告》，载中国政府网，http：//www. gov. cn/zhengce/zhengceku/2018-12/31/content_5459681. htm，最后访问时间：2022 年 7 月 2 日。

9 月 1 日，交通运输部会同中央网信办、工信部、公安部、国家市场监管总局等部门，对 11 家网约车平台公司进行联合约谈，明确要求各平台公司要强化公平竞争意识，尊重市场规则，进一步规范经营行为，不得利用资本恶性竞争、无序扩张，不得排除和限制竞争，不得扰乱正常市场秩序，特别是不能以虚假宣传诱导驾驶员加入，更不能把经营风险转嫁给驾驶员。[①] 2022 年 1 月，国家版权局约谈了主要唱片公司、词曲版权公司和数字音乐平台等，要求数字音乐产业各方协力维护数字音乐版权秩序，构建数字音乐版权良好生态。各唱片公司、词曲版权公司、数字音乐平台应采取符合音乐传播规律、公平合理原则和国际惯例规则的授权模式，应通过保底金加实际使用量分成模式结算，除特殊情况外不得签署独家版权协议。而独家版权协议很容易构成反垄断法所禁止的非价格纵向卡特尔。[②] 诸多例子，不一而足。

约谈制度在反垄断监管中确实具有一定的功能优势。与食品安全、税务征管、环境保护等复杂性治理类似，垄断问题往往侵犯发散性消费者的权益，具有波及范围广、恢复难度大、不容易逆转等特征，很容易对经济和社会造成危害。如果等市场垄断已经固化、消费者福利受到严重侵犯，再去矫正相关违法行为或垄断性结构，往往需要耗费巨大的行政执法成本、司法裁判成本及整体经济成本。同时，垄断行为的甄别、认定、分析过程常常步履维艰，很多案件往往要耗费较长的时间成本。经济学家和法律学家总是围绕相关市场的界定、垄断行为的边界、垄断行为的损害问题、有无正当理由等问题争论不休。凡此种种都反映了垄断问题的易变性、复杂性和困难性，尤其是在数据技术、算法技术的赋能下，垄断问题的分析困境将进一步恶化。此种情况下，具有早期干预功能的约谈制度确实具有一定的功能性优势，能够以执法对象容易接纳的相对柔性的方式提前介入复杂性案件，通过反复的商讨和议论，明晰争点、传达执法关切和治理意图，及时止损、消除风险隐患、防止危害行为扩大化或危害后果严重化。同时，约谈也并不是零威慑或者负威慑性的，其仍保留着刚性威慑的可能性。执法者将根据约谈结果、约谈主观态度、约谈对象提出的改进措施等判断是否启动更为严厉的正式调查，执法对象在约谈中也需要考虑

---

① 参见贺觉渊：《五部门联合约谈 11 家网约车平台公司》，载《证券时报》2021 年 9 月 3 日。

② 《剑指网络音乐独家版权：打破“版权圈地”实现参与者“利益普惠”》，载中国打击侵权假冒工作网，http：//www. ipraction. gov. cn/article/xwfb/mtgd/202108/351613. html. 最后访问时间：2022 年 7 月 30 日。

相关决策的不利后果。因此，很多场合中更具交互性特征的约谈往往能以较低的成本取得良好的执法效果。

本条规定也解决了以往反垄断约谈“无法可依”的窘境，明确了以下几个方面的问题。第一，明确了约谈对象，既包括经营者这一市场主体，也包括行政机关和法律、法规授权的具有管理公共事务职能的组织这一行政主体。这与食品安全法保持一致，其第一百一十四条是针对食品生产经营者的约谈，而第一百一十七条是针对县级以上人民政府食品药品监督管理等部门的责任约谈。需要注意的是，无论是针对市场主体，还是针对行政主体的约谈都应当坚持身份中立，一视同仁，适用同样的程序，既不能因为约谈对象是行政主体而设置优待，更不能因为约谈对象是经营者而居高临下。第二，本条强化了约谈的约束力，规定反垄断执法机构可以要求相关法定代表人或者负责人提出改进措施。这样的设定让约谈具有一定的压力逼迫机制，被约谈对象需要提出明确的可行的改进措施，要能够消除执法关切，从而避免泛泛的“纸上谈兵”。但是，由于是否提出以及提出何种改进措施关系到同行业竞争者、消费者等多方主体的切身利益，因此要强调透明度规则。相关的改进措施应当让利益相关公众能看得到、看得懂。约谈本身就是一种弹性对话机制，很容易招致公平性质疑，因此保持透明度和公开性才能消除约谈黑箱。第三，本条只明确了被约谈对象为经营者和行政主体，并未进一步明确技术专家、消费者代表、新闻媒体、行业协会、社会组织等能否参与约谈。传统的约谈一般封闭在“行政主体——行政相对人”之间，但是反垄断案件往往涉及众多消费者、同业竞争者的权益，未来需要通过相关指南或配套规定进一步明确约谈的参与主体，理想的做法是拓宽参与主体的范围，使参与主体从二元封闭格局转向更为多边的关系。①

“执法金字塔”理论除了强调不同执法工具的先后顺序，还重视不同执法工具的相互配合。② 我国的约谈制度体系中，常常将约谈制度与信用监管组合使用。例如，食品安全法第一百一十四条规定，责任约谈情况和整改情况应当纳入食品生产经营者食品安全信用档案。《互联网新闻信息服务单位约谈工作规定》第八条规定，国家互联网信息办公室、地方互联网信息办公室可将与互联网新闻信息服务单位的约谈情况向社会公开。约

---

① 参见王虎：《风险社会中的行政约谈制度：因应、反思与完善》，载《法商研究》2018 年第 1 期。

② 参见［英］科林·斯科特：《规制、治理与法律：前沿问题研究》，安永康译，清华大学出版社 2018 年版，第 10 页。

谈情况记入互联网新闻信息服务单位日常考核和年检档案。《互联网新闻信息服务管理规定》第二十一条第一款规定，国家和地方互联网信息办公室应当建立互联网新闻信息服务网络信用档案，建立失信黑名单制度和约谈制度。我国反垄断法的此次修改除了引入约谈制度，也创新性地将信用监管引入反垄断监管领域。① 因此，应当重视反垄断约谈和反垄断信用监管的配合关系。诸如被约谈后仍拒不改正、仍然存在违法行为等情形应当视为严重失信并进入黑名单，除了要遭受反垄断法的行政处罚，后续还将遭受持续性的失信联合惩戒。

【适用指南】

相比权威刚性、侵入式的传统执法工具，约谈是一种更为柔性化的执法工具，具有教育指导功能，既能够丰富反垄断执法机构的“执法金字塔”，也契合社会经济领域治理由事后应对型向事前预防型转变的现代规制理念。但是，即使是柔性的执法工具也会耗费一定的行政资源，对被约谈对象造成一定的影响，因此约谈工具的适用也要遵守一定的程序和规则，保证执法效率。反垄断执法机构在适用约谈制度时要清楚明确表明自己的竞争关注和对相关问题的关切，充分听取被约谈对象的情况说明。这是因为约谈是一种商谈对话机制，而不是一种自上而下的压力活动，因此要给被约谈对象表达意见的机会。当然对话只是手段，不能为了对话而对话，也不能纸上谈兵，约谈制度的目的是防止危害后果扩大或扩散，因此约谈中应当要求被约谈对象提出清晰、明确、可行、合理、有针对性的改进措施。

尽管约谈制度在反垄断执法领域是新兴工具，但是在其他行政执法领域已臻于成熟、得到广泛运用。相关部门出台了《国家林业和草原局森林草原防火约谈暂行办法》《生态环境部约谈办法》《电力安全监管约谈办法》等相关规定，对约谈制度建立了一系列指导规则，其中很多规定具有共通性。反垄断约谈也属于行政约谈的一种，需要遵守约谈秩序中一些共通性的适用规则。此外《制止滥用行政权力排除、限制竞争行为规定（征求意见稿）》中有一些对反垄断行政约谈的细化设计。综合这些相关规定，以下对反垄断行政约谈的适用要点归纳如下：第一，约谈应当经反垄断执法机构主要负责人批准。约谈虽为软执法，但是也会干扰被约谈对象的正常秩序，影响经营者的声誉、股票价值等，因此不可随意适用，经反

① 参见反垄断法第六十四条。

垄断执法机构主要负责人批准后才能启动。第二，反垄断执法机构可以根据需要，邀请被约谈单位的有关上级机关共同实施约谈。这样能够强化约谈的刚性约束，增加被约谈单位的政治成本。第三，反垄断执法机构应当公开约谈情况，也可以邀请媒体、行业协会、专家学者、相关经营者、社会公众代表列席约谈。尤其是约谈涉及的内容、被约谈对象提出的改进措施涉及其他利害关系人的，应当邀请其列席约谈。第四，反垄断执法机构可以将约谈情况通报被约谈单位的上级机关或监察机关。通过外部的强监督，提升约谈的约束力和震慑力。

【相关规定】

《中华人民共和国食品安全法》第一百一十四条、第一百一十七条；《中华人民共和国数据安全法》第四十四条；《中华人民共和国个人信息保护法》第六十四条；《互联网新闻信息服务单位约谈工作规定》第七条；《互联网新闻信息服务管理规定》第二十一条；《生态环境部约谈办法》第二十一条。

第七章 法律责任

第五十六条 【垄断协议的法律责任】经营者违反本法规定，达成并实施垄断协议的，由反垄断执法机构责令停止违法行为，没收违法所得，并处上一年度销售额百分之一以上百分之十以下的罚款，上一年度没有销售额的，处五百万元以下的罚款；尚未实施所达成的垄断协议的，可以处三百万元以下的罚款。经营者的法定代表人、主要负责人和直接责任人员对达成垄断协议负有个人责任的，可以处一百万元以下的罚款。

经营者组织其他经营者达成垄断协议或者为其他经营者达成垄断协议提供实质性帮助的，适用前款规定。

经营者主动向反垄断执法机构报告达成垄断协议的有关情况并提供重要证据的，反垄断执法机构可以酌情减轻或者免除对该经营者的处罚。

行业协会违反本法规定，组织本行业的经营者达成垄断协议的，由反垄断执法机构责令改正，可以处三百万元以下的罚款；情节严重的，社会团体登记管理机关可以依法撤销登记。

【条文主旨】

本条是关于垄断协议法律责任的规定。

【条文释义】

一、经营者达成、实施垄断协议的法律责任

本条第一款所称“经营者违反本法规定”，是指经营者违反《中华人民共和国反垄断法》第十七条、第十八条关于横向垄断协议与纵向垄断协议的禁止性规定，并且不能够证明其垄断协议行为符合《中华人民共和国反垄断法》第二十条规定的豁免制度的情形。本条第一款将经营者的法律责任分为以下三种责任形式：（1）责令停止违法行为。经营者达成并实施垄断协议的，反垄断执法机构应责令其停止违法行为，以及时制止违法行为，避免该违法行为对竞争造成进一步损害。（2）没收违法所得。经营者达成并实施垄断协议的，反垄断执法机构应当没收违法所得。没收违法所得的目的在于使违法者无法从违法行为中不当获利。本条之所以规定这种责任形式，就是要将经营者在其垄断协议行为中所获得的违法收益予以剥夺，这既是出于惩罚违法者的现实需要，也是实现公平正义的必然要求。（3）行政罚款。对违法者处以行政罚款是反垄断执法机构最为常见且最重要的制裁手段。对达成、实施垄断协议的经营者处以行政罚款，不仅有利于惩罚违法者，也有利于对潜在违法者进行威慑，以预防违法行为的再次发生。

需要特别说明的是，本次修法对达成、实施垄断协议的经营者处以行政罚款时的罚款对象及罚款数额作出了重大调整，主要包括以下三个方面：第一，为上一年度没有销售额的经营者增加了罚款上限。对于达成并实施垄断协议的经营者，本次修法仍然保留了“上一年度销售额百分之一以上百分之十以下”的罚款额度。但对于上一年度没有销售额的经营者，增加了一个五百万元罚款上限，由反垄断执法机构依据案件的实际情况确定具体的罚款数额。第二，提高了尚未实施的垄断协议的罚款上限。本次修法将达成但尚未实施的垄断协议的罚款上限由五十万元提高到了三百万元。其原因在于：随着我国社会主义市场经济的高速发展，在实践中，能够达成垄断协议的经营者通常具有较强的经济实力，五十万元的罚款上限已经明显不足。并且“尚未实施”可能是出于客观原因，并不能据此否认经营者达成垄断协议时具有主观上的故意，因此，将尚未实施垄断协议的经营者罚款上限确立为三百万元兼具了科学性与合理性。第三，增加对经营者的法定代表人、主要负责人和直接责任人员的处罚规定。本次修法前，反垄断法实行的是单罚制，即经营者是承担垄断协议行为相应法律责任的主体，这里的经营者往往体现为法人和非法人组织，对于经营者的法

定代表人、主要负责人和直接责任人员等这些直接推动垄断协议达成的人员，本次修法前，反垄断法并未要求其承担法律责任。实行单罚制的弊端在于，经营者自身缺乏自主意识，其任何行为都是由其法定代表人、主要负责人和直接责任人员等人员进行决策的结果，如果只追究经营者自身的法律责任，不仅有损本法的威慑力，也使得本法的实施效果不如预期。为预防和制止经营者的法定代表人、主要负责人和直接责任人员推动垄断协议的达成，本次修法特别引入了双罚制，将上述这些对垄断协议的达成负有个人责任的人员也纳入责任主体的范围，并为之设置了一百万元的罚款上限。除此之外，本次修法还特别增加了垄断协议的组织者和帮助者的法律责任。

本条第二款是对本法第十九条所规定的组织、帮助其他经营者达成垄断协议的法律责任的规定。本次修法在本条第一款之后新增一款作为新的第二款，将组织、帮助者的法律责任加以强调，并比照本条第一款的规定，让其承担相应的法律责任。之所以要追究组织、帮助者的法律责任，是因为考虑到这些当事人通常会在垄断协议的达成过程中起到关键作用，甚至是充当垄断协议的发起者和主要推动者的角色。追究这些主体的法律责任，既可以使其违法行为受到应有的制裁，也可以有效震慑潜在的违法者，从而显著降低垄断协议的发生概率。

从本条前两款的规定来看，反垄断法关于经营者的法律责任的规定是相当严厉的，其原因主要包括以下几点：第一，垄断协议是较为典型的垄断行为，对竞争的损害程度较大。如果不在立法中设立较高的罚款上限，则无法对那些违法性质严重的经营者形成有效制裁。第二，垄断协议具有较强的隐蔽性，特别是经营者之间的协同行为，需要反垄断执法机构耗费大量的时间和精力，通过提高反垄断执法机构的罚款上限，可以有效加强本法对经营者的威慑作用，使经营者在其经营活动中不敢轻易达成垄断协议。第三，本条在设置经营者的法律责任时，虽然设立了较高的罚款上限，但同时也赋予了反垄断执法机构较大的裁量权，在查处垄断协议案件时，反垄断执法机构的处罚幅度较为宽泛，其可以充分考量垄断协议对市场竞争的损害程度，并据此确立相应的处罚数额。

二、宽大制度的基本规定

本条第三款是关于宽大制度的基本规定。由于经营者从事垄断协议行为需要承担严厉的法律责任，而经营者在达成垄断协议的过程中通常采用较为隐蔽的方式和手段，这使得反垄断执法机构难以发现垄断协议的存在，即使反垄断执法机构发现垄断协议后，也面临较高取证成本。为降低反垄断执法机构的执法难度并节省执法资源，我国反垄断法在立法之初便规定了宽大制度，“在规定高额行政罚款的同时，鼓励违法企业与政府进行合作”。[①] 根据本款的规定，经营者若适用宽大制度，必须主动向反垄断执法机构报告达成垄断协议的有关情况并提供重要证据，但本款是关于宽大制度的基本规定，相关规章、指南已对我国的宽大制度进行了进一步的细化：（1）关于“重要证据”的理解，《禁止垄断协议暂行规定》对此进行了明确界定，该规定第三十三条第二款指出：“重要证据是指能够对反垄断执法机构启动调查或者对认定垄断协议起到关键性作用的证据，包括参与垄断协议的经营者、涉及的商品范围、达成协议的内容和方式、协议的具体实施等情况。”如果经营者依据上述规定提出了宽大申请，反垄断执法机构应当根据经营者主动报告的时间顺序、提供证据的重要程度以及达成、实施垄断协议的有关情况，决定是否减轻或者免除处罚。（2）关于宽大制度的减免人数与减轻幅度，《禁止垄断协议暂行规定》亦有规定。该规定第三十四条第二款指出：“对于第一个申请者，反垄断执法机构可以免除处罚或者按照不低于百分之八十的幅度减轻罚款；对于第二个申请者，可以按照百分之三十至百分之五十的幅度减轻罚款；对于第三个申请者，可以按照百分之二十至百分之三十的幅度减轻罚款。”这一规定表明，在我国，在同一个垄断协议案件中宽大制度只适用于前三个申请者，而免除处罚的申请者仅有一个，并且先后申请者的减免比例也在逐步缩小。之所以进行这样的规定，其目的在于鼓励经营者争相向反垄断执法机构报告其参与的垄断协议，以有效实现宽大制度的制度功能。当然，上述规定也偶有例外，《国务院反垄断委员会横向垄断协议案件宽大制度适用指南》第十二条第二款指出：“一般情况下，执法机构在同一垄断协议案件中最多给予三个经营者宽大。如果案件重大复杂、涉及经营者众多，并且申请宽大的经营者确实提供了不同的重要证据，执法机构可以考虑给予更多的经营者宽大。”（3）关于垄断协议的组织者、胁迫者能否适用宽大制度，《国务院反垄断委员会横向垄断协议案件宽大制度适用指南》第十条第二款已明确指出：“经营者组织、胁迫其他经营者参与达成、实施垄断协议或者妨碍其他经营者停止该违法行为的，执法机构不对其免除处罚，但可以相应给予减轻处罚。”

实际上，在本法的实施过程中，宽大制度已经显示出了独特的制度优势。通过减轻或免除举报者法律责任，从而使得垄断协议因隐蔽性强而难

---

① 王晓晔：《反垄断法》，法律出版社 2011 年版，第 365 页。

以被发觉、调查取证困难等问题的解决难度大幅降低，宽大制度能够有效激励垄断协议的各个成员积极向反垄断执法机构报告存在的违法行为，进而从垄断协议的内部瓦解经营者之间的联盟，并显著提高执法效率。

三、行业协会垄断协议行为的法律责任

本条第四款所称"行业协会违反本法规定"，是指行业协会违反反垄断法第二十一条的规定，组织本行业的经营者达成垄断协议。行业协会通常由行业内的经营者联合组成，行业协会的存在使得经营者之间交流信息更为便利，其也可能直接主导或协助行业内的经营者从事垄断协议行为。行业协会垄断协议行为所产生的不利影响和一般经营者从事垄断协议行为所产生的不利影响程度相当，甚至更为严重，因此，行业协会的垄断协议行为也应纳入本法的规制范围。由于行业协会的垄断协议行为与一般经营者的垄断协议行为在行为主体和外观表现上有所不同，因而二者在法律责任的承担方面亦应有所不同。为此，本条第四款专门针对行业协会垄断协议行为的法律责任进行规定。该款明确了行业协会承担法律责任的三种形式：（1）由反垄断执法机构责令改正。为及时制止行业协会的违法行为，本次修法新引进了"责令改正"这种责任形式，赋予了反垄断执法机构责令行业协会改正其违法行为的权力。（2）行政罚款。作为非营利组织，行业协会的运营经费基本上是协会成员缴纳的会费，其偿付能力相对有限，因此，在此次修法前本法为行业协会设置了较低的罚款上限。但考虑到我国社会主义市场经济的高速发展和经营者综合实力的不断提升，本次修法将反垄断执法机构对行业协会的罚款上限由五十万元提高到三百万元，以提升本法的威慑力。（3）依法撤销登记。如果行业协会实施了情节严重的违法行为，本法规定社会团体登记管理机关有权依法对行业协会撤销登记。在我国，社会团体登记管理机关指的是民政部门，因此，民政部门是撤销行业协会登记的主管部门，这即意味着，我国反垄断执法机构并不享有解散行业协会的权力，否则将与民政部门的职能产生一定程度上的冲突。还需特别说明的是，经营者如果参与了行业协会组织的垄断协议，反垄断执法机构同样需要依据本条前三款的规定，追究这些经营者的法律责任，同时，这些经营者也不得以行业协会发挥了组织作用为由，向反垄断执法机构主张减轻或免除处罚。

案例：A 制药公司、B 制药公司和 C 制药公司均是某原料药的主要生产商，属于具有竞争关系的经营者。经查，上述三家制药公司以电话交流、当面协商、举行会议等方式达成并实施了提高商品销售价格的垄断协议。在垄断协议达成之前，三家制药公司销售某原料药的平均价格为每公斤9.3元。在垄断协议达成之后，三家制药公司将某原料药以每公斤28元的价格销售给血液透析厂，以每公斤33元的价格销售给制药企业。反垄断执法机构经过调查，认定三家制药公司提高商品销售价格的行为属于达成并实施“固定或变更商品价格”的横向垄断协议行为。考虑到三家制药公司能够配合反垄断执法机构的调查，如实陈述相关事实，积极进行整改且违法行为持续时间较短，反垄断执法机构作出如下处罚决定：（1）责令三家制药公司立即停止上述违法行为。（2）没收三家制药公司的违法所得。分别没收A制药公司、B制药公司、C制药公司136.09万元、235.91万元、286.22万元的违法所得。（3）对三家制药公司处以上一年度销售额百分之四的罚款。对A制药公司、B制药公司、C制药公司分别处以276.34万元、206.05万元、142.77万元的罚款。①

【适用指南】

一、“上一年度”和“销售额”的适用难点

根据本条第一款的规定，经营者达成并实施垄断协议的，反垄断执法机构可以对其处以“上一年度销售额百分之一以上百分之十以下的罚款”。该规定看似明确，但在法律适用的过程中却可能产生诸多问题。其适用难点有二：（1）“上一年度”具体指的是哪一年度，是反垄断执法机构启动调查时的上一年度还是自经营者结束其违法行为时的上一年度；（2）“销售额”具体指的是何种范围的销售额，是所有产品的销售额还是垄断协议所涉商品的销售额，是经营者全球范围内的销售额、境内范围内的销售额还是仅包括垄断协议所涉相关市场范围内的销售额。对于上述两个问题，本法及其相关规定并未对此进行进一步的说明，在实践中往往由反垄断执法机构具体确定。在2018年国务院机构改革之前，反垄断执法机构在对销售多种商品的经营者进行处罚时，多将“上一年度垄断协议所涉商品在国内的销售额”作为罚款计算的依据。此外，2016年国务院反垄断委员会曾就《关于认定经营者垄断行为违法所得和确定罚款的指南（征求意见稿）》向社会公开征求意见。该征求意见稿第十七条第一款提出了“上一年度”的含义，认为“上一年度”通常指反垄断执法机构启动调查时的上一个会计年度。垄断行为在反垄断执法机构启动调查时已经停止的，“上

---

① 参见《市场监管总局发布冰醋酸原料药垄断案行政处罚决定书》，载国家市场监督管理总局网站，https://gkml.samr.gov.cn/nsjg/bgt/201902/t20190216_288694.html，最后访问时间：2022年7月2日。

一年度”为垄断行为停止时的上一个会计年度。该征求意见稿第十八条第一款则提出了“销售额”的含义，认为“销售额”以经营者在实施垄断行为的地域范围内涉案商品的销售收入作为计算罚款的依据。如果这个地域范围大于中国境内市场，“销售额”一般以境内相关商品的销售收入作为确定罚款的依据。需要特别说明的是，关于“上一年度”和“销售额”的含义，仍有待相关规范性文件日后的出台并对此进行进一步的明确，但上述征求意见稿的内容仍可为反垄断执法机构进行罚款时提供一定程度上的参考。

二、行业协会会员的责任认定

根据本条第一款和第四款的规定，反垄断执法机构对行业协会的垄断行为进行处罚时，应依据本条第四款关于行业协会的处罚规定，而对行业协会的协会会员进行处罚时，仍应依据本条第一款关于经营者的处罚规定。但是，行业协会的部分协会会员可能在反垄断执法机构进行调查前并不知晓垄断协议的存在，或者虽然知晓垄断协议的存在，但却在垄断协议的达成过程中对垄断协议明确表示了抵制态度或提出了反对意见，并且没有实际参与到垄断协议的实施过程中去。对于此类协会会员，反垄断执法机构在执法过程中应充分考虑到其与积极推动垄断协议的达成与实施的协会会员存在本质上的不同，从而彰显法律追求公平正义的价值需求。因此，在法律适用的过程中，如果行业协会的协会会员能够证明其在垄断协议的达成过程中对垄断协议明确表示了抵制态度或提出了反对意见，并且没有实际参与到垄断协议的实施过程中去，反垄断执法机构可以酌情对这类协会会员减轻或免除处罚。

三、垄断协议行政责任与刑事责任的衔接

本条是关于垄断协议行政责任的规定，此外，反垄断法第六十七条还特别规定了垄断行为的刑事责任，并与本条存在密切联系。刑事责任在法律责任体系中最为严厉，与行政责任相比，其具有更强的威慑性和惩罚性，但其同时也具有谦抑性，只有那些对市场竞争秩序造成了严重破坏、严重损害了社会公共利益的垄断行为才具有刑法意义上的应罚性。由于本法第六十七条只是原则性地规定了“违反本法规定，构成犯罪的，依法追究刑事责任”，而除串通投标罪和强制交易罪外，我国刑法目前并未规定其他垄断行为的刑事责任。因此，根据罪刑法定原则，《中华人民共和国刑法》第二百二十三条关于串通投标罪的规定和第二百二十六条关于强制交易罪的规定可被视为反垄断法意义上的刑事责任。在追究经营者从事垄断协议行为的法律责任时，应注重本条与《中华人民共和国刑法》第二百二十三条、第二百二十六条之间的有效衔接，一旦经营者的垄断协议行为符合串通投标罪或强制交易罪的构成要件，应及时追究这些违法行为人的刑事责任。

【相关规定】

《禁止垄断协议暂行规定》第三十三条、第三十四条；《国务院反垄断委员会横向垄断协议案件宽大制度适用指南》第十条、第十二条；《中华人民共和国刑法》第二百二十三条、第二百二十六条。

第五十七条　【滥用市场支配地位的行政法律责任】经营者违反本法规定，滥用市场支配地位的，由反垄断执法机构责令停止违法行为，没收违法所得，并处上一年度销售额百分之一以上百分之十以下的罚款。

【条文主旨】

本条是关于经营者实施滥用市场支配地位行为的行政法律责任的规定。

【条文释义】

本条所称“经营者违反本法规定”，是指根据本法第二十二条、第二十三条、第二十四条的规定被认定为具有市场支配地位的经营者，滥用其市场支配地位，从事本法第二十二条所规定的垄断行为，具体包括垄断价格、掠夺性定价、拒绝交易、限定交易、搭售或附加不合理条件、差别待遇等。

“经营者”是指直接实施滥用市场支配地位行为的经营者，如果该经营者的母公司对其实施垄断行为具有决定性影响的，也可以将母公司列为被处罚对象。

“违法所得”是指经营者实施反垄断法所禁止的滥用市场支配地位行为期间因该行为增加的收入或者减少的支出，违法所得应当剔除经营成本、税费等经营活动的合理费用。在认定违法所得时，通常应综合考虑因实施该滥用市场支配地位导致相关市场内相关商品价格变化、销售量变化、经营者在相关市场的份额变化、经营者利润率的变化等因素。通常情况下，反垄断执法机构没收经营者在中国境内因实施滥用市场支配地位产生的违法所得，若实施滥用市场支配地位的经济活动不在中国境内，则可没收经营者涉中国市场的经济活动产生的违法所得。

“上一年度销售额”中，“上一年度”是指反垄断执法机构启动调查时的上一会计年度，滥用市场支配地位行为在反垄断执法机构启动调查时就已经停止的，“上一年度”为滥用市场支配地位行为停止时的上一个会计年度。“销售额”是指滥用市场支配地位的经营者在实施滥用市场支配地位行为的地域范围内涉案商品的销售收入。

根据本条规定，反垄断执法机构确认经营者实施了滥用市场支配地位的行为后，应先责令其停止滥用市场支配地位行为，后没收其违法所得，再根据其上一年度销售额的1%~10%处以罚款，罚款幅度需要根据《中华人民共和国反垄断法》第五十九条加以确定。

【适用指南】

经营者违反本法规定滥用市场支配地位的，反垄断执法机构应当首先责令其停止违法行为；经营者有可以查清的违法所得的，反垄断执法机构应当没收其违法所得；此外，还应当对经营者处以罚款，使其不再滥用其市场支配地位。罚款数额区间以滥用市场支配地位的经营者上一会计年度的总销售额为基础，处上一年度总销售额百分之一以上百分之十以下的罚款，具体罚款数额由反垄断执法机构以反垄断法第五十九条为准绳，根据违法行为的具体情形在法定范围内裁量。

一、责令停止违法行为

责令停止违法行为是指反垄断执法机构一旦确认经营者实施了滥用市场支配地位的行为后，应先责令其停止实施滥用市场支配地位行为，以及时阻止滥用市场支配地位行为对消费者福利、其他经营者合法利益、公平竞争秩序等的损害。

二、违法所得认定

违法所得是经营者实施滥用市场支配地位行为期间所获得的全部收入扣除其直接用于经营活动的适当的合理的支出。值得注意的是，根据《工商行政管理机关行政处罚案件违法所得认定办法》第二条和第九条的规定，违法所得应当扣除当事人直接用于经营活动的适当的合理支出以及在处罚决定作出之前当事人根据法律、法规和省级以上人民政府规定已经支出的税费。根据《关于认定经营者垄断行为违法所得和确定罚款的指南

（征求意见稿）》的相关内容，反垄断执法机构在计算多得收入时，可以参考经营者实施滥用市场支配地位行为期间根据会计制度确定的实际收入，扣除在未发生滥用市场支配地位行为时的应得收入（可参考上一会计年度实际收入，综合考虑行为发生年度经营者市场占有率、行业利润率等因素），认定之间差额为多得违法收入。反垄断执法机构在计算减少支出时，可参考相关市场其他经营者的商品价格与实施滥用市场支配地位行为经营者上一年度商品销售数量确定未实施滥用市场支配地位时的假定支出（可参考上一会计年度实际支出，综合考虑行为发生年度经营者市场占有率、行业利润率等因素确定），扣除参考经营者实施滥用市场支配地位行为期间根据会计制度确定的实际支出，认定之间的差额为违法所得。若同时具有多得的收入和减少的支出，则将根据上述建议的方法分别认定后累加。但尽管如此仍难以解决实践中存在的编造账簿、假定收入因素过多等问题，基于其精确计算的实际困难，反垄断执法机构可以引入“推估”方法科学合理认定违法所得，即根据经营者的营业收入、相关功能市场的数据或财政部门公布的各行业利润等合理地估算经营者的经济利益，但应当在认定违法所得显有困难时适用。①

具有市场支配地位的经营者利用数据和算法、技术以及平台规则等设置障碍，对其他经营者进行不合理限制的，除通过上诉方法计算违法所得外，还可根据实施的具体滥用市场支配地位行为认定违法所得，如在交易价格外附加的不合理费用；限制交易中没收其收取的独家合作保证金②；不公平价格行为中因价格差产生的盈利等。因平台经济领域经营者利用数据和算法、技术及平台规则等滥用市场支配地位产生的违法所得通常难以获得完整的数据资料以实现科学合理的认定，属于认定难点，因此反垄断执法机构应当根据具体的行为类型以传统判定模式为原则，具体问题具体分析。

一般情况下，经营者实施滥用市场支配地位都会产生违法所得，但从实践来看并非所有滥用市场支配地位行为都必须没收违法所得。一方面，在滥用市场支配地位行为中，在很多情况下违法所得难以精确计算；另一方面，经营者滥用市场支配地位实施的拒绝交易、差别待遇等行为难以折

---

① 参见王健、方翔：《反垄断没收违法所得适用的现实困境与解决思路》，载《竞争政策研究》2018 年第 1 期。

② 参见国家市场监督管理总局国市监处罚〔2021〕74 号行政处罚决定书，载国家市场监督管理总局网站，https：//www. samr. gov. cn/xw/zj/202110/t20211008_335364. html，最后访问时间：2022 年 7 月 2 日。

算成经济利益。因此可以考虑在一些难以计算或无法计算违法所得的案件中，不予没收违法所得，可通过提高罚款比例实现威慑目的。

三、罚款

对滥用市场支配地位行为的罚款以经营者上一年度销售额作为罚款依据，以上一年度销售额的1%~10%为幅度确定最终罚款。

将“上一年度”标准定为做出处罚决定的上一年度或立案调查的上一年度均有可能导致罚款金额较低，甚至没有上一年度销售额，最终导致威慑不足。因此，反垄断执法机构可以考虑将经营者实施滥用市场支配地位行为持续期间的涉案产品销售额作为“经营者上一年度销售额”,① 持续时间越长，基础罚款金额越高。反垄断执法机构在确定实施滥用市场支配地位行为的基础罚款幅度时，应当考虑行为的严重程度、商品或服务的性质、市场结构状况、损失或获利情况、影响范围、持续时间等基础裁量因素;② 再根据从重从轻情节调整基础罚款比例。经营者属重复实施滥用市场支配地位行为的、在滥用市场支配地位中起主要作用的、妨碍其他经营者阻止垄断行为的、多次实施的、责令停止后仍继续实施等可被认定为从重情节；经营者在滥用市场支配地位行为中是受其他经营者或行政机关胁迫的、配合行政机关查处垄断行为的、提供相关证据的、主动停止行为或者消除行为危害后果等可被认定为从轻情节。在确定基础罚款比例的前提下，还应当考虑经营者无力支付情形、违法所得数额、宽恕制度等因素，如在有没收违法所得的案件中，罚款比例应当适当降低，避免过度威慑。最后，综合经营者滥用市场支配地位行为的违法程度确定最终的罚款幅度，违法程度主要考虑涉案经营者市场占有率、相关市场进入难易程度、市场竞争损害程度、违法行为的地域市场范围、消费者利益损害程度等。

案例：康某公司、普某惠公司、某阳神公司作为实施垄断行为的共同主体，形式上存在互相销售行为，扣除相互之间销售额后，康某公司2018年销售额为14.38亿元；普某惠公司2018年销售额为5.37亿元；某阳神公司2018年销售额为1.78亿元。

根据反垄断法的规定，考虑到当事人的行为情节严重、性质恶劣、持续时间较长，排除、限制了相关市场的竞争，严重损害了制剂生产企业和患者的利益，康某公司在垄断行为实施过程中起主导作用，普某惠公司起

---

① 参见王健：《论我国反垄断罚款的结构化改革——从一元构造体系走向二元构造体系》，载《交大法学》2021年第4期。

② 参见王健、方翔：《中国反垄断罚款裁量的不确定性及其克服》，载《社会科学战线》2021年第5期。

次要作用，某阳神公司起辅助作用等因素，对当事人作出如下处理：

（一）对康某公司没收违法所得 1.089 亿元，并处 2018 年销售额 10% 的罚款，计 1.438 亿元；合计 2.527 亿元；

（二）对普某惠公司没收违法所得 605 万元，并处 2018 年销售额 9% 的罚款，计 4830 万元；合计 5435 万元；

（三）对某阳神公司没收违法所得 605 万元，并处 2018 年销售额 7% 的罚款，计 1240 万元；合计 1845 万元。[①]

该案中，对在垄断行为实施中起主导作用的康某公司在罚款时，就考虑到其具有从重情节，因此按照“上一年度销售额的 1%～10%”中的最高比例 10%确定罚款金额。

【相关规定】

《中华人民共和国反垄断法》第五十七条；《最高人民法院关于审理因垄断行为引发的民事纠纷案件应用法律若干问题的规定》第八条、第九条、第十条；《禁止滥用市场支配地位行为暂行规定》第三十七条；《国务院反垄断委员会关于平台经济领域的反垄断指南》第三章。

第五十八条　【经营者违法集中的法律责任】经营者违反本法规定实施集中，且具有或者可能具有排除、限制竞争效果的，由国务院反垄断执法机构责令停止实施集中、限期处分股份或者资产、限期转让营业以及采取其他必要措施恢复到集中前的状态，处上一年度销售额百分之十以下的罚款；不具有排除、限制竞争效果的，处五百万元以下的罚款。

【条文主旨】

本条是关于国务院反垄断执法机构对经营者违法实施集中的处罚的规定。

---

① 参见国家市场监督管理总局国市监处罚〔2020〕8 号行政处罚决定书，载国家市场监督管理总局网站，https://www.samr.gov.cn/fldj/tzgg/xzcf/202004/t20200414_314227.html，最后访问时间：2022 年 7 月 2 日。

【条文释义】

经营者集中有弊也有利，一方面适度的经营者集中有利于企业做大做强，发展规模经济，降低边际生产成本，增强竞争力；另一方面过度的经营者集中会形成高度垄断的市场结构，引起单边效应、协调效应、封锁效应等反竞争问题。[①]“因此，当市场集中度过高、企业规模过大乃至出现了市场支配地位时，企业的规模经济就可能为整体经济带来不利之处，这就是控制企业合并的哲学基础。”[②] 在分配经营者集中的法律责任时，要明确法律规整的经营者集中是“违反本法规定”的集中，不能先入为主地作出经营者集中即违法的推定，个中道理奉行结构主义的哈佛学派已有揭橥。

违反本法规定的经营者集中又可以分为两类，一类是违反本法程序性规定的经营者集中，另一类是违反本法实体性规定的经营者集中。前者主要包括一些应当申报而未申报（即应报未报），以及申报后在审查期间抢时间差、未经批准就自行实施集中（即未批先行）等情形，但这些集中只是违反了程序性规定，并不具有排除、限制竞争的实体效果。后者通常不仅违反程序性规定，而且因具有或者可能具有排除、限制竞争效果而违反了实体规定，这类集中具有更大的违法性，会造成更为严重的竞争损害。2022 年反垄断法的修改改进了违法实施经营者集中的法律责任，建立了“单纯程序性违法”与“程序+实体皆违法”的二元双规体例，并对不同的违法经营者集中配置了不同的法律责任，体现了责权相统一。

一方面，本条规定经营者违反本法规定实施集中，不具有排除、限制竞争效果的，处五百万元以下的罚款。这主要规制一些应当申报而未申报、申报后未经批准就自行实施集中（俗称“抢跑”——gun-jumping）等违反程序性规定的情形。相比原法，2022 年反垄断法的修改大幅提高了罚款幅度，由“五十万元以下”改为“五百万元以下”，显著提高了经营者集中程序性违法的成本，这能进一步强化经营者集中事前申报制度的实施效果和刚性约束。2021 年，国家市场监管总局对 43 起未依法申报违法实施经营者集中案件立案调查并对涉案企业分别处以 50 万元罚款，这些涉

---

① 参见黄勇、王晓茹：《横向并购中单边效应的经济分析》，载《价格理论与实践》2013 年第 10 期。

② 王晓晔：《反垄断法》，法律出版社 2011 年版，第 254 页。

案企业涉及很多大型的互联网公司。[①] 但是50万元已经是原有制度下的顶格罚款，对企业的威慑作用非常有限，还会导致很多企业抱着侥幸心理，尽可能不主动申报，以期能规避审查。2022年的反垄断法修改大幅提高了违法成本，将有效打击上述申报机会主义行为，有效督促企业提升合规意识和能力，推动企业和行业持续健康发展。

另一方面，本条规定经营者违反本法规定实施集中，且具有或者可能具有排除、限制竞争效果的，由国务院反垄断执法机构责令停止实施集中、限期处分股份或者资产、限期转让营业以及采取其他必要措施恢复到集中前的状态，处上一年度销售额百分之十以下的罚款。实践中相当比例违法实施的经营者集中不仅违反本法程序性规定，而且具有或者可能具有排除、限制竞争效果，损害市场竞争机能、造成明显的竞争损害，从行为后果和违法性质上来看，与达成与实施垄断协议、滥用市场支配地位行为等并无太大区别。反垄断法学者常把三者并称为反垄断法上的“三大支柱”。[②] 但是在原来的反垄断法中，反垄断法中最为典型的罚款责任“处上一年度销售额百分之十以下的罚款”只适用于垄断协议和滥用市场支配地位，对具有或者可能具有排除、限制竞争效果的经营者集中并不适用，这导致“三大支柱”名不副实。对此，2022年修改的反垄断法不仅规定了责令停止实施集中、限期处分股份或者资产、限期转让营业以及采取其他必要措施恢复到集中前的状态等责任形态，还新增加了“处上一年度销售额百分之十以下的罚款”。这样能够丰富执法处罚工具箱，极大提高法律对违法经营者集中的威慑，不仅有利于促进经营者的遵从，同时也让垄断协议、滥用市场支配地位、违法实施反竞争的经营者集中这“三大支柱”在法律责任承担上保持连贯性。

除了罚款以外，责令停止实施集中、限期处分股份或者资产、限期转让营业以及其他必要措施几种责任形态的核心就是要恢复到集中前的状态。责令停止实施集中属于停止违法行为，是一种各国反垄断法都非常常见的一类行政责任。如美国《联邦贸易委员会法》第五条授权联邦贸易委员会制止个人、合伙人或者公司实施不公平竞争或者不正当和欺骗性的行为。根据《欧共体理事会第1/2003号条例》第七条之规定，委员会因他

① 《市场监管总局依法对43起未依法申报违法实施经营者集中案作出行政处罚决定》，载国家市场监管总局网站，https：//www. samr. gov. cn/xw/mtjj/202111/t20211122_337134. html. 最后访问时间：2022年7月29日。

② 参见张世明：《论反垄断法三大支柱的关系》，载《经济法学评论》2018年第1辑。

人指控或者基于自己的调查，认定存在违反欧共体条约第八十一条或第八十二条的行为时，应当通过决定，要求企业或企业协会停止违法行为。“限期处分股份或者资产”的责任形式中，处分的资产既包括处分有形资产，还包括剥离知识产权、技术、数据等无形资产。“限期转让营业”中的“营业”，是指在经营活动中所使用的物、权利、技术秘密、商业信誉、客户关系等共同构成的有机整体，是为实现一定的营业目的而组织化了的、被作为有机一体的机能性财产。[①] 其他必要措施则范围广泛，在某讯控股有限公司收购某集团垄断案中，执法机构就运用了其他必要措施，如不得与上游版权方达成或变相达成独家版权协议或其他排他性协议，已经达成的，须在本决定发布之日起三十日内解除。[②] 由此可见，除了罚款比较容易监督和执行以外，为“恢复到集中前的状态”而采取的必要措施往往比较复杂和不易监督，这牵涉必要措施的实施情况、效果评价、绩效监督等问题，往往需要执法机构实施持续性的监督，以判断是否确实是恢复到集中前的状态。此外，由于“上一年度销售额百分之十以下的罚款”内含较大的自由裁量空间，执法机构在确定具体罚款数额时，应当按照反垄断法第五十九条的要求，考虑违法行为的性质、程度、持续时间和消除违法行为后果的情况等因素，保证作出责罚相称的科学处罚。

最后一个需要说明的问题是，由于企业收购与兼并是商业活动中非常常见的战略，对这类行为的处罚必须充分保障被调查企业的权利。为了保障被调查经营者的权利，市场监管总局在作出行政处罚决定前，应当将作出行政处罚决定的事实、理由和依据告知被调查的经营者。在审查过程中，市场监管总局可以组织听证，听证程序依照《市场监督管理行政处罚听证办法》执行。例如，在某讯公司收购某集团案中，国家市场监管总局按照《中华人民共和国行政处罚法》规定，向某讯公司送达《行政处罚告知书》，告知其拟作出的行政处罚内容及事实、理由、依据，并告知其依法享有的陈述、申辩和要求听证等权利。某讯公司在规定期限内没有提出陈述、申辩或要求听证。在某公司与贵阳某某百货集团设立合营企业未依法申报违法实施经营者集中案中，国家市场监管总局告知当事人依法享有的陈述、申辩和要求听证等权利。但是当事人书面来函放弃了陈述、申辩

---

① 参见王保树：《商法总论》，清华大学出版社 2007 年版，第 185 页；王文胜：《论营业转让的界定与规制》，载《法学家》2012 年第 4 期。

② 参见国家市场监督管理总局国市监处〔2021〕67 号行政处罚决定书，载国家市场监督管理总局网站，https：//www. samr. gov. cn/xw/zj/202107/t20210724_333016. html，最后访问时间：2022 年 7 月 2 日。

和要求听证的权利。①

案例：国家市场监管总局于2021年1月25日对某讯控股有限公司收购某集团股权涉嫌违法实施经营者集中进行立案调查。经查，该案构成违法实施的经营者集中，具有或者可能具有排除、限制竞争的效果。集中后实体在相关市场具有较高市场份额，相关市场集中度进一步提高，减少相关市场主要竞争对手，能进一步提高相关市场进入壁垒，竞争被进一步削弱。最终，国家市场监管总局作出如下处理决定：（一）责令某讯公司及其关联公司采取以下措施恢复相关市场竞争状态：1. 不得与上游版权方达成或变相达成独家版权协议或其他排他性协议，已经达成的，须在本决定发布之日起三十日内解除。2. 没有正当理由，不得要求或变相要求上游版权方给予当事人优于其他竞争对手的条件。已经达成的，须在本决定发布之日起三十日内解除。3. 依据版权实际使用情况、用户付费情况、歌曲单价、应用场景、签约期限等因素向上游版权方报价，不得通过高额预付金等方式变相提高竞争对手成本，排除、限制竞争。（二）处以50万元罚款。（三）依法申报经营者集中。1. 经营者集中达到国务院规定的申报标准的，应当事先向市场监管总局申报，未申报的不得实施集中。2. 经营者集中未达到申报标准，但该经营者集中具有或者可能具有排除、限制竞争效果的，应当事先向市场监管总局申报，未申报的不得实施集中。3. 交易未构成经营者集中的，除法律规定的保护小股东权益事项外，不得参与相关企业经营决策，并在每年的年度报告中向市场监管总局报告交易基本情况等内容。（四）依法合规经营，建立健全公平参与市场竞争的长效机制。②

【适用指南】

经营者集中反垄断审查是反垄断执法重点之一，企业合并、股权收购、新设合营公司、资产购买乃至协议控制③等均有可能构成经营者集中。

---

① 国家市场监督管理总局行政处罚决定书（国市监处罚〔2021〕126号），载国家市场监管总局网站，https：//www. cqn. com. cn/zj/content/2022-01/05/content_8771395. htm，最后访问时间：2022年7月29日。

② 参见国家市场监督管理总局国市监处〔2021〕67号行政处罚决定书，载国家市场监督管理总局网站，https：//www. samr. gov. cn/xw/zj/202107/t20210724_333016. html，最后访问时间：2022年7月2日。

③ 《国务院反垄断委员会关于平台经济领域的反垄断指南》第十八条第二款规定：经营者集中达到国务院规定的申报标准的，经营者应当事先向国务院反垄断执法机构申报，未申报的不得实施集中。涉及协议控制架构的经营者集中，属于经营者集中反垄断审查范围。

反垄断法的修改大幅提高了经营者实施违法集中的法律责任，哪怕是程序性违法的责任也不容小觑，因而企业的反垄断合规中应该更加重视对经营者集中的合规审查。经营者在开展并购交易前，应当主动评估是否达到申报标准，如果达到申报标准，那么未经申报不得实施集中，否则可能构成程序性违法，最高可处五百万元以下的罚款。尽管在商业实践中，很多经营者已经熟知“应报未报型”这类程序性违法集中，但是对于“未批先行型”抢跑式集中关注不足。在并购交易活动中，当事人由于各种原因，可能会考虑采取多步骤的交易架构，或者在交易文件内约定在签署日起至交割日之间的过渡期内收购方对被收购方的某些经营决策施加一定影响（包括委派管理层等），或者就某些商业敏感信息进行交换等。但在取得反垄断执法机构的批准决定之前，在交易文件中约定前述事项或实际实施前述行为均存在被反垄断执法机构认定为构成“未批先行型集中”并被处以处罚的风险。① 因此，在企业的合规审查中，除了要注意应申报而未申报型违法集中之外，还要注意抢跑类违法集中。尤其是在实施复杂的多步骤交易时，如果该交易整体达到申报标准的，应避免因在取得反垄断执法机构的批准决定前自行实施前期步骤而被认定为构成“抢跑”。此外，经营者违法集中的法律责任中引入了上一年度销售额百分之十以下的罚款责任，这对违反实体标准的反竞争经营者集中的惩罚力度得到大幅加强。无论在公司战略层面，还是在公司经营层面均需要对经营者集中反垄断合规予以关注，要格外重视经营者集中的竞争影响。经营者应认真评估相关市场的市场集中度以及集中对市场进入的影响、对技术进步的影响、对消费者的影响、对其他经营者的影响、对国民经济发展的影响等。

案例：2017 年 1 月 4 日，商务部公布了行政处罚决定书认定佳某公司收购东某医疗全部股权分两步实施，但两个步骤紧密关联，均是佳某公司取得东某医疗全部股权不可分割的组成部分，构成反垄断法规定的经营者集中。佳某公司和东某医疗 2015 年度在中国境内的营业额均超过 4 亿元人民币，且合计超过 20 亿元人民币，达到了《国务院关于经营者集中申报标准的规定》第三条规定的申报标准。2016 年 3 月 17 日，步骤一已实施完毕，即东某医疗的全部股份和新股预约权均已经转移完毕，与之对应的全部价款也已支付完毕。尽管经营者集中尚未实施完成，但在向商务部申报

---

① 参见吴鹏、李斌、岳奇睿等：《经营者集中申报中“未批先行型抢跑”的行为类型与认定标准》，载中伦律师事务所网站，http：//www. zhonglun. com/Content/2021/08 - 16/1335080175. html，最后访问时间：2022 年 7 月 2 日。

前，已经开始实施，违反了反垄断法的相关规定，构成未依法申报违法实施的经营者集中。执法者对佳某公司收购东某医疗全部股权对市场竞争的影响进行了评估，认为该项经营者集中不会产生排除、限制竞争的影响。本案经营者集中虽已开始实施，但尚未最终实施完成，基于调查情况和评估结论，执法者最终决定对佳某公司处以 30 万元人民币罚款的行政处罚。[1]

【相关规定】

《市场监督管理行政处罚听证办法》第五条、第六条；《中华人民共和国行政处罚法》第四十四条、第四十五条、第四十八条；《经营者反垄断合规指南》第十三条。

第五十九条　【确定罚款应当考虑的因素】对本法第五十六条、第五十七条、第五十八条规定的罚款，反垄断执法机构确定具体罚款数额时，应当考虑违法行为的性质、程度、持续时间和消除违法行为后果的情况等因素。

【条文主旨】

本条是关于反垄断执法机构在确定实施垄断行为的经营者的具体罚款数额时应当考虑的因素的规定。

【条文释义】

根据本条规定，在确定本法第五十六条、第五十七条、第五十八条规定的罚款具体数额时，反垄断执法机构应当考虑违法行为的性质、程度、持续时间和消除违法行为后果的情况等因素。本法第五十六条、第五十七条、第五十八条规定的罚款是指违反本法规定，达成并实施垄断协议、滥用市场支配地位、实施经营者集中的罚款。明晰反垄断执法机构在确定具体罚款数额时的裁量因素是非常必要的。因为本法第五十六条、第五十七条、第五十八条规定的罚款都是比例罚款制，如第五十六条中的“没收违

---

① 参见商务部商法函〔2016〕965 号行政处罚决定书，载商务部网站，http://www.mofcom.gov.cn/article/xzcf/201701/20170102495314.shtml，最后访问时间：2022 年 7 月 2 日。

法所得，并处上一年度销售额百分之一以上百分之十以下的罚款”、第五十七条中的“没收违法所得，并处上一年度销售额百分之一以上百分之十以下的罚款”等。这种比例罚款制赋予了执法机构较大的自由裁量空间，上一年度销售额百分之一的罚款与上一年度销售额百分之三的罚款之间实际上就已经有天壤之别，百分比的变动重则能让企业由生向死、走向破灭。因此，执法机构必须努力保证裁量正义，综合考虑一些明确的因素，尽可能将罚款数额与违法行为的社会成本相称，维持一个较好的比例，同时也让市场主体有稳定的预期，能够清楚处罚的理据，这样做出的处罚才具有广泛的社会基础。欧盟委员会在竞争法案件中确定行政罚款时，也要考虑罚款的数额是否与案件的严重程度成正比，而在考虑案件的严重程度时，则要考虑违法的具体情况、相关企业的规模以及企业在违法活动中要承担的责任。①

本条列举了违法行为的性质、程度、持续时间和消除违法行为后果的情况四个因素，同时用“等”字挂一防漏，允许反垄断执法机构考虑其他的因素。第一，在违法行为的性质和程度方面，不同行为的违法性质存在不同，固定价格、限制产量、分割市场等垄断行为几乎不会有促进竞争的效果，对社会的危害性更严重，违法性质更恶劣；而一些纵向协议能够避免搭便车、促进品牌间竞争，并非“一无是处”，因而违法恶劣性更轻。这些都会成为反垄断执法机构确定罚款的因素。同样在滥用市场支配地位行为中，一些市场支配地位是依照有关法律、行政法规取得的，如果经营者滥用了这种支配地位，会严重损害社会福利，激化公共部门与市场主体的矛盾。因此，这类行为的违法恶劣性就高于那些滥用通过竞争取得的市场支配地位的行为。第二，在持续时间方面，不正当垄断的存续将迫使其他经营者或消费者为其支付高价，垄断持续的时间越长，对其他竞争者的排斥效应和对消费者的剥削效应就越发显著。第三，在消除违法行为后果的情况方面，如果一些经营者在执法调查中主动停止了违法行为，并积极消除不良的社会后果，实际上就具有了从轻减轻情节，在确定罚款数额时就可以适当予以减轻。这样实际上也能提供一种让企业及时悬崖勒马、弃恶从善的激励。

可以看出本条规定的因素既包括消极因素（违法行为的性质、程度、持续时间），也包括一些积极因素（主观恶性、认错态度、是否具有主动改正违法行为的情节、消除违法行为后果的情况、自查整改情况、是否受

---

① 参见王晓晔：《反垄断法》，法律出版社 2011 年版，第 363 页。

胁迫、是否有立功表现、社会贡献、创新贡献等）。罚款制度的设计不能“为罚而罚”，要考虑罚款的具体制定能够带来何种外溢效果。除了考虑消极因素之外，还考虑积极因素的做法实际上也与行政处罚法第三十二条保持一致。根据该条规定，当事人主动消除或者减轻违法行为危害后果的、受他人胁迫或者诱骗实施违法行为的、主动供述行政机关尚未掌握的违法行为的、配合行政机关查处违法行为有立功表现的或者有其他应当依法从轻或者减轻行政处罚的情形，应当从轻或者减轻行政处罚。[①]

在某公司“二选一”垄断案中，市场监管总局综合考虑当事人违法行为的性质、程度和持续的时间，同时考虑当事人能够按照要求深入自查，停止违法行为并积极整改等因素，最终做出上一年度销售额百分之四的罚款处罚。[②] 而在另一公司“二选一”垄断案中，市场监管总局综合考虑当事人违法行为的性质、程度和持续的时间，同时考虑当事人在调查开始前主动承认实施“二选一”行为并供述违法事实、在调查过程中主动提供执法机构尚未掌握的重要证据、停止“二选一”行为并全面自查整改、积极退还收取的独家合作保证金等因素，最终做出上一年度销售额百分之三的罚款处罚。[③] 但是在葡萄糖酸钙原料药垄断案中，反垄断执法机构考虑到当事人的行为情节严重、性质恶劣、持续时间较长，排除、限制了相关市场的竞争，严重损害了制剂生产企业和患者的利益，康某公司在垄断行为实施过程中起主导作用，普某惠公司起次要作用，某阳神公司起辅助作用等因素，决定对三家企业分别作出如下处罚决定：没收康某公司违法所得，并处 2018 年销售额 10% 的罚款；没收普某惠公司违法所得，并处 2018 年销售额 9%的罚款；没收某阳神公司违法所得，并处 2018 年销售额 7%的罚款。[④] 综上，可以看出如果这种比例罚款制度运用得当，它实际是

---

① 《瑞典竞争法》（2000 年）第二十八条规定，在确定罚款数额时，应当考虑：1. 违法行为的严重性；2. 违法行为的持续时间；3. 企业在对其违法行为的调查过程中是否提供了实质性协助；4. 其他重要的加重或减轻情节。参见时建中：《三十一国竞争法典》，中国政法大学出版社 2009 年版，第 234 页。

② 参见国家市场监督管理总局国市监处〔2021〕28 号行政处罚决定书，载国家市场监督管理总局网站，https：//www. samr. gov. cn/xw/zj/202104/t20210410_327702. html，最后访问时间：2022 年 7 月 2 日。

③ 参见国家市场监督管理总局国市监处罚〔2021〕74 号行政处罚决定书，载国家市场监督管理总局网站，https：//www. samr. gov. cn/xw/zj/202110/t20211008_335364. html，最后访问时间：2022 年 7 月 2 日。

④ 参见国家市场监督管理总局国市监处〔2020〕8 号行政处罚决定书，载国家市场监督管理总局网站，https：//www. samr. gov. cn/xw/zj/202004/t20200414_314225. html，最后访问时间：2022 年 7 月 2 日。

一种具有灵活性的政策杠杆工具，让相关违法行为付出应有的社会成本，更精准地规范市场行为。

【适用指南】

对于反垄断执法机构而言，在确定具体罚款数额时，不仅要考虑违法行为的性质、程度、持续时间等消极因素，还要考虑消除违法行为后果的情况等积极因素。反垄断罚款制度不能“为罚而罚”，其制度初衷仍然是希望修复受损害的竞争机能，因此如果经营者及时消除违法行为后果，防止危害扩散，那么确定罚款数额时应当从轻、减轻。反垄断法的幅度罚款制也是一种政策杠杆工具，对于一些发生在重点行业或涉嫌犯罪的垄断行为，应当在法定罚款幅度内取高者；对于一些虽损害竞争过程但有一定福利外溢效应的垄断行为，应当取低者。由此，通过罚款幅度的科学调节逐渐引导一个良性产业秩序和健康竞争观念的形成。对于经营者而言，反垄断合规管理部门和合规管理人员应当通过相关案例的梳理，理解反垄断执法机构确定具体罚款数额时会考虑的因素，弄清自己所在行业的特殊性和相关垄断行为可能招致的罚款额度。例如，医药领域、民生领域、能源领域等重点领域的垄断行为对应的罚款更重，甚至可能招致顶格罚款。固定价格、划分市场和限制产量等横向垄断协议行为被称为核心卡特尔，其危害程度较纵向垄断协议和滥用市场支配地位更甚，对其罚款幅度理应有所不同。经营者据此可以建立不同的风险等级，进行针对性的反垄断合规培训，增强员工的反垄断合规意识。

此外，在我国反垄断幅度罚款的适用一直存在主观性较强而客观性不足的争议。王健等学者对我国大约360多份行政处罚决定书的实证分析发现，违法行为性质、持续时间等能客观反映违法损害与情节恶劣程度的裁量因素，未能体现出对罚款比例的显著影响，而对罚款比例最具显著性影响的因素多为配合调查的积极性、停止违法行为的主动性等有赖于执法机关主观认定的裁量因素。2022年反垄断法修改后，我们更要警惕该主观陷阱问题，因为过于依赖执法机构的主观感受，易造成执法的随意性，也使罚款的威慑功能遭到破坏。① 在行政处罚领域，为了克服这种裁量恣意，各地行政机关普遍制定了裁量基准（或称裁量规则、指南、手册等），通过设置具体的裁量因素，对法律规定中较为宽泛的裁量幅度区分处罚格

---

① 参见王健、方翔：《中国反垄断罚款裁量的不确定性及其克服》，载《社会科学战线》2021年第5期。

次，压缩了执法机关处罚的裁量空间。从全球视野考察，各大反垄断司法辖区克服反垄断罚款裁量不确定性的主要路径依赖于执法机关制定“罚款指南”。[①] 其中，裁量方法和裁量基准构成了反垄断罚款指南的主要内容，使执法更具有可操作性和透明度。未来，我国有关部门应当推动罚款指南的制定，这既可提高罚款的可预见性和确定性，又能规范反垄断执法机关的权力运用和限制执法机关的任意裁量。[②]

案例：2016 年 4 月起，反垄断执法机构依法对美某某公司在中国境内市场销售心脏血管、恢复性疗法和糖尿病业务领域医疗器械产品过程中，与交易相对人达成并实施垄断协议的行为进行了调查。经查明，当事人至少自 2014 年起，在中国境内市场与其交易相对人达成并实施了固定向第三人转售涉案医疗器械产品价格、限定向第三人转售涉案医疗器械产品最低价格的垄断协议。反垄断执法机构认为，当事人与其交易相对人就涉案产品达成并实施固定转售价格和限定最低转售价格的垄断协议，排除、限制了市场竞争，损害了消费者利益，且当事人在多次陈述意见过程中没有主张、也没有证明上述行为符合反垄断法规定的豁免情形和豁免条件，依法应予以处罚。

调查期间，当事人多次陈述意见，承认其涉案行为违反了反垄断法的规定，主动制定整改措施，以减轻违法行为的危害后果，请求依法从轻、减轻处罚。当事人的整改措施包括：全面取消转售价格限制，允许平台商直接向终端销售，不再限制经销商向跨区消费者进行销售，在具有市场力量的产品经销中取消排他销售限制，修订经销协议、招投标管理制度、经销商管理政策有关规定，加强员工反垄断合规体系，完善公司反垄断合规制度。

反垄断执法机构考虑到当事人违法行为涉及平台商、经销商、终端等各个销售环节，违法程度较深；在严格固定转售价格、限定最低转售价格的基础上，同时纵向限制销售对象和销售地域，禁止销售竞争品牌产品，限制措施较为全面；调查中后期较好地配合调查，主动进行整改等情节，最终决定对当事人处 2015 年度中国境内市场涉案产品销售额 4%的罚款，计人民币 1.1852 亿元。[③]

---

① 参见王健、方翔：《中国反垄断罚款裁量的不确定性及其克服》，载《社会科学战线》2021 年第 5 期。

② 参见王健：《追寻反垄断罚款的确定性——基于我国反垄断典型罚款案例的分析》，载《法学》2016 年第 12 期。

③ 参见国家发展和改革委员会〔2016〕8 号行政处罚决定书，载中国政府网，http://www.gov.cn/xinwen/2016-12/09/content_5145747.htm，最后访问时间：2022 年 7 月 2 日。

【相关规定】

《中华人民共和国行政处罚法》第三十二条。

第六十条　【垄断行为的民事责任与公益诉讼】经营者实施垄断行为，给他人造成损失的，依法承担民事责任。

经营者实施垄断行为，损害社会公共利益的，设区的市级以上人民检察院可以依法向人民法院提起民事公益诉讼。

【条文主旨】

本条是关于实施垄断行为对他人造成损失的民事责任以及损害社会公共利益的垄断行为提起民事公益诉讼的规定。

【条文释义】

限制竞争行为不仅妨碍、限制和排除市场竞争，损害资源的合理配置，损害社会公共利益，而且也损害经营者和消费者的合法利益。因此，反垄断法一般都有民事损害赔偿的规定。[①] 本条第一款规定，经营者实施垄断行为，给他人造成损失的，依法承担民事责任。随着反垄断法的实施，我国也开始涌现相当数量的私人反垄断民事赔偿诉讼。2012 年 5 月颁布的《最高人民法院关于审理因垄断行为引发的民事纠纷案件应用法律若干问题的规定》，明确了我国反垄断民事诉讼的基本框架。2008 年至 2020 年，全国各级法院受理各类垄断民事案件共计 897 件，审结 844 件，年结案量从 2008 年的 6 件上升到 2020 年的 107 件，12 年间增幅达到 16.8 倍。[②] 奇某诉某讯滥用市场支配地位纠纷案[③]、华某公司诉某公司标准必要

---

① 参见王晓晔：《反垄断法》，法律出版社 2011 年版，第 368 页。

② 参见《人民法院 12 年间受理各类垄断民事案件 897 件》，载光明网，https://legal.gmw.cn/2021-09/27/content_35196065.htm?utm_source=UfqiNews，最后访问时间：2022 年 7 月 3 日。

③ 参见《指导案例 78 号：北京某虎科技有限公司诉某讯科技（深圳）有限公司、深圳市某讯计算机系统有限公司滥用市场支配地位纠纷案》，载最高人民法院网站，https://www.court.gov.cn/fabu-xiangqing-37612.html，最后访问时间：2022 年 7 月 3 日。

专利滥用纠纷案[①]、某生公司转售价格维持案[②]等一批民事案件引发了社会广泛关注，有效提升了竞争法治水平，大力促进竞争倡导。

能够提出反垄断民事赔偿诉讼的原告并不仅仅限于经营者或相关组织，自然人个体也可以提起反垄断民事诉讼。《最高人民法院关于审理因垄断行为引发的民事纠纷案件应用法律若干问题的规定》第一条规定，本规定所称因垄断行为引发的民事纠纷案件（以下简称垄断民事纠纷案件），是指因垄断行为受到损失以及因合同内容、行业协会的章程等违反反垄断法而发生争议的自然人、法人或者非法人组织，向人民法院提起的民事诉讼案件。国内也出现了一些引起社会广泛关注的自然人发起的反垄断民事诉讼，典型如吴小某诉某广电公司捆绑交易纠纷案。[③] 在该案中，广电公司在答辩中认为本案实质上是一个有关吴小某基于消费者权益保护法所应当享受的权利是否被侵犯的纠纷，而与垄断行为无关。最高人民法院认为，吴小某并未主张其消费者权益受到损害，而是主张因被告的垄断行为侵害了自身的合法权益，并无不当。在案件管辖方面，第一审垄断民事纠纷案件，由知识产权法院，省、自治区、直辖市人民政府所在地的市、计划单列市中级人民法院以及最高人民法院指定的中级人民法院管辖。

与一般民事损害赔偿一样，因经营者实施垄断行为而受到损失的原告到法院请求民事损害赔偿时，一般要提供几方面的证据。第一方面的证据是被告存在违法行为。当反垄断执法机关已经认定被告存在违法垄断行为时，后续的私人反垄断诉讼中，原告证明被告存在违法行为一般无障碍。但是，在独立的私人反垄断诉讼中，反垄断执法者还没有认定被告存在违法行为，这时原告要证明被告存在违法行为就存在一定的困难。特别是数字时代下，涌现了诸如算法共谋、算法歧视、算法操纵等高度隐蔽和复杂的垄断行为，原告要获得市场份额等数据会异常困难。根据民事诉讼法第六十七条第二款规定，当事人及其诉讼代理人因客观原因不能自行收集的证据，或者人民法院认为审理案件需要的证据，人民法院应当调查收集。

---

① 参见广东省高级人民法院（2013）粤高法民三终字第306号民事判决书，载中国竞争法律与政策网，https：//cclp. sjtu. edu. cn/show. aspx？info_lb = 682&info_id = 3328&flag = 679，最后访问时间：2022年7月3日。

② 参见李小明、朱超然：《纵向垄断协议的反垄断法规制路径探析——以某生公司被诉垄断案为例》，载《河北法学》2021年第11期。

③ 参见《指导案例79号：吴小某诉某广电网络传媒（集团）股份有限公司捆绑交易纠纷案》，载最高人民法院网站，https：//www.court.gov.cn/fabu-xiangqing-37622.html，最后访问时间：2022年7月3日。

在反垄断民事诉讼中，法院在一定条件下应当帮助原告收集后者难以收集的证据，或者积极收集法院认为审理案件需要的证据。但是需要注意不管违法垄断行为是否被反垄断执法者认定，都不影响原告的诉讼权利。《最高人民法院关于审理因垄断行为引发的民事纠纷案件应用法律若干问题的规定》第二条规定原告直接向人民法院提起民事诉讼，或者在反垄断执法机构认定构成垄断行为的处理决定发生法律效力后向人民法院提起民事诉讼，并符合法律规定的其他受理条件的，人民法院应当受理。

第二方面的证据是原告受到了损失。一般情况下，原告的损失主要是经济损失。但是当原告是自然人时，还可能因被告实施的垄断行为遭到精神损害。根据反垄断法第二十二条，具有市场支配地位的经营者不得利用数据和算法、技术以及平台规则等从事滥用市场支配地位的行为。具有市场支配地位的平台经营者利用数据、算法、技术等从事大数据杀熟、过度收集隐私信息、算法歧视、算法操纵等行为时，除了造成财产损失之外，还可能造成精神损害。《最高人民法院关于审理利用信息网络侵害人身权益民事纠纷案件适用法律若干问题的规定》第十一条规定：网络用户或者网络服务提供者侵害他人人身权益，造成财产损失或者严重精神损害，被侵权人依据民法典第一千一百八十二条①和第一千一百八十三条②的规定，请求其承担赔偿责任的，人民法院应予支持。据此，原告因垄断行为遭到精神损害且达到“严重”的程度要件，那么也可以提出反垄断民事赔偿请求。

第三方面的证据是原告受到的损失与违法行为之间存在因果关系。很多案件中，原告通常能证明自己受到了损害，但不容易证明他遭受的损害与被告的违法行为之间存在因果关系。当原告是被告的同业竞争者时，比较容易证明自己因为被告的搭售、掠夺性定价、限定交易等行为而被排除市场，受到了一线竞争损害。但是，被告的这些排他性行为还可能对下游市场或相邻市场的其他经营者造成二线竞争损害，此时如果这些受到间接损害的下游经营者提出反垄断民事诉讼，就不易完成因果关系的证明。这种困境在原告是消费者时会更加明显。在不公平价格、大数据杀熟、二选

① 民法典第一千一百八十二条规定：侵害他人人身权益造成财产损失的，按照被侵权人因此受到的损失或者侵权人因此获得的利益赔偿；被侵权人因此受到的损失以及侵权人因此获得的利益难以确定，被侵权人和侵权人就赔偿数额协商不一致，向人民法院提起诉讼的，由人民法院根据实际情况确定赔偿数额。

② 民法典第一千一百八十三条第一款规定：侵害自然人人身权益造成严重精神损害的，被侵权人有权请求精神损害赔偿。

一、强制捆绑交易一类的案件中，消费者可以主张自己受到了价格剥削，自主选择权受到限制。但是在掠夺性定价等案件中，消费者很难证明自己受到了何种损害以及这种损害与垄断行为之间存在因果关系。

以上种种证明困境以及反垄断案件本身的复杂性、诉讼较高的经济成本和时间成本、诉讼双方力量悬殊等多重因素做功导致我国的反垄断民事诉讼发展缓慢。与美国、欧盟等主要反垄断司法辖区相比，我国的反垄断民事诉讼案件不仅数量偏低，而且原告在有限的诉讼案件中胜诉的概率非常小，原告是消费者且胜诉的案件更是凤毛麟角。除了增大胜诉的激励、降低反垄断民事诉讼的证明标准、优化反垄断民事诉讼的证据规则以外，借助民事公益诉讼制度来增强原告一方的诉讼力量也是一种理性的选择。来自环境领域、消费领域、个人信息保护领域①的公益诉讼实践证明这种组织化的诉讼渠道确能增强原告的诉讼力量。民事诉讼法第五十八条规定，对污染环境、侵害众多消费者合法权益等损害社会公共利益的行为，法律规定的机关和有关组织可以向人民法院提起诉讼。其中“等”字的规定意味着该条款并不是封闭性规定，允许进行扩张解释。实际上，除了针对污染环境、侵害消费者等领域的公益诉讼以外，对侵犯个人信息权益的公益诉讼也已经涌现。德恩里科将当事人类型分为两类，一类是“孤注一掷者”（One-Shotters，OS），另一类是以公诉人、工会、管理机构、保险公司等为代表的“职业玩家”（Repeat Players，RP）。RP 可以集中投入资源，享受着规模效益，甚至能促进规则的变革，而 OS 往往孤注一掷，寻求一个切实的利益。德恩里科认为强化 OS 的方式之一就是将当事人组织起来，整合到一个协调一致的集团中，也即将 OS 整合到 RP 中去，以组织的名义讨价还价，将那些相对微小的权利主张汇集起来。② 公益诉讼就是一种能够补强 OS 的 RP 型诉讼。

本条在原来规定的基础上增加一款作为第二款：“经营者实施垄断行为，损害社会公共利益的，设区的市级以上人民检察院可以依法向人民法院提起民事公益诉讼。”这实际上正式确立了我国的反垄断民事公益诉讼制度。垄断行为的危害具有发散性、隐蔽性、涉众性，很多垄断行为常常

---

① 2021 年 4 月 22 日，最高人民检察院发布检察机关个人信息保护公益诉讼典型案例，包括浙江省杭州市余杭区检察院诉某网络科技有限公司侵害公民个人信息民事公益诉讼案等 11 件。载最高人民检察院网站，https：//www. spp. gov. cn/xwfbh/wsfbt/202104/t20210422_516357. shtml#1，最后访问时间：2022 年 7 月 30 日。

② 参见［美］彼得·德恩里科：《法的门前》，邓子滨译，北京大学出版社 2012 年版，第 72~81 页。

侵害不特定多数人的利益，完全依靠个体路径的 OS 诉讼往往效果较差、成本高昂（见下述“案例材料”）。引入 RP 型诉讼后，符合法律规定条件的组织就可以发挥监督市场、保护消费者的重要作用。在公益诉讼人资格上，本条规定设区的市级以上人民检察院可以依法向人民法院提起民事公益诉讼。在对反垄断法的草案进行分组审议时，有的意见建议，对可以提起民事公益诉讼的人民检察院的层级作出必要限定。宪法和法律委员会经研究，建议限定为设区的市级以上人民检察院。[①]

由人民检察院成为反垄断民事公益诉讼人是非常有必要的。首先，“从效果性方面来看，检察机关提起反垄断民事公益诉讼是对反垄断执法力度不足的必要补充，且检察机关在人、财、诉讼能力方面都具备基本的条件”。[②] 我国检察机关在公益诉讼方面积累了大量的经验，也投入了一定的资源，成为推动公益诉讼的中坚力量。其次，反垄断案件涉及的被告往往都是大型企业、超级平台，具有强大的抗衡力量，限定在一定级别的检察机关能够保证博弈的均衡。美国《克莱顿法》第 4C 条也明确授权州检察长可作为本州居民的利益代表，以本州的名义，向对被告有司法管辖权的地区法院提起民事诉讼，以确保受害消费者因违反《谢尔曼法》的行为而得到金钱救济。[③] 最后，将检察机关设定在一定层级也可以防止滥诉问题，符合现代诉讼法的水闸理论。

关于本条最后还需要明确的问题是检察机构是不是唯一的公益诉讼人。从本条“设区的市级以上人民检察院可以依法向人民法院提起民事公益诉讼”的规定中，我们并不能理所当然地得出检察机关是唯一反垄断公益诉讼人的结论。实际上，除了检察机关，消费者协会也可以提出反垄断公益诉讼。根据消费者权益保护法第四十七条规定，对侵害众多消费者合法权益的行为，中国消费者协会以及在省、自治区、直辖市设立的消费者协会，可以向人民法院提起诉讼。“消费是一切经营行为的最终目的，对垄断行为的规制固然是为了营造良好的市场环境，但最终都是为了使资源

---

① 参见全国人民代表大会宪法和法律委员会关于《全国人民代表大会常务委员会关于修改〈中华人民共和国反垄断法〉的决定（草案）》修改意见的报告，载中国人大网，http：//www.npc.gov.cn/npc/c30834/202206/0f386a520c4d4c4f8f639eea1ad649aa.shtml，最后访问时间：2022 年 7 月 3 日。

② 陈云良：《反垄断民事公益诉讼：消费者遭受垄断损害的救济之路》，载《现代法学》2018 年第 5 期。

③ 王晓晔：《反垄断法》，法律出版社 2011 年版，第 369 页。

得到最有效的利用，让有限的资源带来最大的消费价值。"① 很多垄断行为往往都是非常典型的侵犯众多消费者合法权益的行为。因此，从可欲性上来看，让保护消费者最重要的组织对侵犯消费者选择权的垄断行为发起公益诉讼名正言顺，具有法理上的正当性。从可行性上来看，消费者协会在提起公益诉讼方面积攒了丰富经验，也具有发起 RP 诉讼的人力、物力、财力等基础设施资源，同时还具有消费者保护方面的专业性知识，因而完全具备完成诉讼和与垄断企业抗衡的力量。作为以色列竞争法的《以色列限制性商业行为法》第四十六条 a 就明确规定消费者组织基于有关原告可依本法以自己名义起诉的任何理由，可以以集团的名义，对原告可以以自己名义起诉的被告提起诉讼。② 我国也不应当忽略中国消费者协会以及在省、自治区、直辖市设立的消费者协会的作用。相比而言，个人信息保护法第七十条在起诉资格方面的规定更全面："个人信息处理者违反本法规定处理个人信息，侵害众多个人的权益的，人民检察院、法律规定的消费者组织和由国家网信部门确定的组织可以依法向人民法院提起诉讼。"③ 未来应当通过相关指南或司法解释，明确一定层级的消费者协会可以提起反垄断公益诉讼。

【适用指南】

根据本条规定，在反垄断私人诉讼的适用方面，要注意这里的他人不仅包括经营者，也包括自然人。不管是自然人、经营者或者其他组织认为自己因相关企业的垄断行为遭受损失而要求对方赔偿，都需要提供相应的证据，主要包括证明被告存在违法行为的证据、原告受到了损失的证据（且这种损失是能够被计算的）、受到的损失与违法行为之间存在因果关系的证据。这里的民事责任不能狭隘地理解为"赔偿金钱损失"，根据民法典相关规定，民事责任的形式极为丰富，包括停止侵害、排除妨碍、消除危险、返还财产、恢复原状、消除影响、恢复名誉等。而且这种民事责任

---

① 陈云良：《反垄断民事公益诉讼：消费者遭受垄断损害的救济之路》，载《现代法学》2018 年第 5 期。

② 参见时建中：《三十一国竞争法典》，中国政法大学出版社 2009 年版，第 144 页。

③ 环境保护法对起诉组织的规定也较为广泛，理论上符合条件的社会组织都有起诉资格。其第五十八条第一款、第二款规定：对污染环境、破坏生态，损害社会公共利益的行为，符合下列条件的社会组织可以向人民法院提起诉讼：（一）依法在设区的市级以上人民政府民政部门登记；（二）专门从事环境保护公益活动连续五年以上且无违法记录。符合前款规定的社会组织向人民法院提起诉讼，人民法院应当依法受理。

既可以单独适用，又可以合并适用。法官应当根据垄断行为的违法性质、造成损失的程度等因素，确定具体的责任承担形式。这里还需要明确的一个问题是，惩罚性赔偿是否属于民事责任中的赔偿责任。在历次反垄断修改中，都有学者建议引入惩罚性赔偿责任，因为垄断行为不仅对直接受害者造成损失，还会造成社会成本。补偿性的赔偿责任并不能填补这些社会成本，进而弱化了对违法垄断行为的预防和遏制功能。国外立法例中，以美国为代表的反垄断司法辖区都引入了惩罚性赔偿，反托拉斯法三倍赔偿闻名遐迩。但是，民事责任最核心的性质就是"填平损失"，体现了矫正正义；而惩罚性赔偿属于一种公法性质的责任，体现了报应正义，通过"吓阻效应"防止主体在未来从事相同或类型行为。美国联邦最高法院认为，惩罚性赔偿属于准刑事责任，表达的是严重不法行为的道德谴责，大陆法系国家对其基本不予认可。[①] 总之，反垄断惩罚性赔偿制度的问题很难简单通过本条关于民事责任的规定而得到解决，未来仍需要相关部门推动立法予以明确。

在反垄断公益诉讼的适用方面上，本条主要针对经营者实施的垄断行为，并不针对行政机关和法律、法规授权的具有管理公共事务职能的组织实施的垄断行为，因此属于一种反垄断民事公益诉讼，而非反垄断行政公益诉讼。根据本条规定，设区的市级以上人民检察院将成为主要的公益诉讼实施主体。当前，检察公益诉讼制度已经成为我国维护社会公共利益的利器，在多个领域全面铺开。2017 年 7 月至 2022 年 6 月底，共立案公益诉讼案件 67 万余件，其中，民事公益诉讼 5. 8 万件，行政公益诉讼 61. 4 万件。[②] 目前，检察机关已经形成"4+5"的公益诉讼格局，即生态环境和资源保护、食品药品安全、国有财产保护、国有土地使用权出让 4 个诉讼法明确列举的领域，以及英烈权益保护、未成年人保护、安全生产、个人信息保护、军人地位和权益保护 5 个单行法授权的领域。本条的增订将使反垄断成为检察公益诉讼进一步探索和发挥功用的新领域。但是，需要注意反垄断公益诉讼与其他类型的公益诉讼和而不同。一方面，反垄断公益诉讼属于公益诉讼的子类，也要遵守共同性的规范，保障程序正义和诉讼秩序。2021 年，最高人民检察院发布了《人民检察院公益诉讼办案规

---

① 参见刘银良：《知识产权惩罚性赔偿的类型化适用与风险避免——基于国际知识产权规则的视角》，载《法学研究》2022 年第 1 期。

② 参见《最高检发布检察机关全面开展公益诉讼五周年工作情况》，载最高人民检察院网站，https：//www. spp. gov. cn/xwfbh/wsfbt/202206/t20220630_561637. shtml#1，最后访问时间：2022 年 7 月 3 日。

则》，对检察公益诉讼的管辖、回避、立案、调查、提起诉讼、出席第一审法庭、上诉、诉讼监督、公告等问题进行了统一规范，反垄断公益诉讼也要遵守这些规定。另一方面，相比其他类型的公益诉讼，反垄断公益诉讼具有一定专业性，市场结构和集中度的分析、相关市场的界定、垄断行为的认定、竞争损害测度、正当理由抗辩体系、行为救济和结构性救济的设计等问题都较为复杂，很多分析往往涉及法律与经济分析。这要求检察机关一方面要通过学习、培训、考核等多种举措提升工作人员的业务能力和知识储备，从而能够全景式深度参与整个诉讼，避免成为"岸边人"；另一方面要加强与更具专业性的执法部门的常态化沟通，不能在部门之间建立壁垒。此外，面对专业性、复杂性、技术性诉讼，检察机关要重视专家意见的证据功能。我国检察公益诉讼中，专家意见的地位和功能一直不清晰。实际上，在环境公益诉讼中已经开始参考生态环境部门意见、专家意见。最高人民法院环境资源审判庭负责人在《最高人民法院关于审理环境民事公益诉讼案件适用法律若干问题的解释》新闻发布会答记者问时，指出保障当事人要求专家出庭发表意见的权利，对于符合条件的申请应及时通知专家出庭就鉴定意见和专业问题提出意见，专家意见经质证，可以作为认定事实的根据。[①] 未来，在反垄断公益诉讼，应当明确经过质证的专家意见书可以作为证据。

案例：2009年周某根据反垄断法，以消费者身份对某通讯公司提起反垄断诉讼，提出两项诉讼请求：一是请求判令被告停止滥用市场支配地位强行向原告每月收取月基本费的侵权行为，以及在移动通信服务收费上，对原告与其他同等交易条件的交易相对人实行差别对待的做法；二是请求判定被告退还近两年来违法向自己收取的"月租费"1200元。该案最终以调解告终，周某获得某通讯公司以"奖励"名义支付的1000元补偿，并申请撤诉。[②] 该案中，某通讯公司涉嫌的滥用市场支配地位其实很可能侵犯周某以外的大量发散性消费者的利益，但是很多消费者可能因为损害轻微、诉讼成本昂贵、经营者力量强大而放弃私人诉讼。如果有反垄断公益诉讼这样的组织化渠道，检察机关就可以为众多不确定消费者的利益，发起公益诉讼。

---

① 参见罗书臻：《规范环境公益案件审理切实维护环境公共利益》，载《人民法院报》2015年1月7日。

② 参见于阳：《中××被诉垄断赔千元》，载《品牌与标准化》2009年第23期。

【相关规定】

《中华人民共和国民事诉讼法》第五十八条、第六十七条；《中华人民共和国民法典》第一千一百八十二条、第一千一百八十三条；《中华人民共和国消费者权益保护法》第四十七条；《中华人民共和国个人信息保护法》第七十条；《最高人民法院关于审理因垄断行为引发的民事纠纷案件应用法律若干问题的规定》第一条；《最高人民法院关于审理利用信息网络侵害人身权益民事纠纷案件适用法律若干问题的规定》第十一条。

第六十一条　【实施行政垄断行为的法律责任】行政机关和法律、法规授权的具有管理公共事务职能的组织滥用行政权力，实施排除、限制竞争行为的，由上级机关责令改正；对直接负责的主管人员和其他直接责任人员依法给予处分。反垄断执法机构可以向有关上级机关提出依法处理的建议。行政机关和法律、法规授权的具有管理公共事务职能的组织应当将有关改正情况书面报告上级机关和反垄断执法机构。

法律、行政法规对行政机关和法律、法规授权的具有管理公共事务职能的组织滥用行政权力实施排除、限制竞争行为的处理另有规定的，依照其规定。

【条文主旨】

本条是关于禁止行政机关和法律、法规授权的具有管理公共事务职能的组织滥用行政权力实施各类行政垄断行为的法律责任的规定。

【条文释义】

在逻辑关系上，违法行为是法律责任产生的原因与依据，而法律责任是违法行为引起的后果。[①] 凭借内部有效的责任规则，法律制度很大程度上可创立起较为稳定的运行秩序，从而引导相关主体走上合理预期之路。

---

① 参见张文显：《法哲学范畴研究（修订版）》，中国政法大学出版社 2001 年版，第 120~121 页。

相反地，缺少了责任，或者责任设置不够科学严谨，制度的权威性与威慑性将会随之大为减损。如前所述，我国反垄断法第五章明确列举了七种被禁止的滥用行政权力排除、限制竞争行为：（1）限定或者变相限定单位或者个人经营、购买、使用其指定的经营者提供的商品。（2）通过与经营者签订合作协议、备忘录等方式，妨碍其他经营者进入相关市场或者对其他经营者实行不平等待遇，排除、限制竞争。（3）妨碍商品在地区之间的自由流通：对外地商品设定歧视性收费项目、实行歧视性收费标准，或者规定歧视性价格；对外地商品规定与本地同类商品不同的技术要求、检验标准，或者对外地商品采取重复检验、重复认证等歧视性技术措施，限制外地商品进入本地市场；采取专门针对外地商品的行政许可，限制外地商品进入本地市场；设置关卡或者采取其他手段，阻碍外地商品进入或者本地商品运出；妨碍商品在地区之间自由流通的其他行为。（4）以设定歧视性资质要求、评审标准或者不依法发布信息等方式，排斥或者限制经营者参加招标投标以及其他经营活动。（5）采取与本地经营者不平等待遇等方式，排斥、限制、强制或者变相强制外地经营者在本地投资或者设立分支机构。（6）强制或者变相强制经营者从事本法规定的垄断行为。（7）制定含有排除、限制竞争内容的规定。要实现对这些行政垄断行为的有效规制，提升反垄断法的威慑性，由此降低此类行为的发生概率，设置相应的责任规制条款的必要性与重要性不言自明。

根据修改后的反垄断法第六十一条规定，行政机关和法律、法规授权的具有管理公共事务职能的组织滥用行政权力，实施排除、限制竞争行为的，由上级机关责令改正；对直接负责的主管人员和其他直接责任人员依法给予处分。反垄断执法机构可以向有关上级机关提出依法处理的建议。行政机关和法律、法规授权的具有管理公共事务职能的组织应当将有关改正情况书面报告上级机关和反垄断执法机构。法律、行政法规对行政机关和法律、法规授权的具有管理公共事务职能的组织滥用行政权力实施排除、限制竞争行为的处理另有规定的，依照其规定。

按照追责主体的差异，现行反垄断法有关实施行政垄断行为的法律责任规制机制可以被划分为两种类型——系统内部责任规制机制与系统外部责任规制机制。

根据本条文规定，所谓系统内部责任规制机制是指针对下级行政机关和法律、法规授权的具有管理公共事务职能的组织滥用行政权力，实施排除、限制竞争行为的，由上级机关责令改正；对直接负责的主管人员和其他直接责任人员依法给予处分。由于上级机关与下级机关同属一个系统之中，且前者对于后者具有更高的位阶与更强的权威，因此通过上级机关来纠正下级机关实施的行政垄断行为，应当说是有其一定的合理性。但必须指出的是，其中也面临着如下方面的不足之处：（1）适用对象的范围有限。其中较为严厉的处分责任仅针对的是直接负责的主管人员和其他直接责任人员，而不涉及其他相关主体，例如授意下级机关实施行政垄断的上级机关工作人员。（2）可采用的措施有限。其主要体现为针对行政垄断行为可采用的追责措施主要涉及责令改正与处分。有关改正情况书面报告很难称得上是一种严格意义上的责任，更多的是一种保障相关责任落实的配套举措。（3）部分责任适用频率低，其中以处分责任为甚。结合各地查处行政垄断案件来看，几乎少有涉案行政人员被追责。

案例："某省某市住房和城乡建设局滥用行政权力排除、限制竞争案"。某市住建局制订市区瓶装燃气行业整治工作方案，要求某市城区瓶装燃气经营企业达成联合经营框架协议，整合销售业务；某市住建局燃气办对企业签订的有关协议予以鉴证，并拒绝有关企业恢复自主经营的要求，构成滥用行政权力排除、限制竞争行为。2020年6月，某省市场监管局向某市人民政府提出依法处理的建议。某市人民政府复函表示，某市住建局已整改到位，并对相关责任人员进行了追责问责。该案是全国首例地方官员因涉滥用行政权力限制竞争而被公开问责的案例。①

所谓外部责任规制机制，是指针对下级行政机关和法律、法规授权的具有管理公共事务职能的组织滥用行政权力，实施排除、限制竞争行为的，反垄断执法机构可以向有关上级机关提出依法处理的建议。行政系统内出现的行政垄断问题往往不是一个孤立环节产生的，有时是系统内上下联合才出现的，此时法律赋予系统内自主解决可能并不奏效。为了弥补前述不足，法律中设置了一个外部监管主体进行督促，即反垄断执法机构向行政垄断行为实施主体的上级机关提出建议。在此背景下，反垄断执法机构虽然可以提出建议方式启动监督程序，但主要是启动监督程序而已，反垄断执法机构无权直接责令改变或撤销，也不能向法院提起诉讼，对于涉嫌行政垄断的行为最终由上级行政机关改变或撤销。

案例：在"某省纠正甲市乙区政府行政性垄断行为案"中，2017年10月30日，甲市乙区政府印发了《甲市乙城区集中供热管理办法（试行）的通知》，赋予了供热企业"提出改造方案"、"委托"有资质设计单位进

---

① 参见《全国首例地方官员因涉滥用行政权利限制竞争而被公开问责!》，载澎湃新闻网，https://m.thepaper.cn/newsDetail_forward_9828254，最后访问时间：2022年7月3日。

行设计，以及热用户不购置安装与供热企业监控系统相匹配的远程监控及温度调控设备，供热可以“停止供暖”的权利，构成限定购买、使用特定经营者提供的商品和服务。某省发展和改革委员会认为上述行为违反了2008年反垄断法第三十二条“行政机关和法律、法规授权的具有管理公共事务职能的组织不得滥用行政权力，限定或者变相限定单位或者个人经营、购买、使用其指定的经营者提供的商品”之规定，构成滥用行政权力，排除、限制竞争行为。2018年4月，某省发展和改革委员会向甲市人民政府发出行政建议书，建议其责令甲市乙区政府改正相关行为：一是依照公平竞争审查制度规定，对已发布的《办法》立即公开停止执行，在履行公平竞争审查程序后重新发布；二是纠正违反反垄断法的相关规定。①

在现有制度下，由于纠正行政垄断的权力并未被直接赋予反垄断执法机构，而是被保留在上级机关，依权责相当原则，因此也就决定了其针对行政垄断负有更为重要的监督职责。

在外部责任规制机制的适用方面，现行反垄断法明确了“特别法优于一般法”的基本原则，即“法律、行政法规对行政机关和法律、法规授权的具有管理公共事务职能的组织滥用行政权力实施排除、限制竞争行为的处理另有规定的，依照其规定”。

通过与原法中第五十一条对比后可以发现，新法第六十一条在有关行政垄断行为责任方面最主要的亮点在于增加了部分内容——“行政机关和法律、法规授权的具有管理公共事务职能的组织应当将有关改正情况书面报告上级机关和反垄断执法机构”，即行政垄断实施主体需要履行改正情况书面报告义务。这是确保行政垄断行为被依法改正的必要之举。如前所述，反垄断执法机构针对行政垄断行为并无直接的行政处罚权力，而只能向上级机关提出责令改正的建议，因而设置书面的改正情况报告义务，可以借助文本化倒逼涉案行政垄断行为得到切实纠正，防止行政执法流于形式。

与之相关联的是，《公平竞争审查制度实施细则》第二十七条规定，政策制定机关的上级机关经核实认定政策制定机关未进行公平竞争审查或者违反审查标准出台政策措施的，应当责令其改正；拒不改正或者不及时

① 参见《某省纠正甲市乙区政府行政性垄断行为》，载国家市场监督管理总局网站，https：//gkml. samr. gov. cn/nsjg/bgt/201902/t20190216_288690. html，最后访问时间：2022年7月3日。

改正的，对直接负责的主管人员和其他直接责任人员依据公务员法、公职人员政务处分法、《行政机关公务员处分条例》等法律法规给予处分。本级及以上市场监管部门可以向政策制定机关或者其上级机关提出整改建议；整改情况要及时向有关方面反馈。违反反垄断法的，反垄断执法机构可以向有关上级机关提出依法处理的建议。相关处理决定和建议依法向社会公开。可以看到，现行公平竞争审查制度针对违反审查义务出台具有排除限制竞争内容的政策措施设置了类似的责任追究机制。

【适用指南】

案例："某省市场监督管理局依法查处某市城市管理综合行政执法局滥用行政权力排除、限制竞争行为案"。2021 年 8 月，某省市场监督管理局依法对某市城市管理综合行政执法局（以下简称某市城管局）涉嫌滥用行政权力排除、限制竞争案进行立案调查。经查，某市城管局在共享电动单车管理中，于 2020 年 12 月，以竞争性谈判比选的方式确定上海某正网络科技有限公司为某市城区唯一的共享电动单车经营企业，并在双方签订的《共管合作协议》中约定"本协议自签订之日起两年内有效，根据双方合作的实际运营成果，到期后乙方无违规操作、无不良社会反响且考核合格优先顺延"。某市城管局实施的上述行为，违反了 2008 年反垄断法第三十二条"行政机关和法律、法规授权的具有管理公共事务职能的组织不得滥用行政权力，限定或者变相限定单位或者个人经营、购买、使用其指定的经营者提供的商品"和第三十七条"行政机关不得滥用行政权力，制定含有排除、限制竞争内容的规定"之规定，构成滥用行政权力排除、限制竞争行为，应当依法予以纠正。2021 年 10 月，依据 2008 年反垄断法第五十一条之规定，某省市场监督管理局向某市人民政府发出《行政建议书》，建议某市人民政府责令某市城管局改正相关违法行为，加强公平竞争审查工作，恢复相关市场公平竞争秩序。①

在本案中，某市城管局以竞争性谈判比选的方式确定上海某正网络科技有限公司为某市城区唯一的共享电动单车经营企业，且双方通过签订《共管合作协议》排除其他经营企业进入当地电动单车市场，该做法明显有违修改后的反垄断法第四十条规定，构成"滥用行政权力，通过与经营

---

①　参见《某省市场监督管理局依法查处某市城市管理综合行政执法局滥用行政权力排除、限制竞争行为》，载国家市场监督管理总局执法一司网站，https：//www. samr. gov. cn/fldys/tzgg/xzjj/202204/t20220424_342239. html，最后访问时间：2022 年 7 月 3 日。

者签订合作协议、备忘录等方式，妨碍其他经营者进入相关市场或者对其他经营者实行不平等待遇，排除、限制竞争”。按照现有规定，反垄断执法机构虽然无法直接对相关主体进行处罚，但透过向其所属的上级机关提出合理合法的处理建议，仍然能够在一定程度上推动行政垄断行为的及时纠正，减少垄断行为对市场竞争带来的不利影响。

【相关规定】

《公平竞争审查制度实施细则》第二十七条。

第六十二条　【阻碍反垄断执法的法律责任】 对反垄断执法机构依法实施的审查和调查，拒绝提供有关材料、信息，或者提供虚假材料、信息，或者隐匿、销毁、转移证据，或者有其他拒绝、阻碍调查行为的，由反垄断执法机构责令改正，对单位处上一年度销售额百分之一以下的罚款，上一年度没有销售额或者销售额难以计算的，处五百万元以下的罚款；对个人处五十万元以下的罚款。

【条文主旨】

本条是关于被审查和调查主体妨碍反垄断执法机构依法审查和调查的行为应负担何种法律责任的规定。

【条文释义】

根据本法规定，反垄断执法机构调查涉嫌垄断行为，可以采取下列措施：进入被调查的经营者的营业场所或者其他有关场所进行检查；询问被调查的经营者、利害关系人或者其他有关单位或者个人，要求其说明有关情况；查阅、复制被调查的经营者、利害关系人或者其他有关单位或者个人的有关单证、协议、会计账簿、业务函电、电子数据等文件、资料；查封、扣押相关证据；查询经营者的银行账户。被调查的经营者、利害关系人或者其他有关单位或者个人应当配合反垄断执法机构依法履行职责，不得拒绝、阻碍反垄断执法机构的调查。同时，反垄断执法机构拥有对两类经营者集中的审查权力：一类是达到国务院规定的申报标准的经营者集中，另一类是未达到国务院规定的申报标准，但有证据证明该经营者集中具有或者可能具有排除、限制竞争效果的。对于后者，反垄断执法机构可以要求经营者主动申报进而启动“审查”，经营者未进行申报的，反垄断执法机构应当依法启动“调查”。经营者集中的审查中，执法机构需要申报书、集中对相关市场竞争状况影响的说明、集中协议、财务会计报告等重要文件、资料。此外，反垄断执法机构对于达成并实施垄断协议、滥用市场支配地位等垄断行为的调查也需要大量的文件、材料、信息。由此可见，无论是反垄断执法机构的调查抑或是审查都需要被调查或审查的经营者、利害关系人或者其他有关单位或者个人积极配合，提供有关材料、信息，否则“巧妇难为无米之炊”。如果被调查或审查的主体拒绝提供有关材料、信息，将使得反垄断执法机构的审查或调查难以为继。如果被调查或审查的主体提供虚假材料、信息，或者隐匿、销毁、转移证据，将会对执法审查和调查造成严重干扰。执法资源具有稀缺性，被调查主体的拒绝、阻碍调查行为将造成严重的执法资源浪费。

特别是大数据时代，一些垄断行为获得了算法和数据的加成，变得更加隐蔽、复杂、易变，这导致反垄断执法机构依法实施的审查和调查更加依赖于相关材料、信息。除了纸面的文件、材料，电子形式的材料、信息也变得越发重要。“算法共谋”①、“大数据杀熟”②、“自我优待”③、“二选一”④、“扼杀式并购”⑤ 等互联网垄断行为都加大了反垄断执法机构的调查难度，更加需要依靠相关电子数据和材料的支撑。例如，在某公司“二选一”垄断案中，反垄断执法机构依据了如下材料、信息：当事人财务报告、总裁会会议纪要、内部钉钉群聊天记录、工作总结、相关人员调查询问笔录等文件、竞争性平台和平台内经营者相关人员调查询问笔录、与部分平台内经营者签订的协议、电子邮件、各业务部门发展规划、当事人自

---

① 参见时建中：《共同市场支配地位制度拓展适用于算法默示共谋研究》，载《中国法学》2020 年第 2 期；尚正茂：《算法共谋行为的反垄断法规制》，载《学习与实践》2022 年第 3 期。

② 参见杨东、臧俊恒：《数字平台的反垄断规制》，载《武汉大学学报（哲学社会科学版）》2021 年第 2 期。

③ 参见邓辉：《数字广告平台的自我优待：场景、行为与反垄断执法的约束性条件》，载《政法论坛》2022 年第 3 期。

④ 参见袁波：《电子商务领域“二选一”行为竞争法规制的困境及出路》，载《法学》2020 年第 8 期。

⑤ 参见孙晋：《数字平台的反垄断监管》，载《中国社会科学》2021 年第 5 期；王伟：《平台扼杀式并购的反垄断法规制》，载《中外法学》2022 年第 1 期。

查报告等。[①] 因此，专门规定拒绝提供有关材料、信息，或者提供虚假材料、信息，或者隐匿、销毁、转移证据，或者有其他拒绝、阻碍调查行为应承担何种法律责任，是具有重大意义的。

在具体承担的责任形态上，本条采取了单位责任与个人责任双轨制：（1）对单位处上一年度销售额百分之一以下的罚款，上一年度没有销售额或者销售额难以计算的，处五百万元以下的罚款；（2）对个人处五十万元以下的罚款。相比旧法，2022 年修法的一个亮点就是大幅提高了责任幅度，特别是单位责任部分。2008 年反垄断法中规定的责任形态为：对单位可以处二十万元以下的罚款，情节严重的，对单位处二十万元以上一百万元以下的罚款；对个人可以处二万元以下的罚款，情节严重的，对个人处二万元以上十万元以下的罚款。

反垄断法是市场经济大宪章，以严苛的责任而闻名于世，这种强威慑是规范经营者行为的必要保证。但是根据 2008 年实施的反垄断法，经营者只有违反本法规定，构成垄断行为的（也即构成行为"既遂"），才有可能触发"上一年度销售额百分之一以上百分之十以下的罚款"这一较为严厉的责任。在执法者认定行为是否构成"既遂"的调查或审查过程中，被调查或审查单位即使拒不配合、百般阻挠、弄虚作假、隐匿信息、销毁或转移证据，最高也只需要承担不超过一百万元的罚款。这为被调查或审查单位提供了巨大的诱惑，激励其尽可能妨碍反垄断执法机构的调查和审查，尽最大努力防止"罪名坐实"，阻止相关行为被认定为"既遂"。2022 年修改的反垄断法扭转了这种责任配置不平衡的问题，将妨碍反垄断执法机构依法审查和调查的行为的顶格罚款规定为"上一年度销售额百分之一"或者"上一年度没有销售额或者销售额难以计算的，处五百万元"。这样将使得反垄断法的强威慑力能够覆盖到相关行为的调查和审查阶段，从而提高执法效率，减少执法中潜存的阻碍。特别对于一些大企业而言，如果按照上一年度销售额百分之一来计算罚款，可能出现超过 500 万元的情况。例如，甲公司 2019 年度中国境内销售额为 4557.12 亿元，百分之一的罚款将超过 4.5 亿元；[②] 乙公司 2020 年度中国境内销售额为 11475 亿元，

---

① 参见国家市场监督管理总局国市监处〔2021〕28 号行政处罚决定书，载国家市场监督管理总局网站，https：//www.samr.gov.cn/xw/zj/202104/t20210410_327702.html，最后访问时间：2022 年 7 月 3 日。

② 参见国家市场监督管理总局国市监处〔2021〕28 号行政处罚决定书，载国家市场监督管理总局网站，https：//www.samr.gov.cn/xw/zj/202104/t20210410_327702.html，最后访问时间：2022 年 7 月 3 日。

百分之一的罚款将超过 1 亿元。[①] 长期以来，美国、欧盟的反垄断执法都存在监管者和大企业的博弈失衡的问题，大企业（特别是超级数字平台企业）日渐增长的抗衡力量与监管者日趋紧张的监管能力匮乏、执法资源短缺之间形成鲜明对比。反垄断法大幅提高阻碍反垄断执法的责任，能够扭转这种失衡，极大提高执法效率。此外，随着经济发展，经营者或其他单位的高管、财务人员或其他利害关系人的收入水平也有了明显提高，反垄断法的修改也与时俱进，将个人责任的顶格罚由原来的十万元上升到五十万元。这将对一些妨碍、阻碍执法调查或审查的相关工作人员或其他相关个人形成有效威慑。

最后需要注意的是，妨碍反垄断执法机构实施的审查和调查的单位或个人还可能触犯刑法。一方面，如果有关单位或个人以暴力、威胁方法阻碍反垄断执法机构依法实施的调查的，可能违反《中华人民共和国刑法》第二百七十七条，构成妨害公务罪。另一方面，相关单位或个人为了逃避调查或审查，隐匿或者故意销毁依法应当保存的会计凭证、会计账簿、财务会计报告的，可能违反《中华人民共和国刑法》第一百六十二条，构成隐匿、故意销毁会计凭证、会计账簿、财务会计报告罪。根据修改前的反垄断法之规定，阻碍反垄断执法机构依法实施的审查和调查，构成犯罪的，依法追究刑事责任。但是，2022 年新修改的反垄断法删除了该“链接”刑法的规定。这是因为新修改的反垄断法专门增设了第六十七条，规定违反本法规定，构成犯罪的，依法追究刑事责任。这意味着后续出现妨碍反垄断执法机构实施的审查和调查的单位或个人，构成犯罪的，将依据第六十七条规定，转换到刑法系统进行分析。

【适用指南】

本条款对单位和个人的处罚责任的显著提高也彰显了立法者打击阻碍反垄断执法行为、提高执法效率的决定，相关经营者及个人对此应当建立公平竞争的合规文化，提高自己的反垄断合规意识，防范反垄断合规风险，莫要僭越法律的边界。既要避免出现实施违法垄断行为等实体方面的合规风险，也要杜绝程序制度方面的合规风险。国务院反垄断委员会制定的《经营者反垄断合规指南》第十七条就规定了配合调查义务，即经营者

---

① 参见国家市场监督管理总局国市监处罚〔2021〕74 号行政处罚决定书，载国家市场监督管理总局网站，https：//www. samr. gov. cn/xw/zj/202110/t20211008_335364. html，最后访问时间：2022 年 7 月 3 日。

及员工应当配合反垄断执法机构依法对涉嫌垄断行为进行调查，避免从事以下拒绝或者阻碍调查的行为：拒绝、阻碍执法人员进入经营场所；拒绝提供相关文件资料、信息或者获取文件资料、信息的权限；拒绝回答问题；隐匿、销毁、转移证据；提供误导性信息或者虚假信息等。经营者可以通过加强教育培训等方式，帮助和督促员工了解并遵守反垄断法相关规定，增强员工的反垄断合规意识。下述案例就是经营者员工因反垄断合规意识不足，而招致了反垄断法处罚。这个案件如果发生在新修改的反垄断法实施之后，那么案件中的处罚责任还会大幅提高。

案例：在对某天然气有限公司滥用市场支配地位案调查中，当事人拒不配合案件调查工作，故意隐瞒事实，提供虚假价格并指使相关人员出具虚假证据，直接影响、阻碍了案件调查工作。经查，当事人作为某天然气有限公司综合管理部负责人，直接管理居民天然气销售业务及相关通气点火业务，负责联系报警器、波纹管的购进、付款及产品销售、收款及开支管理等工作，直接管理销售安装报警器、波纹管的业务人员，是某天然气有限公司违法行为的直接组织管理和实施人员，对相关违法情况一清二楚。但其故意隐瞒事实，提供虚假的报警器和波纹管购进价格、随货清单及其他票据，并在调查过程中指使波纹管供货商宁夏某工贸有限公司法定代表人王某出具虚假的销售价格、销售清单和授权委托书，阻挠执法人员调查取证。影响、阻碍了执法人员案件调查工作。最终执法机关认定当事人的行为构成拒绝、阻碍反垄断调查违法行为，属于情节严重的情形，决定对当事人处以5万元罚款。①

【相关规定】

《经营者反垄断合规指南》第十七条；《中华人民共和国刑法》第一百六十二条、第二百七十七条；《企业境外反垄断合规指引》第十三条；《中华人民共和国行政处罚法》第六十七条、第七十三条。

---

① 参见宁夏回族自治区市场监督管理厅宁市监处〔2022〕3号行政处罚决定书，载国家市场监督管理总局网站，https：//www.samr.gov.cn/fldys/tzgg/xzcf/202205/t20220526_347331.html，最后访问时间：2022年7月3日。

第六十三条　【严重违法行为的加重罚款规则】违反本法规定，情节特别严重、影响特别恶劣、造成特别严重后果的，国务院反垄断执法机构可以在本法第五十六条、第五十七条、第五十八条、第六十二条规定的罚款数额的二倍以上五倍以下确定具体罚款数额。

【条文主旨】

本条是关于情节特别严重、影响特别恶劣、造成特别严重后果的严重违法行为的加重罚款的规定。

【条文释义】

根据本条规定，出现下列违反实体性规定情形：经营者达成并实施垄断协议（第五十六条）、滥用市场支配地位（第五十七条）或实施集中且具有或者可能具有排除、限制竞争效果（第五十八条），且情节特别严重、影响特别恶劣、造成特别严重后果，国务院反垄断执法机构最高可处经营者上一年度销售额百分之五十的罚款。出现如下违反程序性规定的情形：对反垄断执法机构依法实施的审查和调查，拒绝提供有关材料、信息，或者提供虚假材料、信息，或者隐匿、销毁、转移证据，或者有其他拒绝、阻碍调查行为的（第六十二条），国务院反垄断执法机构最高可处经营者上一年度销售额百分之五的罚款。处罚力度之大，在我国竞争立法史上前所未有，在世界竞争立法例中也难寻参照，充分彰显了我国强化反垄断监管，维护公平竞争秩序，实现市场正义的决心。

多倍罚款的设计自然而然让人联想到惩罚性赔偿制度，但是需要明确本条的实质是行政加重罚款制度，并非类似于美国的三倍赔偿的惩罚性赔偿制度。本法第六十三条是适用于行政处罚的加重规则，与适用于司法领域的反垄断民事赔偿并无干系。因此，不能因为出现多倍罚款，就将第六十三条定位为一种惩罚性赔偿制度安排。此次反垄断法的修改仍未引入惩罚性赔偿，而是创建了行政加重处罚，可能的原因在于我国的反垄断法主要依靠行政实施而非私人诉讼，法律责任模式也是以行政罚款为中心，现阶段反垄断司法经验和理论的积累不足、私人诉讼能力不彰、可能引发滥诉[①]等多重因素，导致反垄断民事多倍惩罚性赔偿在我国落位仍有一段距离。[②] 就既存行政责任的设置而言，我国也确实存在反垄断法威慑力不足的现实问题，此次修法通过行政处罚的加重规则有效地提升了震慑力。

在现行法中，最接近本条规定的是安全生产法第一百一十四条，其规定：发生生产安全事故，情节特别严重、影响特别恶劣的，应急管理部门可以按照前款罚款数额的二倍以上五倍以下对负有责任的生产经营单位处以罚款。个人信息保护法第六十六条中也规定了加重处罚制度，即违反本法规定处理个人信息，或者处理个人信息未履行本法规定的个人信息保护义务的行为，情节严重的，由省级以上履行个人信息保护职责的部门责令改正，没收违法所得，并处五千万元以下或者上一年度营业额百分之五以下罚款，并可以责令暂停相关业务或者停业整顿、通报有关主管部门吊销相关业务许可或者吊销营业执照。不难发现，现行法对“加重行政处罚”都设定了适用限制条件，要求情节严重、影响恶劣。本条也明确，情节特别严重、影响特别恶劣、造成特别严重后果的违反反垄断法规定的行为才会触发加重罚款制（所谓“三特条款”）。要进行这样的“三特”限制是因为威慑不足与威慑过度总是相伴而生，矫正威慑不足的设计如果显著扩张自由裁量空间而不做限制，很容易矫枉过正，造成威慑过度。“威慑过度的罚款规则会使经营者担心受到严厉制裁而不愿从事甚至放弃从事本来有利于市场竞争、行业发展和消费者利益的行为，造成适得其反的消极效果。”[③] 本条最高可处经营者上一年度销售额百分之五十的罚款的设定，极易让经营者濒临绝境。因此，明晰“情节特别严重、影响特别恶劣、造成特别严重后果”的裁量因素，给市场主体提供明确的预期是非常关键的。

---

① 消费者权益保护法中的惩罚性赔偿制度引发了职业打假和过度诉讼问题，如何通过法解释作业优化惩罚性赔偿制度是近年消费者保护法律体系的研究重点之一。

② 支持引入三倍民事赔偿的一个重要理由是能促进私人诉讼的爆发，进而振兴反垄断私人实施。但是美国的司法实践说明三倍赔偿与私人实施的发展并无显著相关性。美国反垄断私人诉讼案件的数量一开始非常少，至 20 世纪六七十年代才迎来扩张，70 年代达至顶峰。但是 80 年代后数量又逐渐减少，到 20 世纪末已大幅回落。除了 2007、2008 特殊年份，其他均与 20 世纪 60 年代数量水平大致相当。参见洪莹莹：《美国联邦反托拉斯法中的三倍赔偿制度及启示》，载《南京大学学报（哲学·人文科学·社会科学）》2015 年第 1 期。

③ 时建中：《更加完善的反垄断制度保障高质量发展》，载《中国法律评论》2022 年第 4 期。

一般而言，反复实施违法行为，可以视为情节特别严重。一次垄断行为的实施将给市场竞争造成不容忽视的破坏，经过处罚后相关企业再次实施该垄断行为，表明垄断企业具有较大的主观恶性，会对本就高度紧张的市场秩序造成二次破坏。通观世界上一些引入加重罚款制度的竞争法，也往往将“再犯”作为一个重要裁量因素。《法国商法典》（1986 年）第四编“定价自由和竞争”第 L470-3 条规定：因犯有第 L441-2、L441-3、L441-4、L441-5、L441-6、L442-2、L442-3、L442-4、L442-5 和 L443-1 条规定的犯罪行为之一被判处罚的人，在不到两年内又犯同一犯罪行为的，罚金的最高额可提高至 2 倍。[①] 第 L470-4 条规定：因犯有第 L441-3、L441-4、L441-5、L441-6、L442-2、L442-3 和 L442-4 条规定的犯罪行为之一被判处罚的法人，在不到两年内又犯同一犯罪行为的，罚金的最高额为自然人因犯同样行为所适用罚金数额的 10 倍。[②]《巴西反垄断法》（1994 年）第二十三条规定：“以下反垄断处罚适用于：（一）对公司：处以最近一个财政年度税前利润总额 1%至 30%的罚金，该罚金不低于因侵权行为得到的利益，如果该利益可评估；（二）对直接或间接对公司侵权行为负责的管理人员：处以上述公司罚金额 10%至 50%的罚金，并由该管理人员个人独立承担；（三）如果其他的个人、公众或者私人法人、任何法律上或者事实上的社团或者实体，包括临时性的，无论是否具有合法的身份，未从事业务活动，当利用产品销售总额（作为衡量标准）不可行时，将处以相当于 6000 至 600 万财政参考单位或者任何可替代指数金额的罚金。独立条款：再次违法行为将被加倍处以罚金。”[③]

此外，对消费者的生命健康安全造成较大影响的垄断行为，可以视为影响特别恶劣、造成特别严重后果。最典型的就是在医药行业这类关系国民健康安全的行业发生的严重垄断行为，可能会因为侵犯消费者的药品可及性、抬高治疗支出、造成关键治疗药的停产退市而对消费者的生命健康安全造成较大损害。我国反垄断执法机构就曾在葡萄糖酸钙原

---

① L441-2 是关于广告透明度的规定，L441-3、L441-4、L441-5 是关于发票开具义务及相应法律责任的规定，L442-2、L442-3、L442-4、L442-5 是关于拒绝销售等限制竞争行为及法律责任的规定，L443-1 条是关于支付期限的规定。

② 参见时建中：《三十一国竞争法典》，中国政法大学出版社 2009 年版，第 89~96 页。

③ 参见时建中：《三十一国竞争法典》，中国政法大学出版社 2009 年版，第 280 页。

料药垄断案中作出上一年度销售额10%的顶格罚款。[①]其他的危害国家主权的垄断行为、造成极为严重的经济社会破坏的垄断行为，都有可能触发本条规定的加重处罚。未来，更科学合理的做法是出台更加细化的指南或解释，明确“情节特别严重、影响特别恶劣、造成特别严重后果”的裁量标准。

【适用指南】

本条是本次修法专门新增的特别威慑条款，对于垄断协议、滥用市场支配地位、违法实施经营者集中和阻碍调查“情节特别严重、影响特别恶劣、造成特别严重后果的”，国务院反垄断执法机构可以在原有罚则规定的罚款数额的二倍以上五倍以下确定具体罚款数额，理论上最高可罚上一年度销售额50%的罚款。威慑力度之大，实属罕见，也充分强化了反垄断法的震慑功能，让其市场经济“大宪章”的定位更加名副其实。不过法律系统内在的衡平性与对称性要求如此威力巨大的条款在适用上要格外注意限制条件的设置，防止“双刃效应”。该条款的适用泛化或随意化可能将会产生比垄断行为本身更为严重的恶劣后果，因而一般而言要限制在极端个别案件中。法律将特别威慑条款的执法主体层级限制在了“国务院反垄断执法机构”，省级反垄断执法机构并不能适用该条款，这充分体现了立法者希望对该条款的适用情形加以严格限制的旨趣。除了执法主体限定，本条还规定只有情节特别严重、影响特别恶劣、造成特别严重后果的违反反垄断法规定的行为才会触发加重罚款制（所谓“三特条款”）。参考既往查处的案件，未来可能满足“三特条款”的情形主要有反复实施违法行为（反映主观恶性极强）、造成恶劣后果的医药领域垄断案件（特别是原料药）、涉黑涉恶领域的垄断案件等。对于经营者而言，反垄断合规建设

---

① 葡萄糖酸钙注射液是国家基本药物、临床必需药品，是常用的低价药，注射用葡萄糖酸钙原料药是生产葡萄糖酸钙注射液的基本原料。2020年国家市场监管总局调查发现，康某公司、普某惠公司、某阳神公司滥用在中国注射用葡萄糖酸钙原料药销售市场上的支配地位，实施了以不公平的高价销售商品、附加不合理交易条件的垄断行为，排除、限制了市场竞争，损害了患者利益。当事人的行为情节严重、性质恶劣，市场监管总局决定对本案当事人从重作出处罚：对康某公司没收违法所得1.089亿元，并处2018年度销售额10%的罚款，计1.438亿元；合计2.527亿元。对普某惠公司没收违法所得605万元，并处2018年销售额9%的罚款，计4830万元；合计5435万元。对某阳神公司没收违法所得605万元，并处2018年销售额7%的罚款，计1240万元；合计1845万元。国家市场监督管理总局行政处罚决定书（国市监处〔2020〕8号），载国家市场监管总局网站，https://gkml.samr.gov.cn/nsjg/fldj/202004/t20200414_314248.html，最后访问时间：2022年7月30日。

中应当将“三特条款”涉及的垄断行为列为最高风险级别，是绝不能触碰的禁区。

【相关规定】

《中华人民共和国安全生产法》第一百一十四条；《中华人民共和国个人信息保护法》第六十六条。

第六十四条 【受行政处罚经营者的信用记录及公示】 经营者因违反本法规定受到行政处罚的，按照国家有关规定记入信用记录，并向社会公示。

【条文主旨】

本条是关于因违反本法规定受到行政处罚的经营者的信用记录及社会公示的规定。

【条文释义】

本条是此次反垄断法修改的制度创新之一，将失信约束机制引入了反垄断法中，这又将对预防垄断行为构成一道防火墙，有效提高对违法垄断行为的威慑。市场经济主要通过市场机制实现资源配置，而作为市场机制核心内容的商品交换的基本原则是建立在信用基础上的等价交换。[①] 抓住了信用，实际上就能以较低的成本实现对市场交易活动的全景式、全周期监管。因此，近年来作为一种市场监管创新方式的信用监管越发受到重视，已经成为与价格监管、信息监管、资格监管、证照监管等并举的常见举措。[②] 在 2021 年《全国人民代表大会常务委员会工作报告》中，制定社会信用法被列入我国立法规划或立法工作计划。据不完全统计，已有包括民法典、电子商务法、广告法等在内的 41 部法律和 49 部行政法规被写入

---

① 参见胡俊超：《发挥信用监管基础作用 推进监管能力现代化》，载《中国市场监管研究》2022 年第 2 期。

② 2020 年 1 月 1 日起施行的《优化营商环境条例》第五十三条提出，政府及其有关部门应当按照国家关于加快构建以信用为基础的新型监管机制的要求，创新和完善信用监管，强化信用监管的支撑保障，加强信用监管的组织实施，不断提升信用监管效能。

了信用相关条款。[1] 同属于竞争法谱系的反不正当竞争法中就引入了失信约束机制，其第二十六条规定，经营者违反本法规定从事不正当竞争，受到行政处罚的，由监督检查部门记入信用记录，并依照有关法律、行政法规的规定予以公示。但是作为市场监管大宪章的反垄断法中相关的信用约束条款一直付之阙如。

此次修法无疑弥补了这方面的缺憾，明确规定经营者因违反本法规定受到行政处罚的，将依法记入信用记录并向社会公示。"信用记录直接体现个人、组织在市场活动中的可信度、公信力，是证实其是否诚实守信、遵纪守法的重要凭证和依据，是出具信用报告和进行信用惩戒的基础。"[2] 我国已经建立了比较全面的信用信息归集共享制度，全国信用信息共享平台已联通 46 个部门和 31 个省（区、市），累计归集各类信息超 600 亿条，基本形成覆盖全部市场主体、所有信息信用类别、全国所有区域的信用信息网[3]；人民银行金融信用信息基础数据库共收录超过 11 亿自然人，6092 万户企业及其他组织。[4] 将经营者违反反垄断法而受到行政处罚的情况记入信用记录，就能借助我国强大的社会信用约束机制对违法经营者形成影响。而且相比传统的监管方式，信用监管对经营者产生的影响无疑更加深远、更具持续性，大数据和算法的赋能和加成更是让失信经营者无处遁形。反垄断法中规定的责令停止违法行为、没收违法所得、责令停止实施集中、限期处分股份或者资产、限期转让营业、罚款等处罚方式都是一次性或短期性的短痛，实施违法行为的经营者接受处罚后，整个关于追责的故事很可能即告终结。如果该经营者经过理性计算，发现即使支付了违法成本，仍有利可图，那么就有再犯的可能。但是信用监管确是一种"长痛"或"持续性的阵痛"，如果被记入信用记录，那么有可能招致全面性的失信联合惩戒。我国已经形成了市场性、社会性、行业性、行政性等多元化的信用奖惩机制体

---

① 参见胡俊超：《发挥信用监管基础作用 推进监管能力现代化》，载《中国市场监管研究》2022 年第 2 期。

② 参见时建中：《更加完善的反垄断制度保障高质量发展》，载《中国法律评论》2022 年第 4 期。

③ 参见《国家互联网信息办公室发布〈数字中国发展报告（2020 年）〉》，载中国政府网，http：//www.gov.cn/xinwen/2021-07/03/content_5622668.htm，最后访问时间：2022 年 7 月 3 日。

④ 参见葛孟超：《截至去年底央行征信系统收录 11 亿自然人》，载《人民日报》2021 年 1 月 26 日。

系。[①] 而且借助强大的信用信息平台，能够实现跨部门协作机制，对失信经营者施加更全面的影响，真正做到让“失信者寸步难行”。

根据《国务院关于建立完善守信联合激励和失信联合惩戒制度加快推进社会诚信建设的指导意见》，严重失信的经营者可能会遭遇如下不利后果（不限于）：从严审核行政许可审批项目，从严控制生产许可证发放，限制新增项目审批、核准，限制股票发行上市融资或发行债券，限制在全国股份转让系统挂牌、融资，限制发起设立或参股金融机构以及小额贷款公司、融资担保公司、创业投资公司、互联网融资平台等机构，限制从事互联网信息服务等。严格限制申请财政性资金项目，限制参与有关公共资源交易活动，限制参与基础设施和公用事业特许经营。对严重失信企业及其法定代表人、主要负责人和对失信行为负有直接责任的注册执业人员等实施市场和行业禁入措施。及时撤销严重失信企业及其法定代表人、负责人、高级管理人员和对失信行为负有直接责任的董事、股东等人员的荣誉称号，取消参加评先评优资格。金融机构对严重失信主体提高贷款利率和财产保险费率，或者限制向其提供贷款、保荐、承销、保险等服务。行业协会商会可以按照行业标准、行规、行约等，视情节轻重对失信会员实行警告、行业内通报批评、公开谴责、不予接纳、劝退等惩戒措施。

毋庸讳言，反垄断法增设失信约束机制的做法会对经营者形成巨大的威慑，附带的社会声誉压力机制、舆论倒逼效应等如同达摩克利斯之剑，将促进经营者的反垄断合规建设、强化内部自律自治、提升对反垄断法的遵从。实际上，我国关于社会信用的相关规范或政策中，破坏市场竞争秩序的行为往往被定义为失信行为，因此在反垄断法中引入信用监管，并无制度及理论上的障碍。例如，《国务院关于建立完善守信联合激励和失信联合惩戒制度加快推进社会诚信建设的指导意见》规定，推动其他部门和社会组织依法依规对严重失信行为采取联合惩戒措施。重点就包括严重危害人民群众身体健康和生命安全的行为，严重破坏市场公平竞争秩序和社会正常秩序的行为，拒不履行法定义务，严重影响司法机关、行政机关公信力的行为、拒不履行国防义务等行为。国家发改委、原国家工商总局联合另外 36 个部门发布的《失信企业协同监管和联合惩戒合作备忘录》中明确，联合惩戒的对象为违背市场竞争准则和诚实信用原则，存在侵犯消费者合法权益、制假售假、未履行信息公示义务等违法行为，被各级工商

---

① 参见孙晋、孟凡雨：《“十四五”市场监管现代化亟待健全信用监管长效机制》，载《中国价格监管与反垄断》2022 年第 6 期。

行政管理、市场监督管理部门吊销营业执照、列入经营异常名录或严重违法失信企业名单，并在企业信用信息公示系统上予以公示的企业及其法定代表人等。实施垄断行为、侵害消费者利益的行为必然违反市场竞争准则和诚实信用原则。因此，贯通反垄断法与信用约束机制在逻辑上自洽，在路径上也是畅通的。

但是，需要注意正是因为信用约束机制是极为强大的监管创新方式，我们更加需要强调“信用惩戒法定”的法治原则，包括惩戒标准法定、惩戒措施法定、惩戒主体法定、惩戒程序法定、救济机制法定等，尤其要明确失信惩戒措施的类型、种类、幅度、程序等，为其他立法设定惩戒措施提供法律根据。① 尽管本条规定，经营者因违反本法规定受到行政处罚的，按照国家有关规定记入信用记录，但要注意记入信用记录绝对不等同于被列入严重违法失信名单并实施相应管理措施，绝不能将一切违反反垄断法的行为自动推定为严重失信行为。是否构成严重失信行为应当根据社会信用法治体系和相关的政策规范体系进行认真审查和认定。具言之，根据本条载入失信记录的垄断行为中，只有那些根据信用相关法律规定应当进行失信惩戒的行为才能被实施惩戒措施。当前，我国公共信用领域存在着一些“泛信用化”问题，即个别地方、个别部门不区分违法行为的严重与否，动辄采用信用手段实施信用惩戒。② 我们也要警惕反垄断领域的“泛信用化”问题。

此外，即使经营者因违反反垄断法受到行政处罚，按照国家有关规定记入信用记录，我国的社会信用法治系统也有信用修复和补救机制。信用监管的特点就是强调奖励和惩罚并重，监管部门不仅可以利用惩戒手段增加市场主体的失信成本，也可以利用奖励手段增加市场主体的守信收益。③ 即使违法经营者被认定为失信，甚至被施加联合惩戒措施，也并不代表违法者已经被宣判死刑，永无翻身之日。信用修复机制是社会信用法体系的重要构成。信用法治原则要求必须明确各类失信行为的认定标准、联合惩戒的期限及幅度、相关的抗辩事由及适用除外等。失信经营者在规定期限内纠正失信行为、消除不良影响的，不再作为联合惩戒对象。应当赋予经营者通过承担社会责任等方式修复信用的机会，有错让改、有进有出、有

---

① 参见王伟：《失信惩戒的类型化规制研究——兼论社会信用法的规则设计》，载《中州学刊》2019 年第 5 期。

② 参见王伟：《论社会信用法的立法模式选择》，载《中国法学》2021 年第 1 期。

③ 参见张毅、王宇华、黄菊、王启飞：《信用监管何以有效？——基于后设监管理论的解释》，载《中国行政管理》2021 年第 10 期。

奖有惩，才能形成社会信用的动态平衡。

【适用指南】

本条将失信约束机制引入了反垄断法中，对于企业意味着反垄断合规和信用合规具有关联性，要优化合规建设、更新合规管理制度。无论是2020年9月国务院反垄断委员会印发的《经营者反垄断合规指南》，抑或2021年11月国家市场监督管理总局印发的《企业境外反垄断合规指引》都没有涉及垄断行为可能引起的信用风险问题。反垄断法修改后，相关企业的反垄断合规建设中应当增加信用风险的识别、防范和化解内容。反垄断法律责任风险不仅包括企业及员工因违反反垄断法而引发的罚款等风险，还包括失信惩戒引起的风险。实际上，我国既存的一些企业合规指引或指南已经指出市场竞争和信用建设的关系，如国务院国有资产监督管理委员会发布的《中央企业合规管理指引（试行）》第十三条指出建立健全自律诚信体系，突出反商业贿赂、反垄断、反不正当竞争，规范资产交易、招投标等活动。随着信用监管在反垄断领域的运用及普及，未来企业可以建立分级合规管理制度。例如，可以分为三类行为，分别对应不同的风险等级：违反反垄断法但不会记入信用记录的行为（构成垄断+不构成失信）对应低风险，违反反垄断法、记入信用记录但不会引起联合惩戒的行为（构成垄断+构成失信）对应中等风险，违反反垄断法、记入信用记录且引起失信联合惩戒的行为（构成垄断+构成严重失信）对应重大风险。进而，相关经营者可以根据不同风险，建立不同的风险预防、应对和处置方案。

【相关规定】

《中华人民共和国反不正当竞争法》第二十六条；《中华人民共和国电子商务法》第八十六条；《中华人民共和国旅游法》第一百零八条；《中华人民共和国广告法》第六十六条；《优化营商环境条例》第五十三条。

第六十五条　【行政处理不服的救济】对反垄断执法机构依据本法第三十四条、第三十五条作出的决定不服的，可以先依法申请行政复议；对行政复议决定不服的，可以依法提起行政诉讼。

对反垄断执法机构作出的前款规定以外的决定不服的，可以依法申请行政复议或者提起行政诉讼。

【条文主旨】

本条是关于行政相对人对行政决定有权申请行政复议或提起行政诉讼的规定。

【条文释义】

行政机关所做出的行政决定会对行政相对人的利益产生重大影响，因此，法律应当赋予行政相对人寻求法律救济的权利。同理，对于反垄断执法机构对经营者的垄断行为所作出的行政决定，反垄断法也应当赋予经营者寻求法律救济的正当途径。本条文共分为两款，对于不同类型的垄断行为规定了不同的行政救济途径。下面将从寻求法律救济的主体、内容和途径这三个方面对本条文的内容予以进一步阐明和解释。

一、法律救济的主体

提起行政复议或行政诉讼的主体应当是法律规定的适格主体。根据《中华人民共和国行政复议法》第二条规定："公民、法人或者其他组织认为具体行政行为侵犯其合法权益，向行政机关提出行政复议申请，行政机关受理行政复议申请、作出行政复议决定，适用本法。"《中华人民共和国行政诉讼法》第二条第一款规定："公民、法人或者其他组织认为行政机关和行政机关工作人员的行政行为侵犯其合法权益，有权依照本法向人民法院提起诉讼。"

行政相对人包括行政决定的对象和利害关系人，而在本条文中，对于提起行政复议或行政诉讼的主体也并没有明确的指向性。由此观之，有权寻求法律救济申请行政复议或提起行政诉讼的适格主体应当不限于行政决定所指向的经营者，还包括与之存在利害关系的公民、法人或其他组织。

二、法律救济的内容

反垄断执法机构作出的关于经营者实施垄断行为的行政决定，倘若行政相对人对行政决定不服，有权寻求法律救济，此即行政相对人寻求法律救济的内容。此处提及的垄断行为类型应当包括垄断协议、经营者集中和滥用市场支配地位。而赋予行政相对人寻求法律救济的权利，不仅仅是由于反垄断执法机构所作的行政决定会对行政相对人的利益产生重大影响，也是基于垄断现象复杂性的考量，还是反垄断执法机构的行政权力应当受到监督的需要。

首先，行政决定会对行政相对人的利益产生重大影响。无论是经营者集中案件的审查，还是垄断协议和滥用市场支配地位的认定，反垄断执法机构的行政决定都会对经营者及相关利益主体的利益以及企业的发展产生较为深刻的影响。故此，不仅要求反垄断执法机构在行使行政权力、作出行政决定时应当慎之又慎，也应当赋予经营者及相关利益主体寻求行政救济的权利和途径。

其次，基于垄断现象复杂性的考量。垄断作为一种经济现象，不仅仅是对单个个体的描述，很多情况下是对整个行业的描述。对行为性质的认定还需要大量的数据支持，这些数据很多都需要由被调查者提供，涉嫌违法的被调查者自然不会积极主动地提供给执法者，这使得准确、全面地获得相关数据是很困难的。不仅如此，在反垄断执法机构的调查过程中，经营者的垄断行为也处于动态变化中，动态性也进一步增加了垄断现象的复杂性。

最后，反垄断执法机构的行政权力应当受到监督的需要。反垄断法能够得以有效实施，主要依赖于专业性强、职权广泛的执法机构——反垄断执法机构。作为行政机关，反垄断执法机构的职权不仅包括行政权，而且包括调查权、建议权、作出行政决定的权力、作出行政处罚的权力等。为了防止反垄断执法机构行政权力的无限扩张，对反垄断执法机构的行政权力进行有效监督也具有必要性，而赋予行政相对人法律救济途径则是对反垄断执法机构的行政权力实现有效监督的重要途径。

三、法律救济的途径

本条文主要规定了行政复议和行政诉讼两种法律救济途径行政复议，是指行政机关根据上级行政机关对下级行政机关的监督权，在当事人的申请和参加下，按照行政复议程序对具体行政行为进行合法性和适当性审查，并作出裁决解决行政侵权争议的活动。行政诉讼，是指人民法院应公民、法人或者其他组织的请求，通过审查行政行为合法性的方式，解决特定范围内行政争议的活动。行政相对人寻求法律救济的途径根据垄断行为的类型不同而有所不同，主要表现为在经营者集中审查案件中规定了行政复议前置程序，而在垄断协议和滥用市场支配地位案件中没有此特殊规定，既可以申请行政复议，又可以提起行政诉讼。

对反垄断执法机构作出的有关经营者集中审查案件的行政决定，行政相对人在寻求法律救济时，反垄断法规定了行政复议前置程序。本法第三十四条、第三十五条是关于经营者集中审查的规定，根据审查经营者在相关市场的市场份额及其市场的控制力、市场集中度，经营者集中对市场进入、技术进步，对消费者和其他有关经营者，以及对国民经济发展等诸多因素，反垄断执法机构有权做出禁止经营者集中或附条件同意经营者集中的决定。因此，根据本条文的表述，条文第一款规定：经营者对于反垄断执法机构所做出的、关于经营者集中审查案件的行政决定不服的，可以先依法申请行政复议；对行政复议决定不服的，再依法提起行政诉讼。行政复议实际上是当事人提起行政诉讼的前提。

本条文第二款规定：对反垄断执法机构作出的有关垄断协议、滥用市场支配地位案件的行政决定，行政相对人在寻求法律救济时，反垄断法规定行政相对人既可以申请行政复议，又可以提起行政诉讼。

作为行政程序法的特殊规定，行政复议前置程序一般应用于专业性较强的领域。尽管垄断行为的判断和其他行为的判断相比，已经具有较高的专业性；然而在垄断行为内部，与垄断协议和滥用市场支配地位相比，对于经营者集中案件的判断更具复杂性和专业性。[①] 对反垄断执法机构作出的具体行政行为的法律救济，采取行政复议前置程序既有利于行政权合法、有效地行使，又有利于利用行政机关的专业知识和技术优势解决具有专业性的行政纠纷，还有利于减轻法院负担的同时迅速解决纠纷。[②] 而赋予行政相对人提起行政诉讼的权利，则实现了反垄断法和行政诉讼法的衔接配套。从制度上来说，相关社会主体获得了就反垄断执法机构的行政执行寻求司法救济的权利；从理论上来说，通过赋予诉权保障制衡，能够有效规范和助力反垄断执法机构依法开展行政执法工作。[③]

【适用指南】

本条文是行政相对人对于反垄断执法机构的行政决定寻求法律救济的规定。对于本条文的适用，应当注意以下两个方面：其一，注意不同类型的垄断行为的界分问题。原因在于本条文对不同类型的垄断行为规定了不同的法律救济途径，对于经营者集中案件规定了行政复议前置程序，只能先申请行政复议，如果对行政复议结果不服，才能提起行政诉讼；而除了经营者集中之外的垄断协议和滥用市场支配地位案件则既可以申请行政复

---

① 参见安建主编：《中华人民共和国反垄断法释义》，法律出版社 2007 年版，第 113 页。

② 参见孟雁北：《反垄断法》，北京大学出版社 2017 年版，第 352 页。

③ 参见杨军：《反垄断行政执行的司法规制途径》，载《法律适用》2018 年第 15 期。

议、又可以提起行政诉讼。其二，反垄断执法机构作出的是具体行政行为。反垄断执法机构作出的行政决定是针对特定的经营者作出的对其权利义务产生影响的单方行为。

案例：某省市场监管局根据2008年《中华人民共和国反垄断法》的规定，认定12件案件的各原告与其他具有竞争关系的经营者达成的限定消防安全技术检测最低价格的协议，属于固定商品价格的垄断协议，各原告均实施了该垄断协议。遂分别以12家公司2018年度营业收入为基数，作出处百分之一罚款的行政处罚决定。各原告对上述行政处罚决定不服，分别提起行政诉讼，请求予以撤销。

原、被告双方的争议主要围绕限定消防安全技术检测最低价格的协议是否属于固定商品价格的垄断协议和处罚基数是上一年度全部营业收入还是消防安全检测业务的销售额展开。对此，法院判决认为，各原告通过约定设定了消防安全技术检测收费项目及对应的最低价格，并约束、监督各成员单位是否按照约定实施，实质上是将消防安全技术检测业务的价格固定在某个价格标准之上，使价格机制难以在市场中发挥作用，其后果为排除、限制竞争，损害了公平的市场竞争环境，在结果上限定最低价格与固定商品价格并无差异。因此，各原告的行为属于具有竞争关系的经营者达成固定商品价格的垄断协议情形。同时，各原告对所有承接的消防安全检测业务，均按照约定的标准对客户进行报价，部分收费按约定标准执行，系实施了排除、限制竞争行为。某省市场监管局的相关认定有事实和法律依据。

判决认为，垄断行为危害性不仅限于行为涉及的特定范围，还损害市场竞争机制和经济运行效率。因此，总体上对垄断行为应当处以较为严厉的处罚，方能起到有效的威慑作用。在审理的12件案件中，某省市场监管局作出的被诉处罚决定，没有针对各原告作出没收违法所得的处罚，仅作出处上一年度销售额百分之一罚款的行政处罚决定，在处罚时已经考虑各原告达成并实施垄断协议的主观意愿不强、部分检测业务未严格按照垄断协议执行、各原告积极提供相关资料配合调查工作等情节。法院综合考虑最终处罚数额应当包含没收违法所得和罚款两项处罚，并结合涉案垄断行为的危害性及持续时间等因素，认定某省市场监管局将反垄断法第四十六条第一款规定的“上一年度销售额”理解为全部销售额，并作出被诉处罚决定符合立法目的；处罚结果亦在反垄断行政处罚的法定幅度内，符合过罚相当原则。①

【相关规定】

《中华人民共和国反垄断法》第三十四条、第三十五条；《中华人民共和国行政复议法》第二条；《中华人民共和国行政诉讼法》第二条；《中华人民共和国行政处罚法》第七十三条；《禁止滥用市场支配地位行为暂行规定》第二十八条；《禁止垄断协议暂行规定》第二十条。

第六十六条　【执法人员的法律责任】反垄断执法机构工作人员滥用职权、玩忽职守、徇私舞弊或者泄露执法过程中知悉的商业秘密、个人隐私和个人信息的，依法给予处分。

【条文主旨】

本条是关于反垄断执法机构工作人员实施违法行为的法律责任的规定。

【条文释义】

我国反垄断法赋予了反垄断执法机构调查检查权、审核批准权、行政处罚权、处理决定权和规章制定权等职权，反垄断执法机构工作人员作为国家机关工作人员，应当依照法律的规定行使上述行政权力。然而在权力监督机制尚不完备的情况下，权力的滥用难以避免。本条文以完全列举的形式规定了反垄断执法机构工作人员的违法行为类型，并规定实施了违法行为的反垄断执法机构工作人员应当承担相应的法律责任。

一、违法行为类型的列举

本条文对于反垄断执法机构工作人员的违法行为类型，主要列举了滥用职权、玩忽职守、徇私舞弊，以及泄露执法过程中知悉的商业秘密、个人隐私和个人信息四种。

---

① 参见《海南自由贸易港知识产权法院对首批 12 件反垄断行政处罚系列案作出一审宣判》，载海南省人民政府网站，https：//www. hainan. gov. cn/hainan/5309/202202/58af942e429b49cd810af45166b5abba. shtml，最后访问时间：2022 年 7 月 3 日。

（一）滥用职权、玩忽职守、徇私舞弊

滥用职权、玩忽职守和徇私舞弊这三种行为类型在《中华人民共和国刑法》第三百九十七条中也有所体现，表现为渎职罪中的滥用职权罪、玩忽职守罪和徇私舞弊罪。本条文规定这三种行为类型，一定程度上实现了《中华人民共和国反垄断法》和《中华人民共和国刑法》的有效衔接。但应当明确的是，并非反垄断执法机构工作人员实施这些行为都必然构成犯罪，只有严重程度达到了构成犯罪的要求，并符合罪名构成要件的违法行为，才能够被追究刑事责任。

本条文中的滥用职权，是指反垄断执法机构工作人员超越职权，违法决定、处理其无权决定、处理的事项，或者违反规定处理公务的行为。滥用职权罪的构成要件有以下三个方面：第一，行为主体为国家机关工作人员；第二，行为内容是滥用职权的行为；第三，行为结果是致使公共财产、国家和人民利益遭受重大损失。构成滥用职权罪要求责任形式为故意。

本条文中的玩忽职守，是指反垄断执法机构工作人员对工作严重不负责任的行为。玩忽职守罪的构成要件有以下三个方面：第一，行为主体为国家机关工作人员；第二，行为内容是有玩忽职守的行为；第三，行为结果是致使公共财产、国家和人民利益遭受重大损失。构成玩忽职守罪要求责任形式为过失。

本条文中的徇私舞弊，是指反垄断执法机构工作人员在执法过程中，为私情、私利等，故意违背事实和法律，该为不为，或者不该为而为之，或者枉法作出处理的行为。徇私舞弊罪有多种表现形式，构成徇私舞弊罪要求责任形式为故意。

（二）泄露执法过程中知悉的商业秘密、个人隐私和个人信息

反垄断执法机构工作人员在执法过程中，对执法过程中知悉的商业秘密、个人隐私和个人信息负有保密义务。倘若反垄断执法机构工作人员泄露执法过程中知悉的商业秘密、个人隐私和个人信息，应当承担相应的法律责任。《中华人民共和国刑法》第二百一十九条规定了侵犯商业秘密罪，若反垄断执法机构工作人员在执法过程中泄露商业秘密构成犯罪的，应当以侵犯商业秘密罪论处；在《中华人民共和国反垄断法》修正的过程中，将个人隐私和个人信息列入保密范围，强化了对个人隐私和个人信息的保护，呼应了时代特征、体现了时代需求。那么何为商业秘密、何为个人隐私、何为个人信息，尽管这些概念援引自其他部门法律之中，但由于这些概念本身具有模糊性和不确定性，概念的界分和明晰则应当是问题的关键。

1. 商业秘密

商业秘密，是指不为公众所知悉、能为权利人带来经济利益、具有实用性并经权利人采取保密措施的技术信息和经营信息。一般意义上来说，商业秘密应具备的要件包括：秘密性、实用性与价值性、可保密性。秘密性是指不为公众所知悉或不为其所属领域的相关人员轻易获得的信息。价值性是指将商业秘密运用到实践中，可以给权利人带来经济上的利益或具有潜在的科研价值。可保密性是指权利人为防止信息泄露所采取的与其商业价值等具体情况相适应的合理保护措施。作为一种特殊的无形资产，商业秘密的泄露会对企业的经济利益产生重要损害，因此，在反垄断执法过程中，反垄断执法机构工作人员应当负有保守商业秘密的义务。

2. 个人隐私

个人隐私是指公民个人生活中不愿为他人公开或知悉的秘密，且这一秘密与其他人及社会利益无关。个人隐私是隐私权的客体，个人隐私包含私人生活安宁和私人生活的私密空间、私密活动、私密信息等私人生活秘密。[①] 个人隐私的保护十分重要，一方面，隐私权是人格权的重要组成部分，并在《中华人民共和国民法典》中予以规定，对隐私权的保护是保障个人的人格利益尤其是人格尊严和人格自由利益的重要实现方式。在任何经济形态中，个人隐私都应该受到尊重和保护；[②] 另一方面，隐私数据也是重要的生产要素。尤其是在数字经济中，数据已经成为企业从事商业经营的重要资源和企业维持竞争优势的战略资产。企业有很强的自发动力来过度采集和使用消费者用户的数据，同时大数据技术的实现和广泛应用也给企业侵犯消费者隐私提供了技术上的便利和更大的可能性。[③]

3. 个人信息

《中华人民共和国个人信息保护法》第四条第一款规定："个人信息是指以电子或者其他方式记录的与已识别或者可识别的自然人有关的各种信息，不包括匿名化处理后的信息。"个人信息的本质属性为"可识别性"，即个人与该信息之间存在某种客观确定的现实性和可能性的状态。个人信息一方面能够体现一定的人格利益，另一方面具有一定的财产价值。具言

---

① 参见张革新：《个人信息与个人隐私的界分及其法律意义》，载《兰州财经大学学报》2022 年第 1 期。

② 参见张新宝：《从隐私到个人信息：利益再衡量的理论与制度安排》，载《中国法学》2015 年第 3 期。

③ 参见唐要家：《中国个人隐私数据保护的模式选择与监管体制》，载《理论学刊》2021 年第 1 期。

之，姓名、身份证号以及家庭住址等通常是可以直接识别个人身份的个人信息。除此之外，电子邮件、电话号码、工作单位、职位等是与个人身份相联系的标识符号和基本特征，个人的喜好、习惯、出生日期、行程轨迹、体检记录、网络浏览记录等是与个人特征和属性相联系的个人信息。①

二、法律责任的承担

对于反垄断执法机构工作人员实施违法行为的法律责任，本条文仅规定“依法予以处分”，而对于法律责任应当如何承担并没有具体展开。那么，应当通过考量反垄断执法机构工作人员实施的违法行为类型，并参考其他部门法律对于该违法行为的法律责任规定，综合判断法律责任的承担。反垄断执法机构工作人员实施违法行为的法律责任应当包括行政责任和刑事责任。行政责任和刑事责任之间并非相互排斥的关系，反垄断执法机构工作人员实施违法行为一定会受到行政处分，但并不必然构罪、需要承担刑事责任。

一方面，行政责任的承担。反垄断执法机构工作人员作为国家机关工作人员，在执法过程中代表的是反垄断执法机构。反垄断执法机构工作人员在执法过程中实施违法行为，首先应当受到行政处分，如依法给予警告、记过、记大过、降级、撤职、开除等行政处分。

另一方面，刑事责任的承担。当反垄断执法机构工作人员实施的违法行为构成刑事犯罪时，应当依法承担刑事责任，主要包括滥用职权罪、玩忽职守罪、徇私舞弊罪和侵犯商业秘密罪。《中华人民共和国刑法》第二百一十九条规定：“有下列侵犯商业秘密行为之一，情节严重的，处三年以下有期徒刑，并处或者单处罚金；情节特别严重的，处三年以上十年以下有期徒刑，并处罚金：（一）以盗窃、贿赂、欺诈、胁迫、电子侵入或者其他不正当手段获取权利人的商业秘密的；（二）披露、使用或者允许他人使用以前项手段获取的权利人的商业秘密的；（三）违反保密义务或者违反权利人有关保守商业秘密的要求，披露、使用或者允许他人使用其所掌握的商业秘密的。明知前款所列行为，获取、披露、使用或者允许他人使用该商业秘密的，以侵犯商业秘密论。本条所称权利人，是指商业秘密的所有人和经商业秘密所有人许可的商业秘密使用人。”《中华人民共和国刑法》第三百九十七条规定：“国家机关工作人员滥用职权或者玩忽职守，致使公共财产、国家和人民利益遭受重大损失的，处三年以下有期徒

---

① 参见冉克平：《论〈民法典〉视野下个人隐私信息的保护与利用》，载《社会科学辑刊》2021 年第 5 期。

刑或者拘役；情节特别严重的，处三年以上七年以下有期徒刑。本法另有规定的，依照规定。国家机关工作人员徇私舞弊，犯前款罪的，处五年以下有期徒刑或者拘役；情节特别严重的，处五年以上十年以下有期徒刑。本法另有规定的，依照规定。”

【适用指南】

本条文规定了反垄断执法机构工作人员实施违法行为的法律责任。在适用过程中，应当注意以下两个方面：其一，滥用职权、玩忽职守和徇私舞弊行为与滥用职权罪、玩忽职守罪和徇私舞弊罪的界分；其二，个人隐私与个人信息二者之间的关系。

一、渎职行为和渎职罪的界分

滥用职权、玩忽职守和徇私舞弊属于渎职行为，是国家机关工作人员在履行职责或形式职权的过程中，出现的行政违法行为。而滥用职权罪、玩忽职守罪和徇私舞弊罪属于渎职罪，是国家机关工作人员在公务活动中妨碍国家管理活动，致使国家、集体和人民利益遭受重大损失的行为。确定罪与非罪的界限主要考量行为后果是否给国家、集体和人民利益造成了严重损害，这也是判断反垄断执法机构工作人员是否需要承担刑事责任的决定因素。

二、个人隐私与个人信息的关系

个人隐私与个人信息并不等同，两者在诸多方面上均有差异。首先，两者法律属性不同。个人隐私强调隐匿性、私密性和不公开性，侧重点在“隐”和“私”上；而个人信息则强调个人身份的识别性、标识性、个人归属性，侧重点在“个人”上。其次，两者范围不同。两者之间不是上位概念与下位概念，包含与被包含的关系，而是交叉关系。[①] 最后，两者保护价值不同。个人隐私主要是维护个人的人格尊严、保障个性发展和个人自治；而个人信息保护的价值主要是确保其自由流通和利用。[②] 由于个人隐私与个人信息之间错综复杂的关系，在某些情况下无法准确区分到底是个人隐私还是个人信息，此时，在不影响事实判断的前提下，不作更为具体的界分则可能是更优解。

---

① 参见李卫华：《民法典时代政府信息公开中个人私密信息保护研究》，载《政治与法律》2021 年第 10 期。

② 参见张革新：《个人信息与个人隐私的界分及其法律意义》，载《兰州财经大学学报》2022 年第 1 期。

案例：反垄断执法机构接到举报，对某原料药企业涉嫌达成并实施垄断协议行为展开立案调查。反垄断执法机构进行了现场检查、询问调查，并委派了多位工作人员对该原料药企业垄断协议实施情况进行调查，提取了相关证据材料。在对该原料药企业近五年签署的文件等证据材料进行检查等过程中，确实发现了该企业在全国范围内通过签署合作协议、下发调价函、口头通知等方式，与药品批发商、零售药店等下游企业达成固定药品转售价格和限定药品最低转售价格的协议，并通过制定实施规则、强化考核监督、惩罚低价销售经销商、委托中介机构监督线上销售药品价格等措施保证该协议实施。

然而，某工作人员在调查取证的过程中发现了该原料药企业包括经销商名单等一系列详细的商业资料，并将其透露给该原料药企业的竞争对手，导致该原料药企业遭受了巨大的经济损失。经查证，情况属实，该工作人员在反垄断执法过程中泄露商业秘密，给经营者造成巨大损失，根据《中华人民共和国反垄断法》第六十六条的规定，对其给予了严厉的处分。①

【相关规定】

《中华人民共和国刑法》第二百一十九条、第三百九十七条；《中华人民共和国个人信息保护法》第四条；《中华人民共和国民法典》第一千零三十二条、第一千零三十四条；《中华人民共和国公务员法》第五十六条；《行政机关公务员处分条例》第六条。

第六十七条　【垄断行为的刑事责任】违反本法规定，构成犯罪的，依法追究刑事责任。

【条文主旨】

本条是关于追究违法主体刑事责任的原则性规定。

① 需予以说明的是，此案例为笔者虚构。

【条文释义】

本条文将刑事责任条款单独列出，是对我国反垄断法的法律责任制度的完善。刑事责任是指人民法院对于触犯刑事法律构成犯罪的单位或个人所给予的法律制裁，是法律责任形式中最严厉的一种。根据该条文表述，可以从以下三个方面进行解读：首先，本条文体现出我国反垄断法肯定了垄断行为的“应刑罚性”；其次，刑事责任条款的设置，大大增加了反垄断法的威慑性；最后，本条文作为原则性规定，主要起到宣示性作用。

一、垄断行为具有“应刑罚性”

刑事责任条款的设置明确了在我国反垄断法中，认为垄断行为具有“应刑罚性”。考察一项不法行为是否具有“应刑罚性”，应当主要考量以下几个标准：一是不法行为所破坏法益的价值与程度，为破坏重大法益或对重大法益的破坏具有重大危险性的，具有“应刑罚性”；二是考量不法行为对于行为客体的侵害危险性；三是考量行为人在良知上的可责性；四是考量刑罚的不可避免性。[①]

首先，垄断行为所侵害的法益是自由、公平的有效竞争秩序，破坏的是市场经济的自由根基。由于竞争是兼具相互角逐的过程和优胜劣汰的结果于一体的市场机制，因此，垄断行为是竞争运行中不可避免的市场现象。经营者身处市场竞争之中时刻面临着来自竞争对手的压力，为了在市场运行中获得竞争优势或避免竞争，使得经营者为了避免竞争而实施垄断行为。实施垄断行为的结果是改变了市场结构和秩序环境，抑制甚至扼杀竞争。[②] 因此，垄断行为侵犯的是反垄断法所保护的自由竞争的竞争机制和公平竞争的竞争秩序。自由竞争机制是市场经济条件下最为重要的法益。侵犯自由竞争法益的行为，自然就属于破坏重大法益或对重大法益破坏具有危险性的行为，因而具有“应刑罚性”。

其次，经营者在优胜劣汰的竞争机制下实施垄断行为具有自发倾向，且垄断行为不具有自我校正性。一方面，在市场经济条件下，经营者具有通过限制竞争行为来逃避和减轻竞争压力的自发倾向，一旦存在实施可能性，经营者就会实施垄断或其他限制竞争行为；另一方面，垄断行为不具

---

① 参见邵建东：《我国反垄断法应当设置刑事制裁制度》，载《南京大学学报》2004年第4期。

② 参见金善明：《论垄断行为入罪化的限度》，载《北京工业大学学报（社会科学版）》2017年第6期。

有自我校正性，实施垄断行为的经营者不会自觉纠正自己的行为并自觉遵守自由竞争的规则。因此，在这样的客观情况下，通过考量自由竞争机制在市场经济运作中的核心功能和重要性、着眼于市场经济条件下垄断行为发生的必然性以及垄断行为对市场经济秩序的侵害危险性，就不难得出这样的结论：垄断行为对市场经济具有巨大的侵害危险性。[①]

再次，从事垄断行为的经营者具有较强的主观恶意。垄断行为实施者必须主观上具有限制竞争的直接故意，即行为人明知其行为会导致排斥或限制竞争的严重后果，而希望该结果发生的主观态度。[②] 垄断行为实施者是以牺牲其他相关主体利益和社会的公共利益为代价，因此行为人在主观上具有特别程度的可非难性。

最后，垄断行为的“应刑罚性”具有不可避免性。刑罚的不可避免性，是指由于不法行为的严重性，非以最严厉的刑罚手段不能有效遏制的情形。理论上，对一种经济违法行为，可采取民事制裁、行政制裁和刑事制裁三种方式，如果一国立法所设置的民事制裁与行政制裁能对垄断行为进行有效控制，则刑事制裁并非必要。纵观我国十多年的反垄断实践，民事制裁和行政制裁的效果较为低效，一定程度上为反垄断执法增加了难度。

二、反垄断法的威慑性体现

在反垄断法中设置刑事责任条款，体现了反垄断法对违法的垄断行为和限制竞争行为的威慑作用。在传统的刑罚理论中，威慑被认为是刑罚的主要目的。著名意大利法学家贝卡利亚早已指出，法律存在之主要目的在于威慑再犯。因此，引入刑事制裁是构筑反垄断法有效威慑体系的关键要素。[③]

刑事责任，尤其是针对个人的刑事处罚，是一种十分重要的威慑手段。美国学者威尔逊和凯林在 20 世纪 80 年代创立了“破窗”理论：如果一个公共建筑物的窗户被人损坏，并且没能得到及时的修复，那么该建筑的其他窗户也会受到损坏，因为最初被损坏的窗户表明该建筑没能得到很好的照管，所以人们理所当然地认为后续的破坏行为也不会受到追究。这样，就会陷入恶性循环，使得破坏窗户的行为不断地发生。根据破窗理

---

① 参见邵建东：《我国反垄断法应当设置刑事制裁制度》，载《南京大学学报》2004 年第 4 期。

② 参见郑鹏程：《论垄断罪的依据、构成与刑事责任》，载《河北法学》2003 年第 2 期。

③ 参见王健：《威慑理念下的反垄断法刑事制裁制度——兼评〈中华人民共和国反垄断法（修改稿）〉的相关规定》，载《法商研究》2006 年第 1 期。

论，一个或两个无序的社会现象并不会轻易引起犯罪，而如果无序的状态达到一定规模或无序的活动非常频繁时，犯罪等复杂而消极的社会现象就会出现。①

而在反垄断法中也存在这样一个破窗：对于社会危害性大的垄断行为没有规定刑事责任，就会不可避免地对垄断行为起到纵容的效果。这样，不仅无法遏制那些十分严重的垄断行为的发生，而且对于影响较为轻微的垄断行为也释放出信号，使得垄断行为实施者更加肆无忌惮。而有效的威慑理论是要让那些可能从事违法行为的人相信，一旦实施违法垄断行为，则很有可能被抓获并处以严厉的惩罚。② 而在反垄断法中将刑事责任条款单独列出，不仅意味着我国反垄断法的法律责任实现了与刑法的接轨，也意味着反垄断法实现了威慑性层面的重大突破。③

三、原则性规定的制度解读

对于刑事责任应当如何设置和承担，在反垄断法中并未具体展开。这为追究相关违法主体的刑事责任留下了很大的制度空间。我国刑法第三条规定："法律明文规定为犯罪行为的，依照法律定罪处罚；法律没有明文规定为犯罪行为的，不得定罪处刑。"罪刑法定原则是我国刑法规定的基本原则。对于本条文来说也是如此，只有从刑法中寻求到明确的法律依据，才能追究违法主体的刑事责任。

（一）程序性行为导致的刑事责任

在《中华人民共和国反垄断法》中，阻碍反垄断执法机构工作人员调查的行为和反垄断执法机构工作人员滥用职权的行为，可能触犯刑事责任。《中华人民共和国反垄断法》第六十二条："对反垄断执法机构依法实施的审查和调查，拒绝提供有关材料、信息，或者提供虚假的材料、信息，或者隐匿、销毁、转移证据，或者有其他拒绝、阻碍调查行为的，由反垄断执法机构责令改正，……"阻碍反垄断执法机构工作人员调查的行为与《中华人民共和国刑法》第二百七十七条相对应："以暴力、威胁方法阻碍国家机关工作人员依法执行职务的，处三年以下有期徒刑、拘役、管制或罚金……"阻碍反垄断执法机构工作人员调查的行为可能构成妨害公务罪。

《中华人民共和国反垄断法》第六十六条规定："反垄断执法机构工作

---

① 参见李本森：《破窗理论与美国的犯罪控制》，载《中国社会科学》2010 年第 5 期。

② 参见谭袁：《中国反垄断法刑事责任制度研究》，载《朝阳法律评论》2012 年第 1 期。

③ 参见侯利阳：《论〈反垄断法（修正草案）〉中的四大争议问题》，载《江西社会科学》2022 年第 4 期。

人员滥用职权、玩忽职守、徇私舞弊或者泄露执法过程中知悉的商业秘密、个人隐私和个人信息的，依法给予处分。”与《中华人民共和国刑法》第三百九十七条、第二百一十九条和第二百五十三条相对应。《中华人民共和国刑法》第三百九十七条规定：“国家机关工作人员滥用职权或者玩忽职守，致使公共财产、国家和人民利益遭受重大损失的，处三年以下有期徒刑或者拘役；情节特别严重的，处三年以上七年以下有期徒刑。本法另有规定的，依照规定。国家机关工作人员徇私舞弊，犯前款罪的，处五年以下有期徒刑或者拘役；情节特别严重的，处五年以上十年以下有期徒刑。本法另有规定的，依照规定。”第二百一十九条规定：“有下列侵犯商业秘密行为之一，情节严重的，处三年以下有期徒刑，并处或者单处罚金；情节特别严重的，处三年以上十年以下有期徒刑，并处罚金：……（三）违反保密义务或者违反权利人有关保守商业秘密的要求，披露、使用或者允许他人使用其所掌握的商业秘密的……”《中华人民共和国刑法》第二百五十三条之一：“违反国家有关规定，向他人出售或者提供公民个人信息，情节严重的，处三年以下有期徒刑或者拘役，并处或者单处罚金；情节特别严重的，处三年以上七年以下有期徒刑，并处罚金。违反国家有关规定，将在履行职责或者提供服务过程中获得的公民个人信息，出售或者提供给他人的，依照前款的规定从重处罚……”反垄断执法机构工作人员滥用职权的行为可能构成滥用职权罪、玩忽职守罪、徇私舞弊罪、侵犯商业秘密罪和侵犯公民个人信息罪。

（二）实施垄断行为可能导致的刑事责任展望

实施垄断行为本身不会导致刑事责任，根据罪刑法定原则，还是应当根据刑法的规定来追究刑事责任。本条文的规定带来的更大的意义在于为日后追究相关违法主体的刑事责任预留了制度空间。随着社会经济的不断发展和反垄断实践的日益成熟，在不久的将来实施垄断行为构成的刑事责任被写进《中华人民共和国刑法》后，就能够根据本条文的规定追究垄断行为实施者个人的刑事责任。由于企业的决策归根结底都是由个人作出的，因此，这种将刑事责任落实到个人的规定将可以对遏制垄断行为起到很大的助益作用。至于是否追究垄断协议行为、滥用市场支配地位行为、经营者集中行为以及行政垄断行为的实施者个人的刑事责任，是全部行为都追究刑事责任还是某一个或者某几个追究刑事责任，还要取决于刑法修改后的规定。

【适用指南】

本条文属于原则性规定条款，在现阶段更多的是起到宣示性作用。即便在以后能够得到实质性适用，也应当注意的是：一方面，罪刑法定是刑罚理论的最根本原则，任何刑事责任的认定都应当追寻到刑法中的规定；另一方面，刑事责任的认定应当坚持谦抑性原则，谨慎适用，否则可能造成过度威慑。

【相关规定】

《中华人民共和国反垄断法》第六十二条、第六十六条；《中华人民共和国刑法》第三条、第二百七十七条、第二百一十九条、第二百五十三条、第三百九十七条。

第八章　附　　则

第六十八条　【知识产权垄断行为和适用除外】经营者依照有关知识产权的法律、行政法规规定行使知识产权的行为，不适用本法；但是，经营者滥用知识产权，排除、限制竞争的行为，适用本法。

【条文主旨】

本条是关于知识产权保护与反垄断法之间关系的规定。

【条文释义】

本条文确立了我国对知识产权行使行为进行反垄断法规制的基本原则，并从正、反两个方面规定了我国知识产权保护与反垄断法之间的辩证统一关系，即既体现了对知识产权的尊重和保护，又使得知识产权的行使受到必要的限制。对该条文的解读可以从本条文的功能定位、我国对知识产权保护与反垄断法之间关系的基本态度以及我国反垄断法适用于知识产权的标准这三个方面展开。

一、本条文的功能定位

反垄断法在知识产权领域的适用是一个非常复杂和敏感的问题，涉及对反垄断法和知识产权法这两个重要法律领域的边界及其相互关系的认识和处理，关系到维护竞争和激励创新两大目标的平衡。[①] 明确该条文的功能定位，是准确理解我国知识产权保护和反垄断法之间关系的关键。

---

① 参见王先林：《我国反垄断法适用于知识产权领域的再思考》，载《南京大学学报（哲学·人文科学·社会科学版）》2013年第1期。

首先，《中华人民共和国反垄断法》第六十八条的主要功能是宣示和说明，即该条文表明反垄断法既不否定知识产权法授予的权利，也不将知识产权作为除外使用领域或者豁免，而是不适用于依法行使知识产权的行为，但该条文依旧适用于不正当行使（滥用）知识产权排除、限制竞争的行为。其次，该条文具有说明性功能，是关于不违反反垄断法的知识产权行使与违反反垄断法的知识产权行使行为的类型描述。本条文并未明确构成要件，因此，在处理个案问题时，还是应通过适用反垄断法的其他规定来认定知识产权行使的违法性，而非直接适用该条文。这意味着，知识产权的不正当行使行为并非一种单独的垄断行为类型，适用反垄断法判定知识产权滥用需要通过具体分析行为性质和表现形式，来判断是构成垄断协议、滥用市场支配地位还是经营者集中。最后，该条文明确了知识产权法与反垄断法之间的衡平理念，并将衡平二者关系的任务授权给了反垄断执法机构,[①] 强调反垄断执法机构有权对知识产权的行使予以反垄断审查。[②]

二、我国对知识产权保护与反垄断法之间关系的基本态度

知识产权是通过保护权利人的专有权来激励人们在知识经济领域的创新活动，尽管保护权利人的专有权在一定程度上会起到限制竞争的效果。然而，知识产权与普通财产权一样，因为具有限制竞争的可能性而受到反垄断法的制约。本条文明确了我国对知识产权保护与反垄断法之间关系的基本态度：一方面，因知识产权而形成的垄断地位以及因知识产权的行使而对竞争的限制，是基于法律的授权，是合法的；另一方面，知识产权的权利人超出法律对其专有权规定的范围而滥用其权利，以谋取或加强其垄断地位，这种权利是不受保护的，如果产生排除、限制竞争的效果，应当受反垄断法的调整。

首先，本条文具备除外条款之外观，在一般情况下，知识产权行使行为是作为反垄断法的适用除外而存在的。知识产权是一种无形财产权，也是一种合法的垄断权。知识产权之所以被专门法律直接确认为垄断权利，是由知识产权的非物质性决定的。由于智力成果不像有形财产那样便于实际占有，智力成果的完成人要推广应用其成果，就必须公开其成果的内容，而一旦公开了又容易被他人擅自使用。因此，就必须用专门的法律给予智力成果完成人以特别的保护，独占性或垄断性是知识产权共有的特

---

① 参见王先林：《我国反垄断法适用于知识产权领域的再思考》，载《南京大学学报（哲学·人文科学·社会科学版）》2013 年第 1 期。

② 参见董笃笃：《中国〈反垄断法〉第 55 条的解释与适用》，载《重庆理工大学学报（社会科学版）》2012 年第 5 期。

性。除对知识产权的垄断状态反垄断法予以尊重外，知识产权排他许可或独占许可也属于适用除外。从形式上来看，排他许可类似限定交易，独占许可类似独家交易，但这些行为属于知识产权法中的权利人的权利范畴，而不是反垄断法中的权利（权力）滥用。

其次，本条文也明确知识产权滥用行为可能会与反垄断法形成冲突，应当受到反垄断法的规制。知识产权滥用，是指知识产权的权利人在行使其权利时超出了法律允许的范围或者正当的界限，导致对该权利的不正当利用，损害他人利益和社会公共利益的行为。反垄断法与知识产权之间的潜在冲突确实客观存在，因为反垄断法是反对垄断和保护竞争的，而知识产权恰恰则是授予和保护某种对竞争进行限制的权利的。虽然这种表面上的不一致并不必然带来实际上的冲突，但确实蕴含着冲突的可能性。知识产权的拥有本身并不必然导致与反垄断法的冲突，知识产权的正当行使也不会产生与反垄断法的冲突。然而，当知识产权权利人不正当行使其权利，并且排除、限制市场竞争，就会引起反垄断法与知识产权的冲突。区分知识产权的拥有与知识产权的行使是反垄断法对待知识产权问题的基本原则和逻辑。①

最后，适用反垄断法规制知识产权遵循着利益平衡原则。利益平衡原则并不强调冲突利益之间的完全对等，而是要求反垄断法作为一种制度设计，对不同利益主体的价值取向给予充分考虑，兼顾不同主体的利益和公共利益，以互不损害对方利益为价值目标。② 知识产权法赋予知识产权一定条件下的合法垄断。知识产权法所追求的利益平衡无法单靠其自身维持时，还必须借助具有公法属性的反垄断法，通过公权对私权的适度介入，来实现知识产权法所追求的利益平衡目标。知识产权是一种私权，其首要目的是实现私人利益。但知识产权法也具有重要的社会公共利益目标，尽管知识产权的社会公共利益目标在很大程度上是通过其自身的机制来实现的，但面对知识经济条件下知识产权被不断扩张、强化并极易被滥用这一新情况，知识产权法基于自身的私法调整手段和方法的局限性，难以完全解决知识产权领域的社会公共利益问题。特别是当知识产权法本身所构建的由知识专有权和知识共享权相互制约的利益平衡被危害竞争的知识产权垄断打破时，就必须通过反垄断法这种外部力量控制知识产权垄断，以恢

---

① 参见王先林：《竞争法视野的知识产权问题论纲》，载《中国法学》2009 年第 4 期。

② 参见孟雁北：《规制与规制的限制：透视中国反垄断法视野中的知识产权许可行为——兼论中国〈知识产权领域反垄断执法指南〉的制定》，载《中国社会科学院研究生院学报》2012 年第 1 期。

复或重建知识产权法所追求的利益平衡。[①]

三、我国反垄断法适用于知识产权的标准

关于我国反垄断法适用于知识产权保护的标准，主要从滥用知识产权的认定以及反垄断法适用于知识产权的标准这两个方面展开。

（一）知识产权滥用的认定

知识产权滥用行为是一个相对模糊的概念。知识产权滥用是相对于知识产权的正当行使而言的，是指知识产权的权利人在行使权利时超过法律所允许的范围或者正当的界限，导致对该权利的不正当使用，损害他人利益和社会公共利益的情形。违法行使权利就是权利的滥用，知识产权滥用可能侵犯他人的合法利益或社会公共利益。只有侵犯了社会公共利益，且排除、限制市场的正当竞争秩序时，才有可能受到反垄断法的规制。因此，知识产权滥用行为并不必然对应反垄断法调整的垄断行为，即知识产权滥用行为并不等同于垄断行为。[②]

（二）反垄断法适用于知识产权的标准

适用反垄断法调整的行为是排除、限制竞争的垄断协议行为、滥用市场支配地位行为以及经营者集中行为。因此，知识产权的权利人滥用知识产权，只有构成排除、限制竞争的这几种行为时，才应当受到反垄断法的调整。反垄断法适用于知识产权的标准在于如何衡量和界定垄断行为，而非衡量和界定滥用知识产权行为。反垄断法介入知识产权领域，并不意味着对知识产权本身作为垄断权性质的否定，而是在承认和保护这种权利的同时，防止和控制知识产权被滥用、限制和阻碍市场竞争。[③]

【适用指南】

在适用本条文时，很容易陷入这样的一个误区：知识产权的权利人被当然地假定为具有市场支配地位。知识产权并不等同于市场支配地位，尽管特定技术专利的存在昭示了法定权利排除，但绝不代表着在相关市场中的经济实力。一方面，反垄断法是保护竞争过程的法律，知识产权旨在保护竞争成果。知识产权行使行为违反反垄断法是滥用知识产权行为的一

---

① 参见吕明瑜：《论知识产权垄断法律控制的理论基础》，载《河北法学》2009年第6期。

② 参见张敏：《反垄断法在知识产权领域的适用——兼评我国〈反垄断法〉第55条》，载《经济与社会发展》2013年第3期。

③ 参见祝建军：《反垄断法在知识产权纠纷中的适用》，载《人民司法·案例》2008年第16期。

种，是构成滥用知识产权行为的充分但不必要条件。[①] 另一方面，尽管从理论上来说，部分知识产权可以形成垄断，但在现实中很少有知识产权能够真正形成垄断，因为在一般情况下知识产权所保护的技术或产品总是存在可替代的技术或产品。因此，仅仅具有知识产权这一事实并不能推导出权利人具有市场支配力的结论。[②]

案例：某易计算机系统有限公司（以下简称某易公司）开发出一款广受玩家欢迎的游戏，涉案游戏为2D回合制大型多人在线角色扮演类PC客户端网络游戏，具有较高的用户黏性。某易公司是涉案游戏的著作权人和C×直播平台的关联企业。某易公司将涉案游戏独家许可给C×直播平台直播。某多网络科技有限公司（以下简称某多公司）是Y×直播平台的著作权人和经营者。某多公司的签约主播在其直播平台上直播涉案游戏，某易公司在涉案游戏的拆封协议中约定游戏用户未经其许可不可直播，并通过强制下线、封号等方式禁止游戏用户在某多公司直播平台上直播涉案游戏。某多公司称，某易公司利用其对涉案游戏的支配地位，限制游戏用户只能在其C×直播平台直播该游戏，将C×直播软件与涉案游戏软件相捆绑，并全面抄袭某多公司的Y×语音软件的整体设计、页面布局、功能架构。某多公司遂诉至法院，请求法院判令某易公司停止限制直播和搭售的垄断侵权行为和整体模仿的不正当竞争行为、赔礼道歉、消除影响，并赔偿其经济损失及合理维权费用。

本案历经两审，某多公司上诉称一审法院以某易公司享有著作权为由不作相关市场界定不当，本案的相关市场为某游戏的网络游戏服务市场，某易公司的行为构成搭售和附加不合理交易条件的垄断行为。滥用市场支配地位实质提出了某易公司滥用知识产权排除、限制竞争的问题。

二审过程中，二审法院对此做出回应：尽管某易公司系该游戏画面的著作权人，享有知识产权，也仍然需要根据案件事实情况对某易公司如何行使著作权的行为进行反垄断分析。且某多公司在本案中还诉某易公司搭售，搭售亦以具有市场支配地位为前提，但被诉搭售行为并非对著作权的行使行为，某易公司是否构成搭售亦需对相关市场进行界定。一审法院仅以某易公司是该游戏画面著作权人，只审查某易公司是否在行使知识产

---

① 参见张世明：《滥用知识产权与滥用市场支配地位之辩》，载《人大法律评论》2020年第2辑。

② 参见王先林、潘志成：《反垄断执法与知识产权保护之间的平衡——美国〈反托拉斯执法与知识产权：促进创新和竞争〉报告述评》，载《学术论坛》2007年第6期。

权，没有审查某易公司是否滥用知识产权，排除、限制竞争，从而认为无须认定相关市场，对相关市场不作分析判断不当。某多公司提出应予分析本案相关市场上诉有理，并予以支持。①

【相关规定】

《国家市场监督管理总局关于禁止滥用知识产权排除、限制竞争行为的规定》第二条。

第六十九条　【农业领域的适用除外】农业生产者及农村经济组织在农产品生产、加工、销售、运输、储存等经营活动中实施的联合或者协同行为，不适用本法。

【条文主旨】

本条是关于农业反垄断适用除外的规定。

【条文释义】

为保护农业生产者的利益，促进我国农业经济的发展，反垄断法第六十九条规定了农业领域的特定行为不适用反垄断法的规定。对于这一条文，可以从如下几个方面进行理解：

一、农业反垄断适用除外的原因

（一）农业生产者的弱势地位

反垄断法旨在维护自由市场竞争秩序，而要使竞争秩序发挥其应有的作用，应当防范市场主体凭借其强大的经济权力、利用自身优势地位对其他经营者进行的剥削。农业领域本身的特质使得这一现象更加容易发生。在农业生产经营活动中，处于最上游的农业生产者往往是处于分散经营状态的个体农业劳动者，农业生产的特点以及我国实行的家庭联产承包责任制度，都使得上游农业劳动者天然难以实现集约化作业，更多表现为以个

① 参见广东省高级人民法院（2018）粤民终552号民事判决书，载中国裁判文书网，https：//wenshu. court. gov. cn/website/wenshu/181107ANFZ0BXSK4/index. html？docId = 51aac1bb823d47cbb575ac0d012414c6，最后访问时间：2022年7月3日。

体为单位的小规模经营。而处于农产品经营环节的下游批发商或收购者则具有更多的资源和经济实力，其更容易形成产业集中，从而使上游生产者具备天然的优势地位。

具体而言，这种不平衡的经济地位主要有以下几种原因：第一，农产品往往鲜活易腐，很难长期储存，也很难承受长时间运输的风险。其具有较强的时效性，一旦作物变质腐败，则生产者就会颗粒无收。因此农业生产者在与下游收购商的交易过程中往往会因为担心产品的时效性而屈服和妥协。第二，农业生产者信息较为闭塞。一方面，农业生产者因为地理距离以及生活群体的原因，往往不了解农产品消费市场上的信息，如具体的产品价格变动情况、市场的需求情况等，因此很难根据市场预测来决定自身的生产策略。而下游的经销商对于这些信息的了解更为全面和充分，其容易利用这种信息差来压低产品收购的价格，损害农业生产者的利益。另一方面，农业生产者彼此之间也缺少联系，我国的农业劳动依然总体呈现分散性特征，不同地域的劳动者之间信息交流较少，这也让下游经销商有了针对不同主体进行歧视性定价的机会。

良好竞争秩序的实现不意味着应当放任市场主体凭借自身力量而实行剥削行为，相反，反垄断法应当通过保护弱势经济主体的权益、鼓励弱势主体之间通过联合等形式来增强自身经济实力，以防止优势地位一方滥用其地位来损害竞争秩序。例如我国反垄断法第二十条规定“为提高中小经营者经营效率，增强中小经营者竞争力”且“所达成的协议不会严重限制相关市场的竞争，并且能够使消费者分享由此产生的利益”的垄断协议应当被豁免，这里的考量因素便是允许中小企业通过联合行为来增强自身实力，防止大型企业利用中小企业的弱势地位而实施垄断行为。

因此对于上游农业生产者，反垄断法也允许其通过联合或协同行为的方式，组成经济组织，加强自身面对下游流通渠道经营者的议价能力、对农产品销售市场上的信息获取能力，进而维护农业生产者的经济利益。

（二）农业生产的高风险性

农业生产对于自然环境和气候条件的依赖性很强。首先，农业生产的开展需要事先投入大量资源对原有自然环境进行改造，以使其适合开展生产活动。这使得农业生产者往往需要承担较高的沉没成本。其次，农业生产具有较强的周期性和季节性，农作物从播种到收获有较长时间的持续劳作阶段，而这一期间即使外界经济环境发生了变化，农业生产者也很难像工业生产者一样及时地进行产量和产品种类上的调整，其必须遵循自然周期规律进行生产活动。生产规模调整的高难度使得农业生产者注定要面对巨大的市场变动风险。与此同时，气候、自然条件的不稳定性同样会给农业产出带来相当大的不确定性，一场严重的气象灾害就可能造成数月的辛苦投入颗粒无收。特别是对于我国仍然以小农经济为主要特征的农业生产状况而言，一家一户的个体农业生产者对于旱涝灾害是很难具有应对的人力、物力的。这些因素都造成了农业生产者预期收益的不稳定性。

农业的高风险性可能导致从业者趋向于风险更低的工业或服务业领域，而这最终会损害一国整体农业的发展。而减低风险的一个重要方法就是农业生产者之间的联合，这种联合既能通过信息的互通而降低因不了解市场变动情况带来的风险，也能通过统一的组织规划生产，使得联合起来的生产组织能够将风险分散开，提高个体生产者的风险承受能力。

总体来说，反垄断法规定了农业的适用除外有两方面的目的：保护农业生产者和促进农业发展。其中，保护农业生产者体现了竞争政策，而促进农业发展则体现了产业政策。竞争政策要求维持良好的市场结构，在一套市场体系中一旦某一环节的经营者处于弱势地位，那么将容易遭到上下游经营者的盘剥。在农业经济中，农业生产者正是处于这一弱势地位，这导致他们面对经济实力更加强大的中间商时缺少应有的话语权，从而在交易过程中难免丧失公平。因此通过允许甚至鼓励这些分散的小农经济生产者联合起来，有助于增强农业生产者的市场地位，从而促进更为公平和有序的市场秩序的实现。而产业政策则更多地体现了国家宏观调控的要求，我国农业法第三条第一款规定：“国家把农业放在发展国民经济的首位。”这表明了农业在我国国民经济中的基础性地位。“民以食为天”，农业生产的稳定性将直接关系到我国的国计民生，它为一切经济的发展和社会活动的开展提供了基础。这要求我们既应该提高农业生产效率，加大农作物产量，同时还应当注意农业安全，提高我国的农产品自主性。这体现了相较于其他经济领域，农业在我国经济中应当发挥的特殊作用，以及应当赋予农业的特殊地位，这体现了产业政策的要求。

竞争政策和产业政策在反垄断法第六十九条中实现了统一。反垄断农业适用除外的规定既体现了反垄断法本身维护市场竞争秩序的要求，也体现了国家对于农业的产业导向。从价值理念上来看，通过排除适用来鼓励弱势地位经济主体联合起来，体现了反垄断法的实质正义和分配正义的追求，其并不单纯要求每个个体形式上、权利上的平等，而同样强调对弱势主体的倾斜保护和对于优势主体经济权力的警惕，这本质上符合竞争政策的要求，体现了政府发挥其市场规制功能的结果。同样，这也体现了社会公共利益的理念，农业发展是典型的社会公共利益，农产品的生产情况直接关系着人民的生活与国家的安危，社会公益属于经济法的重要利益追求，反垄断法对农业的特殊保护则体现了其立法目的中的社会公益目标。

二、农业反垄断适用除外的构成要件

尽管基于农业的特殊属性和在我国经济中的特殊地位，反垄断法给予了排除适用的可能。但这并不代表任何与农业生产有关的主体的任何垄断行为都能不被反垄断法规制。基于前文提及的本条立法目的以及价值追求，应当充分释明本条的适用主体和行为。

（一）适用主体

首先在适用主体上，本条规定的主体是“农业生产者及农村经济组织”。首先是对于农业生产者的定义，而定义农业生产者的前提应当是明确其生产对象——农产品的内涵。世界贸易组织农业协议将农产品分为狭义和广义两类，狭广义农产品包括农作物（粮食和经济作物）、水产品、畜产品、林产品；狭义农产品则主要指粮食、水产品、畜产品，以及经济作物中的橡胶、纤维等。① 在贸易谈判中世贸组织所称的农产品既包括未加工产品，也包括加工产品。例如，《中国和美国关于中国加入世界贸易组织的协议》中的农产品包括：谷物及其谷物产品、棉花等纤维类农产品、奶及奶制品、动物及其动物产品、油脂产品、鱼类产品以及林业产品等。② 这表明加工之后的农产品也被纳入了世贸组织的“农产品”范畴。

但是根据我国农业反垄断适用除外的制度目的，对于农产品不应该作此广泛理解。如前文所述，我国反垄断的农业豁免是为了保护上游农业小生产者的利益，这些生产者往往为自然人劳动者，从事的是小农式的分散经营，他们因自身经济力量的弱势而在农产品交易流通过程中处于不利地位，因此才值得反垄断法进行保护。而从事农产品加工的往往是处于流通中间环节的大企业，这些企业从上游生产者处收购产品进行加工，其是在农产品交易过程中处于优势地位的一方，也恰恰应当是反垄断法予以重点监管的对象。除了加工商之外，农产品的批发商、运输商、仓储商、零售商也是容易引发垄断行为的主体。这类案例有很多：2013 年某地生姜在批发环节存在价格协调行为，价格协调行为以及大型企业垄断囤积是导致生姜价格过高的主要原因；2013 年，一些超市凭借自身在特定区域的垄断地位而对蔬菜实施超高定价，导致蔬菜从批发地到超市的平均涨价幅度为

---

① 参见王海力、卢岩：《我国农业反垄断法适用除外研究》，载《农业经济》2014 年第 10 期。

② 参见时建中、钟刚：《试析反垄断法农业豁免制度——兼论我国反垄断法第五十六条》，载《财贸研究》2008 年第 2 期。

170%；2009 年—2010 年，某公司抢收小麦以及对粮食囤积居奇的行为造成粮价的不正常上涨；2012 年，某市农副产品批发市场与物流公司签订排他性砂糖橘运输协议，导致砂糖橘价格大幅提高，市场中的水果批发商获得暴利。①

因此，反垄断法第六十九条中的“农产品”应作狭义理解，其范围小于世贸组织认定的“农产品”范围，不包括加工产品，而仅指来自农业活动的初级产品。如我国农产品质量安全法第二条规定：“本法所称农产品，是指来源于农业的初级产品，即在农业活动中获得的植物、动物、微生物及其产品。”

与农产品的定义相对应，农业生产者指的应该是直接从事农业初级产品生产活动的自然人。之所以不包含法人及其他组织，是因为这些可以被包含在“农村经济组织”的范畴之中。此外还应当注意的是，通俗意义上理解的“农民”并不一定是这里所指的农业生产者。因为只有直接从事农业初级产品生产，并直接承担生产行为的后果（包括生产的利益和风险）的人，才属于农业生产者。有一些农民并未从事这类工作，甚至仅仅因其户籍处于农村地区而被称为“农民”，但实际上在城市从事着第二产业或第三产业的工作，这些人当然也不属于农业生产者的范畴。

除了农业生产者之外，对于“农村经济组织”也存在着广义和狭义两种可能理解。广义上，有四类主体都可能被涵盖在内。第一类是农村集体经济组织，我国土地管理法规定：“农民集体所有的土地依法属于村农民集体所有的，由村集体经济组织或者村民委员会经营、管理。”村集体经济组织的成员为农业生产者，成员享有平等的土地承包经营权利，其决策与盈余机制按成员而非资本划分。农民专业合作社也可能属于这一类组织，但是也有一些合作社存在资本控制问题，逐渐向公司的性质靠拢，这类组织更应该归入农业企业这一类型。第二类是乡镇企业。乡镇企业法第二条第一款规定：“本法所称乡镇企业，是指农村集体经济组织或者农民投资为主，在乡镇（包括所辖村）举办的承担支援农业义务的各类企业。”它是农民控制股份或者能够起实际支配作用的企业。第三类是农村的营利性商事主体，包括纯营利性质的农业企业，又如一些性质更接近商业银行的农村信用合作社这类组织。第四类是农业类行业协会。其主要是农业企业、农户之间为沟通信息、协调关系、确定自律规章等目的而成立的非营

① 参见于左：《中国农产品价格过快上涨的垄断因素与公共政策》，载《中国价格监管与反垄断》2014 年第 5 期。

利性中介组织。

考虑到反垄断农业适用除外的目的，其保护的农村经济组织仍然应当是以农业生产者作为基础的团体。农业经济组织的目标是为了维护以及促进农业生产者的利益，因此它的组成具有鲜明的“成员权”特征。农村经济组织应当满足两个条件：第一，坚持农业生产者的主体地位；第二，决策机制与盈余分配机制不应以资本制为主导。[①] 按此标准，上述四种类型的主体，只有第一种即农村集体经济组织属于农村经济组织的范畴。第二种和第三种组织均具有了成员之外的其他营利性目的，其组织并非单纯为了成员自身的互助利益而成立，第四种组织行业协会尽管不具有营利性，但是它协助的对象是营利性的，因此也不属于农村经济组织。同时应当注意的是，诸如农民专业合作社这类组织应当根据其具体的组织架构和运营模式等方面是否遵循了农业经营者的主导地位，例如考察该组织的服务对象是外在主体还是自身成员，来判断是否具备农村经济组织的性质。

（二）适用行为

按反垄断法第六十九条的规定，排除适用的行为是“生产、加工、销售、运输、储存等经营活动中实施的联合或者协同行为”。值得注意的是法条的涵盖对象不仅仅指农业生产者及其组织的生产活动，还包括加工、销售、运输、储存等经营活动。这种法律规定有被滥用的可能性，如多个农业销售合作社之间可能通过达成垄断协议来提高一个相关地域市场内的农产品价格，这种行为最终依然会损害当地消费者的利益，所以不应当被纳入反垄断法的豁免范畴之内。因此对于除生产之外的加工、销售、运输、储存等经营活动中的联合或者协同行为，反垄断执法机关依然应当以实际竞争效果作为导向，考察相关行为是否会造成竞争损害和市场秩序的破坏，是否会损害农业生产者以及农产品消费者的利益。

还应当注意的是，农业反垄断适用除外所指向的行为类型是“联合或者协同行为”，我国反垄断法将垄断行为分为四类：垄断协议、滥用市场支配地位、经营者集中和行政垄断。其中滥用市场支配地位和行政垄断显然不在“联合或者协同行为”的范围之内，问题在于经营者集中是否属于“联合”？对此应当结合反垄断法上文的表述，第十六条规定：“本法所称垄断协议，是指排除、限制竞争的协议、决定或者其他协同行为。”从文字描述来看，“联合或者协同行为”更接近关于垄断协议的定义表述，其

① 参见雷希：《农业适用除外主体研究——关于〈反垄断法〉第56条的修法建议》，载《农业经济问题》2021年第12期。

中“联合”应当指代的是“协议、决定”，因此应当认为农业反垄断适用除外的行为对象是垄断协议。同时这也表明如果农业生产者或农村经济组织实施了其他类型的垄断行为，依然应当接受反垄断法的规制。

【适用指南】

本条的适用应当从主体和行为两个视角进行分析。本条的适用主体是“农业生产者及农村经济组织”，其中，农业生产者指的是直接从事农业初级产品生产活动的自然人，农村经济组织指的是农村集体经济组织。对于主体范围的理解应当结合本条文的立法目的，其旨在保护农业生产者的弱势地位以及促进我国农业的发展，因此其保护的对象应当是处于上游的农业小生产者。一些处于农产品流通阶段的加工商、仓储商、运输商等，他们并不具备如上游农业生产者那样的弱势地位，反而更容易成为引发垄断行为的主体。因此，他们并不属于本条的保护对象。相对应的，本条中农村经济组织的范围也应当限定在以农业生产者为主导成员和服务对象的组织。

在适用行为方面，本条指向的行为对象是“联合或者协同行为”，因此即使满足了主体要件方面的要求，也并非所有类型的农业垄断行为都能得到豁免，而应当限定于垄断协议行为，即本法第十六条所规定的“排除、限制竞争的协议、决定或者其他协同行为”。

【相关规定】

《中华人民共和国农业法》第三条；《中华人民共和国农民专业合作社法》第五十六条；《中华人民共和国农产品质量安全法》第二条。

第七十条　【反垄断法的实施时间】 本法自 2008 年 8 月 1 日起施行。

【条文主旨】

本条是关于反垄断法生效日期的规定。

附录

中华人民共和国反垄断法

（2007 年 8 月 30 日第十届全国人民代表大会常务委员会第二十九次会议通过　根据 2022 年 6 月 24 日第十三届全国人民代表大会常务委员会第三十五次会议《关于修改〈中华人民共和国反垄断法〉的决定》修正）

目　　录

第一章　总　　则

第一条　为了预防和制止垄断行为，保护市场公平竞争，鼓励创新，提高经济运行效率，维护消费者利益和社会公共利益，促进社会主义市场经济健康发展，制定本法。

第二条　中华人民共和国境内经济活动中的垄断行为，适用本法；中华人民共和国境外的垄断行为，对境内市场竞争产生排除、限制影响的，适用本法。

第三条　本法规定的垄断行为包括：

（一）经营者达成垄断协议；

（二）经营者滥用市场支配地位；

（三）具有或者可能具有排除、限制竞争效果的经营者集中。

第四条　反垄断工作坚持中国共产党的领导。

国家坚持市场化、法治化原则，强化竞争政策基础地位，制定和实施与社会主义市场经济相适应的竞争规则，完善宏观调控，健全统一、开放、竞争、有序的市场体系。

第五条 国家建立健全公平竞争审查制度。

行政机关和法律、法规授权的具有管理公共事务职能的组织在制定涉及市场主体经济活动的规定时，应当进行公平竞争审查。

第六条 经营者可以通过公平竞争、自愿联合，依法实施集中，扩大经营规模，提高市场竞争能力。

第七条 具有市场支配地位的经营者，不得滥用市场支配地位，排除、限制竞争。

第八条 国有经济占控制地位的关系国民经济命脉和国家安全的行业以及依法实行专营专卖的行业，国家对其经营者的合法经营活动予以保护，并对经营者的经营行为及其商品和服务的价格依法实施监管和调控，维护消费者利益，促进技术进步。

前款规定行业的经营者应当依法经营，诚实守信，严格自律，接受社会公众的监督，不得利用其控制地位或者专营专卖地位损害消费者利益。

第九条 经营者不得利用数据和算法、技术、资本优势以及平台规则等从事本法禁止的垄断行为。

第十条 行政机关和法律、法规授权的具有管理公共事务职能的组织不得滥用行政权力，排除、限制竞争。

第十一条 国家健全完善反垄断规则制度，强化反垄断监管力量，提高监管能力和监管体系现代化水平，加强反垄断执法司法，依法公正高效审理垄断案件，健全行政执法和司法衔接机制，维护公平竞争秩序。

第十二条 国务院设立反垄断委员会，负责组织、协调、指导反垄断工作，履行下列职责：

（一）研究拟订有关竞争政策；

（二）组织调查、评估市场总体竞争状况，发布评估报告；

（三）制定、发布反垄断指南；

（四）协调反垄断行政执法工作；

（五）国务院规定的其他职责。

国务院反垄断委员会的组成和工作规则由国务院规定。

第十三条 国务院反垄断执法机构负责反垄断统一执法工作。

国务院反垄断执法机构根据工作需要，可以授权省、自治区、直辖市人民政府相应的机构，依照本法规定负责有关反垄断执法工作。

第十四条 行业协会应当加强行业自律，引导本行业的经营者依法竞争，合规经营，维护市场竞争秩序。

第十五条　本法所称经营者，是指从事商品生产、经营或者提供服务的自然人、法人和非法人组织。

本法所称相关市场，是指经营者在一定时期内就特定商品或者服务（以下统称商品）进行竞争的商品范围和地域范围。

第二章　垄断协议

第十六条　本法所称垄断协议，是指排除、限制竞争的协议、决定或者其他协同行为。

第十七条　禁止具有竞争关系的经营者达成下列垄断协议：

（一）固定或者变更商品价格；

（二）限制商品的生产数量或者销售数量；

（三）分割销售市场或者原材料采购市场；

（四）限制购买新技术、新设备或者限制开发新技术、新产品；

（五）联合抵制交易；

（六）国务院反垄断执法机构认定的其他垄断协议。

第十八条　禁止经营者与交易相对人达成下列垄断协议：

（一）固定向第三人转售商品的价格；

（二）限定向第三人转售商品的最低价格；

（三）国务院反垄断执法机构认定的其他垄断协议。

对前款第一项和第二项规定的协议，经营者能够证明其不具有排除、限制竞争效果的，不予禁止。

经营者能够证明其在相关市场的市场份额低于国务院反垄断执法机构规定的标准，并符合国务院反垄断执法机构规定的其他条件的，不予禁止。

第十九条　经营者不得组织其他经营者达成垄断协议或者为其他经营者达成垄断协议提供实质性帮助。

第二十条　经营者能够证明所达成的协议属于下列情形之一的，不适用本法第十七条、第十八条第一款、第十九条的规定：

（一）为改进技术、研究开发新产品的；

（二）为提高产品质量、降低成本、增进效率，统一产品规格、标准或者实行专业化分工的；

（三）为提高中小经营者经营效率，增强中小经营者竞争力的；

（四）为实现节约能源、保护环境、救灾救助等社会公共利益的；

（五）因经济不景气，为缓解销售量严重下降或者生产明显过剩的；

（六）为保障对外贸易和对外经济合作中的正当利益的；

（七）法律和国务院规定的其他情形。

属于前款第一项至第五项情形，不适用本法第十七条、第十八条第一款、第十九条规定的，经营者还应当证明所达成的协议不会严重限制相关市场的竞争，并且能够使消费者分享由此产生的利益。

第二十一条 行业协会不得组织本行业的经营者从事本章禁止的垄断行为。

第三章 滥用市场支配地位

第二十二条 禁止具有市场支配地位的经营者从事下列滥用市场支配地位的行为：

（一）以不公平的高价销售商品或者以不公平的低价购买商品；

（二）没有正当理由，以低于成本的价格销售商品；

（三）没有正当理由，拒绝与交易相对人进行交易；

（四）没有正当理由，限定交易相对人只能与其进行交易或者只能与其指定的经营者进行交易；

（五）没有正当理由搭售商品，或者在交易时附加其他不合理的交易条件；

（六）没有正当理由，对条件相同的交易相对人在交易价格等交易条件上实行差别待遇；

（七）国务院反垄断执法机构认定的其他滥用市场支配地位的行为。

具有市场支配地位的经营者不得利用数据和算法、技术以及平台规则等从事前款规定的滥用市场支配地位的行为。

本法所称市场支配地位，是指经营者在相关市场内具有能够控制商品价格、数量或者其他交易条件，或者能够阻碍、影响其他经营者进入相关市场能力的市场地位。

第二十三条 认定经营者具有市场支配地位，应当依据下列因素：

（一）该经营者在相关市场的市场份额，以及相关市场的竞争状况；

（二）该经营者控制销售市场或者原材料采购市场的能力；

（三）该经营者的财力和技术条件；

（四）其他经营者对该经营者在交易上的依赖程度；

（五）其他经营者进入相关市场的难易程度；

（六）与认定该经营者市场支配地位有关的其他因素。

第二十四条 有下列情形之一的，可以推定经营者具有市场支配地位：

（一）一个经营者在相关市场的市场份额达到二分之一的；

（二）两个经营者在相关市场的市场份额合计达到三分之二的；

（三）三个经营者在相关市场的市场份额合计达到四分之三的。

有前款第二项、第三项规定的情形，其中有的经营者市场份额不足十分之一的，不应当推定该经营者具有市场支配地位。

被推定具有市场支配地位的经营者，有证据证明不具有市场支配地位的，不应当认定其具有市场支配地位。

第四章　经营者集中

第二十五条　经营者集中是指下列情形：

（一）经营者合并；

（二）经营者通过取得股权或者资产的方式取得对其他经营者的控制权；

（三）经营者通过合同等方式取得对其他经营者的控制权或者能够对其他经营者施加决定性影响。

第二十六条　经营者集中达到国务院规定的申报标准的，经营者应当事先向国务院反垄断执法机构申报，未申报的不得实施集中。

经营者集中未达到国务院规定的申报标准，但有证据证明该经营者集中具有或者可能具有排除、限制竞争效果的，国务院反垄断执法机构可以要求经营者申报。

经营者未依照前两款规定进行申报的，国务院反垄断执法机构应当依法进行调查。

第二十七条　经营者集中有下列情形之一的，可以不向国务院反垄断执法机构申报：

（一）参与集中的一个经营者拥有其他每个经营者百分之五十以上有表决权的股份或者资产的；

（二）参与集中的每个经营者百分之五十以上有表决权的股份或者资产被同一个未参与集中的经营者拥有的。

第二十八条　经营者向国务院反垄断执法机构申报集中，应当提交下列文件、资料：

（一）申报书；

（二）集中对相关市场竞争状况影响的说明；

（三）集中协议；

（四）参与集中的经营者经会计师事务所审计的上一会计年度财务会计报告；

（五）国务院反垄断执法机构规定的其他文件、资料。

申报书应当载明参与集中的经营者的名称、住所、经营范围、预定实施集中的日期和国务院反垄断执法机构规定的其他事项。

第二十九条 经营者提交的文件、资料不完备的，应当在国务院反垄断执法机构规定的期限内补交文件、资料。经营者逾期未补交文件、资料的，视为未申报。

第三十条 国务院反垄断执法机构应当自收到经营者提交的符合本法第二十八条规定的文件、资料之日起三十日内，对申报的经营者集中进行初步审查，作出是否实施进一步审查的决定，并书面通知经营者。国务院反垄断执法机构作出决定前，经营者不得实施集中。

国务院反垄断执法机构作出不实施进一步审查的决定或者逾期未作出决定的，经营者可以实施集中。

第三十一条 国务院反垄断执法机构决定实施进一步审查的，应当自决定之日起九十日内审查完毕，作出是否禁止经营者集中的决定，并书面通知经营者。作出禁止经营者集中的决定，应当说明理由。审查期间，经营者不得实施集中。

有下列情形之一的，国务院反垄断执法机构经书面通知经营者，可以延长前款规定的审查期限，但最长不得超过六十日：

（一）经营者同意延长审查期限的；

（二）经营者提交的文件、资料不准确，需要进一步核实的；

（三）经营者申报后有关情况发生重大变化的。

国务院反垄断执法机构逾期未作出决定的，经营者可以实施集中。

第三十二条 有下列情形之一的，国务院反垄断执法机构可以决定中止计算经营者集中的审查期限，并书面通知经营者：

（一）经营者未按照规定提交文件、资料，导致审查工作无法进行；

（二）出现对经营者集中审查具有重大影响的新情况、新事实，不经核实将导致审查工作无法进行；

（三）需要对经营者集中附加的限制性条件进一步评估，且经营者提出中止请求。

自中止计算审查期限的情形消除之日起，审查期限继续计算，国务院反垄断执法机构应当书面通知经营者。

第三十三条 审查经营者集中，应当考虑下列因素：

（一）参与集中的经营者在相关市场的市场份额及其对市场的控制力；

（二）相关市场的市场集中度；

（三）经营者集中对市场进入、技术进步的影响；

（四）经营者集中对消费者和其他有关经营者的影响；

（五）经营者集中对国民经济发展的影响；

（六）国务院反垄断执法机构认为应当考虑的影响市场竞争的其他因素。

第三十四条　经营者集中具有或者可能具有排除、限制竞争效果的，国务院反垄断执法机构应当作出禁止经营者集中的决定。但是，经营者能够证明该集中对竞争产生的有利影响明显大于不利影响，或者符合社会公共利益的，国务院反垄断执法机构可以作出对经营者集中不予禁止的决定。

第三十五条　对不予禁止的经营者集中，国务院反垄断执法机构可以决定附加减少集中对竞争产生不利影响的限制性条件。

第三十六条　国务院反垄断执法机构应当将禁止经营者集中的决定或者对经营者集中附加限制性条件的决定，及时向社会公布。

第三十七条　国务院反垄断执法机构应当健全经营者集中分类分级审查制度，依法加强对涉及国计民生等重要领域的经营者集中的审查，提高审查质量和效率。

第三十八条　对外资并购境内企业或者以其他方式参与经营者集中，涉及国家安全的，除依照本法规定进行经营者集中审查外，还应当按照国家有关规定进行国家安全审查。

第五章　滥用行政权力排除、限制竞争

第三十九条　行政机关和法律、法规授权的具有管理公共事务职能的组织不得滥用行政权力，限定或者变相限定单位或者个人经营、购买、使用其指定的经营者提供的商品。

第四十条　行政机关和法律、法规授权的具有管理公共事务职能的组织不得滥用行政权力，通过与经营者签订合作协议、备忘录等方式，妨碍其他经营者进入相关市场或者对其他经营者实行不平等待遇，排除、限制竞争。

第四十一条　行政机关和法律、法规授权的具有管理公共事务职能的组织不得滥用行政权力，实施下列行为，妨碍商品在地区之间的自由流通：

（一）对外地商品设定歧视性收费项目、实行歧视性收费标准，或者规定歧视性价格；

（二）对外地商品规定与本地同类商品不同的技术要求、检验标准，或者对外地商品采取重复检验、重复认证等歧视性技术措施，限制外地商品进入本地市场；

（三）采取专门针对外地商品的行政许可，限制外地商品进入本地市场；

（四）设置关卡或者采取其他手段，阻碍外地商品进入或者本地商品运出；

（五）妨碍商品在地区之间自由流通的其他行为。

第四十二条　行政机关和法律、法规授权的具有管理公共事务职能的组织不得滥用行政权力，以设定歧视性资质要求、评审标准或者不依法发布信息等方式，排斥或者限制经营者参加招标投标以及其他经营活动。

第四十三条　行政机关和法律、法规授权的具有管理公共事务职能的组织不得滥用行政权力，采取与本地经营者不平等待遇等方式，排斥、限制、强制或者变相强制外地经营者在本地投资或者设立分支机构。

第四十四条　行政机关和法律、法规授权的具有管理公共事务职能的组织不得滥用行政权力，强制或者变相强制经营者从事本法规定的垄断行为。

第四十五条　行政机关和法律、法规授权的具有管理公共事务职能的组织不得滥用行政权力，制定含有排除、限制竞争内容的规定。

第六章　对涉嫌垄断行为的调查

第四十六条　反垄断执法机构依法对涉嫌垄断行为进行调查。

对涉嫌垄断行为，任何单位和个人有权向反垄断执法机构举报。反垄断执法机构应当为举报人保密。

举报采用书面形式并提供相关事实和证据的，反垄断执法机构应当进行必要的调查。

第四十七条　反垄断执法机构调查涉嫌垄断行为，可以采取下列措施：

（一）进入被调查的经营者的营业场所或者其他有关场所进行检查；

（二）询问被调查的经营者、利害关系人或者其他有关单位或者个人，要求其说明有关情况；

（三）查阅、复制被调查的经营者、利害关系人或者其他有关单位或者个人的有关单证、协议、会计账簿、业务函电、电子数据等文件、资料；

（四）查封、扣押相关证据；

（五）查询经营者的银行账户。

采取前款规定的措施，应当向反垄断执法机构主要负责人书面报告，并经批准。

第四十八条　反垄断执法机构调查涉嫌垄断行为，执法人员不得少于二人，并应当出示执法证件。

执法人员进行询问和调查，应当制作笔录，并由被询问人或者被调查人签字。

第四十九条　反垄断执法机构及其工作人员对执法过程中知悉的商业秘密、个人隐私和个人信息依法负有保密义务。

第五十条　被调查的经营者、利害关系人或者其他有关单位或者个人应当配合反垄断执法机构依法履行职责，不得拒绝、阻碍反垄断执法机构的调查。

第五十一条　被调查的经营者、利害关系人有权陈述意见。反垄断执法机构应当对被调查的经营者、利害关系人提出的事实、理由和证据进行核实。

第五十二条　反垄断执法机构对涉嫌垄断行为调查核实后，认为构成垄断行为的，应当依法作出处理决定，并可以向社会公布。

第五十三条　对反垄断执法机构调查的涉嫌垄断行为，被调查的经营者承诺在反垄断执法机构认可的期限内采取具体措施消除该行为后果的，反垄断执法机构可以决定中止调查。中止调查的决定应当载明被调查的经营者承诺的具体内容。

反垄断执法机构决定中止调查的，应当对经营者履行承诺的情况进行监督。经营者履行承诺的，反垄断执法机构可以决定终止调查。

有下列情形之一的，反垄断执法机构应当恢复调查：

（一）经营者未履行承诺的；

（二）作出中止调查决定所依据的事实发生重大变化的；

（三）中止调查的决定是基于经营者提供的不完整或者不真实的信息作出的。

第五十四条　反垄断执法机构依法对涉嫌滥用行政权力排除、限制竞争的行为进行调查，有关单位或者个人应当配合。

第五十五条　经营者、行政机关和法律、法规授权的具有管理公共事务职能的组织，涉嫌违反本法规定的，反垄断执法机构可以对其法定代表人或者负责人进行约谈，要求其提出改进措施。

第七章　法律责任

第五十六条　经营者违反本法规定，达成并实施垄断协议的，由反垄断执法机构责令停止违法行为，没收违法所得，并处上一年度销售额百分之一以上百分之十以下的罚款，上一年度没有销售额的，处五百万元以下的罚款；尚未实施所达成的垄断协议的，可以处三百万元以下的罚款。经营者的法定代表人、主要负责人和直接责任人员对达成垄断协议负有个人责任的，可以处一百万元以下的罚款。

经营者组织其他经营者达成垄断协议或者为其他经营者达成垄断协议提供实质性帮助的，适用前款规定。

经营者主动向反垄断执法机构报告达成垄断协议的有关情况并提供重要证据的，反垄断执法机构可以酌情减轻或者免除对该经营者的处罚。

行业协会违反本法规定，组织本行业的经营者达成垄断协议的，由反垄断执法机构责令改正，可以处三百万元以下的罚款；情节严重的，社会团体登记管理机关可以依法撤销登记。

第五十七条　经营者违反本法规定，滥用市场支配地位的，由反垄断执法机构责令停止违法行为，没收违法所得，并处上一年度销售额百分之一以上百分之十以下的罚款。

第五十八条　经营者违反本法规定实施集中，且具有或者可能具有排除、限制竞争效果的，由国务院反垄断执法机构责令停止实施集中、限期处分股份或者资产、限期转让营业以及采取其他必要措施恢复到集中前的状态，处上一年度销售额百分之十以下的罚款；不具有排除、限制竞争效果的，处五百万元以下的罚款。

第五十九条　对本法第五十六条、第五十七条、第五十八条规定的罚款，反垄断执法机构确定具体罚款数额时，应当考虑违法行为的性质、程度、持续时间和消除违法行为后果的情况等因素。

第六十条　经营者实施垄断行为，给他人造成损失的，依法承担民事责任。

经营者实施垄断行为，损害社会公共利益的，设区的市级以上人民检察院可以依法向人民法院提起民事公益诉讼。

第六十一条　行政机关和法律、法规授权的具有管理公共事务职能的组织滥用行政权力，实施排除、限制竞争行为的，由上级机关责令改正；对直接负责的主管人员和其他直接责任人员依法给予处分。反垄断执法机构可以向有关上级机关提出依法处理的建议。行政机关和法律、法规授权的具有管理公共事务职能的组织应当将有关改正情况书面报告上级机关和反垄断执法机构。

法律、行政法规对行政机关和法律、法规授权的具有管理公共事务职能的组织滥用行政权力实施排除、限制竞争行为的处理另有规定的，依照其规定。

第六十二条　对反垄断执法机构依法实施的审查和调查，拒绝提供有关材料、信息，或者提供虚假材料、信息，或者隐匿、销毁、转移证据，或者有其他拒绝、阻碍调查行为的，由反垄断执法机构责令改正，对单位处上一年度销售额百分之一以下的罚款，上一年度没有销售额或者销售额难以计算的，处五百万元以下的罚款；对个人处五十万元以下的罚款。

第六十三条　违反本法规定，情节特别严重、影响特别恶劣、造成特别严重后果的，国务院反垄断执法机构可以在本法第五十六条、第五十七条、第五十八条、第六十二条规定的罚款数额的二倍以上五倍以下确定具体罚款数额。

第六十四条　经营者因违反本法规定受到行政处罚的，按照国家有关规定记入信用记录，并向社会公示。

第六十五条　对反垄断执法机构依据本法第三十四条、第三十五条作出的决定不服的，可以先依法申请行政复议；对行政复议决定不服的，可以依法提起行政诉讼。

对反垄断执法机构作出的前款规定以外的决定不服的，可以依法申请行政复议或者提起行政诉讼。

第六十六条　反垄断执法机构工作人员滥用职权、玩忽职守、徇私舞弊或者泄露执法过程中知悉的商业秘密、个人隐私和个人信息的，依法给予处分。

第六十七条　违反本法规定，构成犯罪的，依法追究刑事责任。

第八章　附　　则

第六十八条　经营者依照有关知识产权的法律、行政法规规定行使知识产权的行为，不适用本法；但是，经营者滥用知识产权，排除、限制竞争的行为，适用本法。

第六十九条　农业生产者及农村经济组织在农产品生产、加工、销售、运输、储存等经营活动中实施的联合或者协同行为，不适用本法。

第七十条　本法自 2008 年 8 月 1 日起施行。

图书在版编目（CIP）数据

中华人民共和国反垄断法理解与适用 / 刘继峰等著
. —北京：中国法制出版社，2022.8
ISBN 978-7-5216-2816-6

Ⅰ.①中… Ⅱ.①刘… Ⅲ.①反垄断法-法律解释-中国②反垄断法-法律适用-中国 Ⅳ.①D922.294.5

中国版本图书馆 CIP 数据核字（2022）第 142409 号

策划编辑：王熹（wx2015hi@sina.com）
责任编辑：王熹　赵律玮　　封面设计：李宁

中华人民共和国反垄断法理解与适用
ZHONGHUA RENMIN GONGHEGUO FANLONGDUANFA LIJIE YU SHIYONG

著者/刘继峰等
经销/新华书店
印刷/三河市国英印务有限公司
开本/730 毫米×1030 毫米　16 开　　印张 / 22.75　字数 / 340 千
版次/2022 年 8 月第 1 版　　2022 年 8 月第 1 次印刷

中国法制出版社出版
书号 ISBN 978-7-5216-2816-6　　定价：88.00 元

北京市西城区西便门西里甲 16 号西便门办公区
邮政编码：100053　　传真：010-63141600
网址：http：//www.zgfzs.com　　**编辑部电话：010-63141795**
市场营销部电话：010-63141612　　**印务部电话：010-63141606**

（如有印装质量问题，请与本社印务部联系。）